中国外语教育研究丛书

刘道义　主编

付安权　著

信息技术与外语教育——理论和实践

XINXI JISHU YU WAIYU JIAOYU
LILUN HE SHIJIAN

广西教育出版社
南宁

图书在版编目（C I P）数据

信息技术与外语教育 ： 理论和实践 / 付安权著. -- 南宁 ： 广西教育出版社，2021.1（2022.1 重印）
（中国外语教育研究丛书 / 刘道义主编）
ISBN 978-7-5435-8741-0

Ⅰ. ①信… Ⅱ. ①付… Ⅲ. ①信息技术-应用-外语教学-教学研究 Ⅳ. ①H09-39

中国版本图书馆 CIP 数据核字(2020)第 201699 号

策　　划　黄力平
组稿编辑　黄力平
责任编辑　陶春艳　农　郁
装帧设计　刘相文
责任校对　叶　冰　石　刚　钟秋兰
责任技编　蒋　媛
封面题字　李　雁

出 版 人：石立民
出版发行：广西教育出版社
地　　址：广西南宁市鲤湾路 8 号　邮政编码：530022
电　　话：0771-5865797
本社网址：http://www.gxeph.com
电子信箱：gxeph@vip.163.com
印　　刷：广西民族印刷包装集团有限公司
开　　本：787 mm×1092 mm　1/16
印　　张：22.75
字　　数：338 千字
版　　次：2021 年 1 月第 1 版
印　　次：2022 年 1 月第 2 次印刷
书　　号：ISBN 978-7-5435-8741-0
定　　价：55.00 元

序　一

由广西教育出版社策划、刘道义研究员主编的“中国外语教育研究丛书”是出版界和外语教学界紧密合作的一个重大项目。广西教育出版社归纳了本丛书的几个特色：基于中国特色的比较研究，原创性、研究性和可操作性，理论与实践相结合，学科和语种相融合，可读性较强。道义研究员则谈到五点，即理论性、实践性、创新性、研究性、可读性。我非常赞同来自出版社和主编的归纳和总结，尽可能不再重复。在这里，只是从时代性方面汇报一下自己的感受。第一，本丛书上述各个特色具有新时期所散发的时代气息。众所周知，我国的外语教育在20世纪50年代以俄语及其听、说、读、写四项技能的教学为主，改革开放后强调的是英语交际教学法。进入新时期后，我国外语教育的指导思想着眼于如何更好地为“一带一路”倡议和“教书育人”素质教育服务。应该说，外语教材和有关外语教学理念的专著在我国不同时期均有出版，但本丛书更能适应和满足新时期的要求。如果说过去出版社关注的是如何让外语教材在市场上占有一定的份额，那么，本丛书更关注的是如何指导外语教师做好本职工作，完成国家和学校所交给的任务，让学生收到更好的学习效果，让家长和社会提高对外语教学重要性的认识。当然，这套丛书也帮助外语教师实现从“教书匠”转变为真正的外语教学工作者，使他们既是教师，又是研究者。第二，本丛书的内容不仅适用于英、俄、日、法、德等传统外语语种，也适用于其他非通用语种。第三，就本丛书的选题而言，除传统的技能教学和教育学外，还有社会学、心理学、哲学、美学、神经学等内容。这体现了当代多种学科相互融合的先进思想。随着信息技术的发展，多模态的课堂教学和网络教学已成为本丛书关注的选题内容。

我和本丛书的主编刘道义研究员相识多年。由于她从不张扬，因此我有必要以老大哥的身份来介绍一下她。第一，道义自1960年从北京外国语学院（今北京外国语大学）毕业后，从事大、中、小学英语教学工作17年，对不同层次的外语教学均有亲身体验。第二，从1977年8月起，道义参加了历次的全国中小学英语教学大纲编制工作，编写和修订了12套中小学英语教材，并承担其中9套教材的主编工作；编著教师理论丛书4套、中学生英语读物2套、英语教学辅助丛书3套；发表有关英语教学改革的文章百余篇。由此可见，除参与教学实践外，她还长期从事外语教学理论的研究。最近在许多学校内时有争论，那就是教师只要教书即可，不必费神搞研究。我想道义以自己的行动回答了这个问题。第三，道义曾任教育部中小学教材审定委员会英语专家组组长、中国教育学会外语教学专业委员会理事长、课程教材研究所副所长、人民教育出版社副总编辑。这表明道义具有很强的领导和组织能力。第四，道义曾任党的十四大代表，我认为这说明了道义本人的政治品质好。党员既要把握正确的政治方向，又要在业务工作中起表率作用。所有这些归纳成一句话，本丛书主编非道义莫属。

除道义外，本丛书汇聚了我国从事外语教育研究的专家和名师。以道义所在的人民教育出版社为例，就有吴欣、李静纯、唐磊三位研究员参与编写工作。我退休后曾经在北京师范大学兼课10年，见到丛书各分册的作者名单上有王蔷、程晓堂、罗少茜等大名，顿时兴奋起来。这些当年的同事和年轻学者承担了本丛书15卷编写任务中的4卷，实力雄厚，敢挑重担，我为之感到骄傲。作者名单上国内其他师范院校从事外语教育的领导和专家有华东师范大学的邹为诚、华南师范大学的何安平、东北师范大学的高凤兰、浙江师范大学的付安权、福建师范大学的黄远振、天津师范大学的陈自鹏，来自综合性大学的则有清华大学的崔刚、范文芳和中国人民大学的庞建荣。在这个意义上，本丛书是对我国外语教育研究力量的一次大检阅。难怪本丛书的一个特色是中外外语教育思想和理论的比较研究，而且重点是中国外语教育的实践和理论。上述作者中不少是我的老相识。虽然有的多年未见，如今见到他们仍活跃在第一线，为我国的外语教育事业而奋斗，令我肃然起敬。祝他们身体健康，在事业上更上一层楼。上述作者中有两位（范文芳教授和程晓堂教授）是我在北京大学和北京师范大学指导过的博士生。目睹当年勤奋学习的年轻学子，现已成为各自学校的教学科研骨干，内心一方面感到欣慰，一方面感到自己落在后面了。

本丛书的策划者广西教育出版社成立于1986年12月。就出版界来说，时间不算太早，但本丛书的成功出版在于该社英明的办社方针。据了解，该社主要出版教育类图书。其中教师用书和学术精品板块是该社最为器重的。本丛书的良好质量和顺利出版还得益于该社两个方面的经验。首先，早在20世纪90年代，该社已出版了一套外语学科教育理论丛书（胡春洞、王才仁主编）。该丛书总结了改革开放后外语学科教育研究的成果，展示了其发展的前景，给年轻一代学者的成长提供了帮助，在外语教学界产生了很好的影响，为本丛书的组织和编写提供了宝贵的经验。其次，新时期以来，该社相继出版了数学、化学、物理、语文等学科教育研究丛书，积累了较多经验，如今策划、组织和出版"中国外语教育研究丛书"更是驾轻就熟。

天时、地利、人和，在此背景下诞生的"中国外语教育研究丛书"必然会受到国内外外语教学界和出版界的欢迎和重视。我很荣幸，成了第一批点赞人。

胡壮麟

北京大学外国语学院

2016年12月1日

胡壮麟简介：教育部基础教育课程教材专家咨询委员会委员，北京大学资深教授、博士生导师。曾任教育部高等学校外语专业教学指导委员会委员、英语组副组长，中国英语教学研究会副会长，中国语言与符号学研究会会长，中国高校功能语法教学研究会会长。

序　二

一年多以前，当我接到广西教育出版社的邀请，让我主编一套外语教育理论研究丛书时，我欣然接受了。我担此重任的这份自信并非源于自己的学术水平，而是出自我对外语教育事业的责任和未竟的情结。

我这辈子从事外语教育，无非是跟书打交道：读书、教书、编书、写书。虽然教书认真，有良好的英语基础，但成绩平平。因为缺乏师范教育，并不懂得有效的教学方法。然而，17年的大、中、小学教学为我后来的编书和写书提供了宝贵的实践经验。改革开放后，我有幸参加了国家英语课程和教材的研制工作，零距离地与教育专家前辈共事，耳濡目染，有了长进；又有幸出国进修、考察，与海外同行交流切磋，合作编写教材、研究教法、培训师资，拓宽了视野。由于工作需要，我撰写了不少有关英语教育、教学的文章。文章虽多，但好的不多。为了提升自己的理论水平，我对语言教学理论书籍产生了浓厚的兴趣。退休后有了闲空，我反倒读了许多书，而这些书很给力，帮助我不断写文章、写书。2015年，我实现了一个心愿，就是利用我的亲身经历为我国的英语教育做些总结性的工作。我与同行好友合作，用英文撰写了《英语教育在中国：历史与现状》一书，又用中文写了《百年沧桑与辉煌——简述中国基础英语教育史》和《启智性英语教学之研究》等文章。

我已近耄耋之年，仍能头脑清楚，继续笔耕不辍，实感欣慰。当我正想动笔写一本书来总结有关英语教材建设的经验时，我收到了广西教育出版社的邀请信。这正中我的下怀，不仅使我出书有门，还能乘此机会与外语界的学者们一起全面梳理改革开放以来，特别是这十几年的外语教育教学的研究成果。我计划在20世纪90年代出版的，由胡春洞、王才仁先生主编的外语学科教育理论丛书的基础上进行更新和补充。发出征稿信后，迅速得到了反馈，10所大学及教育研究机构的多位学者积极响应，确定了15个选题，包括外语教学论、教与学的心理过程研究、课程核心素养、教学资源开发、教学策略、教学艺术论、教师专业发展、信息技术的运用、教材的国际比较研究等。

作者们都尽心尽力，克服了种种困难，完成了写作任务。我对所有的作者深表谢意。同时，我还要感谢胡壮麟教授对此套丛书的关心、指导和支持。

综观全套丛书，不难发现此套丛书的特点主要反映在以下几个方面：

一、理论性。理论研究不仅基于语言学、教育学，还涉及社会学、心理学、哲学、美学、神经学等领域。语种不只限于英语，还有日语和俄语。因此，书中引用的理论文献既有西方国家的，也有东方国家的。

二、实践性。从实际问题出发，进行理论研究与分析，提供解决问题的策略和案例。

三、创新性。不只是引进外国的研究成果，还反映了我国改革开放以来的教育改革历程，具有鲜明的中国特色，而且还开创了基础教育教材国际比较的先例。

四、研究性。提供了外语教育科学研究的方法。通过案例展示了调查、实验和论证的过程，使科学研究具有可操作性和说服力。

五、可读性。内容精练，言简意赅，深入浅出，适合高等院校、基础教育教学与研究人员阅读。

此套丛书为展示我国近十几年的外语教育理论研究成果提供了很好的平台，为培养年轻的外语教育研究人才提供了很好的平台，为广大外语教研人员共享中外研究成果提供了很好的平台，也在高等教育机构的专家和一线教学人员之间建起了联通的桥梁。为此，我衷心感谢平台和桥梁的建造者——广西教育出版社！

我除组稿外，还作为首位读者通读了每一本书稿，尽了一点儿主编的职责。更重要的是，我从中了解到了我国外语教育近期的发展动态，汲取了大量信息，充实了自己，又一次体验了与时俱进的感觉。为此，我也很感谢广西教育出版社给了我这个学习的机会。

1998年，我曾经在我的文章《试论我国基础外语教学现代化》中预言过，到21世纪中叶中华人民共和国成立一百年时，我国的基础外语教学将基本实现现代化。今天，这套丛书增强了我的信心。我坚信，到那时，中国不仅会是世界上一个外语教育的大国，而且会成为一个外语教育的强国，将会有更多的中国成功经验走出国门，贡献给世界！

刘道义

2016年11月21日

刘道义简介：课程教材研究所研究员、人民教育出版社编审。曾任中国教育学会外语教学专业委员会理事长、课程教材研究所副所长、人民教育出版社副总编辑。曾参与教育部中学英语教学大纲的编订和教材审定工作。参加了小学、初中、高中12套英语教材和教学参考书的编写和修订工作。著有《刘道义英语教育自选集》《英语教育在中国：历史与现状》，主编“著名英语特级教师教学艺术丛书”、《基础外语教育发展报告（1978～2008）》、《新中国中小学教材建设史1949～2000研究丛书：英语卷》等，并撰写了有关英语教育与教学的文章100多篇。

前　言

2010年通过的《国家中长期教育改革和发展规划纲要（2010—2020年）》中特别指出，“信息技术（information technology，简称IT）对教育发展具有革命性影响，必须予以高度重视”，“未来十年要努力推动技术成为在实际教育过程当中的关键性因素，直面和解决国家教育发展的战略性问题”。由此，互联网+教育开始成为教育研究的热点之一。

2014年印发的《关于全面深化课程改革落实立德树人根本任务的意见》中明确提出要建立我国学生核心素养发展体系。2016年，“我国基础教育和高等教育阶段学生核心素养总体框架”发布，确定了以培养“全面发展的人”为核心的九大核心素养框架，核心素养体系开始作为21世纪我国学生学业质量标准、修订课程方案和课程标准的依据，并用于统领课程改革的相关环节。2020年5月11日，教育部下发了《教育部关于印发普通高中课程方案和语文等学科课程标准（2017年版2020年修订）的通知》。其中，培养学生批评质疑、信息意识、技术运用和实践创新等核心素养指标的厘定也为深入开展信息技术与学校教育课程整合提供了新的发展路径和基本策略。

为应对21世纪知识经济和信息时代的挑战，联合国教科文组织提出了“学会改变”（learn to change）的教育变革呼吁，学会改变也是对“四个学会”［学会做事（learn to do）、学会做人（learn to be）、学会与人相处（learn to be with others）、学会学习

（learn to how to learn）］的推进。信息技术支持下的教育革新正在成为世界潮流，声势浩大，如杜威（John Dewey）坦言的“如果我们教师用昨天学会的教学方式来教今天的学生，则是对学生发展的劫掠”（If we teach today's students as we taught yesterday's，we rob them of tomorrow.）。因此，厘清21世纪伴随着互联网成长起来的新一代“数字化土著”（digital natives）的学习特点，构建前示型文化（prefigurative culture）中新型的师生互动模式，是创新教育实践的基本前提。

在当代信息技术的促进下，在教育国际化发展背景下，课程学习的理念及其内涵也突破了“生活实际准备”和“百科全书式知识获得”的范畴，学校课程的价值取向演变为“学生基于信息技术工具的自我知识建构”和“对于人类命运共同体的普遍问题的质疑和关注”。当代信息技术（教育技术）的大力发展促使教师的角色逐渐演变为转换生成型知识分子（transformative intellectuals），利用信息技术手段和优势创生的在线教师专业发展（online teachers' professional development，简称OTPD）模式也开始成为教师突破时空限制的新的教师专业发展实践探索。

当前以培养“全面发展的人”为核心的核心素养理念已超越学科本身，成为21世纪我国教育理论发展和深化课程改革新的政策指南和理论指导。核心素养理念突出强调学生在接受相应学段的教育过程中，逐步形成适应个人终身发展和社会发展需要的必备品格和关键能力。随着我国社会经济的发展，中国学生的英语学习不再满足于了解世界先进科学技术和文化，学生英语核心素养要求呈现出新的“家国情怀”，即学生学好英语、做好自己的事情并讲好中国故事。

客观上，信息技术已经开始深刻影响着学生的学习方式，同时也对教师的教学方式提出了新的要求。信息技术与课程整合理论和基于信息技术的教师专业发展理念为深化学校教育改革，尤其是外语学科课程改革提供了新的可行性途径。对此，经历了新冠肺炎疫情期间“停课不停学”居家进行网课教学的老师和学生都有很深刻的理解和体验。

诚然，信息技术推动教育教学理念的发展，改变了教师教学和学生学习的方式，也引发了教师专业发展理念和模式的转变。在“全面发展的人”的核心素养理念下，在“教师作为研究者”和“教师作为学习者”的学习者共同体文化建构中，从事英语学科教育教学的教师和学生并非要成为信息技术专家。教师与学生能深刻理解信息技术革命浪潮中教育实践的新特点和技术促进教学的相关优势，为新时代我国学校教学创新和学生培养插上信息技术的翅膀，是学科教育工作者在教育理论学习和教育理念革新中“道、术、器”转换生成的逻辑起点和落脚点，这也是本书的写作初衷。

基于此，本书以《信息技术与外语教育——理论和实践》为题，以技术发展对教育发展、教师专业发展、学校课程发展和有效教育教学的理念革新和实践促进为内在逻辑，阐述了信息技术对外语教育发展的理论引领和实践创新，并以适当案例辅助阐释了在信息技术支持下外语学习者（在终身学习理念下，教师和学生都是学习者）在践行“全面发展的人”的教育理念和创新与时俱进的“有所为”的有效教学策略。全书共分为5章。

第一章，围绕信息技术与外语教育发展，在梳理技术与信息技术的演变历程基础上，概述了互联网+对国际教育变革的影响及其特点，简述了信息技术对当代我国外语教育发展影响的主要方面。

第二章，针对信息技术与外语教师教育发展，阐述了发挥教师专业领导力和培养教师的信息技术意识的必要性，介绍了美国在线教师专业发展标准，并对我国在线外语教师专业发展模式和策略进行了系统介绍。

第三章，聚焦信息技术与外语课程发展，深入阐述了信息时代背景下当代课程理论变革的最新涵义，系统介绍了信息技术与外语课程整合的主要模式和教师整合技术的学科教学知识［technological pedagogical and content knowledge，简称TPACK。另外，请读者注意本书中TPACK与TPCK（省略全称中的and）为同一概念的不同写法］，并对当前信息技术在中小学英语教学中的应用情况进行了调查分析。

第四章，结合课程教学实践，将信息技术教学理念及技术支持下的有效方法和策略，从学生有效外语学习、教师有效课程教学、教育评价创新和课程资源拓展四个维度进行了重点阐述和说明。

第五章，通过案例分析和分享，对当前我国数字化教学背景下学校外语课程创新、地方课程开发和课堂教学技术优化，如优质课件制作等，进行了展示和说明。

根据最初写作的目的与主要内容，本书首先将为我国中小学外语学科教师理解当代信息技术对学校外语教育影响、充分利用信息技术优势、开展基于信息技术的有效外语教育理论研究和实践探索提供参考和借鉴；其次，也为我国外语教育专业本科生和研究生了解当前我国外语教育改革与发展、践行“教师即学习者和教师即研究者”的新国际教育理念，以及未来从事有效的中小学外语课程教学提供职前教师专业发展理论学习资料；最后，也为关注当代中国外语教育改革与发展的外语教育研究者与相关管理工作提供一定参考。

浙江师范大学

2020年10月18日

目　录

第一章 信息技术与外语教育发展

技术手段的革新与发展对学校教育的促进作用非常巨大。互联网信息技术的发展影响了人类生活的方方面面，给21世纪带来了巨大变革。如今，信息技术已渗透到教育领域，带来外语教育的变革。互联网凭借其特有的优势，正在改变教育的生态环境、教育的观念和教育的方式，成为促进教与学发展的重要因素之一。

信息技术与当代教育教学显现出逐步走向深度融合的发展趋势。信息化与教育的融合发展趋势则是教育信息化实现的基本策略。经过前期发展，我国教育信息化已经基本度过第一阶段，中国外语教育信息化发展的新方向值得我们探讨。

第一节 传播媒介技术的演变

一、传播媒介技术的范畴及其内涵

（一）技术

技术工具的发展，客观上影响着人类的生产生活方式，也影响着教育内容的表达、教学的组织和实施。对于什么是技术，国内外许多学者都给它下过定义，但是意见很不一致，技术的概念存在很大的争议。“技术”这个词有着多种多样的含义，从单纯的硬件到解决问题的具体方法，都可以称为技术。

广义地看，一切技术都在影响着人类教育的发展，但是，对教育发展影响最大的技术并非泛指所有的技术。简单地说，教育技术学研究领域只关注一类技术，即支持人类表达、交流、沟通与协作的传播（communication）媒介技术。无论是印刷技术，还是广播电视，都可以归入传播技术的大范畴（汪琼 等，2013）。

（二）传播媒介技术

传播媒介的含义具有广义和狭义之分。广义的媒介包含四个方面的含义：第一，它是承载信息的物理实体，包括纸张、电视、电影、广播、计算机等所有的现代传播媒体；第二，它是表达信息的符号系统，如口语、文字、图像、动画、声音、文本等；第三，它是复制信息的手段，如印刷、下载、复制、粘贴等；第四，它是通过这些物理实体有目的地传播信息的机构，如报社、无线电台、电视系统等。而大多时候，我们所指的媒介是报纸、广播、电视、网络等大众传播机构。狭义的媒介是指一种承载、传递信息的渠道，是人与自然、人与人、人与社会进行直接或间接交往的中介。

由广义媒介的定义可知，媒介技术包含载体种类、符号、复制方式、传播特征等四个子属性。载体是传播媒介的物质实体，媒介技术把某种物质实体或能量形式转化为信息载体，使其承载信息含义。符号是指口头语言、字母文字、画面、声音、图像等，它是人类传播信息的最基本单元，没有符号人们就无从交流。复制方式则是人们从媒介中提取信息的手段。从媒介技术的发展史来看，复制信息的方式包括了口传、手工抄写、印刷、电视、广播、上传和下载等。传播特征是指在传播信息的过程中，信息的传递是单向还是双向，是同步还是异步。

此外，特别值得一提的是信息技术，它本质上也是一种传播媒介技术。在人类历史上，每一次媒介技术的创新，都伴随着新的传播媒介的出现，并带来信息传播的大革命。

纵观媒介技术发展史，每个时代都有自己特有的典型的媒介技术，媒介技术在不同时代产生了不同的影响。从口传、手抄文字、印刷、电子传播，到数字传播的历史发展过程中，每一次革命都给人类的政治、经济、文化和社会生活带来巨大变化，同时社会也对媒介形态产生反作用，技术与社会在互相影响中推动着人类文明不断向更高层次迈进。

（三）信息通信技术

信息通信技术（information and communication technology，简称ICT），是信息技术与通信技术相融合而形成的一个新的概念和技术领域。虽然在20世纪后半叶ICT才发展起来，但其发展速度惊人。十多年前当人们说到信息技术时，通常指的是运用计算机及其软件技术来采集、存储、加工与处理信息的技术；而通信，则是指用电的手段来传递信息。随着社会生产生活对通信和信息需求的不断加大，这两者之间的界线越来越模糊，它们在朝着相同的方向演进，相互渗透、相互融合，即都要实现网络化、宽带化、多媒体化。因此，将这两种技术融合起来称作“信息通信技术”。ICT将IT技术高速灵活地加工处理信息的巨大功能与通信网络克服时空限制传递信息的巨大功能结合起来，将产生更加巨大的聚合力量。人类文明正在进入ICT时代，由计算机和通信网组合而成的信息网络成为信息交流最重要的工具。

ICT的发展改变了信息的获取、存储、加工、分配、显示（表达）方式和效率。其特点主要表现在以下几点：

第一，降低了人们获取信息的成本。信息技术的发展，不但提高了信息传输能力，还降低了获取信息的成本。一方面，信息和数据存储、过滤、压缩和检索的成本大大降低；另一方面，人们可以通过共享信息，突破时间和空间的限制，更及时地获取所需信息。

第二，改变了人们交流与互动的模式。ICT扩大了人们交流的范围和频率。信息通信技术，特别是互联网和电子邮件等的发展，减少或消除了人们的地域隔阂和时空限制，使人们可以更频繁、更快捷，并在更大的范围内交流。

第三，改变了科学知识生产的方式。当代信息通信技术的每一个特点，无论是高容量的信息存储，还是高速度的信息传递；无论是高速快捷的信息共享，还是高性能的信息处理和计算能力，都从不同的角度，在不同的程度上改变着科学知识生产的方式。ICT已经远远超出了科学研究的工具范畴，它已经渗透到科学知识生产中科学对象、科学方法甚至科学家行为的方方面面，从根本上改变着科学研究的过程。（李正风等，2009）

二、传播媒介技术的演变及其特点

纵观媒介技术发展史，每个时代都有自己特有的典型媒介技术，不同媒介技术在不同时代产生了不同的影响。本书借鉴北京大学教育技术系学者郭文革对传播媒介的分类，从符号、载体、复制方式和传播特征四个维度，将人类媒介的发展分为口传、手抄文字、印刷时代、电子传播和数字传播五个阶段，从传播媒介的角度，回顾技术的发展史及其特点。具体如表1.1所示：

表1.1　媒介技术发展史（汪琼　等，2013）

阶段	年代	符号	载体	复制方式	传播特征
口传	公元前4世纪中以前	口头语言	人	口传、记忆、人行走	人：同步、双向传播 社会传播中介：吟诵诗人
手抄文字	公元前4世纪中到15世纪50年代	文字	莎草纸、羊皮纸和人造纸	手工抄写、人行/马走	纸：异步、单向传播 社会传播中介：抄书匠

续表

阶段	年代	符号	载体	复制方式	传播特征
印刷时代	15世纪50年代至今	文字	人造纸	印刷机 交通工具	纸：异步、双向传播 社会传播中介：图书、报纸、期刊、印刷
电子传播	19世纪30年代至今	表意符号，存储和传输符号	磁带/录像带、CD、唱片、电视等	电台、电视台，视频转录等	广播/电视：单向传播 社会传播中介：电视采/编/播/导/演等
数字传播	20世纪90年代至今	表意符号，存储和传输符号	硬盘、光盘、显示器、喇叭等	复制/粘贴，上传/下载	网络：异步/同步、双向传播 社会传播中介：每一个人

（一）口传时代

口传时代人类传播的媒介就是直接的口语交流。口传媒介是指以口头语言形式实现人际传播的语言媒介。它借助于人际间面对面的接触，通过身体和声音得以传播，具有直观直觉、形象生动的特点。同时，由于这种传播方式基于先天具备的能力，从而使每个人都可以享用信息的传播所带来的利益，传播内容具有真正的实质性意义和易于理解的交流环境。

口传媒介技术的主要特点是：

第一，简便快捷，可以随时随地交流。

第二，与身体语言和原始礼仪相伴随。在一定范围内扩大，并且向上兼并肢体语言。

第三，真切生动，描述对象的功能化更准确。

第四，承载着更多的信息。语言将人类生活中的各种现象、活动、思维转换为特定的声音符号，用来同他人交流，这就使人们脱离具体的物质环境而随心所欲地交流关于生活中的几乎所有信息。这一优点本身就使人类的生活更加丰富，使人类的生活有了除单纯物质、感官追求之外的更为丰富的内容，提高了生活质量。

第五，不易保存，这是口传媒介最大的缺陷。人们通过创作富有韵律的诗歌、谚语等来表述人对外界自然现象和历史事件的观察，记录曾经发生的事情，以方便记忆。但是，口传内容经常会被遗忘或者在传唱过程中被吟诵诗人有意无意地改编。久而久之，对事实的“记录”逐渐变成了故事，后来可能又变成了神话、传说。这些口传内容在穿越时空时具有不稳定性和不可靠性。

（二）手抄文字时代

口传媒介大大促进了人类的进步与发展，但是作为一种通信码，口头语言具有内在的弱点。随着社会生产力水平的提高和人类生活范围的扩大，民族地区之间交流机会不断增加。人类社会发展到一定的历史阶段，口语的缺陷也越来越明显。当古希腊人在为字母表的发明而争论时（他们担心字母的使用会使人的记忆能力衰退，会破坏真理），字母的出现早已促使他们由口传时代进入到手抄文字时代。手抄文字成为储存和传递文化知识的主要工具。文字属于异地传播的主要媒介，也是“再现媒介系统”。它是人的体内传播系统的技术延伸，既是记忆系统的延伸，也是视觉系统的延伸。从此人类的信息传播活动就从口传时代进入了技术传播时代（汪琼 等，2013）。

手抄文字媒介具有如下特点：

第一，手抄文字媒介使传播的准确性提高。口传的误差容易造成信息失落，口传媒介可能使信息完全丧失其本来面目，文字则是相对稳定的传播手段。

第二，文字媒介扩大了流传范围，口传时代的传播无论从时间上或是空间上都是相当有限的。文字可以穿越时间，保留历史。

第三，文字媒介分离了传者和受者。不要求作者和读者同时在场，这使文字媒介传播得以突破口传媒介时代的人员和时空限制而获得新的表达自由。

第四，文字媒介使权威身份发生改变。口传媒介时期，传者的身份无疑更为尊崇，因为他就是信息源。而文字传播则赋予受者更丰富的信息，大大提升了他们在传播过程中的地位。

第五，文字媒介促使媒体的出现。在文字出现之前，人类一直在进行信息交换活动，只是在文字发明之后，文字才可以作为稳定的传播方式传递信息，于是媒体应运而生。

（三）印刷时代

文字虽然可以较长久地记录下历史的信息，然而手写文字对信息的复制效率过低，难以形成规模化的传播，社会交流的扩大要求人们设想文字书写复制的传播技术（陈力丹，2004）。为了方便记载思想及重大事件，使其传之四方，留传后世，人类社会迫切需要发明一种既方便可得又廉价优质的新型书写材料。人们开始突破已有的媒介技术，探求先进的媒介技术，造纸术和印刷术应运而生。造纸术和印刷术合二为一，产生了印刷媒介。这两项技术的革新彻底改变了传播媒介技术的进程。

1. 造纸术

在印刷媒介时代，一项重要的信息技术就是造纸术。东汉元兴元年（105年）蔡伦改进了造纸术，此后纸张以新的姿态进入社会文化生活之中，逐步在中国传播开来，后来又传播到世界各地。14世纪末，意大利、法国、西班牙、德国都能大量生产纸张，纸已经代替羊皮纸成为欧洲主要的书写材料。纸张使得过去用于传播思想的昂贵材料被一种经济的材料取代，这促使了人类思想成果的流传。它带来了一场重大的革命。没有这一场革命，写作的艺术就不会这么发达，印刷术的发明也不可能这么造福人类（德弗勒 等，1990）。

造纸术的发明，改善了文字记录材料。新型书写材料有以下几大特性：

第一，成本较低。

第二，物理性能相对较稳定。

第三，便于运输、储存。

第四，可以批量生产，用于复制。

2. 印刷术

北宋庆历年间中国的毕昇发明了泥活字印刷术，完成了印刷史上一次伟大的技术革命。大约400年后（1450年前后），德国人谷登堡发明了铅活字印刷机，创造了西方文明史上人类精神生活传播手段的一次最为剧烈的变革（Eisenstein，2009）。他的发明推动人类由书写文化转变为印刷文化。由于印刷机的使用，编辑和印刷工人可以使文本标准化，进行批量生产，使一般人都可以便利地获得文字所记载的知识信息。大量生产相对廉价的纸张和批量复制信息的印刷术为人类开启了文明之门。

印刷媒介的特点有以下几个方面：

第一，复制速度和能力大为增强。

第二，批量复制的便利，有利于形成大容量或大规模信息传播格局。

第三，印刷媒介的普及带动知识的普及。

第四，催生新型文化。

第五，传受双方逐渐成为对立的群体。

第六，专门从事媒介的工作产生。

（四）电子传播时代

以电子媒介为基础的文化是人类文化的发展经过书写和印刷媒介向口传媒介更高层次的回归。它既具有口传媒介的直观直觉性，也能像文字符号一样克服人类直接交流中的时空限制。同时，电子媒介使文化重新通过声音和形象得以传播，从而突破了书面印刷媒介的文字符号对大众的限制。因而，从传播方式上看，电子媒介具有普及性、大众性和民主性的特点。这些特点使得它成为大众文化可以利用的最重要的形式。电子传播时代的媒介技术主要包括电报、电话、广播以及电视技术（王长潇，2011）。

1. 电报技术

随着商品经济的发展和对外贸易的扩大，信息承载需要更远、更快、更准、更安全的方式。这就需要很大程度上突破空间的限制，电报作为远距离传播的工具应运而生。电报技术依靠电磁波和电流为信息传播的载体，进行信息传播活动。它的发明标志着电信传播的开始：

第一，电报技术提高了信息传播速度。以前信息的传播与人的交通、物的运输密不可分。随着电报网络的急速扩大，信息的传播速度得到较大提升。

第二，电报技术提高了即时性和传播的范围。

第三，保密性差，易受干扰。

2. 电话技术

电报技术的应用过程比较复杂，如果内容多就更麻烦、耗时。人们从未停止寻求更加快速便捷的远距离媒介技术的步伐。美国人贝尔根据电磁感应的原理，受前人研究成果的启发，发明了电话机。当时人们普遍还在使用电报机，而电话不用电码可以直接传送声音，令人惊叹。尤其是它即时、双向交流的特点，深受世人好评。电话技术的发明和广泛应用极大地推进了传播活动的发展：

第一，实现了远距离双向交流，减少了电报的译码环节。

第二，超越了电报的速度，为大众传播奠定了基础。

第三，交流者的自主性得到了发挥。

3. 广播技术

在电报技术和电话技术的催生下，广播技术作为直接的大众传播媒介而诞生。广播分为有线广播和无线广播。

有线广播是利用光导纤维或金属导线组成的传输分配网络，可以将广播节目直接传送给用户接收设备的区域性广播。有线广播具有抗自然干扰和工业干扰能力强，工作稳定可靠，时间、空间容易控制，传输频带宽，节目质量高的特点。在有线广播普及不久，又出现了无线广播，无线电技术的历史性突破为广播这种新型媒介技术的诞生扫清了障碍。广播技术的特点有如下几点：

第一，以声音传播信息，使传播的信息不受水平、视力、光线等条件的制约，传播的广度大大增加，感染力强，加强了传播效果。

第二，以电波传播信息，迅捷。虽然电报也是以电波传送信号，但电报只是中间环节，电报必须译码之后通过报纸、广播传播。电波覆盖面广，大大扩展了信息传播区域。

第三，方式更灵活、方便、经济实惠、老少皆宜。这就决定了广播技术传播信息的受众扩大。

4. 电视技术

1938年，美国无线电公司在世界博览会上展示了电视技术，这一般被认为是电视时代的开始。电视技术同时利用屏幕图像和语言、音乐、音响等声音作为信息载体，向上兼容了广播的语言和音响、报纸的文字和图片、电影的影像，实现了人类听觉与视觉的同时延伸。电视具有时效性、真实性、欣赏性、观众的广泛性等特性，真正实现了传播的大众化。伴随着科技的发展，电视技术也慢慢走向成熟，彩色电视的普及和日后的卫星电视的运用都在人类传播活动中发挥了越来越重要的作用。

电视技术有如下特点：

第一，创造了全新的表达语言的方式。

第二，提高传播速度。电磁波的速度等于光速，可以瞬时把信号传递到电缆的尽头。因此，电子技术解决了媒介传递的速度问题，几乎所有的电子媒介都具有远距离传送即时信息的功能。

第三，单向传播。与电话技术和口语媒介不同，电视节目的传播，只能听、看，不能交流。

电子媒介技术把信息负载到电能上，使传播信息的手段和载体都发生了质的飞跃。电子媒介技术以极高的传播速度超越时空，使信息传播手段发生了根本性的变革。电子媒介技术的特征主要具有以下几点：

第一，时效性。从传播媒介上看，电子媒介技术是以电波为载体的，而电波每秒能够运行30万千米，因此，几乎是在发出信息的同时，受众就能够接收到。这一优势是手工抄写媒介技术和印刷媒介技术无论如何也无法比拟的。

第二，远播性。一方面，电子媒介技术是通过有声语言及图像传播信息的，只要能够听到和看到，就能够利用电子媒介技术，这种优势使它具有最为广泛的受众。另一方面，电波本身具有极强的穿透性，这就使得收听广播和收看电视不受空间的限制。只要有了收音机和电视装置，凡是电波能够到达的地方，都可以接收到发出的信息。

第三，生动性。电子媒介技术的信息传播是借助于声音、图像等多种途径进行的，声音本身具有极强的张力和丰富的表现力，图像更具有直观性和亲和力。

第四，技术性。纵观人类传播历史，可以清楚地发现，每一次媒介技术的飞跃与科学技术的发展是密不可分的。电子媒介技术的产生和发展在很大程度上得益于第二次科技革命的研究成果。从另一个层面来说，电子媒介的技术性体现在传播信息的过程中，需要与之相匹配的各种技术物质基础；同时，电子媒介技术的制作和传递信息的操作过程较为复杂，需要有具备相关知识和技能的专门技术人才。

总之，电子媒介的时效性、远播性、生动性及技术性使得它成为信息传播可以利用的最重要形式，这都是以前的媒介技术所缺乏的。正是这四大特性，使得传播进入了一个更为广阔的新天地，真正实现了信息传播的大众化。

（五）数字传播时代

1. 技术类型

在现代科学技术发展的背景下，一系列新兴技术在传播领域得到广泛应用，使传播的范围得到极大扩展，传播速度和效率也得到极大提高，传播的形式有了深刻的变化。数字传播媒介主要是计算机技术和互联网。

计算机技术是网络技术的核心，也是网络技术中发展最快的部分。计算机处理信息的过程是软件程序通过数据输入、数据存储、数据处理和数据输出四个步骤处理信息的。当单独的计算机处理数据的能力已不能满足人们的需要，共享信息资源的愿望已是社会发展共同需求时，计算机网络技术应运而生。

网络技术采用的全新媒介技术载体“比特”（bit）把一系列相关技术综合集成在一个系统平台上，这为信息传播提供了更为强大的发展动力，使信息传播可以同时实现及时性、便捷性、交互性、远程化和巨量化，提高了传播的效率、效果和质量；使传播能以更短的时间、更广的范围、更灵活的机制、更便捷的方式、更好的效果让所有人分享信息。网络技术的传播证明人类对信息传播的操纵能力可以为人类自己的需要创造无穷的世界，媒介和信息的互动把信息本身演变为世界的新维度，这不仅是一种表达和传播的媒介技术，也是一种创造和体验的方式（汪琼 等，2013）。

2. 技术特征

互联网的兴起和蓬勃发展，带来了信息传播技术的根本性变革。数字媒介技术的新特点主要表现在数字性、融合性、交互性、超时空性、信息容量无限性等方面。

第一，数字性。虚拟世界通过计算机技术、虚拟现实技术、网络技术、数字化技术等高科技手段，对各种文本、声音、图像、影像等进行生产、存储、传递、交换和控制的数字化处理。互联网通过这种数字化的方式把原来不可能的事物和世界，变成了感觉世界中可能的、现实的事物和世界。

第二，融合性。数字媒介技术使得信息传播集中了印刷媒介技术、广播技术、电视技术的优点，以兼具数据、文本、图形、图像和声音的超文本结构，实现了文字、图片、声音、图像等报道手段的有机结合。在这一革命性进程中，传播的技术和手段越来越现代化，其重要标志就是传播的网络化。

第三，交互性。数字媒介技术的兴起，克服了以往媒介技术的种种缺陷，开启了人类传播的崭新的交互时代，个人的思维方式、行为方式因交互而得到改变，大众传播发展成为分众传播。

第四，超时空性。在数字媒介技术时代，每一个使用者均不再是单纯的主体或单纯的客体，而是处于一个交互主体的环境之中。文本、声音、图像、符码等均借数字化技术以比特方式组织起来，并以其为载体进行运作，呈现出高速度的实际功效，使得日常生活中经验的传播得以改变，消除了时间和空间的限制，出现了一个超时空的网络社会。

第五，信息容量无限性。网络容量信息之大，是其他任何媒介技术都无法企及的。网络技术是个开放的系统，技术上的每次升级换代都使传播的范围大为延伸，发布信息者有更多的平台选择，相应地接收者亦可通过多种数字化终端进行接收。后代的技术都把前代技术包融在内，在制式上兼容，处于网络中的计算机更是把各种音频、视频、图像和文字传输融于一身。与此同时，网络技术的数字存储和传输使得信息容量具有理论上的无限性，并且不断进步的存储技术仍在不断推进这一极限。

从口传、手抄文字、印刷、电子传播，到数字传播的历史发展过程中，每一次革命都给人类的政治、经济、文化和社会生活带来巨大变化，同时社会也对媒介形态产生反作用，技术与社会在相互影响中推动人类文明不断地向更高层次迈进。

第二节　互联网＋与国际教育变革及特点

一、国际教育的发展及特点

技术的发展与演变往往带来教育的变革。口传时代、手抄文字时代、印刷时代、电子传播时代、数字传播时代，均相应地产生国际教育变革。纵观国际教育变革，每次变革都与技术演变息息相关。

（一）口传时代的教育变革

大约在3万年前，人类发明了语言，进入了口传信息时代。当时人们通过语言、表情、动作、眼神等进行教育传播活动，由人体的感官或器官本身来执行并发生功能，主要诉诸人们的听觉、视觉和感觉，其传播的形式和方式是面对面的实时传播，在传播学上属于“示现的媒介系统”（即人们面对面传递信息的媒介系统）（牛梦琪，2006）。可以说，这是划时代的飞跃。语言作为轻便的达意工具，在社会生活中用于表达舆论、抒发情感和传递信息。文化也得以通过各种神话传说和民间故事等形式延续下来（张雨生，2003）。在口传时代，口传媒介技术具有这个时代特有的特征。由于不能依靠外在的记录载体，对人类经验和智慧的“记录”，就完全依靠人的记忆，所以人既是内容的创作者，也是载体（汪琼 等，2013）。组织思想和再现思想是一件非常困难的事情，为了保存记忆和激活记忆，人们经常开展各种庆典活动，借助表演，把声音、动作和场景整合成一个整体，通过声觉、视觉、叙事、情景或环境的提示激活个人的记忆，这也是口传时代的特殊现象（汪琼 等，2013）。这个时代的游吟诗人对教育传播起到了重要的作用。

人的大脑记忆是有限的，随着知识和经验的日益丰富，需借助口语以外的媒介来帮助记忆和传播。于是人们想到了结绳记事和刻画符号等方法。

（二）手抄文字时代的教育变革

伴随着原始社会向奴隶社会的过渡，口头传播逐渐丧失了其支配地位，以手抄文字传播为主的手抄时代来临。与口传相比，手工抄写主要有两项创新：第一，希腊人创造出一种新的表达符号——字母文字。在中国，开始出现象形文字，特别是甲骨文，并逐渐发展成其他字体。第二，记录的载体从人变成了外在的物质——莎草纸、羊皮纸，尤其是中国造纸术的发明。可以说，从口传转向手抄时代的现实基础是文字的创造和书写材料的发明（解光云 等，2006）。手抄文字能把口语传播的信息记录下来，不仅便于保存，也利于传播，使人类经验与智慧得以准确延续。手抄文字时代的教育除口语传播媒介外，又多了以文字符号为媒介的传播方法。之后，文字的阅读与书写不仅是教育的一种方式，更成为一项重要的教育内容（张立新，2009）。

然而，由于手抄耗时耗力、价格昂贵，一般人无法承受。此外，它也不是生活的必须技能，所以手抄时代的读写活动仅仅发生在少数人范围内。

（三）印刷时代的教育变革

印刷时代经历了中国的雕版印刷、活字印刷，到德国的机械印刷。德国人谷登堡发明的活字印刷机标志着印刷时代新纪元的开始（郭庆光，1999）。印刷时代高质量、低价格的书籍取代了昂贵、稀少的手抄本，使知识的积累与传播有着数量、质量、范围和速度上的优势，打破了少数人对知识的垄断，促进了大众教育的发展。大众知识水平的提高，又促进了宗教、哲学、科学、文学、艺术的发展。

印刷机影响了教科书版式的变化，16世纪中叶逐渐形成了标准化格式的书籍出版。之后，以“班级授课制”为核心的现代学校制度正式确立，随后从欧洲传到美洲和世界各地，并在19世纪末20世纪初借由日本传到中国。学制、考试评价制度、学位制度等不断完善，形成了今天的现代教育体系（汪琼 等，2013）。

（四）电子传播时代的教育变革

拥有一双“顺风耳”、一对“千里眼”，可以说是千百年来人类的梦想，也曾被认为是天方夜谭。但人类的第四次传播革命，使这个梦想成为了现实。第四次传播革命使人类进入电子传播时代，以广播和电视为主体的电信传播，不仅彻底突破了时间和空间的限制，使得信息传播瞬息万里，而且挣脱了印刷传播中必不可少的物质运输的束缚，为信息传播开辟了一条便捷、高效的空中通道，世界变成了一个“地球村”，人类的记录和表达方式也由此进入了一个新的历史阶段（邵培仁，1996）。

以电视和广播为代表的电子传播媒介，信息以电磁波的速度传播，不仅提高了知识的传播效率，又扩大了传播范围。人类从文字书写进入影像书写时代，人类从单纯的文字表达，进入了语言、音乐和画面共同表达的视听时代，视听教育应运而生（汪琼 等，2013）。幻灯投影、电视录像已经成为课堂教学中常用的技术手段；广播教学、电视教学发展迅速，特别是卫星电视广播为普及全民教育提供了更有效的手段，世界各国都把开办卫星电视教育作为发展本国教育的一项重要措施（张立新，2009）。

（五）数字传播时代的教育变革

信息化是当今时代发展的大趋势，人类社会正在向信息时代过渡，跨进第三次文明浪潮。在这一次的传播革命中，电脑及其各种软件和多媒体设备（如录像机、录音机、传真机、打印机等），成为人们综合处理人际传播、组织传播、大众传播和跨国传播乃至全球传播的主要媒介。与电子传播媒介相比，数字传播媒介用0、1数字信号取代了模拟电信号，在传播速度、传播范围、表达符号的丰富性和记录的准确性上均有突破。数字传播媒介具有双向性，用开放的互联网络代替了封闭的电视网络。与以往人们被动接受信息的方式不同，信息时代的人们可以主动搜寻信息、自主选择信息并使用信息，信息素养成为该时代人们的必备素养。互联网在记录、表达和传播结构上，具有前所未有的特征，引起学术研究和教育教学的革命性变革。

1. 引起教育双阶段变革

教育信息化使人类基本书写行为从纸上向网络迁移。因此，第一步是把存量内容从旧媒介变成新媒介的格式，目前国家实施的多项教育信息化工程，包括精品课程建设、多媒体教学、白板教学等，都属于“新瓶装旧酒”的阶段。信息技术对教育的革命性影响主要体现在第二个阶段——“新瓶酿新酒”，教育信息化的未来蕴藏在“新瓶酿新酒”的创新中（汪琼 等，2013）。

2. 教育大数据的应用

随着网络辅助教学的应用普及，教学过程中教师和学生的教学行为、教学过程和学习成果的大量数据被网络教学系统记录下来。通过对教育大数据的综合分析，有助于在教学过程中对个体学生的教学督导和管理提供支持；通过对学生个体的学习过程和结果进行分析，可以辅助学生进行个性化的教学资源推送和学习进度推进，甚至为学生提供定制化的学习安排，以便更有效地因材施教；对参与课程所有学生的学习行为、过程和学习成果进行数据分析，可以识别出课程教学设计中存在的问题，教师就能根据大数据的分析结果改善教学设计。教育大数据应用将会给课程教学和教学管理创造更多的价值（陈永红，2015）。

二、互联网＋时代下信息技术对国际教育的影响

在过去的十多年间，网络迅猛发展，成为帮助人们沟通交流、获取信息的重要通信工具，强大的信息技术革新影响了人类生活的方方面面。如今，互联网凭借其特有的优势，成为促进教与学的重要教学工具。

2010年7月我国颁布的《国家中长期教育改革和发展规划纲要（2010—2020年）》提出："信息技术对教育发展具有革命性影响，必须予以高度重视。"可见，信息技术不仅对通信、零售、金融等行业产生了一定的冲击，而且逐渐渗透到教育的各个环节，从根本上改变了人与知识、人与内容、人与人之间的交互方式。不仅如此，这种改变也将从根本上改变人类社会的组织方式、教育教学方式。

（一）对知识生产方式的影响

20世纪90年代，以计算机技术、网络技术和现代通信技术为基础的信息技术迅速发展，教育界呈现出以信息技术的广泛应用为特征的发展趋势，本书把教育改革发展的这一趋势称为教育信息化。教育信息化是在教学过程中广泛采用信息技术，如幻灯片、投影仪、广播、电视、计算机、网络等，形成利用多种媒体进行教学的方式，具有教材多媒体化、资源全球化、教学个性化、学习自主化等特征。信息技术使教育方式发生新的变化，对整个教育事业的发展产生了巨大而深刻的影响。

其中，人类知识的生产方式发生了明显的变化。今天，互联网所营

造的弥散性社会传播环境，使研究和实践之间出现了一种比以往任何时候都更为紧密的联系，甚至在某种程度上出现了范围经济现象，使得人类进入知识经济时代。信息传播的弥散性、知识作为“范围经济”产品的特点，对未来的学术研究和高等教育将产生结构性的影响。

1. 提供知识创造的新手段

不同于手工技术时代和机电技术时代，信息技术时代具有前两者无法企及的信息化教育技术，比如多媒体计算机、人工智能技术、校园网、因特网、虚拟现实等。这些物化形态的技术能够促使人类整体的知识创造、表达以及组织体系发生明显的变化。知识的产生既可以发生在教室，也可以发生在地铁、车间、病房等任何地方，从而生成各种观念形态的技术，如网络课程开发理论、基于认知理论的教学设计、基于建构主义的以学为主的教学设计、绩效技术和知识管理技术等。

以往，人类通过书面材料、电视、录像等途径激发灵感、创造知识。在信息化时代，由于信息技术具有数字化、网络化、多媒体化、智能化、虚拟化等特征，人们可以通过一个不断发展的、潜力巨大的信息库和信息交换中心——互联网，进行知识和信息的收集，并从中筛选自己想要的资料，产生新的知识。不仅如此，在信息化社会中，知识生产成为主要的生产形势，而知识则成了创造财富的主要资源。这种资源可以共享，可以倍增，可以“无限制”创造，这都是因为信息技术为它们的产生提供了更多的可能性。总而言之，信息技术大大加速了全球化进程，逐步弱化了时间和距离的概念，为知识的产生和创造提供了新的工具和手段。

2. 扩大知识生产者的范围

纵观历史，我们可以发现，在思想传承与知识积累的过程中，内容接受者一直是重要的一环。在信息化时代来临之前，观众只能被动接受电视和广播带来的信息，不能主动去搜索、点播自己需要或是感兴趣的内容。

但是，互联网的诞生初步改变了这种单向被动的局面，开始了完全不同于以往的知识生产和传播的实践。任何人都可以通过网络主动建构、生产知识和信息，观众也开始脱离单一的消费者角色，部分地承担内容再解读和知识再创造的工作。不同于此前“单向性的传播媒介”，信息技术扩大了知识生产者的范围和群体，从而给予受众更多的参与空间。

3. 改变教育的读写方式

随着信息时代的到来，传统的读写方式开始发生变化。就阅读方式而言，文本阅读走向超文本阅读，单纯阅读文字发展到阅读多媒体电子读物，另外还产生了在与电子资料库对话中高效率检索式的阅读。阅读方式的改变是信息技术发展的必然产物，阅读方式的多样性为人们接触、积累以及创造知识奠定了基础。

写作方式也产生了很大的变化，从手写走向键盘输入、扫描输入及语音输入，并且具有图文并茂、声形并茂的多媒体特征。超文本结构的构思与写作，与电子资料库对话中一体化的阅读与写作，在远程交流中协同化、群体化的写作等新型的读写方式都为学生提供了丰富的、立体化的学习和创作平台。各种形式的写作方式使得建立在纸质教材基础上的课堂教学微观系统出现了一系列的变化和重组，实现从以物理教室为核心到以网络教室为核心的转变，所有的人员、资金、管理流程，也可能因此相应地发生系统性的重构。

4. 提供新型教育的平台

多媒体计算机网络、卫星广播网络以及有线电视网络为教育搭建了新的平台，通过这些平台，教育的触角可以延伸到城市、农村的每一个角落，学习者可以充分利用各种资源开展自主学习、远程学习，使终身教育和全民教育变成现实。

近年来，随着网络技术、移动技术、数字媒体等技术的快速发展和无缝结合，以及各种形式的网络数字资源的丰富，一些新的学习方式也正在形成，如在线学习（electronic learning，简称 e-learning）、移动学习（mobile learning，简称 m-learning）、泛在学习（ubiquitous learning，简称 u-learning）和智慧学习（smart learning，简称 s-learning）等。人们可以通过互联网技术和新媒体技术来获取学习资源并进行个性化的自主学习和探究学习，利用信息化网络的技术支持快乐学习。

5. 帮助构建新型教学模式

信息时代需要培养具有创新能力、实践能力与组织能力的新型人才，需要培养善于探究、能够与他人有效合作、具有跨文化理解能力和国际化视野的新型人才。这就需要变革传统的教学模式，在信息技术支持下实施信息化教学模式，例如，实施基于计算机的合作学习（computer-supported cooperative learning，简称 CSCL）、网络探究式学习、基于项目或问题的学习等。

可以说，只要使用恰当，技术具有提高师生学习的巨大潜力。信息技术的教学运用就如同骑手对烈马的驯服与驾驭过程。烈马（技术）只有在被驾驭了的时候，才会得到最充分的发挥；否则，骑手非但不能利用它，还可能受到损伤（技术运用可能会带来负面的影响）。因此，在教育中，为了利用信息技术支持有效学习，扩大教育规模和提高教学质量，教师需要通晓、掌握、驾驭信息技术，使它成为学生学习、教师教学的有效工具。

（二）对知识存储方式的影响

媒介技术的演进，使人类储存知识的方式、系统地表述知识的方式相应地发生变化。网络信息资源的诞生，使得传统知识的存储方式发生了根本的变化，原本口传、手抄、印刷环境下积累的知识体系被装入全新的互联网表达系统中。

文化离不开知识的存储，存储知识的传统工具是文字。文字的出现加快了人类文化发展的进程，特别是印刷机的发明，使得印刷书刊，尤其是印制的图书成为传统图书馆知识收藏、存储的主要信息载体（张玉珍，2002）。在信息化社会，微电子技术、信息技术和现代通信技术飞速发展，且相互渗透、融合；联机数据库、光盘出版物、网络信息资源等相继诞生，这些都使得知识的存储发生了根本的变化，无纸存储已成为现实，并且更方便人们快速地检索、共享和交换，对传统知识载体的印刷书刊的生存与发展产生了极大的冲击（陆竹棠 等，2007）。

信息技术将知识存储的形式变得更多样化，也为人类对知识的提取提供了巨大的便利。不管是存储自己的知识还是浏览他人存储的知识，互联网都是一个容量巨大的信息技术平台。当需要提取信息的时候，人们不必特意去图书馆等地搜寻，在任何时间、任何地点只需进入网络平台搜索即可。比如，Weiser 和 Morrison（1998）对某公司的一个项目存储系统（AI-STARS）进行了研究，发现这个系统中包含了许多信息，比如公告、产品发布声明、服务手册、电子邮件消息等。公司内的员工通过这个系统可以快速获得产品信息，帮助客户解决问题。公司内部局域网能辅助记忆产品信息，当产品价格发生变化时，能很快在相关系统中发现，避免从价格发生变化到销售人员感知价格变化的时间滞后。

此外，网络游戏等带互动性的表达手段，超媒体、数据库和搜索引擎所带来的新的内容组织结构，在互联网环境下，将构建出新的知识表达体系和知识组织结构。这将改变现有的写作和出版行业，使人们利用知识的方式和读写行为发生根本性改变。

总而言之，信息技术打破了知识只能通过纸张得以存储的传统，使得存储知识的方式更加多样。人们能够从被动转化为主动，成为知识的存储者和管理者，而非一味接受他人整理发布的信息和资源的接受者。但是，由于知识存储随时随地都可以进行，突破了原先印刷书刊的局限，这就会造成网络上各种信息的堆砌和累积。这需要信息时代的人们具有辨别能力，不仅要合理地存储信息，也要懂得搜寻、筛选网络上密密麻麻、各式各样的信息。

（三）对知识表述方式的影响

知识是人类世界特有的概念，它是人类对客观世界较为全面、准确的认识和理解。知识具有相对正确的特性，正确、完整的知识形成是一个复杂的智能过程。知识的表述就是对知识的一种描述，或者说是一组约定，一种计算机可以接受的用于描述知识的数据结构。然而在此处，知识的范围要小得多。这里，我们主要从教育和教师两方面来阐释信息技术对知识表述方式的影响。

从教育方面来看，信息技术的产生和发展能够有效地把发生在不同场所的教学“串”在一起，形成一个有序的教学过程，而网络教室则成为保留各种教学痕迹，检查教学效果的空间。如今，对于置身于网络环境中的人们来说，他们所处的空间早已完全超越了一间小小的教室，而是一个绚烂多彩的世界。通过互联网，人们可以随时与身处不同地区和国家的其他教室和学习者建立联系，可以通过QQ、Skype、Face Time、微信、Viber等多种先进的网络通信软件进行交流和协作，取己所需，为己所用。

由此可见，信息化时代下的教与学早已突破了以前单一、被动的教学方式。随着教育信息化的发展，建立在印刷技术基础上的“满堂灌”式的教育可能被解构为若干个独具特色的细分教育模块。教育者和学习者将在选择和组合的基础上，形成特色教学方案，以满足不同年龄、不同偏好的学习者差异化学习的要求。在信息技术的辅助下，教学逐步转变为以学习者为主体和中心的、具有开放性和探索性的平台，实现学习者更为个性化的学习需求。

从教师方面来看，信息技术使人类教学更接近“因材施教”的教育理想，而备选方案的增加也大大提高了教育决策的复杂性。比如，在如今的外语课堂内，教师通过对个性迥异学生的了解，设计各种不同的知识传授方式，因人而异，从而取得最佳教学效果；在展示知识点时，教师或用动画取代板书，或用视频取代讲解，也同样可以达到原本的教学目的。如果运用得当，信息技术不仅能为教师节省更多的精力和体力，还能让他们不遗余力地提高教学的趣味性和教学的效果。可见，信息化社会中，基于多媒体网络的教学环境为教师提供了更多知识的表述方式，还为多媒体技术、学科内容和教学方法的组织和结合提供了更坚实的依靠，使课堂教学更丰富。

另外，兼具自主性和互动性的多媒体网络学习资源还能充当一个“隐形的”教师，及时为学习者的学习提供反馈信息，更好地激发学生学习的积极性和主动性，体现学习者的主体地位。由此可见，如果说传统学习中学生的主要学习内容为教材和一些辅导书，信息技术则早已突破了这种呈现方式单一、充满局限性的途径。

（四）对教育理念的促进

互联网+时代倡导教育容纳所有学生，反对歧视排斥，促进积极参与，注重集体合作，满足不同需求。信息技术在教育领域的发展，与这种教育理念不谋而合。

1. 对教育平等观的促进

在信息化时代，所有人在网络面前都是机会均等的，享有平等的学习机会。电子科技产品，可以为正常的学生带来无限浩大的资源库，同时也能为残疾学生带来在传统课堂上无法获得的教学模式。在科技日新月异的今天，盲人专用电脑、聋哑人声音转换器等高科技产品已经开始涌入市场。这些科技产品能够弥补残疾学生的先天不足，帮助盲人对网络学习资源进行自由阅读，达到“看”的目的；帮助聋哑学生或有表达障碍的学生传达有声思想，实现“说”的效果。在这样的信息技术大环境下，无论是正常学生还是残疾学生，都能够通过强大的互联网搜集信息，共享学习资料甚至参与网络课程，真正拥有平等获取教学资源的权利。

2. 对个性化教学的促进

我们的社会团体、学校机构应该营造一种包罗万象的氛围，在这种氛围中，每个社会团体和学校机构欢迎每一个人，并且能够充分保障他们受教育的权利。尤其在普通学校中，领导和教师群体要树立接纳所有学生的思想，包括不同年龄层次、学习程度和社会地位的学生，逐步创造条件满足各层次学生的不同需求。

信息化背景下的教育模式，比传统课堂多了更多自由的选择空间。不同性格和兴趣爱好的学生，完全可以自愿、自由地在各种网络和电子资源中寻找适合自己的学习内容，甚至学习方法，从而进行学习内容的巩固、测验和扩展。对学习能力较为薄弱的学生来说，各种电脑软件可以帮助他们设置学习计划，进行学习提醒和学习进度记录，同时也能够为他们提供更加基础的教材进行查漏补缺；对学习成绩好、自学能力强的学生来说，信息技术为他们带来的是更加刺激的竞技场，他们能够对感兴趣的领域进行深入研究和探索，并且能在网络论坛与高人进行学业切磋，一争高下。这样的教育环境能使学生化被动为主动，弥补教师可能人为产生的“偏爱”，从而更加积极地去学习并且享受其中。

3. 对教育积极性的促进

教育提倡学生作为教学和学校生活的一份子应该“积极参与”，这与国际社会提出的“学会生存”其实是两种不同的哲学观。与强调个体如何适应主流社会的“学会生存”不同，“积极参与”的立足点在于个体积极主动的参与，而不是为了跟随大流而改变自己的特性。“积极参与”在学生成长中传达的精神更加充满活力。

信息化大背景为教育评价提供了更加便捷的平台。各种类型的电子评价体系的形成为教师和学生提供了畅所欲言的机会。随着智能机和各种平板电脑的普及，我们几乎可以“秒记录”身边发生的事情。教师听课时可以实时评价和记录，学生在课后可以对教师上课的表现进行打分，并可以随时随地利用手边的设备软件进行匿名回馈。通过收集这些回馈，教师能够更加清楚地了解学生的需求和教学方案的不足，而学生也可以为自己对教师教学的看法找到一个合适的倾诉方式。实时的消息录入和反馈，能够帮助整个教育大环境及时发现问题、解决问题并防患于未然。这其实也是个体积极参与社会决策和实践的良好平台。

4. 对教育价值观的促进

教育的最终目的，是使人们走向社会，在这个社会中，人人参与，人人合作，人人都受欢迎。

培养合作观念，光靠传统的课堂教学是远远不够的。在传统教学课堂里，学生在大多数时候作为一个信息的接受者，很少有机会去分享和帮助。每一个人更关注自己的考试成绩和作业情况，对他人的关注少之又少。而信息化背景下的教育环境为学生带来了更多合作学习的平台。现今有不少网络平台开设了资源分享功能。通信软件的发展让每一个人随时随地都能找到交换和共享资料的机会。此外，各大网络论坛也为收集大众的问题提供了很好的平台。大家会渐渐地产生这样一种价值观：只有分享自己的好东西，为别人解答疑惑，我们才能够在关键时刻得到别人的帮助。有了这样的合作观念，学校教育才会在教师与教师之间、教师与学生之间、学生与学生之间、教师与家长之间等合作关系中发展得越来越和谐有效。总而言之，合作分享是未来社会发展的趋势，也已经在当今的互联网时代初具雏形。

5. 对教学观的促进

信息化技术的发展为教师带来了更加庞大的教学资源信息库，教师可以不用再闭门造车，单纯地执行自己的一套教学理念和方法，他们有了更多的机会去发现来自世界各地的教学方法和个案辅导模式。各个类型的青少年心理问题的网络讲座和课程也能为教师带来新的启发。为学生量身定做合适的课程不仅要了解他们现有的知识水平和理解能力，也要考虑普遍存在的学生心理发展趋势。只有全面地了解学生的成长模式，才能够为不同个性的学生制订多样化的教学方案。

（五）对教学组织形式的影响

互联网时代给教育教学的组织形式带来了变革和挑战。远程教学、慕课（massive open online course，简称 MOOC）、微课等教学组织形式出现，与传统教学形式相结合，让学生在任何地点、以任何方式、从任何人那里学习成为了可能。网络课堂成为新常态，学生可以利用线上线下进行学习。混合式教学组织形式与学习方式成为主流。

互联网对教学方式的变革影响深刻，但教学只是教育的一部分。教育的本质是教书育人。一方面，要正视互联网对教学方式的影响，与时俱进，顺势而为；另一方面，又要坚守教育之道，探寻教育本真，遵循规律，守正创新（翟小宁，2016）。

三、信息技术对国际外语教学变革的影响

以计算机为核心的信息技术在教育领域的广泛应用推动了教育技术、教学理论及教学实践的发展，然而，没有哪一门学科像外语教学一样受到信息技术如此深刻而广泛的影响。在外语教学过程中，利用计算机多媒体辅助教学系统能将现代信息技术和有效网络课程资源融入外语学习中。学生通过网络课程资源积极、愉快、自主地进行探索与发现，实现“乐学”的自主学习形式。

现代信息技术所构建的外语学习环境以计算机、多媒体、网络技术、人工智能等核心技术为基础，充分利用其交互功能及多媒体功能优化学习过程，实现发现式学习、直观全景式等多种学习模式，以培养学习者的探索精神和创新思维习惯（王琦，2006）。不同于传统的外语教学环境，利用现代化多媒体技术，如录音、视频、电脑网络等多样化的辅助教学手段，可以更便利地展现感性材料，创设语境，为学生学习外语提供大量的学习资源，从而激发学生的学习兴趣。可见，信息化大背景下，信息技术对外语教学领域的影响是巨大而深刻的。这里，我们主要对信息技术所扮演的角色，以及它对学生、教学的影响三大方面进行

讨论。

(一）新型“教师”角色

随着现代信息技术的发展，多媒体与网络技术在外语教学活动中的地位和作用日益突显，成为改善外语课堂质量、推动外语教学改革的一个重要力量。信息技术在外语教学中扮演着复杂角色，同时也推动着外语教师角色的演变。

1. 辅助者

在外语教学过程中，学习者有自己不同的个性以及学习风格，有些热爱表达，有些善于倾听，有些喜欢独立，有些擅长合作，等等。这些个体差异的因素都会影响学习的效果，而仅仅依靠教师，这些个体差异引起的教学差异性并不能很好地得到解决。现代信息技术所支持的包括声音、色彩、图片、动画、录像、文本等全方位立体化的学习环境能满足不同学习风格的学习者的需求。以往，教师在带领学生记忆单词时大多是读几遍，或是以讲解意思为主，而如今在信息技术的辅助下，仅仅针对记忆一个单词，多媒体技术就可以将文字、声音、图片、动画、音频和视频有效地整合起来，帮助学生建立对单词与其他相关事物丰富的联系。这些更为新颖、形象和直观的信息能够为学生提供大量原汁原味、地道的外语学习材料，提高他们的语言信息输入量，比教师单纯地讲授更加生动，且更为有效。可见，信息技术不仅能支持学生的个性化学习，也为教师因材施教提供了可能与帮助。

2. 管理者

如今，外语教学的重点已不再是教学生大量地、被动地学习和记忆单词、短语或语法条目，而是关注培养学生的认知策略，使其主动有效地运用记忆方法，进行自我计划和管理，并自我评价等。传统课堂所能提供的输入和交流是十分有限的，而计算机却能为学生提供各种方式管理自己的学习、评价和监控学习表现等。例如各种单词软件，如扇贝、百词斩、拓词，为学习者制订了科学合理的学习计划，并通过提供生动形象的图片与准确的读音，帮助他们轻松愉悦地学单词。不仅如此，随着智能手机、平板电脑的普及，小小一台电子设备便能囊括各种电子教材、学习资源库和学习网站，有效地充当一名管理者，使得学习者能够轻松、便捷地学习外语。

此外，信息技术支持的个性化学习还可以判断和评估学习者目前的语言水平、个性特征、学习风格和学习策略等，为确定学习目标提供依据，科学管理学习者的外语学习。这种信息技术与个别化学习相结合的过程主要由预测学生学习水平→确定学习任务→完成学习任务→评估学习任务几个模块组成。学习者还可以根据自己的兴趣、语言水平和学习速度选择学习方式和学习内容，寻找完成任务的途径，分析问题，最终完成任务（王琦，2006）。

3. 监督者

在当代，伴随着信息化教学与数字化学习的发展，信息技术正改变着外语学习者的学习方式。我们经常可以看见，他们或通过互联网、教育软件、数字媒体技术、智能手机终端等多样化的访问渠道进行自主学习，或依靠网络平台和网络社交圈与他人进行讨论、交流，开展合作学习。这种兼具自主性和互动性的多媒体网络学习资源还能充当一个“隐形的”教师，及时为学生的学习提供反馈信息，更好地激发学生学习外语的积极性和主动性。这不仅体现了学习者的主体地位，也起到了一定程度的监督作用。

（二）引领学生学习方式的改变

在教育信息化的环境中，学生不再只是被动地接收知识，而是能够实现知识的探索，发现问题，解决问题，实现创新能力的培养。因此，在教育信息化的学习环境中，需要学生具有很好的信息素养。他们开始转变传统的学习方式，对信息的获取、处理、创造、表现的能力大大加强。

1. 互联网“拾荒”

每个人都有拾荒的经历，无论是在学校野营时四处寻找树枝或果实，还是在图书馆搜寻某本书籍中的相关内容，都可以认为是在“拾荒”。随着在线学习、移动学习等信息技术对外语教育与课堂的冲击与影响，学生运用互联网搜寻某一问题或内容的学习方式逐渐风靡，运用信息技术进行“拾荒”的方式也显得更为有效和便捷。

互联网的产生和发展打破了时间和空间的局限，其丰富的网络资源令人叹为观止。如今，面对教师在课堂中抛出的各种疑问，学习者更多的是运用搜索引擎寻找答案，在网络上能够找到的信息资源数不胜数。通过搜索引擎，我们可以接触到比书本更丰富的知识与内容，运用在线词典、在线翻译等工具可以快速阅读相关的外语文章和内容。由此可见，利用互联网信息密集、资源共享、沟通便利的特点，改进外语教学是必然的趋势。

2. 自主学习

信息技术的发展与演进使得学生的主体地位逐渐提高。在这个以学习者为主体和中心的具有开放性和探索性的平台中，外语学习者只要正确掌握计算机技术就能实现自主学习，并且在获得所需信息的同时还可能生成和创造出新的信息。

不同于以往，学生无须在特定的时间内坐在特定的教室里听讲，而是可以自由地选择自己最合适的时间上网学习。他们也不再仅仅是教师灌输知识的对象，也是知识的积极探索者和建构者。在学习安排上，学生可以根据自身情况取舍内容，调整节奏；对不懂的难点、重点知识可以反复学习。

可以说，基于网络环境和智能移动的学习，让外语学习者处于一个五彩缤纷而非单一枯燥的世界，能够主动拾到更多“荒芜”的宝藏。

3. 协作学习

在传统的外语课堂中，学生主要依靠教师的语言、教材和有限的音像资料来获取文化知识，培养文化意识。而在这种以教师为中心的“一言堂”教学模式中，学生很少有机会发言。

如今，伴随着互联网成长起来的一代不但能够熟练地使用各种信息技术，还能体会到它带来的交互性。在多媒体网络环境下，学生成了学习的主体，通过人机对话、在线交流等手段，学生可以及时地获取更多的反馈，以此来完成共同的学习目标。由于网上内容丰富全面，图像生动真实，语音纯正，教学、测试方式灵活多变，没有教师在场的压力，这一切都为学习者提供了一个轻松愉快的学习环境，激发了学生的学习热情，提高了学习效率。这种基于计算机的合作学习（computer-supported cooperative learning）以及各种在线学习、移动学习等方式方便了学习者共享资源，突破了时空的限制。

4. 趣味学习

信息化大背景下，人们倾向快速浏览文字信息，对多元文化持有开放的态度，也容易产生无聊感。处于这个时代的学生在面对外语学习时，渴望通过充满趣味的方式学习知识点，在愉悦的环境中学习。

多媒体网络环境支持下的外语学习使得学生通过游戏化的方式愉悦、有趣地学习外语。动听的音乐，丰富的色彩，逼真的图片，这些都能吸引学生的注意力，激发他们的语言兴趣。信息技术的介入，为学生在课堂上增加了视、听、说的机会。通过文本、图形、声音、动画和有关技术模拟特定的英语教学中的人物、情节及场景等语言环境，使学生能在更真实的情景中运用英语进行操练，培养学生口语交际能力。

（三）对教师教学的影响

1. 对教学硬件的支持

在信息技术的大背景下，由多媒体技术和网络通信技术所构建的多媒体网络学习环境所具有的多种特性环境，不仅为学生学习英语提供了丰富、开放的资源，也为他们创造了更多学习外语的方式和途径。这里，我们主要介绍语言实验室和远程教学模式。

（1）语言实验室

在我国的中小学课堂中，使用最为广泛的是幻灯机和投影，因为这些设备成本低，操作简便，教材容易编制，使用方法灵活。随着教育的改革和发展，电视、录像、DVD以及计算机网络也逐渐被学校教育、教学所采用。就我国教育技术使用的国情而言，在高等学校和重点中学使用最多的还是语言实验室。这些语言实验室组合了多种媒体，形成了一个语言学习系统和语言教学系统。这类语言实验室成了中国外语教学最实用、最常见的教育媒体。

目前对语言实验室的分类还很难统一。计算机和网络技术促使语言实验室系统发生了巨大变化，它已由原来的模拟型发展成为具有音频、视频点播及网络功能的全数字化语音室。数字化语音实验室是在网络交换的基础上，将要传输的信号转化为数字信号，再通过标准的网络协议，传送给学生终端。模拟型的语音室在外语教学中曾经发挥过巨大作用，但由于其固有的一些不足，必将被数字化语音室这种全新的语言实验室所取代。

随着教育高新技术和语言学的发展，作为外语教育工作者则应多角度、多层次、多方位地对语言实验室系统进行研究，使其发挥最大的效益，更好地服务外语教学。

（2）远程教学

当前，现代远程教育（distance education）环境正改变着人们获取、存储、管理、传递、更新知识的方式，使教与学更加多元化，并能最大限度地优化教学效果、提高学习能力。与传统教学模式相比较，现代远程教育环境下的教学模式在教学交互、资源共享、信息综合、技术先进和目标多样等方面都有明显的特点（蓝斌，2005）。

比较而言，传统教学是以教师传授、学习者接受的方式来完成传道、授业、解惑的任务，整体呈现的是以教师为中心的教学模式，侧重于教。而现代远程教学强调学习者的自主性，学习者拥有更大的自主权，可以根据自身的情况，选择合适的内容、合适的进度，主动交流，自我评价，将外在的课程或学习要求，内化为自主学习的动力，借此达到提高自身能力和素质的目的，整体呈现的是以学习者为中心的教学模式，侧重于学。这一点，正是远程教学深受欢迎并得以长足发展的原因所在。

基于网络的传输方式是现代远程教学的主要方式，其技术实现方式比较灵活，教者与学者身处相距较远的异地也可实施教学，并可以通过论坛、即时通信软件等进行沟通和交互，极大地提高课堂教学的效率和质量（刘日升 等，2007）。

2. 为课堂教学提供便利

在外语课堂上，教师照本宣科的讲授型教学方法枯燥无味，且日复一日用粉笔在黑板上辛勤地“劳作”，大大增强了教师的劳动强度，影响了教学速度。信息化大背景下，信息技术与外语课堂的结合大大缩短了教学时间，减轻了教师的劳动强度，吸引了学生的注意力。不仅如此，它还能改变学生接收知识的思维信号，使思维高度兴奋，提高其接收能力。幻灯片、网络、语言实验室等多种先进设备都能够帮助提高课堂教学的效率和质量。

（1）利用展台，实施外语教学

这些年来，随着教学改革的层层深入，教学服务的现代化设备不断涌入市场，悄悄走进学校。教学投影仪、展台是现代化电化教学的主体设备。自问世以来，它以操作简便、软件质量要求不高、使用效果佳、省时省力等优点，深受广大教育工作者的欢迎和喜爱。

近年来，随着信息技术的发展与普及，通过软件制作幻灯片来实现教学逐步被人们所接受。外语教师在制作幻灯片时，可以在网络上搜索到海量文字和图片，还能参考其他相关的幻灯片，不仅省时省力，而且能接触到大量书本上没有的资源和信息。

（2）利用网络，实现视频点播

网络技术发展至今已非常成熟，利用网络实现视频、音频资料的点播和传播已经被人们所青睐。在外语学习过程中，往往涉及英美文化环境与跨文化交际的问题，光凭外语教师讲授很难保证学生真正理解。在网络技术的支持下，卫星、有线电视、视听资料有机结合起来，通过资料库、视频点播服务器、网络直播等方式，把多媒体的外语教学资料进行整合、输送，让学生在视频所创设的情境中理解文化与语言知识，这可以对教学产生积极的影响，也为教师节省了时间和精力。

（3）利用语言实验室，实现教学方法多样化

语言实验室是外语教学必须具备的教学设备。1939年，美国高校开始使用录音磁带的录音机辅助语言和语言教学实验。之后，以录音机为主要设备的语言实验室问世，并很快在外语教学中推广应用（王琦，2006）。如今，各外语院校都设置了能够满足正常使用的各种形式的语言实验室，而且语言实验室在逐步更新换代，为学生的听说训练做好了物质上的准备。

在语言实验室中，通过看录像或放影碟、演示课件，学生可以清楚地知道怎样用外语对话，怎样进行社会交际以及外语词汇在具体的语言环境中的应用。电化教学克服了教师讲、学生听的习惯教学模式，并且，由于电化教学具有生动活泼的情节，学生参与意识浓厚，犹如身临其境，能很好地调动学生学习的积极性和主动性。

3. 为教学内容提供资源

置身于互联网这个丰富多彩、包罗万象的环境中，外语学习的资源可以说是取之不尽、用之不竭。智能手机、平板电脑的普及，小小一台电子设备便能囊括各种电子教材、学习资源库和学习网站，实现轻松、便捷地学习外语。在线学习和移动学习让人们有机会获取学习资源并进行个性化的自主学习和探究学习。另外，各种外语电子杂志、期刊能为外语学习者开拓一片更广阔的天地，有效地扩大学生接触异国文化的范围。总而言之，互联网为学生学习外语提供了海量的资源库，其中的内容更是多种多样、极其丰富。

在外语教学中，听、说、读、写是学生应该要掌握的四项技能，也是学好这门语言的必由之路。基于网络环境下的外语课堂不仅能够为学生听、说、读、写创造真实、良好的语言环境，而且能帮助他们扩大信息圈，在进一步广阔的语言环境中加深对世界各国文化的理解和认识，培养世界意识和跨文化交际能力。

（1）听

随着信息技术的发展，各种网络听力资源都能够为外语教师所用。在上课前，教师可以在海量的网络资源库中搜索自己想要的教学资料，在课上给学生做听力练习或测验。近年来，随着移动学习的逐渐发展，智能手机、平板电脑上也能安装外语学习软件。许多质量上乘、制作精美的听力软件，涵盖了大部分网站的各类听力资源，也设计了不同层次、不同水平的听力练习。这些地道的、原汁原味的听力材料在方便外语学习者掌握听读能力的同时，还能提高他们英语的实用水平和交际能力。

（2）说

提高外语口语能力，是衡量学生外语水平的关键。“说”，并非一定要借助电化教育手段，但是，可以肯定的是，采用电教媒体强化外语听说能力，具有一定的效果。例如：利用语言实验室进行口语训练，学生只需坐在座位上，通过耳机的传音器就可以进行对话，犹如自己一个人在训练，这就在很大程度上消除了学生在训练初期怕讲错的心理，培养了自信心，鼓励多开口，使学生在浓厚的外语气氛中强化口语表述能力，从而逐步提高口语的正确性和流利性（刘日升 等，2007）。

（3）写

计算机的文字处理系统和网络技术的发展使过程写作理论在写作教学中得到广泛的应用（王琦，2006）。计算机的文字编辑系统，使构思、草稿、编辑、修改和校对等任务变得快捷和方便。作者可以轻易地添加、删除和调整语句的顺序，不用重新输入就可以得到修改稿。

信息化社会中，网络上有各种写作资源和话题，并且附有参考答案，这为教师的选择与后期批改提供了便利。不仅如此，通过电子邮件，教师与学生之间及时反馈信息，提出进一步修改意见。由于文本文件能够永久地保存在计算机里，作者可以随时随地翻阅、查询自己的作品。

总体而言，视听结合、声像并茂、动静皆宜的多媒体教学手段，有利于提高学生听、说、读、写的英语综合能力，让他们在逼真的语言环境中真正做到眼到、耳到、口到、手到、心到，实现了教与学的双向交互。

4. 为教学过程增添趣味性

英语是一门艺术性、实践性和应用性很强的学科，这是由人类语言的社会交际功能所决定的。与汉语教学不同，对母语为非英语的学生来说，英语中听、说、读、写四个方面的入门和提高都具有一定的困难，很难营造真实的英语环境。在这样的条件下，英语的教学过程不免乏味和低效，趣味性教学的意义由此显得极为重要。

信息技术的发展，改善了英语教学环境，可以极大地强化和丰富听力理解与记忆，为语言交际的学习和应用创设了良好的条件。

（1）声像并茂，激发兴趣

信息化时代的英语学习有了更大的平台和更多可利用的有效资源，其中不乏直接来自西方英语国家的影视资源，如电影、电视剧、脱口秀、真人节目、名校公开课等。不同于英语教师在课堂中的告知式教学，这些媒体资源的出现可以极大地辅助教师为学生带来地道、真实的英语环境，让学生去关注英语国家的人如何发音、如何精确地选词，以及了解他们如何利用逻辑进行问题的分析和思考。影视资源正因它非凡的便捷性和生动性潜移默化地影响着学生对英语语言的学习。

（2）内容多样，帮助记忆

智能手机、平板电脑等科技产品的兴起，英语学习APP市场也呈现了前所未有的大好趋势。有的可以为学生制订合适的记单词计划，进行学习提醒和打卡设置，如扇贝、拓词、百词斩等单词软件；有的为学生每日更新英语资讯，提供英语语音评论平台；有的针对高考英语试题训练，收集了往年全国各地的英语题库；有的立足于口语操练，提供各种情景下的对话分类练习或是听力训练；还有的看似是一款拼写单词游戏软件，实则为玩家提供了学习英语的动力。

这些五花八门的应用软件所具有的功能，是一个普通英语教师在课堂内外无法百分之百胜任的。学生们可以针对自己的薄弱环节寻找合适的学习软件。动态的界面、有趣的打卡奖励制度、生动形象的图像记忆能帮助学生养成定时进行学习的好习惯，从而爱上语言学习。

（3）身体力行，注重自学

教师在英语课堂上的作用主要在于引导，在传授基础知识和语言点的精髓之后，英语听、说、读、写四大方面能力的提升最终只能靠学生自己。

传统教学模式以教师为中心，学生在学习过程中，处于被动的地位，学生成了知识灌输的对象。信息技术很好地促进了教师和学生角色的转变。网络信息技术所营造的语言实践环境为学生提供了更大的自由空间。互联网上有学生喜欢的动画、电视剧、电影，教师可以根据需要选取相关片段，播放给学生看。通过声音、图文等手段充分调动学生的视觉、听觉，让他们充分感知所学内容，加深理解，在脑海中自行消化知识的过程能够培养学生自我提取信息并进行笔记摘录和记忆的能力。只有学生身体力行地加入到教学活动中，才能体会到语言学习的魅力和趣味性。

5. 提高评价反馈的及时性

谈到反馈，我们不得不想到最基础的反馈模式——交流。现在诸如微博、博客、QQ空间之类的媒体平台已经发展得很成熟，每个人只需要将自己的设备连上网络，就可以实时发表自己的评论、留言，甚至是匿名评论。教师和学生除最直接的面对面交流，或是短信、电话联系外，通过这种留言平台进行交流沟通显得更加轻松便捷。学生可以在课后对教师的上课内容和教学方法进行小组讨论和评价，亦可在教师的个人媒体空间里留言，做到及时反馈。对学生而言，在网络上发出的内容询问不仅可以很快得到关注和解答，而且可以搜寻更多的相关资源，扩充自己的知识库。另外，一些在线的评价软件能够帮助学习者自我测评，使反馈更加及时有效。

第三节　信息技术与当代中国外语教育发展

互联网信息技术的发展给21世纪带来了巨大变革。截至2019年6月，我国网民规模达8.54亿，其中学生群体占比最高，达26.0%。在线教育用户达2.32亿，其中手机在线教育用户1.99亿（中国互联网络信息中心，2019）。可以预计，未来中国互联网普及率会越来越高，网民规模会越来越大。

互联网信息技术影响着社会的方方面面，对教育变革的影响迅猛而复杂。信息化社会对教育的影响是不可避免的，与其被动地接受，不如主动地抓住机会，勇立潮头。

一、信息技术支持下的中国外语教育发展特点

科技的迅猛发展带领人类进入了一个网络、多媒体技术的信息时代，信息技术已渗透到人类生活的各个领域，正在改变着教育的生态环境，改变着教育观念和教育方式。

改变之一是外语学习的渠道拓展了。以往的外语教育主要在学校范围内进行，在以互联网为代表的信息技术的支持下，教师和学生的学习超越了“学校围墙”。

改变之二是外语教育培养的目标转变了。传统的外语教育侧重外语知识的学习，而相对信息时代和知识经济的新时代，尤其是知识经济时代学生未来职业的不确定性，使得培养学生的语言能力、文化意识、思维品质、学习能力已成为学生发展的核心素养。

改变之三是外语课程内容的与时俱进的革新。为培养创新型、复合型人才，在课程内容的更新的同时，将相关课程及其知识加以整合，以促进学生跨学科的知识创生，并加强学生综合语言运用能力和思维能力的培养。

改变之四是学生外语学习方式的变化。信息技术发展使得人们的工作、学习和生活方式发生了革命性的变化，外语教学也不例外。被称为

信息时代“原住民”的当代中小学生，他们对信息技术支持下的移动学习方式有着天然的喜好和发展优势。

改变之五是个性化学习成为了现实。信息技术在外语教学中的普遍应用，使教师可以更好地根据学生的学习兴趣和爱好，为每个学生设计个性化的学习计划，增加学生选择的机会。

改变之六是教师专业发展理念和实践的革新。在线教师专业发展理念的核心在于教师充分利用信息技术优势践行更加有效的专业学习，一方面，教师通过丰富和完善自己的整合技术的学科教学知识，实现技术与外语课程的整合；另一方面，利用互联网等信息技术手段，以移动学习和在线分享来实现教学管理和课程学习的优化。

改变之七是外语教育的价值取向发生了变化。在教育国际化背景下，中国学生的外语学习不再与母语国家的语言文化价值取向关联，而是与世界所有国家民族通过外语进行跨文化交流的多元文化理解相联系。如以英语作为国际通用语的21世纪，我国学生学习英语除了了解以英语为表达载体的世界各国文化，还要发展基于语言又超越语言的批判性思维能力和终身学习能力，最终实现“学好英语做好自己的事情并讲好中国故事”等核心素养养成（付安权，2013）。

可以说，在“教育面向现代化、面向世界和面向未来”的外语教育发展进程中，21世纪的外语教育信息化已经走在路上。信息技术改变了外语教育的内容和教学方式，但教育信息化的核心目的还是培养全面发展的人。教师要充分利用信息技术的相关优势，整合各种教育资源，促进学生和教师的共同发展。信息技术之于外语教育只是手段，不是目的。

二、信息技术支持下的中国外语教育发展与沿革

信息技术与当代教育教学显现出逐步走向深度融合的发展进程。在信息技术的影响下，我国的外语教学逐渐呈现出媒体网络教学的多元化模式，并实现了跨越式发展。信息技术在外语教学中被证明有优势，它不仅对学习者，同时对外语教师也带来了全新的教学理念和模式（孟臻等，2014）。

2005年，联合国教科文组织（United Nations Educational, Scientific

and Cultural Organization，简称 UNESCO）提出信息技术与教育教学融合发展的四个阶段理论，根据该理论可以认识到我国的教育信息化发展情况（杨宗凯 等，2014）。

（一）起步阶段：信息技术在教育领域发挥影响

在起步阶段，信息技术与教育教学融合的特点仍然是以教师为中心，信息技术只是作为一种辅助工具协助教师进行课堂教学，信息技术并没有在学校的教育教学和管理中得以广泛接受和使用。

我国大部分地区和学校基本上已经度过这一阶段，信息技术对教育教学的重大影响已经得到较为广泛的认同，信息技术的引入已经成为一种较为普遍的、主动的行为。

（二）应用阶段：信息技术逐步在教育中发挥作用

在应用阶段，信息技术与教育教学融合主要体现在教育教学和教学管理普遍使用信息技术来提升教学质量和提高管理效率，教师开始注重在引入信息技术的过程中改变教学方法，教育主管部门和学校开始采用信息技术来支持教师培训和专业发展。

我国大部分地区和各类学校依然处于这一阶段，学校虽然具备了基础设施条件，但因缺乏足够的优质资源，信息技术在教育中的应用面临“有路无车、有车无货”的尴尬局面。

（三）整合阶段：信息技术与教育教学逐步融合

在整合阶段，信息技术与教育教学融合主要体现在促进教师的专业能力发展和基于信息化环境的教学方法的创新方面。

世界部分教育信息化发展水平较高的发达国家正处于这一阶段。在我国，东部经济发达地区部分学校已经开始进入这一阶段，采用信息技术开展基于项目协作学习和网络协同教研，已经成为越来越多学生和教师的选择。

（四）创新阶段：信息技术全面融入教育教学并引发深刻变革

在创新阶段，信息技术全面融入教育教学主要体现在信息技术开始改变教学模式，学校和教育机构重组学校的组织结构。在本阶段，学生成为学习活动的中心，教学活动和教学内容的组织都是围绕着促进学生的学而进行，同时各级教育主管部门和学校管理效率不再由信息技术的处理能力所决定，而是由其内部管理结构和事务处理流程决定。

世界少数教育信息化发展水平领先的发达国家（如美国）已经开始进入这一阶段。在我国，虽然信息技术对教育的影响已经受到普遍的关注，但绝大部分地区和学校离这一阶段还有很大的差距，信息技术与教育教学的融合发展依然任重道远。具体如图 1. 1 所示：

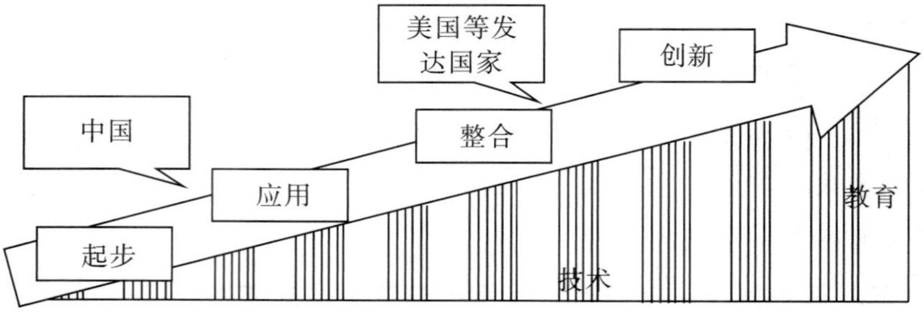

图1. 1 信息技术与教育融合发展的四个阶段（Zhou et al., 2004）

三、中国教育信息化发展的现状

2012 年 3 月，《教育信息化十年发展规划（2011—2020 年）》发布，制定了“用十年左右的时间初步建成具有中国特色的教育信息化体系，使我国教育信息化整体上接近国际先进水平，推进教育事业的科学发展”的总体目标。为此，教育部出台了一系列政策措施，加大了对教育信息化的组织推动力度，全国范围内教育信息化迅猛发展。到目前为止，我国教育信息化发展具有以下成就：

（一）教学点基本实现数字教育资源全覆盖

截至 2018 年 5 月，全国中小学互联网接入率达 94%，较 2016 年提高了 6.5 个百分点。2 月 11 日教育部发布的《2018 年教育信息化和网络安全工作要点》中提及，要基本实现各级各类学校互联网接入和提速，接入宽带 10M 以上的中小学生比例达到 80%。全国普通教室全部配备多媒体教学设备的中小学比例为 56. 6%，较 2014 年提高了 17. 4 个百分点。目前，全国已有 6. 4 万个教学点全面完成“教学点数字教育资源全覆盖”项目建设任务，实现设备配备到位和资源配送、教学应用基本到位。其中，2. 5 万个教学点接通了互联网，其余教学点则以卫星接收等方式接收数字教育资源；教学点已配备多媒体教学设备 6. 4 万套；34. 5 万名教学点教师接受了全员专项培训，具备了基本信息技术应用能力，72%的教师已运用相关设备和资源开展教学（徐禾，2016）。

（二）信息化教学应用基本普及

从2014年10月活动启动至2015年9月底，全国已有562万名中小学教师参与“一师一优课，一课一名师”活动。此外，截至2016年6月，全国参与信息技术应用能力培训的中小学教师比例为73.9%，为信息化教学应用的普遍开展打下了坚实的基础（徐禾，2016）。

2016年6月，教育部公布第一批“国家级精品资源共享课”名单，公众能够免费共享优质的高效课程，课程包括文学艺术、哲学历史、经管法学、基础科学、工程技术、农林医药以及大学先修课等类别，共有2686门课程（教育部，2016）。目前课程已经全部在中国大学MOOC上上线。

（三）网络学习空间应用逐步普及并深入

各地积极开展“网络学习空间人人通”建设和应用，师生实名制网络学习空间开通数量已突破6300万个，信息技术支持下的新型教学模式不断涌现，如杭州智慧教育“融创”学习共同体、温州创客教育、南京“新三基”教育、苏州未来教室等。

（四）网络安全体系初步建立

各地普遍重视网络安全与信息化协调发展，不断健全网络安全管理保障制度，加强网络安全队伍的建设。据统计（截至2016年6月），全国各地教育行政部门现有网络安全从业人员485人，平均每省15人（徐禾，2016）。

在政府部门和社会各界的努力下，信息技术与教育教学逐步呈现深度融合的趋势。我国的信息化发展在中华人民共和国工业和信息化部的领导下，一直在提一个非常好的理念——“两化”融合，不断强调信息技术服务教育、教学改革发展的核心目标。教育部科技司信息化处着力推进教育信息化的七项工作，这七项工作可概括成以下三大方面：

一是通过信息技术手段继续推进广为人知的网络教育，即通过信息技术手段，让更多的民众享受较高质量的教育。

二是在此基础上利用信息技术改变课堂教学，提升课堂教学质量和水平，提升人才培养的质量。

三是在教育管理过程中利用教育信息技术手段，提升管理水平，提升决策的科学化水平。

四、中国外语教育信息化发展新方向

教育信息化势不可挡，信息化已成为未来教育的主战场。作为当今时代的标志之一，信息化必将深入融合到学校管理和教学中，深度影响教育行业的发展，也必将成为学校赢得竞争优势的必要条件。经过前期发展，我国教育信息化已经基本度过第一阶段，信息技术在我国各级各类教育中得到广泛应用，但尚未引发教育的深层变革。

为积极推进“互联网＋教育”发展，加快教育现代化和教育强国建设，2018年4月中华人民共和国教育部印发了《教育信息化2.0行动计划》通知，正式提出到2022年要基本实现“三全两高一大”的发展目标。其中，“三全”指教学应用覆盖全体教师、学习应用覆盖全体适龄学生、数字校园建设覆盖全体学校；“两高”指信息化应用水平和师生信息素养普遍提高；“一大”指建成“互联网＋教育”大平台。这标志着教育信息化从1.0时代正式进入2.0时代。

教育信息化2.0要实现从专用资源向大资源转变；从提升学生信息技术应用能力向提升信息技术素养转变；从应用融合发展向创新融合发展转变。

“十三五”教育信息化趋势为融合驱动，通过融合推动教育教学的变革，“融合”真正成为发展主题。通过融合重塑教育，主要表现在以下几个方面（杨宗凯，2014）。

（一）基础设施环境的融合

具体体现为公有云资源和私有云资源的整合，目前我们的云资源，不论是教育局的、教育厅的，还是各学校的，都为私有云资源，应把这些私有云资源集成到公有云资源上。

（二）技术、内容、方法的融合

让技术融合到教育教学当中，而不是简单的应用。技术与学科内容深度融合，变革教学方法。

（三）规模化与个性化的融合

第一次工业革命和第二次工业革命的教育为班级授课式规模化教育，第三次工业革命时代的教育是生态化、网络化、分散化、生命化的个性化教育。未来大数据时代的教育将是更智能化、规模化与个性化的和谐统一。大数据将重塑教育，真正做到因材施教。

（四）教学信息化与管理信息化的融合

目前的教育教学平台、管理平台相互独立，满足不了未来大数据的需求，可利用网络中心、信息中心、计算中心把教学、科研平台和管理平台整合为BI能力中心（Business Intelligence Competency Center），进行业务的整合和数据的挖掘，所生成的数据将是动态的、原生态的。如何实现两平台的融合，是我们今后发展的方向。

（五）重塑教育

信息化与教育的融合发展趋势是教育信息化。教育信息化有两个发展层面：量变层面（信息技术在教育领域的广泛应用）和质变层面（信息技术与教育教学的深度融合）。在量变层面，信息技术为教师教学提供了更方便的工具，但传统的教学模式和学习方式并没有被打破；信息技术有助于提升学校的管理效率和教育行政部门的运行效率，但传统的教育管理体系、管理方式和一般业务流程并没有被改变。在质变层面，技术与教学的全面融合成为新的发展重点，信息技术深度渗入教学过程的各个环节；管理上，优化业务流程是信息化引发教育管理体系质变的开端，变革组织结构是信息技术深度融入教育管理体系的必然发展趋势。

本章小结

本章围绕信息技术与外语教育发展的主题，共分三个小节进行了阐述。第一节在梳理传播媒介技术范畴及其内涵的基础上，回顾了传播媒介技术的发展史及其特点。第二节概述了互联网+对国际教育变革的影响及其特点，主要包括国际教育变革历史的发展，互联网+时代下信息技术对国际教育的影响，以及对国际外语教学变革的影响。第三节简述了信息技术对当代中国外语教育发展的影响，主要探讨了信息技术支持下的中国外语教育发展特点，信息技术支持下的中国外语教育发展与沿革，以及中国外语教育信息化发展的现状和新方向。

第二章 信息技术与外语教师教育发展

伴随着信息革命成长起来的学生一代，他们更加倾向依赖信息技术获取学习资源并进行个性化学习。要培养学生的信息意识，首先教师要有良好的信息素养，才能对学生起到正确的引领和示范作用。教师要革新自己的信息技术教学意识，充分发掘信息技术优势，提升自己的专业发展水平，以此促进有效教学，实践跨文化交际教学理念下的信息技术与外语课程整合。

在线教师专业发展理念已经成为信息时代的新的教师教育范式。在线教师专业发展相较于传统的教师专业发展模式，其在帮助教师提高学习效果、改善教学实践、提高教学水平方面具有明显的优势。而在我国的教师专业发展研究领域，在线教师专业发展理论与实践也成了一个值得深思的面向未来的现实教育课题。

第一节　教师的信息技术意识与创生

伴随着教育国际化和现代化，世界各国相继出台了国家教育技术规划。美国于2010年出台了《国家教育技术计划2010》(National Educational Technology Plan 2010)。我国于2010年出台了《国家中长期教育改革和发展规划纲要（2010—2020年）》，其中明确指出“信息技术对教育发展具有革命性影响，必须予以高度重视”。基于信息技术支持，全球范围内的大规模开放式在线课程慕课（massive open online course，简称MOOC）已经蔚然成风，甚至有人将2013年称为“在线教育元年”。美国也在2013—2014学年大学生和教师返校之际发布了一项e-learning五年计划。

一、教师信息技术意识革新纬度

实践中“树立信息技术教学意识有什么价值?”或“外语教师为什么要树立信息技术教学意识?”是外语学科教师经常质疑的问题。对许多外语教师来说，他们一方面觉得信息技术对外语教学的积极意义似乎已成为一个常识，教师已经习惯使用多媒体课件进行外语教学，因此不值得深挖细究；另一方面，很多外语教师认为信息技术教育的相关问题是教育技术专家应该着力关注的问题。其实不尽然，这两个方面本质上反映的是外语教师的信息技术教学意识创生问题。首先涉及教师对信息技术外语教学价值认知的转换问题，其次是新的学生观的创生，最后是有效外语教学策略的价值取向革新。

简言之，对教师而言，并非要求学科教师成为信息技术或教育技术的专家，而是要革新自己的信息技术教学意识并充分利用信息技术优势，进而提升自己的专业发展水平并最终为优化课程教学质量奠定基础。

（一）IT到CP的技术认知

意识的创生源于实践理解与反思，同时意识具有能动性，意识某种程度上也是一种观念性力量。外语教师的信息技术教学意识创生亦是如此。

从历史发展视角，我们不难发现，远程教育诞生于18世纪末19世纪初北欧和北美的工业革命时期，主要依托现代通信技术；在线学习诞生于20世纪80年代的电子工业革命时期，主要依托互联网技术；移动学习诞生于20世纪末开始的无线网络革命时期或信息革命时期，主要依赖移动互联网、教育软件、数字媒体技术和智能手机终端等形态的新媒体技术。实践表明，信息技术客观上已经改变着人们的生活方式、工作方式和娱乐方式。

反观国际视野的学校教育，我们发现，今天的网络化信息教育使得外语教学已经超越了传统计算机辅助外语教学的层次。信息技术对外语学科教学的价值不仅仅是一种辅助外语教学效果的技术性工具，也是将信息技术融入外语知识的学习，表征的主要特点就是教师充分发掘信息技术优势，以此促进有效教学，践行交际教学观（communicative philosophy，简称CP）的信息技术与外语课程整合取向。

在传统媒体时代，我们普遍秉持“知识就是力量”的教育价值观，强调学生知识学习的输入，而在信息时代，我们更加强调知识的简便获取和创新运用。随着信息技术的快速发展和互联网、智能终端设备等日渐普及，网络俨然已成为学习的超级助手，人们可以通过互联网搜索和智能终端的应用软件获得所需的陈述性知识和程序性知识，甚至策略性知识。同时，信息技术在学校教育中的使用已经不再局限于教学行为的辅助工具。通过选取、使用网上资源开展基于虚拟学习社区的在线互动学习已成为当今学生一种常见的学习方式。尤其是，随着无线网络取代有线网络，越来越多的学生不满足使用笔记本电脑和台式电脑进行在线学习，开始使用智能手机和平板电脑进行移动学习。在跨文化外语教学交际中，信息技术的运用不再囿于工具价值层面，而是演化为交际教学观的实践途径之一。换言之，外语教师的信息技术意识，不仅表现在新技术与手段的运用上，更表现在为实现有效外语教育发展带来新的理念和动力，使教育内容、方法和模式发生深刻变革（俞水，2013）。

在外语学科教学层面，信息技术支持下的课程教学突出特点表现为覆盖面广、资源广泛共享、超越时空限制、多向互动和便于合作。网络化信息技术也使得外语学习过程的互动性和自主性完全成为现实。

（二）“第一代国际公民”学生观

本质上，教育教学是以人为目的人文活动。简言之，无论是通识课程教学教师还是外语教师，有效的教学活动设计及组织首先是对教学对象——学生生态特点的正确认知和深刻理解。正如耶鲁大学的爱德华坦言的那样，“如果我们教师对学生不够了解，即使满腹经纶，也无法传授他们分毫”。

早在20世纪80年代，Strevens就将技术推动下教育变革中的未来学生喻为“第一代国际公民”，并指出，他们生活的世界将是无国界的互联网、社交网络世界，他们的课程学习方式是远程交际以及基于虚拟社区的合作学习和研究（Strevens，1978）。在当下我国学校教育中，教育工作者常常提及并感叹关于“80后”“90后”“00后”的学生话题，背后其实折射的是对学生整体发展新特点的认知与教师传统意识对中学生刻板印象的情绪纠结。近两年，国外K-12教育研究提出了“Y时代”的概念，什么是“Y时代”？“Y时代成员，虽然他们的父母并不是数字化居民，但他们是数字化的一代，也就是说，技术的使用，如使用互联网，伴随着他们的成长。他们的注意力持续时间很短暂，拒绝标准，抵制长篇大论式的演讲，他们更加喜欢行动，而非语言”（Lee，2010）。

贾振霞等学者（2017）认为：（1）他们是技术的一代。信息技术的使用和掌握自然地成为他们生活的一部分。（2）他们是阅图的一代。这些学生从小就通过电影、动漫、广告等渠道接触大量的视频、动图和静图，并从中获取所需信息。这些信息一目了然，准确、有趣、快速，通过阅图摄取信息已经成了这些学生的习惯。（3）他们是创新的一代。由于基于大数据的互联网的发展，人们很容易通过各种网络终端（手机、电脑等）获取或利用大量的信息化资源，海量的资源使得这些孩子见多识广，这就自然地为他们的创新提供了条件，激发了他们的创新欲望。（4）他们是急切的一代。这些学生习惯了互联网速度，对信息的获取变得相当急切，从而养成了崇尚变化、讲究效率的习惯。我们的外语教学面临这样具有新时代特征的学生，如果还是以传统方式或简单地借助多媒体实施教学，就无法满足他们的学习愿望和需求。

综上，我们发现，伴随着信息革命成长起来的学生一代，他们更加倾向依赖信息技术获取学习资源并进行个性化学习，这种特点既存在学生的家庭教育中，也存在学校教育中。发挥教师的专业引领作用，利用信息技术优势，极大程度地促进学生有效外语学习，实践跨文化交际教学理念，这是外语学科教师急需直面且应马上付诸行动的现实课题。否则，就会令学生失望，而在学校教育中，“每一个教师都想做一个受人尊敬的好教师”（Nunan，1999）。“天下有两种人是不能失望的。一是父母，二是老师。”（傅佩荣，2006）不辜负学生的期望是我们落实以学生为中心的教学理念的基本前提和基础。

（三）转换生成的（transformative）教师观

作为课程理念践行的实践者，教师的教学观念很大程度上影响着课程发展的成效。在我国，随着课程改革的持续深入，新的课程理念已经逐渐为大多数教师所理解并接受。课堂教学已逐渐从以教师为中心转移到以学生为中心，自主学习、合作学习和探究学习等新型学习方式也进入了课堂，这些都为学生的个性发展和主动创新营造了有利的环境。而在这个新旧教育理念转变的过程中，教师也在重新思考、重新定位，努力塑造自身的新角色，以符合教学实践的要求（黄应会，2003）。那么，在信息革命背景下，外语教师的角色定位及其革新会面临什么样的境遇呢？

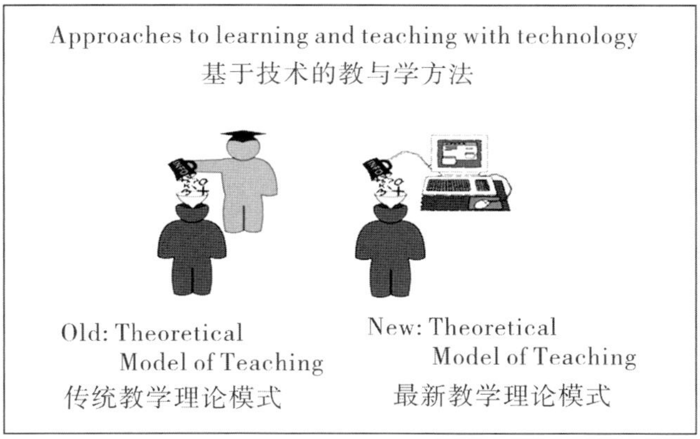

图2.1　技术支持下的新旧教学理论对比

如果说，教师曾经作为被动的知识技能传授者（teachers as passive technicians）开展的“填鸭式”教学受到争议的话，那么，随着课程改革的不断深入，教师作为学习者（teachers as learners）基于对学习型社会的认知发展，通过开展反思性教学（teachers as reflective practitioners）促进教师专业发展来优化教学效果，这些努力已得到大家理解和支持。整合技术的外语课程发展使得教师角色演变为借信息化网络技术为学生提供课程学习相关服务的“隐性”助手，教师的专业品味侧重于发挥专业智力支持，利用信息化网络为学生学习资源的获取、个性化和自主性学习活动设计和组织实施搭建桥梁。而与此关联的教师专业知识也需要随之更新，即从学科教学知识（pedagogical content knowledge，PCK）到整合技术的学科教学知识的转换与革新。换言之，教师对信息技术的理解和运用及其教学设计和组织创新使得教师成为一种转换生成的智力支持者（teachers as transformative intellectuals）。

二、教师信息技术意识创生逻辑

反思外语教学实践，我们发现，要丰富外语教师的有效教学技巧（technique），必须有基于外语教育目的的方法论（methodology）作为指导。当然，最为基础的则是对外语教育理念（approach）的反思，其实，这也是Anthony的外语教学研究理论模式在行动研究中的逆向推理而已（见图2.2）。

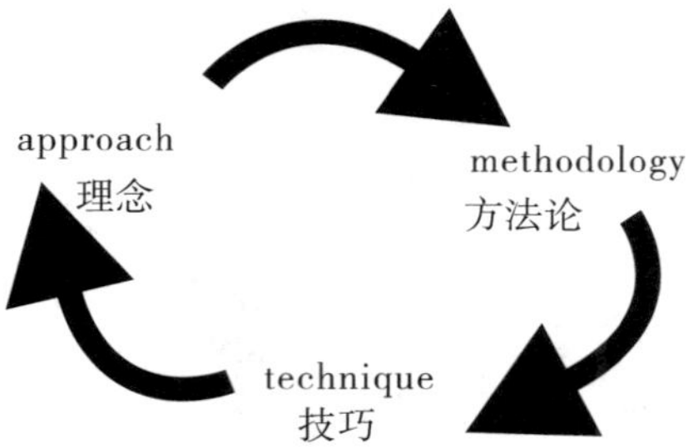

图2. 2 Anthony的外语教学研究理论模式

（一）教师的教育政策理解

为贯彻落实国家教育信息化总体要求，全面提升教师信息技术应用能力，教育部决定实施全国中小学教师信息技术应用能力提升工程。教育部提出，将建立教师信息技术应用能力标准体系，到2017年底完成全国1000多万所中小学（含幼儿园）教师的新一轮提升培训，提升教师信息技术应用能力、学科教学能力和专业自主发展能力，推动每个教师在课堂教学和日常工作中有效应用信息技术（宗河，2013）。

同时，《义务教育英语课程标准（2011年版）》明确指出："当今世界正处在大发展和大调整的变革时期，呈现出世界多极化和经济全球化以及信息化的发展态势。……学习英语能够为学生未来参与知识创新和科技创新储备能力，也能为他们未来更好地适应世界多极化、经济全球化以及信息化奠定基础。"2001年6月印发的《基础教育课程改革纲要（试行）》更是指出，"要大力推进信息技术在教学过程中的普遍应用，促进信息技术与学科课程的整合，逐步实现教学内容的呈现方式、学生的学习方式、教师的教学方式和师生互动方式的变革，充分发挥信息技术的优势，为学生的学习和发展提供丰富多彩的教育环境和有力的学习工具"。

（二）学生核心素养发展要求

以互联网为基础的现代信息技术以超乎想象的速度发展，以网络互动为纽带，以提高学生信息素养、创新精神和实践能力为目标的网络化课堂教学日渐成为教学常态。在终身学习视野下，教师和学生在学校英语教育实践中都是学习者。2016年发布的《中国学生发展核心素养》总体框架把"学会学习"纳入其中，强调学生学会学习，具体包括乐学善学、勤于反思、信息意识等基本要点。信息意识是培养学生信息素养的重要环节。信息素养是当代学生学会学习的必备条件，影响着学生自主学习能力的养成与自主学习的成效，也关系到发展核心素养的方方面面，因为教育信息化要求学生具备良好的信息素养，充分利用信息化优势优化学习。要培养学生的信息意识，首先教师要有良好的信息素养，才能对学生起到正确的引导和示范作用。良好的信息素养包括良好的信息意识、信息知识、信息技术、信息能力、信息道德等。在知识大爆炸时代，教师利用较短的课堂时间把所有知识传递给学生是不切实际的。学生必须学会学习，而教师在课堂上培养学生对信息的获取、分析、综合、评价、筛选、加工甚至创新能力则至关重要。信息素养的养成是当代学生学会学习的必要条件。

（三）教师的学科整合知识准备

首先，在观念的认识层面，信息技术客观上已经改变了学生的学习方式。在信息技术与学科课程整合的外语课程教学实践中，外语教师需要提高信息技术素养，发挥专业引领作用，帮助学生形成有效的在线外语学习策略，这也是外语教师信息技术教学意识的能动性和技巧性体现。

教师需要学习并理解整合技术的学科教学知识（TPCK）这种新兴的知识形式，外语教师的TPCK要求超越学科内容、教学法和技术，且重在三者之间相互作用的理解。

教是为了不教。以学生为中心的教育价值观要求教师急需革新自己的教学观，了解信息时代背景下学生的学习生态特点，掌握整合技术的外语课程发展内涵，树立有效教学策略意识，进而帮助学生形成适合自己的有效外语学习策略。

教师需要了解“使用技术的概念表征，建设性使用技术来教授学科内容的教学法，技术如何帮助解决学生面临的一些问题，技术的使用如何引来现有知识以及如何发展新的认识或强化旧的知识等”（全美教师教育学院协会创新与技术委员会，2011）。从教与学的关系视角，教师TPCK的运用应该服务于学生的有效学习，简言之，就是教师使用技术提供解决学习问题的方法，教师创新使用技术优化教学过程和学生应用技术快乐学习以及促进学生自主学习。

（四）教师的课堂教学策略创新

从技巧层面，教师一方面需要充分利用信息化网络的技术支持，通过注册加入专业学习社区，参与在线外语教师专业发展活动，提高自身的信息化素养；另一方面，教师运用信息技术手段，为学生提供超越课本的方法的外语学习资源，这也是新课程改革中对教师课程意识的细化，即资源意识。关于外语教与学的资源不胜枚举，常见的如百度搜索、新浪爱问、中国中小学教育教学网、中国教育资源服务平台、沪江英语、人教学习网、外语教学与研究出版社在线、课件中心（英语）、21世纪教育网等。

需要注意的是，在理解学生依赖信息化网络学习新特点的基础上，外语教师要做到因势利导，使学生的信息技术运用服务于有效学习的目的，也要根据在线资源的获取创新性地设计并组织教学活动，增强外语学习的趣味性。防止整合技术的外语课程教学中过度使用甚至滥用的技术化倾向。这是因为信息化教学策略表现形式的多样化和趣味性无法取代面对面教学时的生动性和互动性，也难以超越传统课堂的教学相长、即时感知问题等效果。对学生来讲，想象力比知识更重要，单纯依赖信息化很难培养学生的想象力。

第二节 在线教师专业发展标准与发展现状

随着互联网的普及与发展，在线专业发展（online professional development，简称OPD）以惊人的速度跃上了专业教育的舞台，并将依赖新的媒体技术继续向更深层次的专业教育领域发展。“新的教育技术可以改变教学，同样可能改变教师专业发展。”（Mandinach，2005）出于对现代教育技术的热忱和推崇以及对传统教师专业发展模式的批判性反思，人们对在线教师专业发展研究表现出极大的兴趣与热情。在当下关于在线教师专业发展的诸多研究中，确定专业发展基本内涵和制定评价标准是研究的重点与热点，因为准确的内涵和明确的发展标准是评判各种在线发展模式的主要依据和参考指标。基于教育技术发展的优势，西方发达国家的在线教师专业发展研究起步相对较早，成果颇丰。美国的在线教师专业发展标准（Standards for Online Teachers’ Professional Development，简称SOTPD）是当前国际视野中关于在线教师专业发展一个比较系统和成熟的研究成果。

一、美国在线教师专业发展理念

在线专业发展作为一种学习模式，它的核心是凭借现代网络技术为学习者提供基于网络的新的学习机会，包括由专业拓展项目、在线课程、理论研讨、信息沟通、资源分享组成的，以及由项目指导教师、网络课程管理人员、课程学习教师共同参与组成的专业共同体，是一种突破了时空局限的在线型专业发展探索（Carter，2004）。在现有的诸多在线学习类型中，基于在线学习共同体（online learning community，简称OLC）、结合阅读和活动、促进组员之间一对一的合作讨论模式成了教师在线专业实践的主要范式。

“帮助教师学习”（help teachers learn）（King，2002）是在线教师专业发展理念的核心所在。在线教师专业发展作为一种专业发展规划理念，旨在通过高质量的在线学习设计来增强教师学习的互动性，通过有意义的活动安排和完成任务来激发教师的反思意识，进而增强教师提高其教学水平的决心；通过建立教师学习共同体为水平不同、需求各异的教师学员提供一个平台，以支持教师进行相互的合作、交流；通过不同观点的碰撞和冲突，促使教师进行持续的专业实践反思；通过为教师提供丰富的在线工具和资源，提高教师的团队意识，锻炼教师之间的协作能力（Bonk，2002）。当然，在线型学习课程资源开发和课程学习设计，需要学科专家和教育技术专家通力合作，结合教师作为成人的特殊学习目标与学习原则，利用他们丰富的专业想象力创造新的在线学习环境，这是在线教师专业发展的特殊性所在。

在线教师专业发展的显著特点是集新兴技术、在线学习共同体、个体模拟和个性化辅导于一体，能满足教师教学安排和专业发展需要的不同，使其随时随地地参与专业发展。相对于传统的教师专业发展模式，在线教师专业发展突破了传统教师专业发展只是偶尔满足部分教师需要的局限，使所有教师将在线专业发展视为自己教学实践不可或缺的重要内容（Harlen et al.，2004）。

然而，“理念的可行性并不能保证实践的高质量”（Bernard et al.，2004）。互联网的普及与现代媒体技术的发展为在线教师专业发展的实施打破了时间和空间的限制，但是如何促使教师充分利用现代网络技术提高其信息化教学质量、批判性反思水平和现代教学技能等许多课题还有待研究。尤其是教师在线学习设计、实施的标准研究成为影响在线专业发展模式推广与成功实施的关键。

二、美国在线教师专业发展标准

美国教师教育领域的著名课程设计专家罗斯科斯（Roskos K）等人通过“结合阅读的在线教师专业发展实验”的研究指出，现代高效教学的实现需要一定的学习环境标准来支持。这些标准最重要的有四条（Roskos et al.，2007）：（1）以学习者为中心，基于学习者已有知识的掌握；（2）以知识为中心，强调真实成绩和实践运用；（3）以评估为中心，提供多种途径监控学习过程；（4）以社团为中心，鼓励社会网络和协作团队的学习支持。

现代教学设计理论为教师在信息化时代基于网络技术进行在线学习目标的设计提供了丰富的参考依据，但是检验这些设计实践绩效的常模工具与评价标准却非常匮乏。美国国家教师发展署（National Staff Development Council，简称NSDC）出台的教师发展标准（The Standards for Staff Development，简称SSD）受到了大家的普遍认可和高度赞赏。为了更好地优化信息技术支持下的教师专业学习效果，这些传统的教师发展标准（SSD）经过针对性更强的教师面对面地专业发展项目（face-to-face professional development program）的开展得到不断充实和修缮，逐渐形成了当前国际教育研究领域最早的、较为系统的在线教师专业发展标准。经过实验稿到修订稿，SOTPD为美国各级教育部门和学校开展在线教师专业发展提供了权威的设计原则和评价标准。其中，SOTPD从教师在线学习的环境标准、过程标准和内容标准三方面详细阐述了教师作为成人开展在线学习需要关注的若干事项。

（一）在线学习环境标准

环境标准作为在线项目发展的支持性要素，是在线专业发展项目规划的前提和基础。在SOTPD中，美国国家教师发展署指出，在线学习的环境标准反映在项目标准中主要包括主体参与的专业实践共同体，以及提供优质专业发展所需的课程领导、支持和资源等（NSDC，2008）。具体如表2.1所示：

表2.1 在线学习环境标准

在线专业发展项目标准	在线专业发展课程指标
学习共同体 建立在线学习共同体，为教育工作者及其同伴或团队间进行合作提供机会，通过在线讨论来分享资源与信息。	给参与者提供课程学习期间或之后进行在线协作的机会，并以工作室形式开展进一步的专业研讨。 在线专业发展目标应符合国家、学校的相关标准以及提高学生学业成绩的目标。 学员必须遵守媒体标准，在合法的前提下，有道德地使用因特网。
领导 树立专业的领导意识，将在线专业发展机制建立视为整体专业发展计划中不可分割的一部分。	学校和相关领导应积极倡导在线教师专业发展，行政人员、校董会和社区领导要支持在线专业发展。 在线专业发展应纳入到学校全面的专业发展规划之中。 学校领导须与教师一起积极参与在线专业发展活动。

续表

在线专业发展项目标准	在线专业发展课程指标
资源　管理机构为在线项目提供足够的资金并不断加大投资力度作为整体专业发展计划的一部分。 为在线专业发展提供诸如时间、人事和支持系统等资源。	专业发展的预算应包括为在线课程开发和修订所需的所有资金，如课程评价、项目管理、导师、技术支持及软硬件的升级等。 需有一个教育技术专家或网络学习指南来确保学员顺利地使用在线专业发展工具和利用在线专业发展资源。 在线专业发展计划须提供与其他专业发展机会相同的激励机制，如津贴或学分认证。 基本的技术基础，如硬件设施必须到位，客观上支持在线专业发展项目。 必须为参加者提供所有必须的技术培训，以确保他们的成功参与。 在线课程须保障学员有足够的时间进行相互协作、在线反思以及新教学策略在课堂上的实施。 与高校、企业和其他机构建立伙伴关系来满足学员的专业发展需要。

（二）在线学习过程标准

在传统的教师专业发展中，我们特别注重专业发展的内容价值和目标价值，但是教师专业发展越来越凸显其动态性和发展性。专业发展的过程价值对于专业实践主体而言具有更大的意义，在线学习的过程标准是项目规划和评价的关键要件。SOTPD的第二部分，从在线项目标准和课程学习指标两个维度，对课程学习的预期目标内容和达成目标途径的要求进行了具体的细化（NSDC，2008）。具体如表2.2所示：

表2.2　在线学习过程标准

在线专业发展项目标准	在线专业发展课程指标
目标优先　确立在线发展项目中学员的学习目标，该目标是基于对学生资料的仔细分析而获得的。	应根据申请参与课程学习的教师实际成绩和教师作为成人进行学习的需求与差距来确定在线项目中的主要目标。
综合评价　评价包括诊断性评价、形成性评价和总结性评价，此外，通过在线咨询服务来确保成人学员的需求得到满足。	包括所有及时反馈的在线评估，以评价教师的学习。 教师参与在线学习后，学生课堂成绩、考试成绩及其他校内指标，如课堂点名、纪律报告和学生保留率等，用来衡量在线专业发展的效果。

续表

在线专业发展项目标准	在线专业发展课程指标
研究型 该项目支持在线学员通过课题研究，来确定学生的学术需要和成功的学习策略。	教师对在线专业发展的反应。（项目时间安排是否合理，是否有意义？） 教师学习绩效。（知识、技能获得的进度和程度如何？） 机构支持情况。（机构是否承认并重视教师利用在线专业发展而获得的新技能？） 教师执行情况。（教师是否在课堂中真正实施了这些技巧和策略？） 对学生的影响。（学生成绩是如何受学员从在线专业发展项目中获得的技能和策略的影响的？）
设计 项目利用适当的技术，以多种形式来呈现材料，并展示一系列的学习风格。将在线专业发展与面对面的传统在场专业发展进行适当结合。	指导教师教学策略（包括多媒体技术和在线工具）的选择和使用是否适合预定项目目标的达成。 基于学员需求，恰当地选择面对面交流和在线互动。 利用在线工具，如讨论板、电子邮件和虚拟课堂，进行指导、协作和反思。 通过提供“恰好及时”的在线课程来满足学习者的个性安排。 在线课程结构和实施过程应清晰明了、内容适当且容易使用。
学习 该项目结合多种在线学习经验以满足学员的学习需求。	在线学习体验的设计，应符合教师的实际需要和学习风格。 在线学习体验应与教师教学任务和课程领域相关联。 学员在线学习的评估包括通过教学视频或电子日志描述其对新知识和技能的使用。 为满足学员的学习需要，应包括各种学习方式，如视频、音频、模拟、光盘、网络资源等。 为在线学习的教师提供技术使用和问题解决的途径，包括成功地进入课程，并对指导者的提问做出反馈。 结合在线和面对面在场教学（即混合教学），调节不同的学习风格。 课程设计使学员有机会进行反思和后续行动。 在线课程应是连续统一的，以适应不同准备阶段的教师学员。
合作 利用互动交流工具，如论坛、聊天室等来发展和维持在线学习共同体。	使用策略来促进共享和协同工作，进而达到共同目标。 设计课程为在线学习的教师提供合作机会。 在线导师对建立在线学习共同体的挑战和策略具有独特见解。

（三）在线学习内容标准

技术是手段，基于网络技术的在线学习设计以项目发展内容为前提。在线教师专业发展的目标价值是帮助、促进教师学习，进而提高教学质量。项目规划和评价的核心是让尽可能多的教师参与到专业发展中，实现教师基于差异的共同发展目标。SOTPD的内容标准主要涉及公平性和项目参与的质量，如何落实这些标准，美国国家教师发展署从两个维度对此进行了详细说明（NSDC，2008）。具体如表2.3所示：

表2.3 在线学习内容标准

在线专业发展项目标准	在线专业发展课程指标
公平的发展 学习者的认知、社会性格、内容背景、态度和动机、技术能力等方面的差异要求采用适当的在线策略。如何公平地获得技术、基础设施和课程参与等问题应指明。	在线学习以灵活性和包容性为特征，可以适应不同的学习需求和学习风格。 遵循相关法规准则，所有在线课程学习材料须保证所有人（包括残疾人）都能够使用。
高质量的教学 该项目能提升教师对于教学法的本体论知识和方法论知识。 项目的指导教师必须是该学科领域的资深人士，并且在在线课程设计或在线辅导上能身体力行。 项目使参与者能够利用各种课堂评估形式。	提升学员教学法的本体论知识和方法论知识，这一项目目标符合国家和地方教师质量的目标。 提高学员实施研究型教学策略的技能。 符合国家和地方目标，致力于达到严格的学业标准。 在在线环境中，满足每个学员的学习需要，利用协作学习活动以及对学习者做出及时响应来进行有效教学。 为参加者提供发展和利用各种课堂评估的机会。 在线指导教师须具备专业知识和有效的书面沟通能力，这种能力体现在课程大纲编写、学习活动组织、指令信息传递、集体讨论引导和电子邮件撰写方面。 指导教师应有丰富的在线学习策略知识，并能利用这些策略确保参与的质量和效果。 管理人员必须能够将在线活动和问题的答案及时反馈给教师。

（四）SOTPD对我国在线教师专业发展的几点启示

“在线专业发展如果做好的话，就有机会改变教师的实践。教育经验告诉我们，教师实践是影响学生成绩最重要的因素之一。”（Wiley，2001）通过解读美国在线教师专业发展标准，我们发现，在线教师专业发展理念相较于传统的教师专业发展模式，其优势是明显的，它在帮助教师提高学习效果、改善教学实践、提高教学水平方面很有针对性。在线专业发展已经成为信息时代的新的教师教育范式。随着我国经济的高速发展，以网络为载体的信息技术在我国获得快速发展，互联网的普及与发展使得网络教学离我们的现实不再遥远。而在我国的教师专业发展研究领域，在线教师专业发展理论与实践探讨也成了一个面向未来的现实教育课题。借鉴西方国家的教育实践经验并结合我国的教育传统实际，创新性地开展我国的在线教师发展项目实践，我们应该注意如下几点：

第一，在在线专业发展实践项目规划中，从课程领导的层面，要继承与创新并举。一方面要发扬传统教育中教师在场的学习优势，进行有效的教师专业培训；另一方面，宣传在线教师专业发展理念，大力倡导教师积极地参与在线学习。从课程设计的层面，要基于教师所处环境的网络硬件支持情况，适当加大在线课程建设的投资力度，充分优化教师基于网络技术的在线学习效果，以多种在线学习方式来满足教师的个人化学习需求，通过在线异步课程学习为教师提供传统教师发展无法企及的专业发展活动机会。

第二，以“学习终身化”促使“教师作为学习者”的观念渗入到教师的专业意识之中去。一方面，教师需要持续不断地学习，充实自己的知识素养，提高自己的专业品位和能力，体现教师专业发展实践的动态性，将每一位教师的专业发展理念嵌入日常教学实践之中；另一方面，通过教师参与在线学习，促使教师主动体验新技术，利用新技术进行专业学习。需要指出的是，在线专业发展并不需要教师具有极其复杂的现代教育技术知识，只是通过在一个技术支持的环境中进行在线学习来体验现代技术的力量。这种体验有助于教师自信地将技术引入自己的课堂教学实践中。

第三，重视信息媒体技术发展创建新型的专业实践组织。基于网络技术，教师可以随时随地地进行网上学习，这可以使教师根据自己工作的繁忙程度选择自己方便的时间进行学习。在线专业发展为教师与同事及专业人士跨越时间和空间进行互动提供了一个新方式，使之成为一个全球性终身学习者的专业实践共同体。随时异步学习和专业共同体是传统的在场专业发展所缺乏的，这是新的网络媒体技术发展带来的好处，也是学校教学资源之一，学校领导和教师要尽快树立这样的资源意识。

第四，通过参与教师在线专业发展项目实践，创生教师新的现代教学意识。教师通过不断地在线学习来体验动态的专业实践价值。客观上，教师在线专业发展的持续性和扩展性本质上为教师在日后的教学实践中创新使用技术，优化教学效果奠定了技术基础，教师基于自我在线学习中对于媒体技术的体验，在课堂教学中尝试新技术，进而创新学生学习方式，提高学生学习效果；教师通过在线方式与圈内专业人士共享信息、反思实践。在信息时代的今天，这是一种富有新意的专业沟通方式。

三、在线教师专业发展优势

伴随着信息技术的高速发展和教育技术的普及，对在线教师专业发展的实验和本土化模式建构的研究逐渐多了起来。相对于传统的教师专业培训，在线教师专业发展理念在提高教师信息化教学素养、自主学习能力和个性化专业发展方面的优势是明显的。对于专业发展的主体——教师而言，在线专业发展的价值或优势主要表现在以下几个方面：

（1）有利于激发教师自主专业发展意识

教师专业发展本质上是教师的自主学习过程与提高过程。“在自主学习过程中，学习者无需他人帮助便可自觉地诊断学习需要、制订学习目标、安排时间、利用学习资源并对学习结果进行自我评价。”（Knowles，1975）自主学习者往往能独立地采用对于自己来说最为有效的方式来学习自己最感兴趣的东西。网络作为一种支持和促进自主学习的有效工具，给在线教师专业发展提供了硬件支持，通过创设自主的、开放的、虚拟的学习环境来促进教师的自主学习。相对于传统的自上而下的专业培训，在线教师专业发展是一种自下而上的专业培训，教师以自我负责的态度参与其中。开放、民主、自主的学习体验能不断增强教师教学创新的自信心，广泛互动与批判反思的最大化有利于教师专业发展自主意识和主体意识的养成。

（2）有利于养成教师合作学习精神

教师专业发展由传统的“在场”转向“在线”，这种转变反映了一种社会趋势，即信息技术的大发展使得思想的传播跨越不同人群和时空，合作已超越国界和民族，基于快速信息交流的合作俨然成为一种时代特征（McCombs et al.，2005）。传统的教师专业培训未从根本上改变教师专业发展的封闭性并使专业发展活动的团队合作缺失。基于在线互动的在线专业发展中，教师不仅能彼此分享学习资源、知识技术和经验，而且还能分享在线专业发展过程中遇到的挫折、困惑以及对教学实践的反思。尤其重要的是，教师通过与学习共同体内其他教师的互动讨论和协作学习，能在不断批判、反思自己教学的过程中产生新的教学思想。

（3）有利于提高教师网络化教学能力

网络的普及使得当下的中学生基本上具备了信息时代特有的网络技术和信息视角。当他们伴随着互联网一起长大时，他们也逐渐习惯借助网络快捷地获取自己想要的信息，并以此来佐证或支持自己的观点和立场，学生的学习方式的网络依赖性促使越来越多的学生开始热衷于网络学习；相对于学生，大多数教师网络知识的贫乏和技术运用的落后显得较为突出。在专业培训中，有些年长的教师坦言自己拒绝和排斥使用电脑，大多数教师首选传统的教师在场培训方式。对此，英吉勒指出：“我们应该鼓励教师们挑战教学习惯，超越传统教学模式，用新的思维方式，尝试与全世界的专业人士进行交流，立志通过交流与反思产生更深刻的思想。”（Committee on Enhancing Professional Development for Teachers，2007）网络化课堂教学的大发展迫使教师必须熟悉新的教学方式并在教学中运用这些方式，而在线学习则可以促使教师掌握在线学习技术并将之运用于网络化课堂教学实践。在某种程度上，在线专业发展的真正意义并不在于教师专业知识的丰富程度，而在于教师自我体验的过程。教师通过亲自体验网络世界及在线技术在学习中的运用，来理解网络对学生学习的影响，进而有意识地尝试网络化课堂教学创新。

四、在线教师专业发展实施的困难

基于前面的阐述，可以看到，在线教师专业发展理念在促进教师自主性和个性化专业发展方面，具有很大的优势。然而，理念的先进性不能保证实践的高质量。在线专业发展范式与教师教育研究结合的实践范例还不是很多，在线专业发展项目成功实施的经验还不是很丰富，大面积推广在线专业发展项目还面临着许多困难。

1. 缺乏行政部门的支持

认识在线学习的意义和价值对教师十分重要，对校长、督学和教育行政官员同样重要，甚至更为重要，因为这些人或他们领导的部门往往决定着对在线教师专业发展项目的支持程度，尤其是经费支持。

然而，由于认识上的模糊，许多行政领导在权衡在线专业发展项目和传统的在场专业发展项目时，往往倾向支持后者。一些行政部门主管的官方网站不愿直接链接在线学习专业网站。就制度建设而言，由政府权威部门制定的相关文件较为缺乏，故教师在决定是否参加或坚持在线学习时常常找不到政策依据。虽然美国政府制定并颁布了在线教师专业发展标准，但其内容主要是针对项目实施的环境标准、过程标准和内容标准所做的规定与阐释，较少涉及如何推广并支持教师参与在线专业发展。加之目前在线教师专业发展领域的项目咨询专家很少，学校、学区和地方教育行政部门很难得到专家意见的指导，故他们在做出行政决策时往往举棋不定。为稳妥起见，这些部门的领导更倾向支持已经熟悉且习惯的在场面对面专业培训项目。

2. 缺乏经费和时间的支持

在线教师专业发展项目的实施需要经费和时间保障，例如，网络链接和用户电脑配备需要一大笔经费，在线课程资源的开发、设计与在线运行也需要经费，项目咨询专家和网络管理人员的工作更需要付酬，等等。这些经费支出对于学校和学区来说是一笔不小的开支，这些开支经常使学校或学区领导感到为难。实际上，在教师职业专业化大潮中，学校已为教师专业发展在传统的培训模式上花费不少，如邀请知名专家讲学、聘请有经验的高级教师传授经验、组织在场观摩与研讨等。因此，当经费有限或不足时，学校领导便对教师参与在线专业发展兴致不高，不再给予支持和相关经费。

对于有专业发展需求或愿望的教师而言，除适当的自费之外，一个更为现实的考虑便是时间问题。在线学习是一种更具个性化和差异性的专业发展模式，多样化的在线活动需要教师依自己的工作日程合理安排学习时间，但大多数教师的教学任务比较繁重，有的甚至是极为繁重。这种情况使得教师很难抽出时间参与在线学习。这在一定程度上影响在线教师专业发展项目的实施及其效果。当学校领导要求教师利用业余时间参与学习时，一些教师的情绪会受到影响，从而不愿参与。

3. 缺乏职前教育的支持

毋庸置疑，教师的职前教育经历和专业准备对其教学水平、教学创新能力和专业发展意识有重要的影响。尽管随着师范教育的改革和教育信息化程度的提高，教师职前教育课程在有意识地增大现代教育理论和信息技术的比重、加强师范生专业素养的训练，但是，观念转化为行动的过程是缓慢的，熟练地将技能用于教学实践也是需要时间的，加之在职前学习过程中师范生不够重视自身教育专业素养的培育和提高，故教师在大学或职前教育中奠定的能够支持其在职专业发展的基础是薄弱的。

正如国外一些教师教育研究者指出的：师范生对自己所学的教育科学能否指导教学实践有所怀疑，对教育理论应用于教学实践的自信心明显不足，即使他们修习了许多教育学家的著述，但在面对课堂情境时依然无法以教育学家的姿态践行种种教育理念和策略。当他们从事教师工作后，经常觉得自己的实践与教育科学理念相脱离甚至背离，教学既缺乏科学性亦谈不上艺术化追求。这种心理的和专业的准备使得教师们在专业发展活动中进取心不足，难以创新。例如，美国俄亥俄州关于“阅读为主的在线教师专业发展项目”的研究显示，通过参与在线专业发展项目，教师的教育观念发生了明显的变化，但在教学实践中他们仍习惯性地选择数年不变的教案；或者，只是为自己的教学设计由纸本教案变成 PDF 格式、教学内容用某种新的设备展示而自豪（Roskos et al.,

2007）。这表明：教师专业素养的提高任重道远；师范教育或职前教育给在线教师专业发展提供的支持还很不够，大学的师范教育课程应当进一步改革，毕竟，在职专业发展是以职前专业训练为基础的。

4. 缺乏信息技术的支持

如果说，当代教师面对的学生已置身于现代网络媒体的包围之中，许多学生已通过上网掌握了基本的信息技术并能从信息化视角运用这些技术，那么，作为学生学习指导者的教师就显得落伍了。在线教师专业发展理念和实践的产生本身就源于学生学习方式或教学方式的改变——多媒体教学、交互式教学、数字化学习等教学技术本身就是面向学生学习的。新技术已在改变教学，同样可能改变教师专业发展。教师专业发展的途径是多样的，利用现代信息技术帮助教师提高专业素养并因此而提高教学质量，是现代信息技术带给教师教育研究者的信念；在线学习的自主性、交互性、个性化、体验性、经济性等特点，使得教师专业发展有了新的、高效的途径。然而，一些教师网络知识和技术的欠缺却制约着在线学习的有效实施和大面积推广。例如，电脑技术不熟练、网络病毒防护知识欠缺以及在线互动能力不足，导致他们缺乏参与在线专业发展活动的信心；教学过程中电脑使用得不熟练，导致他们因担心被学生笑话而尽可能避免使用多媒体技术。对这些教师，电脑技术的基础性培训，尤其是在线工具运用的技术指导是必需的。

上述因素在一定程度上制约着在线教师专业发展的有效实施和大面积推广。对于教师教育研究者来说，进一步深入探讨如何结合学区实际，实现在线教师专业发展实践的本土化，则是观念厘清之后相关行动研究的重要课题。

第三节 在线外语教师专业发展策略

21世纪的教育现代化必须用信息化来带动。近年来，国家高度重视职前教育和教育信息化。《基础教育课程改革纲要（试行）》（2001）指出："要大力推进信息技术在教学过程中的普遍应用，促进信息技术与学科课程的整合，逐步实现教学内容的呈现方式、学生的学习方式、教师的教学方式和师生互动方式的变革，充分发挥信息技术的优势，为学生的学习和发展提供丰富多彩的教育环境和有力的学习工具。"因此，在线教师应充分利用信息时代带来的契机，掌握现代教育理念和信息技术新要素，将信息素养、现代教育理念方法与传统的能力素养进行整合提升，形成掌握和应用信息、技术（现代教育技术）的信息化教学理论与实践能力，使教师能够胜任专业发展的要求，成为信息时代需求的教师（熊顿，2006）。

外语教师专业发展，是指教师的一种自主自觉行为，即教师在知识建构和反思学习的基础上，不断提升自身的教学能力、科研能力和师德修养的过程，其中以知识建构与反思学习为前提，终身学习理念与学术研究的团体氛围是促进教师专业发展的有效保障（戴炜栋 等，2011）。在线外语教师专业发展，通常指那些基于网络的、交互式的教师专业发展经历，其本质是一种以计算机为依托的协作学习，为学习者供应多方面的专业发展在线支持，包括教学资源、教学工具和教学方法等，教师是该平台的主要学习者（National Research Council，2007）。

随着在线教师专业发展重要性的不断凸显和解决其实效性问题的迫切性，西方发达国家——以美国为首，在信息技术水平和教师专业发展实施路径等相关研究领域进行了大量科学的研究探索，研究成果颇丰。随着教育国际化和现代化发展，我国也在引进西方发达国家教师在线专业发展理念的基础上，进行着理论的本土化研究和实践的创新与探索（付安权，2009）。但是迄今为止，国内针对信息技术在外语教学改革中的应用研究较多，而在外语教师在线专业发展领域的探究相对较少。因此，本文以大数据时代为研究背景，阐释了外语教师信息素养的内涵，对网络平台中在线项目技术支持、学习共同体的构建、教师实践性知识共享、教师专业资源的组织与管理诸方面提出了一些优化策略，以期发挥信息技术的最大效应，切实促进教师的教育信息化和专业发展。

一、外语教师信息素养的内涵

“信息素养”这一概念由美国信息产业协会主席Paul Zurkowski于1974年提出，即利用大量的信息及主要信息源使问题得到解答的技术和技能。目前，国内外有关“信息素养”这一概念尚无统一、标准的定义，较为成熟科学的释义为：在各种信息交叉渗透、技术高度发展的社会中，人们所应具备的信息处理所需的实际技能和对信息进行筛选、鉴别和使用的能力（谢徐萍，2005）。外语教师信息素养主要包括信息化视野、信息化知识和信息化能力三个方面。

（1）信息化视野是指外语教师要结合传统教育模式的优势和现代基础教育的新要求，树立信息教育观念，自觉地将信息教育的观念和能力迁移到外语教学活动中去。在实际教学中充分利用网络资源和各类数字资源，构成教师—计算机—学生三位一体的“人—机—人”三维互动方式，以此促进学生综合素质的发展和教师自身专业的全面发展。（谢徐萍，2005）

（2）信息化知识也称整合技术的学科教学知识（technological pedagogical content knowledge ），包括涵盖了整合技术的学科内容知识（technological content knowledge，简称TCK）、整合技术的教学法知识（technological pedagogical knowledge，简称TPK）、学生知识和技术知识（technological knowledge，简称TK）。整合技术的学科内容知识是指融合现代信息元素的语音、词汇、语法、功能、话题五大语言知识，英语国家文化知识和听、说、读、写四大语言技能。整合技术的教学法知识由以现代信息技术理论为向导的一般教育学知识和语言教学知识。一般教育学知识主要分为以下几类：教育基本理论、心理学知识、教育心理学知识、教育史、教育社会学和现代教育技术；语言教学知识包括外语教学法、普通语言学、二语习得和教学。信息技术知识则指外语教师关于电视、广播、计算机、网络等信息技术知识的掌握情况以及对这些技术手段和工具的应用能力。它不受学科、地域、年龄等因素的制约，但会随时代的变化而呈现不同的状态，比教学法和学科内容知识更加变化不定。

（3）信息化能力指的是教师自主地利用现代技术捕捉、筛选、评估、交流和应用信息进行教学活动的媒体整合与创新能力。具体来讲，是指教师利用网络平台建立个人教学资源库和在线共享教学经验和成果，以此提升自己的教育教学能力和信息素养，奠定专业成长的基础。首先，英语教学资源的收集、存储和整合是保证英语教学有序开展的前提。作为新时期的英语教师，要掌握一定的电脑技术，如建立、删除、修改文档，制作PPT课件，剪辑视频等，将其运用到实际的教学活动中，并要及时做好文字、图像、动画等多媒体信息和学科教学参考资料的存储工作，包括学生学习情况记录、各种考卷分析、大量练习题和考题的存储。同时，要充分利用现代信息技术获取最新、最有用的资料不断充实和更新教学资源库，利用网络工具，如搜狗（Sogou）、百度（Baidu）、网上公共图书馆、世界百科全书等丰富教学资源，实现学生和教师的共同发展。再者，外语教师应适时、实时在网络社区分享有用的教学资源和个人的教育教学体验，和他人共同深入学习研讨教学实践中面临的疑惑和难题。

二、在线外语教师专业发展的策略和路径

针对当下外语教师知识结构不合理、教育技术应用能力不强等问题，本文对网络平台中在线项目技术支持、学习共同体的构建、教师实践性知识共享、教师专业资源的组织与管理诸方面提出了一些优化策略，旨在促进教师的教育信息化和专业发展。

（一）深入了解实际需要并据此制订在线专业发展计划

外语教师拥有与时俱进的在线专业发展理念诚然是外语界一大福音，然而在线专业发展计划存在一定的区域局限性。许多经济欠发达的偏远山区学校办学条件较差，在网络技术、网络基础设施配备方面还处于落后阶段，无法保证技术上的支持，故暂不考虑将其列入发展计划。因此，在项目正式实施前要充分了解整个学校、学区和当地的网络基础

设施配备是否完善，网络运营情况是否流畅，以确保在线专业发展计划的可行性和实效性。换言之，在线发展项目设计首先要对该项目将要服务的对象的需求有准确的了解和大体的把握，同时还要考虑如何与其他在线专业发展项目相互补充和优化，然后基于学校或学区实际情况的综合考量，制订相应的实施方案。在某种程度上，在线专业发展项目的规划过程能帮助学校或学区完善自己的整体发展计划，并使与在线发展有关的机构和个人对自己在项目发展中的角色和职责有正确的认识和理解（付安权，2009）。

（二）确保项目技术支持和参与者的技术获得及运用

为确保在线专业发展的顺利实施，参与项目实施的中小学和高校须为课堂教学配备各种常规的教学媒体，为教师提供便于使用的多媒体教室、电子白板和形式丰富的教育信息资源及安全便利的网络服务，使教师不受时间和空间的限制，畅享校园网络，为教师提高技术素养提供便利的条件。再者，学校应组织专门的技术人员，针对教师在备课或教学中遇到的技术问题提供快速有效的技术支持和帮助。同时，除了学校办公地点，还要保证家里具有网速快捷、网络安全稳定的宽带或无线连接，保证所有成员都能随时参与在线学习。需要强调的是，在线专业发展项目中的技术支持不仅为个体在线用户提供服务，也为区域网提供整体性技术服务。比如，既要保证每个个体参与者网络使用的安全性，又不能因安装防火墙而妨碍学习成员顺畅获取在线课程资源（付安权，2009）。

项目的技术支持是在线专业发展计划开展的前提和保障，参与者的技术获得与运用则是其关键所在。参与者获得技术有多种途径：（1）通过网站资源和各类相关书籍，教师自主学习信息化教学理论知识，如教学设计与信息化教学设计模式和各种信息化教学模式，从而提升信息技术与学科整合的能力。（2）可以通过问卷调查将外语教师进行分类，有层次、有重点、有计划、有步骤地举办各种讲座、研修、经验交流会，为教师提供常用的信息技术工具指南、课件制作工具简介及教程，以及与外语学科相关的信息技术工具介绍与下载链接，包括Word、WPS、Teleport Pro、WebZip、SPSS等效能工具，雅虎、百度、搜狐、FlashGet、网络蚂蚁、FTP等信息获取工具，微世界、虚拟现实软件、3D世界、多媒体创作等情景创设工具，电子邮件、论坛、新闻组、留言板、邮件列表、公告栏、聊天室、QQ、MSN、视频会议系统、交互电视、Voice-mail、群件系统等异步或同步通信工具，语义网、数据库、专家系统建模工具、电子制表、智能信息搜索引擎、多媒体出版工具、实时会话环境、评价软件、专家系统、交互式电子白板等认知工具，电子学档（e-learning portfolio）、电子绩效评估系统（electronic performance evaluation system），以及目前流行的叙事反思博客等评价工具（熊顿，2006）；或者举办短期培训并以课程设计大赛的形式展出成果作品，激发教师运用多媒体技术的热情，并跟踪调查多媒体技术在课堂中的运用情况，以短期培训与长期跟踪调查的方式激励教师不断地学习和创新（高原，2013）。

（三）构建深入交互的在线学习共同体

学习共同体是指“由学习者及其助学者（包括教师、专家、辅导者等）共同构成的团体，在学习过程中，他们经常相互沟通和交流，共享各种资源，共同完成学习任务，因而在成员之间形成了相互影响、相互促进的人际联系”（王海燕，2005）。在线学习共同体，是指为学习者创设开放、自由的学习环境，改变学习者传统的学习模式，并突破课堂时间和空间的限制，灵活便捷地组织学习者协作学习，以网络技术为协同工具共享各种信息源，从而实现学习者的全面共同发展和提升。学习共同体的建构必须从学习者个体和学习小组两个层面综合考虑，其在线学习活动主要包括六大要素：学习目标、学习活动、学习资源、导学教师、学习成果、学习评价。首先，学习共同体成员应积极参与在线学习活动，包括在线教研和研修，以期达到完善学科认知和技能、过程与方法、情感态度和价值观的三维目标。再者，从教学层面来看，共同体成员一方面可以共享各类外语多媒体资源，比如报纸、音频、广播电台和精品课程录像、课例等；另一方面也可以借助博客、论坛进行研讨交流，在群体氛围中培养自己搜索教学信息、教学反馈、教学评价的能力（戴炜栋 等，2011）。同时，为了切实提升教师运用网络资源进行科研的能力，有必要根据学术旨趣或者借助科研课题等成立学术研究共同体，以进一步促进学术研讨与信息的交流。在各学术共同体中，共享国家社科规划网站、教育部网站、教育部科技司网站、各外语学术团体网站等，了解最新科研信息与动态，同时提供各专业信息类期刊网站，如 Oxford Journals、English Teaching Forum Online、Applied Linguistics、Academic Search Premier、JSTOR、Sage、Springer Link 和 Wiley Interscience。此外，要密切关注世界各官方组织的网站，包括联合国教科文组织网站、欧盟网站等。（戴炜栋 等，2011）

（四）合理组建专家团队，实现教师专业引领

在构建在线学习共同体时，需引入深谙在线学习理论、具有良好信息媒体素养的专家。这些专家可利用自身经验去帮助其他人理解在线专业发展理念和相关政策，并能即时顺畅地与项目参与者进行在线交流，使教师共同体更加有方向性，更有效解决新理念向实践、向课堂转化的问题，实现专业引领的功能，这实质是一种专家资源的开发与利用。选聘在线专业发展咨询专家时，需要重点考虑以下几个方面：（1）有丰富的在线专业发展培训经历。（2）有很强的课程领导能力。（3）对在线学习感兴趣并有熟练的网络技术。（4）熟悉英语学科或课程。（5）有丰富的在线交流实践经验。称职的在线专业发展咨询专家应包括从事教育教学研究的中小学一线特级和高级教师、教育技术专家、学校校长、大学教授、学科带头人、网络管理员、图书和媒体专家或其他相关专业人员，而不能仅将其设限为大学教授（付安权，2009）。项目咨询专家的首要任务是营造一个民主、开放、温馨的团队文化气氛，使大家善于交流，勇于发表自己的观点，乐于分享自己和他人的体验（Barbara et al., 2002）。因此，咨询专家的主要工作就是引导、组织大家对某一话题或主题进行讨论，而不是对所有问题进行专家式的评判或回答，要倡导不同见解的百家争鸣，鼓励独立思考，鼓励提出质疑与批判，能够引发争议与辩论。这样，在独立思考、质疑与反问的过程中，深度回复与交互，才能促进思想的碰撞，展开深入学习。

我们可以采用专家学术报告、专家坐诊、专家教师合作研究三种形式实现外语教师的专业引领。（1）专家视点。教师可以在线观看专家学术报告视频，如果条件允许，专家可以在线开展学术讲座，向学习共同体成员普及国际视域和国内视野下的英语学科发展前沿和英语课堂改革

的理念、方法和路径等。这有助于开阔教师的教育视野，形成与时俱进的新教育观；有利于教师了解当前教育改革的动态、热点和难点问题，认清学科发展的潮流。（2）开辟“专家坐诊”栏目。这一栏目，是专家与教师直接交流的窗口，在很大程度上能够帮助教师解决教学实践中和研究进程中所面临的困惑和难题。相对专家视点，这种形式更开放，更具有针对性和实效性。专家们可以适时鼓励大家光顾“专业群”（如QQ群、微信群等）、博客、论坛等，并对论坛或邮件定期进行检查，用评论或简单回复来回应之前的讨论或引发后续的其他讨论（付安权，2009）。对于那些跟不上学习进程的教师，咨询专家可以使用私人电子邮件来深入了解原因及其需要，并鼓励他们及时参与到在线活动中来。在线讨论结束后，在线咨询专家必须进行总结与点评，一方面肯定参与者的观点对于专业发展的价值，另一方面，鼓励大家相互了解以建立和谐的在线人际关系（付安权，2009）。（3）专家与教师的合作研究。专家可以邀请教师参与自己的课题研究或教师主动要求加入专家的科研团队，参加课题立项和制订实施方案、帮助专家收集整理资料、随专家参与学术会议和报告，通过“做中学”进一步提升自身的科研水平和科研素养。

（五）发挥教师集体智慧，推动教师实践性知识共享

教师实践性知识，也称隐性知识，包括教学组织管理能力、教学方法、教学技能、教学科研等经验性的知识，是教师专业成长不可或缺的内容。林崇德认为，教师实践性知识是教师在面临实现有目的的行为中所具有的课堂情景知识以及与之相关的知识，更具体地说，这种知识是教师教学经验的积累（林崇德 等，1996）。陈向明认为，教师实践性知识是教师通过对自己教育教学经验的反思和提炼所形成的对教育教学的认识；是教师对其教育教学经历进行自我解释而形成经验，上升到反思层次，形成具有一般性指导作用的价值取向，并实际指导自己的惯例性教育教学行为。而教育叙事研究是使用叙事的方式，并实际指导自己的惯例性教育教学故事，从而将教师个体的教学经验以故事的形式表达出来（陈向明，2009）。简言之，教师实践性知识是源于教师的教育教学经验，经过不断反思提炼出的能够解决教育教学中的问题，并用于指导具体教学实践的知识。

教学是一门艺术，教学内容、教学方法千变万化，不同的教师面对各种各样的教学困境都无法单凭个人微薄之力将其攻克。因此，在线教师们应当充分利用信息技术带来的优势，竭力发挥集体智慧，解决教育教学中的实际问题。教学研讨和教育叙事是发挥教师集体智慧行之有效的途径。在线学习共同体为教师知识共享创设了较为理想的环境和范围。教师要以学科内容知识和学科教学知识为基础，将自己在教学过程中遇到的教学难题发布到网络交流平台，包括QQ群、微信群、论坛和博客等，虚心听取他人的意见，并且要勇于发表个人观点，和专家及同行们深入交流心得体会，集思广益，寻求解决问题的最佳方案，并将其灵活运用到个人的教学实践中，通过不断的行动研究，切实地从根源上化解实际生活中的教学窘境。

教育叙事是教师实践性知识显性化的重要方式，也是促进教师专业发展的有效途径。教育叙事是指采用叙事的形式，将个人真实的教育教学经历和经验通过故事的形式传达给他人。教育叙事这一形式，有助于增强教师的主体意识，使其以教育研究者的姿态不断调整、改进、完善自己的教学实践。再者，教育叙事能够促进教师开展教学反思，使其以微观的教学实践为基础，针对具体的教学实践问题开展深入的反思，并根据教学反思的结果及时调整和改进自己的教学决策和教学行为，从而提高教学反思的时效性（何济玲，2014）。因此，为了促进教师行动体验和实践反思的结合，可以开设“行动研究”和“实践反思”等相关栏目板块来记录教师的行动体验过程，以及教师在行动实践之后的反思心得；可以开放“电子档案袋”“教师博客反思”，将教师的实践心得进行外化阐述或显性优化整理。“电子档案袋”以数字化的形式展现教师教学成果、教学经验、教学计划等，成为教师个人专业成长的历史记录，包含教师开展教学实践、参与学习共同体的历史记录。与传统的教学档案相比，它具有易于收集、便于公开交流的特性，教师能够从交互学习中了解他人的教学理念、教学经验，促进教师个体的知识管理、终身学习、持续发展，实现教师间的相互交流和共同成长。“教师博客反思”是指教师利用博客撰写故事、日记、传记、访谈、观察、自我描述性文字等探讨自己的教学行为和科研行为，加强自身叙事研究能力，奠定专业成长之石。就外语教师而言，一方面应该结合不同教学目的反思自己的外语知识、课程组织、教学理念、教学行为、教学策略、教学方法、教学效果、教学反馈等，另一方面要反思自己的学术研究方向、研究课题、学术成果等。无论是教学前、教学中还是教学后反思，均应具有批判性和监控性，即对自己的教学与研究活动给予评析、支持或者修正（戴炜栋 等，2011）。

（六）优化教师专业资源组织与管理

教师专业资源的组织与管理是教师专业发展的奠基石和前提保证。只有做好资源的储备、组织和管理工作，才能使其为教师所用，促进教师专业技能和能力的提升及知识结构的优化。网站维护管理员要建立具有实效性的多维度交互空间，分设学科内容分享区、教学资源交流区和教学活动探究区。如图 2. 3 所示：

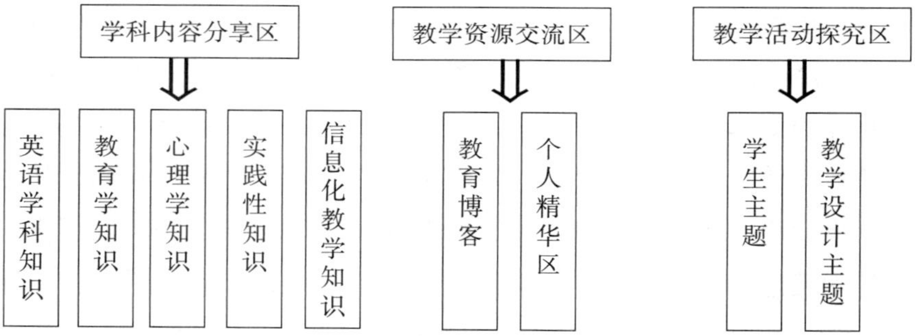

图 2. 3　多维度网络交互空间

（1）学科内容分享区为外语教师提供海量的在线学习资源，包括权威书籍和报纸杂志等。外语教师专业知识主要由英语学科专业知识、教育学知识、心理学知识、实践性知识和信息化教学知识组成，网站管理者应对教师专业发展需求进行问卷或访谈调查，以教师所需专业知识为目标导向，将资源进行归类，方便教师查阅学习。

（2）教学资源交流区是外语教师进行资源共享的平台。具有经验的教师可以将自己的某些成果（如教学经验、教学设计、评价设计等）以文本、视频等形式上传至该区域，供其他教师评价和借鉴（杨冠英 等，2013）；教师也可以链接不同的论坛，或共享自己的私人空间，如“教师个人博客”“精华区”等，和其他教师进行深入交互学习。

（3）教学活动探究区是围绕课堂教学活动开展探究和交互，外语教师可以自发地开始讨论话题，也可以积极投入已有话题的讨论，其中包括关于学生的主题，例如“学生学习兴趣的激发”“学生理解水平的差异”等；关于课堂教学设计的主题，例如“真实教学情境的创设”“课例设计”“游戏教学设计”等，但这些活动主题的中心目标是为了促进学生的发展。教学活动探究区以“活动计划—实施—反思”三个环节构成一次循环。首先，针对活动主题，导师与教师成员共同设计；然后，由教师在课堂教学中负责实施；最后，教师将活动中出现的问题和对活动的总结在“教学活动探究区”中进行反思和讨论，并进一步修改，为下一阶段的教学活动做准备（杨冠英 等，2013）。

（七）改进网络虚拟学习社区的组织与管理

专家引领——专家引领外语教师进行教学和科研探究，导师协同——导师从旁协同，同伴互助——在线学习共同体互相交流、互帮互助。导师包括主持教师、主讲教师和导学教师。主持教师负责网络课程的总体设计和教学大纲、教学内容和网络教学工作，组建课程组，主持网络课程的资源开发与建设；主讲教师是课程的主讲者，由一位或多位教师组成，是网络课程的讲授和网络课程学习素材的编写者；导学教师的职责是辅助主持教师和主讲教师为学习者提供课程学习方面的支持和服务，建立外语教师、导师及相关内容间的联系，及时解决外语教师学习过程中遇到的问题，促进教师的学习和导师的教授（乔爱玲 等，2013）。同时，外语教师可以根据个人兴趣在网站上创立自己的学习共同体和参与不同的学习小组，组内实行监督机制，组间采取竞赛的形式，共同成长，共同进步。

组织学习共同体活动：组织一些固定（每日/每周/每月/每季/每年）要庆贺的网络学习共同体事件，设立一个通知表（提醒器）来通知教师们知晓社区的活动事件，适时组织一些可以增强共同体学习氛围的活动、竞赛或专题讨论，组织调查或用其他方式来收集教师的观点和反馈，组织不同学习小组进行定期交流与成果展示等。

提供有力的学习工具和资源支持：提供友好易懂的用户界面，动态化的社区内容定制；给学习共同体成员提供相关的技术支持或明确指示；提供容易操作的各类社区管理工具，例如邮件管理器、动态页面编辑器、消息板、日历表、反馈单、链接管理器、小组间的动态链接等；为教师提供各类实用的技术工具与相关资源等（熊顿，2006）。

第四节　技术支持下教师专业发展模式

一、信息技术与学科教学整合的专业发展模式

逻辑上，模式的建立源于对目标的确立和新的支持条件的充分利用。在信息技术支持下或者网络技术等手段的创新使用中，更加有效地促进教师的专业学习进而提升课程教学、学生学习质量是信息技术支持下教师专业发展模式创新的核心考虑。

换言之，当代信息技术与外语教育结合，使得外语教育信息化理念开始深入人心，教师的专业发展开始朝着信息化和网络化发展。由此，信息技术不仅是一种教师专业发展的辅助性工具，教师的信息素养也成了教师专业发展的主要内容之一。利用信息技术来促进教师专业发展，为教师专业发展提供了新的途径，也使得教师专业发展上升到更新更复杂的层次。

信息技术支持下的教师专业发展服务于教师基于学科的课堂教学发展与优化。信息技术与学科教学整合成为当前信息技术在学科教学中应用得最为有效的方式之一。通过课程整合的教学设计，将外语教学过程中涉及的各种因素有效地整合在一起，在其中，各种现代教育技术手段不再是简单的辅助工具，而是教学过程中不可缺少的一个重要因素。在这种整合的过程中，对教师的专业发展又提出了新的要求，进而形成了现代教育技术应用条件下新的教师专业发展模式（梁威 等，2004）。

在信息技术与外语教育整合的过程中，教师专业发展的模式也逐渐形成了自己的特点。教师的专业知识、专业技能和专业情感的提高主要表现在教师的信息素养的提高。其中，教师专业发展中所涉及的信息素养主要可以归纳为以下几类：

（1）教学技能——教师利用现代教育技术进行教学的技能。

（2）知识组织能力——教师利用现代教育技术进行有效的知识组织和管理的能力。

（3）教学管理能力——教师利用现代教育技术工具进行教学管理的

能力。

在这种专业发展过程中，教师通过信息技术与学科教学的整合过程，一方面提升了自己运用现代教育技术进行教学的能力，另一方面提升了自己的知识组织和教学管理的能力，最终在教学实践的过程中达到专业成长的目的（如图 2.4 所示）。

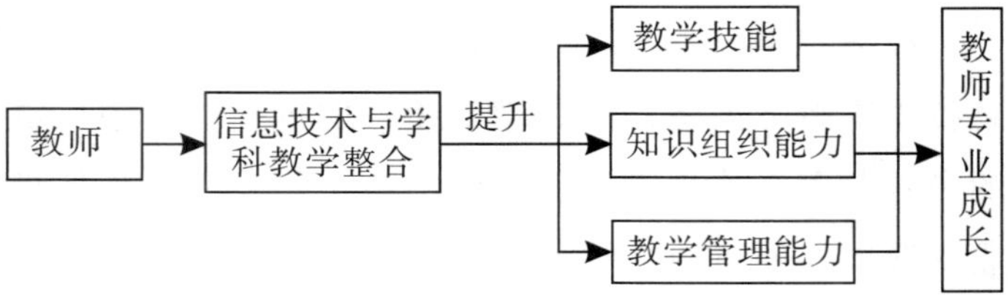

图2.4 基于信息技术与学科教学整合的过程（蔡笑岳，2007）

为了能够在信息技术与学科教学整合的过程中得到专业发展，教师往往要经过一个螺旋式上升的发展过程。首先，教师应改变自己的教学方法，从以往以教师为中心，学生被动接受知识的教学方法转变成促进学生探究式、协作式和个别化学习的教学方法。其次，教师应在应用现代教育技术进行教学实践中不断提升自己的信息素养，而教师信息素养得以提升又反过来促进教师转变自己的教学方法。最后，教师反思自己的教学整合过程，然后重新进入第一个步骤继而循环进行下去。在这样一个不断循环的过程中，教师的现代教育技术应用能力将伴随着教学能力的提升而得到增强，二者相辅相成，共同促进，缺一不可。现代教育技术应用能力与教学能力的有效提高则有赖于教师在每次循环结束时候进行深入细致的反思，当时机成熟时，教师的专业发展过程将发生质变，即从仅强调使用技术能力的提高，转变为以课程、教学为主的技术整合能力的提高，这就是在信息技术与外语学科教学整合环境下教师专业发展的模式，可以用图 2.5 表示。

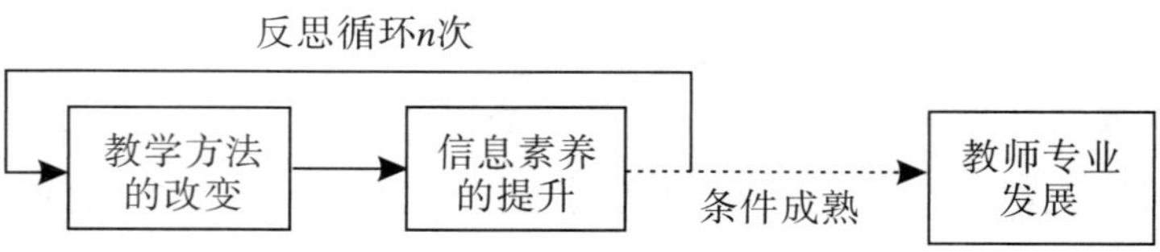

图2.5 信息技术与外语学科教学整合环境下的教师专业发展

二、基于信息技术工具的专业发展模式

基于在线教师专业发展理念，尤其随着信息技术在教育中的广泛应用，互联网已经成为促进教师专业发展的一条重要途径，基于网络等信息技术工具优势的教师专业发展模式更加多样化，综合起来主要有以下五种比较重要的教师专业发展模式（蔡笑岳，2007）。

（一）同步和异步学习模式

在这一模式中，教师可以直接利用网络来进行学习，促进自己的专业发展。其中同步学习也被称作在线学习，在这种学习方式中，教师直接连接互联网进行学习，学习的过程既可以通过丰富的网络资源来进行，也可以在线与其他教师或者专业学者进行交流。同步学习的优点在于可以充分发挥网络的各种功能，学习过程也比较灵活，但是受目前网络宽带的限制，一些大型课件难以直接在其中运行。异步学习则是教师直接在本地计算机上运行一些大型课件或用其他程序来进行学习。在这种学习方式中，教师处于一个个别化的学习环境中，可以自定步调进行学习。

（二）基于博客的反思教学模式

随着网络技术的应用，博客技术正引起各界的广泛重视。由于博客可以让用户以一种简单的方式在网络上发表自己的观点，从而受到很多不熟悉网络技术的人士的欢迎，用户数量的迅速增长，又反过来促进了这一技术的进一步发展。

在教师专业发展过程中，教师的不断反思是非常重要的。传统的方法是写日记，但是传统的日记内容不便于管理，也不利于各种观点的交流，博客正好可以对其进行弥补。随着教师广泛采用博客这种方式来反思自己的教学，一种新的教学反思模式也就应运而生了。

在该模式中，教师可以定期更新自己的博客，并利用其管理功能，对已发表的观点进行归类总结来定期进行反思。另外，由于博客在网络上处于公开的状态，还可以利用其中的留言功能与其他教师进行交流。

（三）基于网络社区的学习共同体模式

学习共同体建立以后，教师和教师之间、教师与专家之间可以相互

进行合作，这种学习共同体可采用传统的方式来建立，而采用了网络的方式以后，交流过程变得更加有效。现在网络上可以用来建立这种学习共同体的技术很多。简单的可以使用论坛的方式来进行，而技术复杂的则可以通过建立专门的网站来构建网络社区，在这里，教师可以通过论坛、博客等方式进行交流，社区主页则可以提供最新的消息以及各种通知。

（四）网络资源应用模式

利用各种网络资源来促进教师的专业成长已成为一条非常有效的途径。由于网络资源非常丰富，随着网络技术的发展，各种网络资源的组织变得更加专业化。

目前网络上的资源主要可以归为两大类：一类为各种数据公司提供的专业数据库资源，比如中国期刊网等。在这些资源中，由于有了比较成熟的盈利机制，各种资源得以有效更新，教师足不出户就可以获得以往必须去大型图书馆才能获得的资料。另一类为免费的资源，比如国内的中国开放教育资源协会成立的开放资源网站。该网站提供了由该协会收集和组织制作的各种免费资源，比如上百门中国国内高校精品课程以及该网站组织翻译的麻省理工学院开放课程网站资源等。

（五）基于网络化教学管理的专业发展模式

随着网络技术的不断成熟，各方面都在广泛应用网络技术来促进自身的发展，其中网络化教学管理正成为人们重视的一个焦点。利用网络化的教学管理，可以使教师提高教学管理的效率，教师可以从以往烦琐的会议、手工编制报表、输入成绩等工作中解放出来，把更多的精力放在专业发展方面，由此形成了基于网络化教学管理的专业发展模式。

目前，这方面比较成熟的技术主要有网上办公以及网络化教务管理两大类。

利用网上办公系统，教师可以方便地在家里利用网络来进行办公，获取各种教学文件，同其他教师进行交流。而利用网络化教务管理系统，教师则可以利用试题库出试题，利用网络进行评分和录入学生成绩等，显著提高了教学效率。

本章小结

本章共分四个小节探讨了信息技术与外语教师教育发展。在第一节中，阐述了发挥教师专业领导力、创生教师的信息技术意识的必要性，主要包括教师信息技术意识革新纬度和教师信息技术意识创生逻辑。第二节介绍了美国在线教师专业发展标准，及其对我国在线教师专业发展的几点启示。第三节和第四节就我国在线外语教师专业发展的策略和模式进行了系统介绍。

第三章 信息技术与外语课程发展

现代信息技术正深刻影响着传统的教学理念、教学内容、教学实施以及教学资源。信息技术与课程整合已经成为我国信息技术教育乃至整个教育信息化进程的热点问题，是新一轮课程改革的发展方向，更是全面推进基础教育改革的必要途径。

对信息技术与外语课程的整合离不开对课程理论变革的检视，对教师整合技术的学科教学知识的要求以及对目前信息技术在中小学英语教学中的应用现状的了解。

信息技术与课程发展有其深刻的渊源。外语教师是外语课程的重要组成部分，在信息技术与外语课程的整合中，信息技术对教师的教学理念和方法提出了新要求，而切身实际的方案是发展整合技术的学科教学知识。

第一节　信息技术与当代课程理论变革

对课程这一概念的界定不是易事，最常见的定义源于它的拉丁语词根“跑道”，对许多学生来说，学校课程就像跑道上的比赛，要越过重重阻碍（Marsh，2004）。西方国家的学校深受哲学家柏拉图和亚里士多德的影响，课程一词专指希腊文明古典时期所授科目。在20世纪，课程概念有所扩大化，突破了古典文学的藩篱，指代所有的科目。现在，与课程有关的学校文件、新闻报道、会议报告、学科教科书都可被称为学校课程。就像Longstreet和Shane说的那样，“课程是历史发展的产物，是对教育决策日趋复杂化的回应，是慢慢发展的”（Longstreet et al.，1993）。

一、课程概念的演变

学术界对课程一词的观点不一，据Portelli的统计，关于课程概念的定义在文献中就有120多种（Portelli，1987）。然而有些定义只涉及课程的某些方面和特点，并不全面（Toombs et al.，1993），尤其是那些带有偏见性的定义。因此，对课程概念的把握应小心谨慎。虽然多数课程概念的定义并不完整，然而一些观点却能启发对课程概念的理解。比如下面关于课程概念的六个定义。这六个定义的侧重点并不相同，反映了课程概念的演变（Marsh，2004）。

定义一　课程指的是那些永恒不变的科目，比如语法、阅读、逻辑、修辞、数学，以及在西方国家被认为包含最本质知识的经典书籍。

1988年英国出台的全国统一课程正是该课程理念的体现，包含了三个核心科目和七个基础科目，规定了学生在每个科目中必须掌握的具体内容和应达成的具体目标。

产生的问题：该课程定义把课程限制在仅有的几个学科，把学习等同于习得，并产生了以下几个问题。知识是否会与时俱进？如果会，那么该课程理念下的学科是否也应产生变化？为什么选择这些学科，它们的重要性在哪里？Goodson和Marsh指出，英国的全国统一课程是对1904

年所规定学科的重构（Goodson et al.，1996）。Griffith（2000）认为以知识为纲的课程，比如英国的全国统一课程，受时空限制，它既不是中立的、事实的，也不是无价值的，应该用历史的观点看待。

定义二 课程指的是那些有利于在当代社会生存的科目。

该课程理念下所选的科目都是与现代社会紧密相连的，学生可以选择自己认为重要的科目。

产生的问题：该定义认为当代的科目比存在已久的科目更有价值，鼓励学校和学生适应当今社会，而不是努力使社会变得更加完善。但这也带来了几个问题，比如课程的稳定性如何把握？什么知识才是有用的？如果过度强调实践性技能，那怎样进行智力发展？

定义三 课程是学校负责的、有计划的学习。

有计划的学习可以指书面文件中详细规定的学习内容，也可以是学习目标的简单罗列，也可以仅仅指教师认为学生应该掌握的内容。Saylor、Alexander、Lewis、Beauchamp、Posner都是该课程理念的倡导者（Saylor et al.，1981；Beauchamp，1981；Posner，1998）。

产生的问题：该定义认为学习就是习得，可能把学习限制在容易学会的内容上，而不是因为需要学会某些内容。该课程理念产生的问题有：学校选择学习内容的依据是什么？教师是否能够把教学手段和教学目标分离？非计划性、真实的学习体验是否被排除在课程之外？

定义四 课程是向学生提供的学习经历的总和，目的是帮助学生在不同的学习场景中学会相应的技能和知识。

该课程理念强调学习，而非教学，尤其强调在真实情境中技巧和知识的学习，而非局限在学校。该课程理念认为所有场所，包括工作场所，都能够引导常识性知识的学习。当今许多国家倡导该课程理念，并因为其经济原因，得到了经济组织、职业导向群体和外显胜任力标准倡导者的支持。

产生的问题：该定义指向狭隘的技术实用主义者理念，要求制定衡量学习效果的标准和具体说明。Walker（1994）和Cairns（1992）批判该课程理念倡导的统一性和对最低标准的关注。Moore（2000）指出国家经济发展除了依靠职业培训，还需其他方面的支持。

定义五　课程指的是学生通过与计算机和不同网络（如Internet）的交互所建构的内容。

很明显，这是一个现代化的定义，以计算机的普及为前提。当代的学生把计算机看成生活学习的一部分。虽然教师在信息素养方面有待提高，但许多教师早已卷入这场信息革命。信息技术的发展为学生的主动学习创造了支持性环境，学生可以在网上搜索信息、探究相关问题、与他人互动交流，从而建构自己的意义。在网上小组讨论、协商和电子邮件通信的过程中，学生的社会技能也会有所发展。

产生的问题：虽然一些学者，比如Vine（2000）等，认为学校在不久的将来会发生剧烈变革，学生在家就有获取电子资源的种种途径，但也有一些学者，如Reid（2000）和Westbury（2000）相信学校不会退出历史舞台。Budin（1999）提醒我们技术不是中立性工具，网上存在的不一定是合理的。另外，学生获取网络的条件不足，提倡的学习方式也可能过于理想化。所以，应谨慎看待计算机支持下可能出现的主动学习和建构主义学习。

定义六　课程是对权威的质疑，是对复杂人性观的探索。

该课程理念与苏格拉底的名言一致，“未经检验的生活不值得过”。该课程理念鼓励质疑一切，使它成为后现代主义下的一种理念。“后现代”暗含了对普遍价值和实践的质疑与反对。所以，后现代主义者有质疑一切的倾向，会接受之前不被人们所接受的东西，愿意把新的思维方式概念化，但他们的具体观点却又迥异。

产生的问题：如果后现代主义仅仅是质疑过程的话，那么就不能指导学生如何利用自己的时间与精力。虽然许多学者对后现代主义思维的潜力抱有积极态度（Slattery，1995；Atkinson，2000；Parker，1997），但也有学者认为后现代主义思维过于笼统、模糊、混乱（Barrow，1999）。后现代主义受相对主义的影响。Moore（2000）认为后现代主义者有个致命的内在矛盾——如果事实都是相对的，那么这个后现代主义观点本身就值得怀疑。

二、课程的特点

一些课程专家，如Goodlad（1979），认为对课程定义的分析非常必要，是课程研究领域的起点。他们认为有关课程的一些重要定义和特点需认真考虑，这有助于了解特定价值取向的演变及原因。

Walker（1990）认为课程的基本概念应包含以下几点：

（1）课程内容：课程内容可以用概念图、话题和主题进行抽象描述。

（2）课程目标：课程目标通常以智力目标、社会目标和个人目标分类，并且以大目标为主，但陈述的目标并不总是可靠的行动指南。

（3）课程结构：课程计划以范围和顺序为基础。课程结构可能是紧密的，也可能是松散的。

（4）课程原则：其他一些学者，如Beane等（1986），提出了课程原则，但这些原则更多以价值为导向，并不通用。比如，他们所列的以下5个关于课程的主要原则：①关注学习者的经历；②对课程内容和过程做出决策，二者缺一不可；③对各类问题和话题做出相应决策；④应涉及多类人员；⑤多层次决策。

很明显，这些学者有一个特定的课程观，可能是以学生为中心和以社会为中心的结合。如果特定原则被给予高度重视，那么不可避免地，就产生了特定的课程观。Longstreet和Shane（1993）指出了四种主要的课程观：

（1）以社会为导向的课程观：学校教育的目的是服务社会。

（2）以学生为导向的课程观：学生是所有课程的重要来源。

（3）以知识为中心的课程观：知识是课程的核心。

（4）折中主义课程观：可能存在不同的妥协，包括盲目的折中主义。

Eisner和Vallance（1974）提出的课程概念和课程取向经常在文献中出现：

（1）认知过程取向：适用于不同智力问题的认知技能。

（2）技术取向：开发手段来达成预设目标。

（3）自我实现取向：学生发现并发展他们独特的个性。

（4）社会重建取向：学校必须是社会变革的力量。

（5）学术理性主义取向：适用和欣赏各学科的思想和作品。

12年后Vallance（1986）修改了Eisner和Vallance在1974年提出的课程取向，删除了“自我实现取向”，增加了“个人成功取向”（追求具体的、实际的目标）和“个人信念取向”（为内在的满意度而学习）。

这些课程概念提醒了教育者直接或间接遵循的价值取向，但也有一些学者认为这些概念仅仅是刻板印象，没有什么价值。

三、当代课程理论的主要流派

课程是教与学相互作用的中介和纽带。首先，课程连接并受制于教育目的和培养目标，是培养目标的具体体现，是实现教育目的的基础；其次，课程连接并制约着教学的形式、方法，有怎样的课程及内容就决定着要采用怎样的教学形式和方法（傅道春，2013）。把握当代课程理论的主要流派及其主要特征，可以帮助推断课程发展变革的未来方向，有助于课程理论建构的深入，对于课程理论的自身构建有着重要的现实意义，对当代课程的变革有指导作用。当代课程流派众多，而且人们对流派划分的标准存在很大的分歧（姜俊和 等，2006）。不管流派多么纷繁复杂，当代课程还是可以划分为一些公认的流派。

（一）学科中心课程论

学科中心课程论的主张是，学校课程应该以学科的分类为基础，以学科教学为中心，以掌握学科的基本知识、基本规律和相应的基本技能为目标（袁振国，1998）。

学科中心课程论的早期代表为斯宾塞。他在《什么知识最有价值》一文中，对有价值的知识进行了深刻的阐述。他认为自然科学知识应占最重要的位置，是所有活动的最好准备。该理论把组织课程分为五种主要的活动：维护生命和健康的活动、生产活动、教养子女的活动、调节自身行为的活动以及闲暇娱乐的活动。19世纪后期，赫尔巴特认为应以“客观的文化遗产”为科学，以发展人的“多方面兴趣为中心”，设置相应学科，并从六方面来开设课程：经验兴趣、思辨兴趣、审美兴趣、同情兴趣、社会兴趣和宗教兴趣。到了20世纪30年代，美国兴起的要素主义，强调以学科为中心和学习系统性，主张各门学科在教育过程中要严格按照各门学科逻辑系统编写课程。第二次世界大战后，强调中学应该学习各门学科的“基本核心”，数学、自然科学、外国语并称为“新三艺”。在当代，美国教育家布鲁纳提出一门学科的概念、关键概念原理以及相互关系是一门学科的基本结构组成。

（二）综合课程论

综合课程理论是主张把若干个有关学科合并起来编制课程的一种课程理论。这种理论和分科课程论一样，由来已久，代表人物是大教育家夸美纽斯，他提出要实现学科之间的联系。但是，这一理论体系是在当代逐渐成熟和完备起来的。近几十年来，许多教育家认识到分科课程论的弊端，即不能反映人的教育的一致性，主张各门学科应该是聚合体，避免整体被部分掩盖。

综合课程从整体上认识、把握、提升学生认识水平，有利于学生形成整体的观点，恢复所学知识的逻辑统一性和宏观整体性，在一定程度上，还有助于发挥学生个性，密切学生与社会之间的联系，加深学生与伙伴之间的交往，提升学生在社会当中与他人交流交往的能力，促进学生适应社会的能力。综合课程不仅是在理论层面上对原来的课程理论进行革新，更是直接触动了全世界各国课程变革的神经，是当代最具代表性、最具影响力的课程理论之一。

（三）人文主义课程论

人文主义课程的主张是课程应该有益于维护人的尊严，激发人的潜能，重视人的价值，使人的能力在教育过程中得到实现和发展。人文主义强调不能以成人的标准来评价儿童，而是应该根据儿童自身的心理发展特征和心理发展要求确定课程。人文主义课程论始于文艺复兴时期，以卢梭为代表的教育家强调发展儿童内部的“自然醒”，并且重视发展无限创造性的能力。20世纪20年代初，以杜威为代表，强调课程理论应该重视儿童生活。20世纪70年代后，就是当代课程理论蓬勃发展时期，以马斯洛、罗斯杰为代表，课程理论侧重实施三类课程：学术性课程，人际关系课程和自我意识、自我实现课程。上述当代课程更加要求信息技术的发展革新，信息技术的发展革新也使当代课程理论从理论走向实践成为可能。两者相辅相成，密不可分。

（四）潜在课程理论

按照课程呈现的方式，课程可以分为显性课程和隐性课程。当代课程理论变革的重点在于潜在课程，即隐形课程的发展。潜在课程是与显性课程相对的，主张在正式课程外，把非计划的、非预期的学习经验和知识作为课程的组成部分。该课程是非计划、非预期的，不按课程表进行，学习内容渗透在学习环境中。这种学习环境包括物质、社会以及文化环境。该课程理论是当代正在崛起的崭新的课程理论，主要分为三个流派：结构功能理论、现象诠释学和社会批判性潜在课程理论。

（五）实践课程论

实践课程理论的代表人物是美国教育大家施瓦布。实践课程论的重心在于学生、教师、教材和环境四个要素。众所周知，教师和学生是教育活动的创造者和主要参与者，学生应该是实践课程的中心。教材的编排应该重视灵活性和变动性，这为信息技术和学科融合提供了巨大的发展空间。环境指的是物质的外在世界、心理的因素和文化的氛围等。实践课程论追求的最终目标是实现实践，激发实践兴趣，能够充分理解环境之间的相互作用，满足学生需求，增强学生能力和实现行为目标等。

（六）后现代课程论

后现代课程论是西方哲学界最近几十年发展的成果。后现代课程论分为两种风格：一种是批判性的后现代哲学；一种是建设性的后现代哲学。前者对现代课程论中的结构主义和权力关系进行了深刻的批判，认为课程应该是一种关乎社会的工程，并不局限于教育这一个领域，课程应该是随着社会经济、政治、文化、技术等的变化而变化，而且会受到这些因素的影响。后者认为课程应重视实践的作用，课程来源于实践，在实践中获得进一步发展。课程的开发和变革不是仅仅根据一方理论、一方学说，而是来自某一个特定的社会实践情景。因此，课程发展不具备统一性、稳定性、不可变性，它所具备的是丰富性、多样性、多元性、变革性。

当然，当代的课程理论流派远远不止上述的几种，但通过上面介绍的几种理论流派，还是可以清楚地看出当代课程理论的丰富性、多样性和变革性。

第二节　信息技术与外语课程整合

以计算机技术和网络技术为核心的信息技术是当前影响最为广泛的科学技术。现代信息技术正深刻影响着传统的教学理念、教学内容、教学实施以及教学资源。信息技术与课程整合已经成为我国信息技术教育乃至整个教育信息化进程的热点问题，是新一轮课程改革的发展方向，更是全面推进基础教育改革的必要途径。

一、信息技术的教育应用

（一）信息化教育

当前，人类社会步入了21世纪，以计算机、多媒体、通信网络等技术为标志的信息技术在世界范围内迅猛发展，特别是互联网技术的广泛应用，正在有力地推动着全球经济社会的深层变革，改变着人们的生存、生活、学习和发展方式。在信息化的背景下，教育也在发生着深刻的变革。世界各国掀起了信息化教育的浪潮。那么，什么是信息化教育？信息化教育，就是在现代教育思想和理论的指导下，主要运用现代信息技术，开发教育资源，优化教育过程，以培养和提高学生信息素养为重要目标的一种新的教育方式。信息化教育是现代教育思想理论与现代信息技术相结合的产物。

（1）信息化教育与教育信息化

信息化教育与教育信息化是同一件事情，是实现信息技术与教育的整合在每个发展阶段的不同称谓。教育信息化是实现信息技术与教育整合的过程，是信息技术与教育整合后的表现形态（南国农，2004）。

（2）信息化教育的发展

1993年9月，美国正式提出建设“国家信息基础设施”计划，其主题是发展以互联网为核心的综合化信息服务体系和推进信息技术在社会各领域的广泛应用，特别是把信息技术在教育中的应用作为实施面向21世纪教育改革的重要途径。信息化教育概念随之兴起。美国的这一举动引起世界各国的积极关注，许多国家政府相继制订了推进本国教育信息化的计划，在全球范围内掀起了波澜壮阔的信息化教育浪潮（南国农，2004）。

（3）我国信息化教育的发展

我国教育信息化的开展实际上早在1982年就在北京的几所大学的附属中学进行试点工作，应该说开始的时间还是比较早的。但是，由于各方面原因的制约，徘徊的时间较长，主要是发展不够均衡。面对世界信息技术教育的迅速发展，为了尽快缩短我国信息技术教育与世界发达国家的距离，1999年年末，教育部宣布我国中小学从2001年9月份开始逐步开设信息技术课程，并公布了《中小学信息技术指导纲要》。并在2000年10月召开的“全国中小学信息技术教育工作会议”上，决定从2001年起用5到10年的时间在全国中小学基本普及信息技术教育，努力实现基础教育跨越式发展。在此会议上，教育部提出中小学普及信息技术教育的两个主要目标（张有录，2012）。

一是开设信息技术必修课，加快信息技术教育与其他课程的整合。2001年前，全国普通高级中学和大中城市的初级中学要开设信息技术必修课；2003年前，经济比较发达地区的初级中学开设信息技术必修课；2005年前，所有的初级中学以及城市和经济比较发达地区的小学开设信息技术必修课；争取尽早在全国90%以上的中小学开设信息技术必修课程。同时要促进信息技术的应用与课程教学改革的有机结合。

二是全面实施中小学“校校通”工程，努力实现基础教育的跨越式发展。用5~10年的时间加强信息基础设施和信息资源建设，使全国90%左右的独立建制的中小学能够与网络连通，每一名中小学师生都能共享网上教育资源，也让全体教师都能普遍接受旨在提高素质教育水平和能力的继续教育。2010年前，争取使全国90%以上独立建制的中小学校都能上网。条件较差的少数中小学校也可配备多媒体教学设备和教育教学资源。

这充分说明了我国教育行政主管部门已经充分认识到了信息技术教育的重要性与紧迫性，也体现了他们对加强我国信息技术教育的决心与信心；教育信息化不再是一个空洞的名词，而是化为一系列具体的行动目标和可操作的步骤。

前面讲到信息化教育与教育信息化之间的关系，把教育信息化看成是一个追求信息化教育的过程。为了能够有效指导国家信息化的整体建设，原国务院信息化工作领导小组从我国国情出发，提出了国家信息化体系的六个要素：信息资源，信息网络，信息资源的利用与信息技术的应用，信息技术产业，信息化人才，信息化政策、法规和标准。这六个要素是一个有机整体，构成符合中国国情的完整的信息化体系。而对于一个行业的信息化建设，信息网络是基础，信息资源是核心，信息资源的利用与信息技术的应用是目的，而信息化人才、信息技术产业、信息化政策法规和标准是其保障。如图3.1：

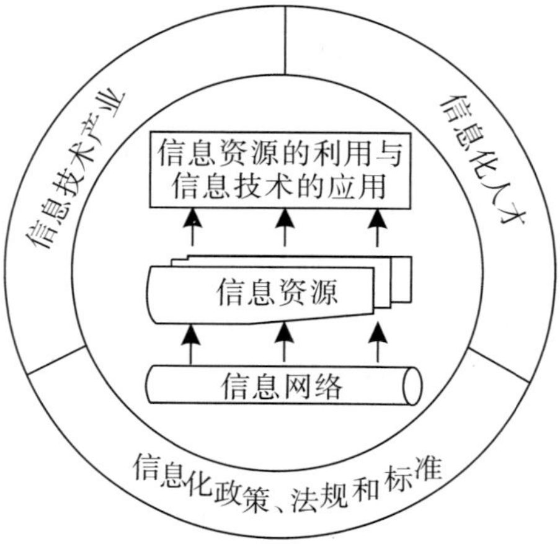

图3.1 信息化各要素结构图（黄荣怀，2002）

（二）信息技术教育应用的发展阶段

美国以科技立国，历来重视各种技术（尤其是信息技术）在教育、教学领域的应用，也是最早强调将信息技术有效地整合于学科教学（即有效实现“信息技术与课程整合”）的国家。“信息技术与课程整合”发展自早期的计算机辅助教学，且自1959年美国IBM公司研究出第一个计算机辅助教学系统以来，信息技术教育应用大致经历了以下三个发展阶段（何克抗，2012）：

（1）计算机辅助教学（computer-assisted instruction，简称CAI）阶段

作为信息技术教育应用的第一个发展阶段，CAI主要应用于20世纪60年代初至80年代中期，而且至今仍应用于世界各地。此方式主要是

利用计算机的快速运算、图形动画和仿真等功能，辅助教师解决教学中的某些重点、难点问题。这些CAI课件大多以演示为主。在这一时期，一般只提计算机教育应用，因为此时尚未提出信息技术教育应用的概念。

（2）计算机辅助学习（computer-assisted learning，简称CAL）阶段

这一阶段大约是从20世纪80年代中期至90年代中期。此阶段计算机教育应用逐步从辅助“教”为主，转向辅助“学”为主，也就是强调要利用计算机作为辅助学生自主学习的认知工具、探究工具，例如用计算机帮助搜集资料、辅导答疑、自我测试，以及帮助安排学习计划等，即不仅用计算机辅助教师的教，更强调用计算机辅助学生自主地学。从20世纪80年代中后期开始，“计算机教育应用”和“信息技术教育应用”两种概念同时并存。

由于我国信息技术教育应用起步较晚，20世纪80年代初才开始进行计算机辅助教学的试验研究，加上我国教育界受“以教师为中心”的传统教育思想影响较深，较重视教师的教，易忽视学生自主的学，所以尽管国际上自20世纪80年代中后期以后，信息技术教育应用的主要方式已逐渐由CAI转向CAL，但在我国这种变化并不明显。不仅在20世纪80年代和90年代是如此，直到今天，我国有许多学校将信息技术应用于教学时，所采用的模式仍然以CAI为主。

（3）信息技术与课程整合（information technology and curriculum integration，简称ITCI）阶段

信息技术与课程整合自20世纪90年代中期以来，是国际教育界非常关注的研究课题，是信息技术应用于教育的全新方式，也是信息技术应用于教学过程的最有效方式。且从20世纪90年代中期开始，由于以多媒体计算机和网络通信为标志的信息技术已普及到国民经济的各个领域，并日益融合于人们的日常生活，这就使原来的“计算机教育应用”概念逐渐被“信息技术教育应用”所取代。此外，自20世纪90年代中期以来，美国对“信息技术与课程整合”途径与方法的研究大致可划分为三个发展阶段：WebQuest（基于网络的探究）阶段（大约从20世纪90年代中期至2003年），TELS（运用技术加强理科学习）阶段（大致从

2003年至2008年），TPACK（由学科内容、教学法和技术这三者整合而成的一种新知识）阶段（大致从2008年至今）。

二、信息技术与课程整合

（一）整合的概念

提到信息技术与课程整合，我们必须了解信息技术与课程整合的内涵。信息技术与课程整合的概念最早源自西方的“课程整合”概念。在英文中，“整合”一词表述为“integration”，这一单词在汉语中有多重含义，如综合、融合、集成、一体化等，但它的主要含义是“整合”，即由系统的整体性及其在系统核心的统摄、凝聚作用而导致的使若干相关部分或因素合成为一个新的统一整体的建构、程序化的过程（李芒，2004）。

当前国内对信息技术与课程整合的界定如下：

所谓信息技术与课程整合是指将信息技术以工具的形式与课程融为一体，将信息技术融入课程教学体系各要素中（南国农，2002），使分化了的教学系统中的各要素及其各成分形成有机联系并成为整体，把本来具有内在联系而被人为地割裂开来的内容重新整合为一体（郭绍青等，2007），数字化学习是信息技术与课程整合的核心（李克东 等，2002）。

所谓信息技术与学科课程的整合，就是通过将信息技术有效地融合于各学科的教学过程来营造一种新型教学环境，实现一种既能发挥教师主导作用又能充分体现学生主体地位的以“自主、探究、合作”为特征的教与学方式，从而把学生的主动性、积极性、创造性较充分地发挥出来，使传统的以教师为中心的课堂教学结构发生根本性变革，从而使学生的创新精神与实践能力的培养真正落到实处（何克抗，2005）。

（二）整合的原则

信息技术与课程整合不等同于信息技术与课程混合，其中影响信息技术整合效果的因素有很多。在利用信息技术之前，必须做好“三项”建设：首先是硬件建设，主要是信息技术设备、设施的建设；其次是软件建设，即课程和教材的建设；最后是潜件建设，即整合理论和方法的建设，这个建设是起决定作用的（南国农，2002）。基于此，在信息技术与课程整合中应该把握好以下几点原则。

（1）指导思想：运用先进的教育思想

信息技术与课程整合的过程不仅是现代技术手段的运用过程，也不仅是新的教学手段、教学方法的应用推广，它将伴随着一场教育、教学领域的深刻变革。没有理论指导的实践是盲目的实践，将会事倍功半，甚至劳而无获。

这里的理论主要指行为主义教学理论、认知教学理论和建构主义教学理论等现代教学理论。其中，建构主义教学理论在现代教学理论中独树一帜。建构主义教学理论是在20世纪90年代初期，伴随着多媒体和网络通信技术的日渐普及而逐渐发展起来的。建构主义教学理论认为：学习是学习者主动地建构知识的过程，是一个交流和合作的互动过程。学习者对知识的掌握不是由教师传授或灌输的，而是以自己的方式建构的对事物的理解。建构主义是在20世纪90年代初期，伴随着多媒体网络通信技术的日渐普及而逐渐发展起来的，它可以对信息技术环境下的教学提供最强有力的支持。

（2）基本途径：结合学科特点建构新型教学模式

在不同的学科领域，由于学科内容不同，思维方式也不一样。在进行信息技术与课程整合的过程中肯定会有不同的做法。文科以形象思维为主，教学内容较为直观具体，着重感性思维。理工科以抽象思维为主，教学内容较为抽象而强调逻辑推理。只有根据不同学科的特点进行信息技术与课程整合，才能获得最佳效果。拿语言教学来说，语言教学的一个任务就是培养学生的语言运用能力，训练学生在不同的场合下，运用正确的语言，流利表达思想，很好地与别人交流。为此我们应该利用信息技术，模拟出接近生活的真实语境，提供给学生反复练习的机会。

（3）关键：注重对教师开展培训

信息技术与课程整合的关键是教师。离开了教师的积极参与，整合将无从谈起。教师应该清醒地认识到课程整合不是一个结果而是一个过程，它是一个动态的、有机渗透的过程，对学校及教师具有极其重要的意义。首先，教师不再是某个外在结果的消极执行者，而是这个结果的直接建构者和参与者；其次，教师只有在课程整合的过程中才能学会整合、体验整合，并逐步打破惯常对自我学科身份的认定和对其他学科的无知或偏见。

实现学科教学与信息技术整合，要求教师在以多媒体和网络为基础的信息化环境中实施课程教学活动，并且对课程教学内容进行信息化处理，使之成为学习者的学习资源，并提供给学习者共享学习。教师要充分利用信息加工工具让学生进行知识重构，利用文字处理、图像处理、信息集成的数字化工具，对课程知识内容进行重组、创作。

（4）保障：信息技术的正确运用

信息技术在教学中的运用确实对教学产生了很多积极影响，但是在信息技术与课程整合的过程中我们还要注意对信息技术的正确使用。当前在软硬件设施有保障的情况下，有些教师已经能够将多媒体技术应用于课堂教学，但是信息技术的使用更多停留于形式，并没有体现出信息技术与学科课程整合给教与学带来实质性的改变，实践中仍然存在“新瓶装旧酒”的现象。

（三）整合的目标与意义

1. 整合的目标

信息技术与课程整合的最高目标是促进学生的有效学习。在信息技术未与课程整合之前，学生的学习能够取得一定的学习效果。信息技术与课程整合后，将有效地改善学习，革新传统的教学观与学习观，改善学生的学习方式，改善学习资源和学习环境，构筑面向未来社会的学习文化。信息技术与课程整合的目标基本可以概括为以下几个方面（张有录，2012）。

（1）促进教师教学方式的变革

信息技术与课程整合促进教学方式的变革主要表现在：第一，教师的功能和作用由“传道、授业、解惑”转向对学生学习的帮助和指导。教师不仅仅是信息的传递者、知识的传播者，而且还是智慧的启迪者、学习活动的组织者和协调者。第二，教师的地位由“首长”变为“平等中的首席”。第三，数字化的信息媒体由教师展示教学内容的工具变为学生认知的工具。第四，教师的主导地位由课堂上的显性行为，转变为教学设计中的隐性行为。第五，教师促进学生学习网络的形成，广泛收集各种分散的学习资源、学习信息，并注意在教师间、教育部门间交流，形成一种支援学习者学习的网络系统。第六，注重学生的信息能力的培养。

（2）促进学生学习方式的变革

信息技术的发展，为学生的学习和发展提供了丰富多彩的教育环境和强有力的学习工具，并且为学生的自主学习、个性化发展提供了保证，促进了学生学习方式的变革，主要表现在：第一，书本不再是唯一的学习资源，学生由依赖书本的学习转向利用多媒体获取资源来学习。第二，减少了对教师的依靠，学习的自主性加强。在以知识的传递、知识的学习为中心的传统教学中，学生是被动地接受知识，对学生的要求仅限于理解知识、掌握知识。信息技术的广泛应用，要求学生从被动地接受知识转变为主动接受知识。在这种情况下，要求学生更加注重学习方法、思维方法、讨论方法的掌握，具备一定的自学能力。第三，改变了学习的时空观，在空间上，学习由校内转向超越“学校围墙”，实现了优质资源的共享；从时间上说，人们再也不能只通过一段时间的集中学习获得一辈子享用的知识技能。人类将从接受一次性教育向终身学习转变，人生被分为学习阶段和工作阶段的时代一去不复返。

2. 整合的意义

信息技术为教育教学注入了无限的生机与活力，给课堂教学效果带来实质性的变化，将信息技术整合到课程教学中已势不可挡。我们为何要将信息技术与课程进行整合，可从教学、教师、学生三个方面进行阐释。

（1）教学层面

首先，信息技术与课程整合改变了教学观念。众所周知，我国传统的教学观念是学生来到学校，坐在教室，看着教科书，听教师讲课。然而，计算机网络技术的日新月异及其与课程的整合正在深刻地影响和改变着各种学科的生态，预示了学科发展的未来。可以说今后学生学习不再只依靠书本和教师的讲授，面对浩瀚的知识海洋和不断更新的网络信息，原先的教学模式将会被打破。取而代之的是一种全新的学习过程，比如慕课、微课、翻转课堂等。学生可以根据自己的学习特点在网络上进行学习，网络上资源丰富，遇到不懂之处还可以和名师进行一对一交流，大大提高了学习效率。其次，信息技术与课程整合丰富了学科教学资源，提高了课堂教学品质。教师上课的资料不再局限于教材，而是可以通过网络等获取各种丰富的与教学相关的教学资源。最后，信息技术与课程整合优化了课堂教学结构，提高了课堂教学效益。现代信息技术优化了学科教学内容的呈现方式，以多媒体计算机、教室网络为基础的现代课堂教学有着自身无可比拟的优越性，这主要体现在多媒体课件的运用上，即音频、视频的展现与计算机对其他素材的呈现上。

（2）教师层面

信息技术与课程整合对教师也提出了更高的要求，因而能够促进教师信息素养的提高和专业发展。在信息技术与课程整合中，教师的角色发生很大的变化，教师成为学生学习的组织者、引导者、参与者、促进者和评价者，成为课程的开发者、设计者。这种角色的变化对教师的能力提出了挑战。信息技术与课程整合对教师能力的提高主要表现在以下两个方面：

一是提高教师的课程开发、整合、设计能力。由于信息技术与课程整合所涉猎的内容比较广泛，所以要求教师首先要形成强烈的课程意识，改变以往学科本位的观念和被动执行的做法。其次，教师应具有创造思考能力。教师不应该总是拘泥于传统的教学模式，而是应该根据自己学科的特点，发散思维，进而发展出新的教学思想或理念，并将之运用到自己的课堂教学，学会因地制宜。最后，教师要具有综合运用知识的能力。任何事物都不是单独存在于这个世界，万事万物之间都保持着联系。而目前在我国，大部分中小学教师的综合运用知识的能力不强，综合素质较弱。不少教师画地为牢，将自己禁锢在学科的壁垒之中，不再涉及其他学科的知识。信息技术与课程整合要求教师不仅要掌握自己的学科专业知识，更要掌握与信息技术相关方面的知识，多种学科之间的知识融会贯通。只有自己有一桶水，才能做到给学生一杯水。

二是提高教师的信息技术素养。信息技术与课程整合的关键是一线教师。目前部分教师没有熟练掌握现代教育技术的技能，即使在思想上认识到课程整合的重要性，实施起来也会感到心有余而力不足。而且，学生通过信息技术获得知识的途径远比过去广泛，使得教师面临更多的挑战。这就需要教师有广博的知识，对本专业有更扎实的功底。所以课程整合既需要信息技术知识，更需要本专业的学科素养。首先教师必须要有信息意识，对信息技术与课程整合有一个正确的态度，要充分意识到网络带给学生学习的巨大优越性。其次，教师要提高自身对信息的筛选、加工、处理、运用等能力。比如，Word文字处理，Excel电子表格，PowerPoint课件制作等。教师可以通过网络建立学习平台，比如用电子邮件与学生进行交流，将自己的教学微视频，多媒体课件上传到学习平台供学生课余时间学习。也可以建立学习交流群，供学生们讨论在学习中遇到的问题，利用集体智慧共同学习进步。教师自身要了解一些好的学习网站、课件素材网站、教学资源库等，另外能利用百度、搜狗等搜索引擎查取所需的知识。

（3）学生层面

信息技术与课程整合不仅激发了学生的学习兴趣，帮助学生更好地学习，而且还提高了学生的信息技术素养。一方面，信息技术与学科课程的整合，使得传统的认知工具得到了拓展，学生可以利用信息技术作为认知工具进行更有效的学习。认知工具可以包括以下几个方面：第一，作为课程学习内容和学习资源的获取工具。获取和占有信息是处理和应用信息的前提，将信息技术作为信息获取工具，是学生发现和获取信息的一种良好途径。第二，作为情境探究和发现学习的工具。信息技术与课程整合可以根据一定的课程学习内容，利用多媒体和网络开发工具将课程内容以多媒体、超文本、友好交互等方式转化为数字化学习资源，根据教学需要，创设一定的情境，让学生在这些情境中探究和发现。第三，作为协作学习和交流的通信工具。在传统的课堂教学中，由于人数、教学内容和课时等因素的限制，协作学习常常无法顺利进行，而信息技术为有效实现协作学习提供了良好的技术基础和支持环境。第四，作为自我评测和信息反馈的工具。信息技术可以为学生提供十分高效和准确的学习评测系统，学生可以不断地了解自己的学习情况，发现各种问题，为不断进步打下基础（李克东 等，2002）。另一方面，信息技术与学科课程整合是培养学生信息素养的有效途径。学生通过自己在课堂上展示自己做过的课件，极大地提高了自身的信息素养。首先，在信息收集方面，要想在浩瀚如海的信息里找到自己所需的资料，学生必须要对信息具有一定的筛选能力。其次，在获取信息之后，学生还要对信息进行加工处理，即如何巧妙地将自己找到的信息运用到课件中，并且创造必要的信息，让这些新的信息为其他学生所吸收。最后，在上网查找信息的过程中，还要求学生养成良好的信息道德和伦理。学生需要对社会生活中的信息与信息技术的作用进行理解，思考信息道德的必要性和对信息的责任，要有积极地参与对信息社会的态度、强烈的社会责任感，以及良好的与他人共事的精神。另外，信息技术与课程的整合改变了原有的教学模式。信息从单一化走向多元化，学生从被动接受到自由选择、自主探索。部分学生容易在信息世界里迷失自我，使课堂处于失控状态，无法完成教学任务，这容易导致学生水平的两极分化。所以，这就对学生的学习品质提出了更高的要求，信息化教学要求学生有更高的学习自觉性、更强的自我控制能力和自我学习能力。

（四）整合的过程与要素

将信息技术有机地整合进外语课程是当前外语教育发展的趋势，是外语教育改革的重要研究内容。整合从系统论的角度而言并引申至外语教学，指外语教学系统中的各要素整体协调，相互渗透，以发挥教学系统的最大效益。计算机网络与外语课程整合不是被动地纳入，而是主动地适应和变革课程的过程，强调的是要服务于课程，应用于教学。它主要针对外语教学中信息技术与学科存在的割裂和对立的问题，通过信息技术与课程的互动性双向整合来促进师生合作的课程与教学组织方式的实现，以及以人为本的新型课程与教学活动样式的发展，构建起整合型的信息化课程形态，从而达到培养学生创新精神与实践能力的目标（陆宏 等，2007）。计算机始终游离于外语教学系统外，为了使计算机的优势被真正应用于教学，强调信息技术与外语课程的有机整合非常有必要（张筱兰，2004a）。

（1）教师能熟练应用信息技术

钟启泉等（2003）在《新课程的理念与创新》一书中写道：“新课

程挑战了教师的教学传统，期待教师角色的相应转变，同时也提出了教师专业发展的要求。”“教师需要提高教育理念水平、教育科研能力、信息技术应用能力等。”所以，对信息技术的应用也密切关系着教师今后的专业发展。

现代信息技术能力和信息素养的高低已经成为教师现代性的指标。外语教师能力的特殊构成主要有两种：语言能力和在教学中使用现代信息技术的能力。计算机在外语教学上的作用已经远远超出其辅助的功能，计算机已经从辅助的角色走向教学的前台（陈坚林，2005a）。现代信息技术正在从根本上改变传统的外语教学（胡加圣，2012）。

信息化教学能力指的是教学人员充分利用现代信息技术和信息资源，以促进学生发展为目的，优化教学方式、教学过程，完成教学任务的综合能力。关于教师信息化教学能力发展阶段的理论方面，郭炯（2006）提出了“四阶段说”，即迷茫阶段、适应阶段、发展阶段和创新阶段。郭绍青等（2007）提出了“六阶段说”，主要为迷茫阶段、准备阶段、模仿阶段、积累发展阶段、熟练阶段和创新阶段。王卫军（2012）则认为教师必须经历四个时期：关注应用期、学习模仿期、迁移融合期、智慧创造期。

教师接受和运用信息技术相对滞后。数字化教学对学生问题的解答是一项富有挑战而又费心的工作，它要求耐心、理解、良好的服务和信息技术方面的专业知识。教师对信息技术的有限了解和使用能力会在教学过程中导致诸多阻碍。一些学科教师要借助信息技术才能完成课件制作，致使教师对课件不熟悉，课上操作不熟练；在制作课件时缺乏对认知规律的考虑，存在构图配色不合理、文字多、主体内容不突出等不足；有的教师对硬件设备和操作平台以及相关软件的使用不熟练，遇到类似于死机等技术突发事件无所适从等。这些问题都会干扰教学的正常进行。可见教师能够熟练应用信息技术是实现信息技术与课程整合的一个关键因素。

教师使用技术能力的有限性一直被认为是技术与课堂整合的主要障碍。研究表明，教师在课堂上使用信息技术的过程需要一定的时间并会随之有不同的发展。一般会经历从最初意识到在教育中使用技术的可能性到在课堂中频繁使用技术，再到最后能在教学中进行创造性使用（Sandholtz et al.，1997；Christensen et al.，2008）。Christensen 和 Knezek 发现在教师们使用技术的最初阶段，使用技术的能力以及对技术的接触是非常重要的。但是在教育实践中，教师们自身的态度对他们能否创新使用技术至关重要，这是技术在21世纪的课堂中使用的一大特点。不仅是教师的态度，同样重要的还有他们的ICT能力［ICT是信息（information）、通信（communications）和技术（technology）三个英文单词的首字母组合，简称ICT。它是信息技术与通信技术相融合而形成的一个新的概念和新的技术领域］。

教师自身的信息化教育技术能力偏低成为制约英语信息化教学的瓶颈问题（杨翠萍，2006），需培养一支新型的外语教师队伍。多媒体网络外语教学有利于促进外语教师素质的全面提高，也提高了外语教学的效率。外语教学离不开一专多能的复合型教师，这样的教师既要有高水平的外语能力，又要懂得现代教育技术与教育理论，同时又要有一定的计算机软件开发能力，建设适应现代信息技术和外语课程改革需要的教学资源库。

Gueldenzoph、Guidera 等人在他们的著作中指出：技术与教师所感知到的技术使用的有效性之间有很强的联系，而各种各样技术工具的正确应用是可以促使教师与学生更好理解他们的处境并更好的合作。Knupfer 也认为，教师对于在课堂上使用教育技术的作用是非常关键的，他们是新教育技术的最终控制者和应用者，他们提供机会并亲自参与到引导学生使用教育技术作为英语学习工具的活动中，他们对这些教育技术的态度和意识不仅仅会影响他们的教学方法，也会影响到学生们的英语学习（Jarvela et al.，1999）。

在整合过程中要求教师能够将现代技术观内化到自己的认识结构中去，否则就无法实现在教学活动中对信息技术的应用。此外，要提高整合效果，教师们还必须具备获取信息知识和识别信息的能力，掌握信息鉴别、重组和深层次加工处理以及教学课件应用与开发的技能。汪琼、尚俊杰等指出教师成为信息技术的使用者的过程主要涉及以下几个方面：①用文字处理软件编写教案，生成学生读物；②用数据库保存学生档案，如学习记录、作业、成绩等；③用电子表格跟踪学生成绩的变化和发展；④通过因特网课程信息，并对网络做出自己的贡献，比如把自己的课程资源公布到网上供同行教师参考，利用电子邮件与其他学校的教师保持联系（汪琼 等，2013）。

目前高校英语教师常用的信息应用技术有收发电子邮件，利用互联网搜索、查询或下载资料、订阅电子刊物，利用MSN或QQ等即时通信工具进行网上交流，利用PowerPoint等软件制作多媒体教学课件等。英语课堂中教师的主要作用不再是直接提供语言信息，而是组织语言信息、创设语言情境、激发交际需求和学习兴趣，引导探究学习活动等。这些新技术的应用对传统英语教学模式提出了新的挑战。

（2）教师用信息技术改善教学

新的时代背景下，教师角色转化成学生学习的促进者、组织者、合作者、管理者和咨询者，教师给学生学习提供资源和帮助。由张新卫、黄庆达、张咏梅（2011）主编的著作《网络环境下中学课堂教学模式的创新研究》，其中第二章的第二节明确把教师角色的转变与教师素质的提高作为信息时代对教育提出的要求之一。教师的素质包括很多方面，但是在信息时代的背景下，教师的现代教育技术素质尤为突出。当然，这里的现代教育技术素质其实就是教师的信息素养。那么现代教育技术素质究竟对教师的教育工作与教育任务有着多大的影响呢？我们可以从两个角度来解释。首先，是否具备一定的现代教育技术素质会直接影响到教师对工作的适应性。因为现代教学主要依赖于不断开发的现代教育媒体和现代教育资源，教师如果不能与时俱进地及时掌握这些媒体技术的应用以及适时地更新教学理念，这将势必导致教师对工作适应性的逐渐削弱。再者，教学效益和教学质量得益于现代媒体的使用，在某种程度上将得到更好的保证，而前提就是教师能够使媒体技术发挥它应有的优势。

《普通高中英语课程标准（实验）》（2003）提出：要积极开发课程资源，拓展学用渠道，英语课程要力求合理利用和积极开发课程资源，给学生提供贴近实际、贴近生活、贴近时代的内容健康和丰富的课程资源；要积极利用网络信息技术等丰富的教学资源，拓展学习和运用英语渠道。而网络资源和课程资源的组织主要由教师来完成，只有当教师掌握了一定的信息技术，能够熟练地驾驭信息资源，才能达到改善教学的目的。

《普通高中英语课程标准（2017年版）》提出：普通高中英语课程应重视现代信息技术背景下教学模式和学习方式的变革，充分利用信息技术，促进信息技术与课程教学的深度融合，根据信息化环境下英语学习的特点，科学地组织和开展线上线下混合式教学，丰富课程资源，拓展学习渠道。在课程实施过程中，应重视营造信息化教学环境，及时了解和跟进科技的进步和学科的发展，充分发挥现代教育技术对教与学的支持与服务功能，选择恰当的数字技术和多媒体手段，确保虚拟现实、人工智能、大数据等新技术的应用有助于促进学生的有效学习和英语学科核心素养的形成与发展。而网络资源和课程资源的组织主要由教师来完成，只有当教师掌握了一定的信息技术，能够熟练地驾驭信息资源，才能达到改善教学的目的。

虽然我们已经看到了信息技术的种种优势，但是如果外语教师不熟悉设备操作，特别是不懂得如何设计多媒体教室的课堂活动，使教师真正发挥组织者的作用，那么，即使是英语水平很高的教师也很难在多媒体教室中产生预期的良好教学效果。如果教师在教学过程中操作失误或由于设备的软故障而导致教学过程中断、教学计划更改等，都会使学生对教师及多媒体设备失去信心，并随之产生逆反心理。

王宗炎教授说过，无论是录音带、录像带，还是电视、电影，或者什么别的东西，如果想充分发挥其功能，增进外语教学的效果，最后还是靠教师们动脑筋、想办法，研究出如何使用这些资源的妙法来（王宗炎，1998）。所以，就像一句老话：树挪死，人挪活。要想把信息技术应用于英语教学中，为改善英语教学而服务，英语教师发挥着不可置疑的关键作用。

那么，利用信息技术改善教学要从哪些角度来把握呢？首先就是关于利用技术改善教学的知识。这里的“知识”指的是在教师掌握了关于信息技术的相关知识后，教师在教学实践中如何选择并应用技术优化教学过程的知识，符合Schon“行动的知识”（knowing-in-action）的表述。

依据心理学，可把知识分类成信息技术的学科知识、信息技术应用于教学的程序性知识和信息技术应用于教学的条件性知识。而为了提高对能力培养的参考价值，经过整合后的知识又可分为具体知识、原理性知识以及条件性知识。除了了解这些知识，教师还须掌握利用技术改善教学的设计。也就是把这些相关的知识应用到具体的教学实践中，在实践中提升教师的教育技术能力（汪琼 等，2013）。

2013年，第四届“外教社杯”全国高校外语教学大赛增设了电子教案设计与制作比赛，这是专门针对我国高校外语教师的一项教学技能比赛，秉承了技术为教学服务的思想，旨在让教师通过巧妙运用多媒体手段来改善今后的外语教学质量。这个比赛为外语教师搭建了一个教学比武的平台，利于教师之间的相互学习和交流，对外语教师的专业发展也有着积极的推动作用。此次比赛的潜在主题其实就是让外语教师利用信息技术来改善外语教学，这是对外语教师信息素养的一种考验，也对外语教师的教学技能提出了更大的挑战。

（3）学生能熟练应用信息技术

要实现信息技术与外语课程的整合，对于外语教师来说，除了要按照课程标准去整合技术的功能和技术的资源，教好复杂的课程，还有一大难题就是引导学生熟练地应用信息技术，启发学生积极主动地去掌握信息技术的工具。整合教学系统中的一个重要因子就是学生是否拥有必要的信息素养来理解和接受课堂知识或完成网上学习等任务，是否会在数字化情境中进行自主发现的学习，是否会利用网络通信工具进行合作讨论式的学习等，这些因素都直接影响到学生的学习效果和整合的成效。因为只有当学生具备了一定的信息素养以后，才能配合教师完成好信息化教学活动。

学生信息意识的缺乏源于学生不具备一定的信息素养，即能否检索、评估、筛选和利用有效信息的整体能力。信息素养是信息时代公民必备的素养，是一种基础能力，对学生的终生发展意义重大。因此，培养学生的信息素养非常重要。在信息技术教学中，首先要提高学生的信息意识，再培养他们的信息技术操作能力，使用信息技术学科知识解决问题的能力。信息素养在实际教学中可多采用小组合作的方式培养学生信息交流的能力，也可以用学优生带动信息素养较差的学生，加快学生信息素养的提升。信息技术与各学科有机整合，能充分发挥学生的主动性与创造性，从而为学生创新能力和信息素养的培养营造更理想的教学环境。

英国教育家斯宾塞在他的《教育论》中提出了教育的目的是“为完美生活做准备”，生活应当是教育价值的核心，教育的目的应当围绕“完美生活”展开。在科学技术迅猛发展、知识和观念日新月异的今天，学生要过“完美生活”，必须掌握一定的计算机知识和技能以及良好的信息素养。但是在学会熟练地运用信息技术的同时，面对庞大的信息资源，学生会不会被错误的、危险的信息误导需引起一定的重视，要适当地给孩子一些正确的引导并进行必要的网络安全教育。

（4）学生用信息技术创新学习

联合国教科文组织在《学会生存——教育世界的今天和明天》中指出教师必须集中更多的时间和精力去从事那些有效的和有创造性的活动。笔者认为这里的有效的和有创造性的活动就包括了有效教学以及对学生创新学习的鼓励和激发。

传统的教学结构是以教师的传道、授业为主，学生是被动的接受者，创新思维受到很大的束缚，教学结构本身也没有为培养学生创新性思维提供机会。而21世纪的人才是创新型人才，创新型思维是重中之重。整合后的课堂教学要改变旧的教学结构，激发学生创新激情，培养他们的创新意识，进而形成创新型思维。培养创新型人才是信息技术与课程整合的重点，学生创造性的发挥以及创新性思维的形成也成为能否有效整合的重要因素。信息技术给学生的自主学习提供了更为广阔的发挥空间，教师也借助信息技术实现了从“授人以鱼”到“授人以渔”的跨越，学习的灵活性和自主性为学生的创新学习打造了一个良好的发展环境。

日常生活中的外语学习没有母语学习的语言环境，也没有数学那样的生活体验，学生多数情况下只能以机械记忆为主。但长此以往容易导致学生在课堂上难以集中注意力，容易对英语学习产生倦怠的心理，最终影响整个教学效果。

信息技术可以帮助增加课堂容量，提高效率，丰富学习内容。利用计算机的存储和调用功能，教师可以在课堂上展示与本节课教学内容相关的各种信息、画面、声音，帮助学生掌握更多的课外内容或本学科的前沿知识。通过创设情境，发挥学生主体作用，营造一种轻松、愉快、适度紧张的课堂气氛，提高教学的质量和效果（段钨金 等，2003）。将信息技术整合于外语学习，可以突破传统局限。在阅读课上，生动活泼的画面可以吸引学生的注意力，使课文内容在真实情景中演示出来，有效提高学生对文章的分析、理解能力。在听说课上，它能为学生提供大量的视听资料，能够创造生动真实、声像并茂的语言环境。而这也恰恰符合了多模态话语理论。Stein在21世纪初提出多模态教学法，此后多模态话语理论正式入驻教育领域。多模态话语理论指运用听觉、视觉、触觉等多种感觉，通过语言、图像、声音、动作等多种手段和符号资源进行交际的现象。在外语教学中主要以视觉模态符号和听觉模态符号为主。视觉方面包括的形式有PPT、图片等，听觉上有课文录音、歌曲、视音频等。

《义务教育英语课程标准（2011）》指出：在开发英语课程资源时，要充分利用信息技术和互联网络。同时也指出要积极鼓励和支持学生主动参与课程资源的开发和利用。人们越来越强调“以学习者为中心”的教学方法，越来越认识到大量真实语言输入的重要性（束定芳 等，2008）。信息技术与外语课程的整合本着“以学生为中心”的理念，凭借丰富的学习资源和便捷的学习平台为学生打造了一个更贴近生活的语言学习环境。在这样的学习环境下，学生的创新学习将会被更有效地激发。在信息技术与课程整合这个教学平台中，学生可以进行自由地发挥，同时要求学生具有一定的动手能力，比如搜索教育资源、在线学习、在线答题、在线和教师进行交流等。另外，和传统教学不同的是，现在没有教师固定的模式化的引导，这种学习模式给学生的自主学习插上了翅膀，学生更容易发挥自己的创新思维，有助于创新性思维的培养。

三、信息技术整合课程的复杂性

信息技术整合课程并不是简单地把信息技术与课程结合起来，在课程实施过程中使用信息技术不能称为信息技术整合课程。“课程整合”的概念是在欧洲工业化大发展的背景下提出的，当时是为了克服由社会分工精细导致教育因素片面化的问题。一些错误的观点误以为信息技术与课程的整合就是把信息技术当作辅助教学的演示工具，这是一种片面且不科学的解读。信息技术与课程整合其实是实现了信息技术与学科教学的“融合”，即两者是有机结合的。但是信息技术与课程的整合具有复杂性，从定性上来看，信息技术与课程整合子系统是一类复杂系统。这个系统的构成包括信息技术、课程、教学过程和学与教的主体，以及相关的环境和资源等。信息技术与课程整合的有效实施，需要我们加强对其整合过程的复杂性进行研究，了解整合过程中相互作用的要素和主体，协调处理好整合主体要素的相互关系，才能保证整合和实施的效果（陈卫东 等，2003）。教育一旦与技术相结合，便需要我们考虑包括复杂性在内的几方面特性。任何一项高技术一旦运用于社会，就不单纯是一个技术问题，必定会转化为社会、环境、法律、伦理、生态等问题。其实，这也归因于高技术本身是各种技术体系参与和集成而产生的，也是基于人类应用需要和变化而发展的（周飞雪，2009）。

（一）信息技术更新的迅捷性

信息技术的发展日新月异，其更新速度之快无时无刻不影响着我们生活的节奏。

目前的信息技术发展异常迅猛。例如，随着智能手机、平板电脑、掌上电脑等各种移动设备的普及，移动学习开始出现，使学习交流突破了时间和空间障碍。随着3G、4G、5G网络和云计算等新技术的应用，具有针对性、实用性和前瞻性的学习支持服务软件面临着极大的需求。与此同时，信息技术必须加快更新的频率才能满足数字化学习的需求。

信息技术的快捷性首先体现在它的传播信息容量大。多媒体辅助外语教学可以节约很多时间，能够大大增加课堂教学的容量和密度，减轻教师和学生负担，提高课堂效率。网上大量的最新信息瞬间即可获得。

此外，信息技术还可以突破时空限制并创设情景。计算机网络技术支持的远程教育、移动学习等，可以让学生自主选择学习时间、学习地点和学习方式，自主掌握学习进度。学习内容图文并茂、声像并茂，在视觉、听觉上同时给学生刺激，营造一种身临其境的氛围。

然而，信息技术更新的迅捷性却无形中增加了其与课程整合的复杂性。在知识经济时代，知识传输速度快，信息技术应用日新月异，知识更新周期越来越短。这就要求资源也应随时变化。而实际中很多网上教学资源却年复一年地被使用，变化较少，难以跟上知识的变化。我们应该充分利用各类信息技术，对系统（包括网络高校）分散、动态信息等进行有效处理和整合，以实现优质资源全面共享，提升数字化学习效率。与此同时，还要跟随信息技术更新步伐，及时更新和开发学习支持服务资源库。建设出一流教学资源是首要任务，资源建设全面共享可以更好地提高效率，适应学生个性化学习和对学生进行个性化教学。

（二）信息技术功能的不透明性

关于计算机术语中的“透明性”的简单定义为：在通信网中，不改变信号形式和信息内容的端到端传输。而透明性现象主要是指：在计算机技术中，一种本来是存在的事物或属性，但从某个角度看似乎不存在，称为透明性现象。通常，在计算机系统中，低层次的机器级的概念性结构和功能特性，对高级程序员来说是透明的。透明传输就是发送方发送什么样的数据，不管数据传输过程是如何实现的，接收方将收到什么样的数据。更确切地说，所谓透明传输就是不管所传数据是什么样的比特组合，都应当能够在链路上传送。相反地，信息技术的不透明性就是指信息技术在传输信息的过程中不能完全做到信息完好无误地传达。一个设计得好的界面应当减低计算机系统的复杂性，不产生新的不透明性，用户能利用这个系统但不必被迫处理与实际工作任务无关的问题。

计算机是非常灵活的多形态的媒体，可以同时完成多种媒体功能，如电子邮件、文字处理器、数据库、电子书等。计算机基本上是传送者向接受者传递信息的媒体（胡壮麟，2007）。因此，信息技术一旦存在“不透明”的现象，无疑会增加信息技术与课程整合的难度。在教学过程中，由于信息技术功能的不透明性，可能会导致教学信息无法准确无误、完整迅速地传达给学生，这将成为教师教学的一大失误，无法保证课堂教学的顺利进行。所以，信息技术与课程要实现有效的结合，就必须保证信息技术的透明性，让信息的传送通道畅通无阻。

（三）信息技术动态发展的不稳定性

信息技术是呈动态发展的，会造成总体发展的不稳定性。这一问题又给新的教学模式带来了新的挑战。因为信息技术动态发展的不稳定性必然会引起信息技术利用过程中的不稳定性。传统的教育信息资源的开发模式注重原始信息资源的开发过程，但是忽略了在利用资源的过程中，用户生成的信息资源的利用，具有一定的局限性。针对这一现状，教育界开始了对网络环境下教育信息资源动态发展利用的研究（刘丽君 等，2011）。

（四）信息技术应用者经验的缺乏

国外的学者从不同的研究角度对计算机经验（computer experience）给出了不同的定义，大致可以分为客观的计算机经验和主观的计算机经验两个方面。客观的计算机经验指的是直接或间接与计算机互动，外部可观察量的总和，例如英国的 Bozionelos 认为，计算机经验是指对计算机硬件、软件和网络产品的使用频率；主观的计算机经验指的是过去计算机操作事件所引发的认知和情意历程，例如美国的 Potosky 和 Bobko 等认为计算机经验就是用户对如何使用计算机的理解程度，也就是说一个熟练的计算机用户懂得如何去使用计算机（王丽丽，2008）。但是，当出现使用者缺乏经验的情况时便会引发一系列问题，尤其对使用者自身会带来较大的负面影响，其中计算机焦虑和自我效能的降低是最明显的两大表现。

Power、Cummings 与 Talbott 首先提出了计算机焦虑（computer anxiety）的概念。对计算机焦虑的研究始于 20 世纪 80 年代初期，起初将其纳入到技术恐惧的范畴来进行研究。随着计算机焦虑研究的深入，多数研究者认为计算机焦虑是学习者预期计算机使用或者真正使用计算机过程中的恐惧与忧虑，它可能是学习者在使用计算机过程中所获得消极情绪体验的集中反应。

很多研究证实，通过丰富计算机知识和使用经验，可以降低学习者的计算机焦虑。比如陆宏等（2008）在《计算机焦虑对中小学教师影响的实证研究》中通过实证研究得出中小学教师的计算机焦虑与计算机经验之间存在着显著的负相关，因果模型的验证结果也显示出其计算机经验的增加将促使计算机焦虑的降低。

计算机自我效能（computer self-efficacy）来源于班杜拉的自我效能概念。自我效能是对在特定领域内个人能力或有效性的概念，是对实现特定目标所需要的组织和执行行为的能力的信念。计算机自我效能是指个人对其计算机能力的判断。Murphy、Coover 和 Owen 将其定义为：个人对使用计算机能力的自我判断，它所关心的并不是一个人在过去完成了什么，而是在于判断他能在未来完成什么。在计算机使用过程中，计算机用户的自我操作所获得的直接经验是其计算机自我效能感获得的主要途径。

（五）信息技术开发与应用的差距

信息技术开发与它的使用存在一定的差距，导致这个现象的原因可以从两个方面来分析。一方面是信息技术研发和教学需求基本脱节，平台技术人员缺乏教学实践，缺乏与教学人员沟通联系，设计出来的软件存在与教学实际脱节的问题，教学课件中信息孤岛现象比较突出，缺乏链接和自动搜索手段（陈德刚，2013）。因此，为了缩小信息技术开发与使用之间的差距，技术人员必须与教学人员随时保持必要的联系，时刻关注教学动态才能及时避免技术与应用间的脱节。这好比当我们在生产某种产品的时候首先要关注的是这个市场的需求，市场的需求是商家生产的风向标，否则一旦脱离了这个实际，必然将被市场所淘汰。

另一方面我们从使用者方面来分析。教育者理念的保守性一定程度上拉大了信息技术的开发与使用之间的差距。朱爱芝等（2009）在《从教育的保守性看信息技术在教育应用中的滞后性》中便对这个问题展开了具体分析。接下来就请与笔者一起来探讨教育的“滞后性”究竟如何影响了信息技术在教育中的应用。

信息技术是指能够完成信息的获取、传递、加工、再生和施用等功能的一类技术，是感测、通信、计算机和智能以及控制等技术的整体（黄荣怀，2002）。以多媒体、网络、通信技术为代表的信息技术能够突破时空限制，实现信息的双向交互式交流，将其应用在教育中，理应引发教育的巨大变革，促进教育的快速发展。但由于教育理念的保守性、教学模式的渐进性变革以及教育管理体制的僵化等原因，信息技术在教育发展中的作用并不理想，它在教育中的应用还远远滞后于技术的发展（朱爱芝 等，2009）。

教育理念的保守，阻碍信息技术在教育中的有效应用；教学模式的渐进式变革，跟不上信息技术的迅猛发展；教育管理体制的僵化，影响信息技术在教育中的全面渗透。

教育在固守其本真的同时，需要创新以适应社会的发展和变迁，以技术促进教育的改革和发展是我们教育工作者的一个契机。这就需要教育工作者首先要转变教育观念。把信息技术合理地应用于教育中，能够促进教育的发展。教育者要克服自身的一些惰性，正确认识教育技术的本质和内涵，不断提高对教育技术的认识和应用水平，端正信息技术的应用动机，积极探索新的教育技术，明确教育、人与技术的关系。信息技术的发明和应用，可以克服传统教学模式的局限，使之满足现代学习者的要求，培养学生的创造力，拓展学生的知识面，实现随时随地的学习，弥补现行教育模式的缺陷（朱爱芝 等，2009）。

四、信息技术整合课程的现状

（一）现存问题

1. 整合限于公开课层面

在推广及应用信息技术与课程整合的过程中，公开课作为教研活动的主要形式之一，以极强的示范性而备受关注。各学校开展公开课的目的在于通过优秀教师的课堂，与听众交流教育理念、分享教学经验，得到专家、同行的指导，也供同行，尤其是新教师借鉴学习。基于这一平台，一些教师，尤其是青年教师在上公开课时常运用现代化教学手段，在多媒体设备的辅助下和多媒体技术的支持下，将信息技术与课程整合。与课本中那些枯燥的理论相比，一些优秀教师在公开课上所进行的整合教学活动更能促进听课教师对整合的思想、内涵及整合方式等的理解与吸收。通过学习、模仿、借鉴，听课教师逐渐转变自己传统的教育思想，体会整合的内涵和本质，将整合活动渗透到自己的常规教学中（张文兰，2012）。

教师们在公开课上若能巧妙地运用信息技术，将其整合于学科教学过程，这既有利于自身的教学，也有利于学生的学习以及师生间的交流互动。但在实际的公开课中，却存在不少问题。许多教师重活动形式轻活动效果，舍本逐末，一味追求制作精良的多媒体课件，使公开课成为一场表演秀。虽然教师以图片、动图、音频、视频等形式呈现教学内容显得丰富多彩、生动形象，但过度使用或原本无需使用却画蛇添足的情况屡见不鲜。原本口头即可解释的概念却盲目追求课件展示，如盲目使用视频导入，对于外语这一需要教师表达、师生交流的学科尤为不利。然而在常态课中，部分教师仍然可能尚未尝试使用电脑、鼠标、幻灯片、投影仪等现代化信息技术。这就可能造成“两张皮”的情况，即表面上造成了信息技术与课程整合已经得到广泛推广和实际应用的假象，实质上却掩盖了我国教育的实际情况。

2. 整合影响教学质量、削弱教学能力

在传统课堂中，传统的教学设计往往基于学生的学情分析、教师的知识水平及自身特点，是用心备课的结果，带有教师的个人色彩，具有特定的教学风格。但在信息技术与课程整合的大趋势下，很多教师在进行信息化教学设计时，容易偏离课程中心，一味追求技术的运用反而忽视了学科特点，造成了以课件为中心，机械模仿现有教学模式，忽视学生认知发展与情感培养的问题。有些教师利用网络资源下载课件，若利用得当，不仅能有助于当下的教学，教师还能从中学习，从而有利于今后的教学。但是，部分教师存在随意下载，盲目使用的问题，未能结合学生的学情、自身的教学风格和教学实际进行相应调整，如此一来将导致教学质量下降，甚至将教室变为影院、课件变为影片、教师变为放映员，而学生则变为观众，课堂变成了一场表演。

信息技术整合课程中教师除了盲目使用资源导致教学质量下降，还存在未能妥善把握信息技术的辅助角色导致削弱其教学能力等问题。部分教师照搬示范课和优质课，下载现成的教案及课件，只需上课前稍加浏览，上课时点击鼠标，按流程走即可。长此以往将会导致教师对信息技术过于依赖，缺乏独立思考及创作能力，难以形成特有的教学风格及教学理念。教师一定程度上成为鼠标的“仆人”，成为信息技术的附属品。一旦离开多媒体，在只有黑板、粉笔和教材的情况下，教学效果很有可能不尽如人意。

3. 整合资源开发与管理不足

在丰富且优质的教学资源的支持下，信息技术与课程的有效整合才能得以实现，因此教学资源的开发与管理至关重要。资源库集合了教育信息化过程中的优秀作品，是日积月累的结果，它的建设对学校、地区乃至国家都有着不容小觑的作用。当前从学科资源来看，缺乏丰富的高质量的课程资源。资源的重要性已经得到很多教师的认同。学生只有占有大量的资源才有可能对学习内容有比较全面、深入的了解，才有可能开展更加富有成效的学习。由于没有完备的资源库和方便的教学平台，很多课件都是由教师自己去搜索去开发，部分教师感到整合课程既耗时又费力，丧失了继续尝试的动力；由于缺乏足够的学习资源，学生在课上的引导探究，在课下的自主学习都无从谈起，因而还是难以改变教师主宰课堂，学生被动接受知识的状况（叶力汉 等，2005）。

同时，虽然部分教师、教育管理者、信息技术人员、教育软件开发公司已经且正在进行不同层次、不同程度的资源开发活动，但仍有教师感叹教育资源匮乏，学生抱怨学习资源不足。这是因为在有限的资源开发过后，未能对其有效管理，造成了无效的重复开发。教师们各自为政，自行开发，导致同一主题资源重复，形式雷同，未能有所创新。对于教师而言，耗费过多的精力，却未能取得良好的教学效果，打击其积极性；对于资源库的建设而言，只是规模上有所扩充，质量却有待提高。整合资源开发与管理的不足已成为教育信息化的瓶颈，急需解决。

4. 整合评价标准不当

评价的功能应在于促进学生的学习及教师的教学，其目的不在于区别学生，也不在于甄别教师。教师教学的评价标准直接影响教师的教学行为，是教师教学活动的指南针，具有举足轻重的地位。

当前，受我国应试教育影响，对教师教学能力的评价以学生对知识的掌握程度为参考，以学生的成绩为准，以量化的评价方式为主。而考试所能检测的知识大多为陈述性知识，程序性知识则很少或不能检测。换言之，当前对教师教学的评价以学生“知道了什么”为主，而忽视了学生“会用什么”的重要性。

信息技术与课程整合强调学习的自主性、学习内容的开放性、学习过程的活动性，最终目标是培养学生更高层次的能力，如信息素养、自主创新能力、自主学习及合作学习能力等。这些能力往往难以在短期内培养发展，因此受不合理的评价标准的影响，迫于学校、家长以及自身的压力，大多数教师不敢轻易尝试，不愿花费过多的精力用于钻研信息技术与课程整合的有效途径，只在公开课上进行展示。这也就导致教师未能充分利用信息技术与课程整合的有效途径改善教学、革新传统的学习观念、转变学生学习方式、改善学习资源和学习环境、构筑面向未来社会的学习文化。因此，整合的评价不当将阻碍信息技术与课程整合的长远发展。

5. 教师欠缺整合能力

较之于传统教学环境，信息时代的背景下，教学理念、教学方式、教学内容，甚至教学目标等都发生了改变，信息技术在教学中所发挥的作用日益突显。而教师作为信息技术与课程整合的关键因素，作为变革的中心，承受着更大的压力，面临着更大的挑战。有人把信息时代的教育称为新教育，它的“新”不仅在于目标的新、手段的新，更在于它需要新的观念、新的方法和新的能力。新教育需要具有新素质的教师来保证新教育目标的实现。因此，教师的职能呈多元化发展趋势，是信息时代教育发展对教师的必然要求（张筱兰，2004b）。尽管学生、家长、学校、社会对教师的要求日益增多，期待日益加大，然而当今社会的教师仍存在运用信息技术的意识不强、能力不足的问题。

教师运用信息技术的意识不强。受传统教育影响，以教师为中心、以课堂为中心、以教材为中心的传统教学观念根深蒂固，导致教师对整合的内涵理解不足，容易将信息技术与课程简单相加，视信息技术为简单的工具，而未能意识到信息技术作为一种教学资源，若能有效整合于课程、融合于教学所能发挥的巨大作用。

教师运用信息技术的能力不足。教师尚未能娴熟地操作电脑、使用网络资源、开发数字化教育资源，且容易走入“唯技术论”的误区。教师们，尤其是老教师们无法做到像使用黑板一样使用电脑，像使用粉笔一样使用鼠标，制作的课件有时也不尽如人意，在颜色的搭配、字体的大小、内容的详略方面制作不当，存在结果混乱，重点不明等问题。此外，受自身信息技术能力的限制，教师未能对学生基于网络资源的自主学习做出有效的专业指导。

（二）改进措施

1. 理性认识整合实质

首先，进一步认识公开课的实质。在整合的初期，为了探索整合的操作方法，以公开课、示范课、交流课的方式有效地积累优秀经验是必不可少的（吴娟 等，2006）。但整合课的日常化、普通化、常规化是促使整合向深层次发展的必经之路，也是教师改变思想观念和心态的一个重要方面。信息技术的应用、信息技术与学科课程的有机结合，需要渗透到每位教师、每节课、每个课堂之中，并逐渐成为一种常规化的教学形式。信息技术不再是为辅助教师开展公开课、评奖课的工具和手段，而是逐渐成为类似黑板、粉笔的教学媒体工具。只有如此，才能“落实大批创新人才培养”的深层次整合目标（何克抗，2005）。

其次，避免对信息技术的崇拜与排斥。对信息技术的崇拜，使得部分教师以及教育管理者持有教育现代化必须由技术现代化实现的观点，从而导致信息技术的过度使用。与之对应，对信息技术的排斥又会导致教师的教学墨守成规，无法享受信息技术为教学带来的益处。正确的做法是以科学客观的眼光看待，既不能夸大信息技术对教育的影响，也不能忽视信息技术对教育的作用，而应在前卫的教学理念的指导下，适度且合理地运用有效的信息技术支持教学活动的开展，辅助教师的教和学生的学，从而提高教学质量，助力学生成才，推进教育现代化的进程。

2. 科学发挥整合作用

在科学利用信息技术与课程整合的益处前，需充分理解信息技术的角色。在学科教学中融入信息技术的根本目的是要为学生创设新型的学习环境，以实现一种能充分体现学生主体地位、以“自主、探究、合作”为特征的新型教与学方式。课程是任何信息技术应用的立足点，促进学生更好地学是信息技术应用的宗旨。然而，多媒体课件的诞生只是信息技术运用的结果之一，它不能包含所有的信息技术，更不能等同于信息技术应用于教育的唯一形式。课件不仅是课程内容的载体，教学过程绝不是围绕着课件展开，教学活动也绝不是局限于课件的播放，我们所追求的整合是以学习者为中心，围绕学习者如何更好地学而进行的教学，课件只是教师呈现内容、创设情境、拓展知识等有利的方式或手段（张文兰，2012）。

因此，教师应进一步理解信息技术在课程整合中的角色，转变对信息技术的错误理解，明确多媒体技术在课件制作与教学中的作用。与传统的教学设计相比，基于多媒体技术的教学设计需要教师准确把握信息化教学设计的内涵，掌握好信息技术辅助课程内容最佳展现的方式方法，根据教学目标、教学内容，因地制宜、因材施教，积极创设教学情境。同时，处理好课件与课程、传统教学教法与如今教学模式之间的关系，同时需处理好整合过程中师生间的交互活动。

3. 加强资源开发管理

面对整合资源开发与管理不足的问题，应对其进行调控，建设资源库。资源库的建设有基于学校、基于地区、基于国家的不同层次，此处主要探讨校本资源的开发与管理。首先，学校需建立有效的资源整合规章制度，完善对资源库建设的行政管理，以具体的规章制度规范学校管理者以及教师在信息技术与课程整合开发过程中的行为规范。同时，鼓励教师间的交流合作，教研室间的资源共享，调动学科教师广泛参与的积极主动性。其次，实现公司、教师和学生三方之间的合作，提高资源开发的质量和效率。如图 3. 2 所示为金字塔形资源开发模式图。公司、教师和学生都可以成为资源建设的贡献者。公司所提供的资源虽然只占一小部分，但它们应当是一些高质量的、通用性强的资源，如各类素材、学科教学软件、教育游戏等资源。由于公司人员对于学习内容、教学规律等因素的熟悉程度远远低于学科教师，所以一般他们所提供的资源面向教师，不能直接用于教学，需要经过教师的收集整理，重新组织、加工，融入自己的教学理念，才能更有效地用于教学。另外，更重要的是可以让学生来帮助教师建设教学资源，这样做的目的不在于资源收集本身，而是把这当作一种手段，鼓励学生参与，让学生通过收集整理资料开阔视野、联系生活实际、激发学习动机，促进对指示意义的自我建构并打破封闭的课堂（余胜泉 等，2005）。

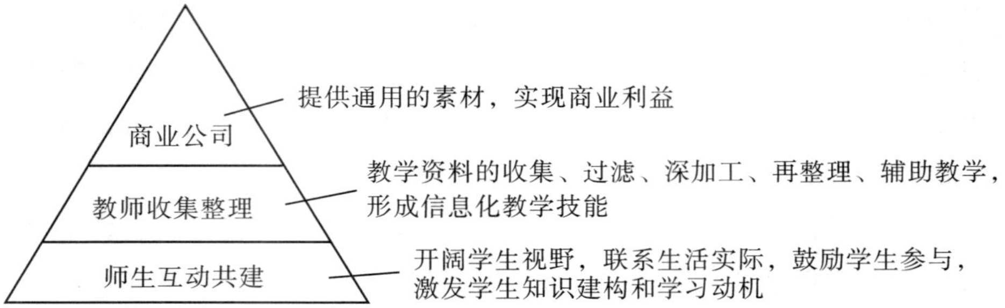

图3.2　教学资源建设的途径

4. 调整课堂考核标准

要想改变现状，需调整课堂考核标准。当下，包括公开课在内的课堂考核标准之一是教师运用多媒体技术的能力。这样的评价标准对推动和鼓励教师在教学中应用信息技术发挥了一定的作用。

当前考核的关注点在于是否有精美的多媒体课件，是否应用了网络资源，是否开展了基于网络的自主学习和协作学习，而忽视了教师信息技术的运用是否得当，是否达到了预期的目标，是否超越了传统课堂达到更佳的教学效果，是否将信息技术作为解决问题、发展认知的工具。由此，应当结合对常规课的评价，结合信息技术与课程整合的内涵、目标、原则、意义，采取多角度、多层次的评价方式，具体考核教师授课过程中使用的多媒体技术是否具有目的性，是否最大程度发挥了其效用、辅助了教学活动的开展、助力于教学目标的达成，是否真正有效转变了教与学的方式，是否创造了良好的学习环境。

5. 提高教师信息技术与课程的整合能力

理论知识方面：深刻理解学科新课程标准的内容、要求，深刻理解信息技术与课程整合的内涵。信息技术与课程整合，是将信息技术融入到课程中，使信息技术与各学科的教学过程紧密结合，因此需要在信息技术支持下的新的教学环境中，重新对教材教法进行深入分析，从教学目标、教学内容、教学方式、学习方式等多个方面研究信息技术对课程的影响，找到信息技术与学科教学的结合点（刘儒德，2004）。

教学设计方面：探索信息技术与学科课程的整合模式，能够设计出符合新课程标准的、以信息技术促进学生学习的教案。

教学实施方面：在教学过程中，能合理有效地在恰当的时候使用信息技术，促进学生自主学习，充分调动学生的主动性、积极性，能够把握好课堂的气氛和节奏，在实现教学目标的同时使学生的创新思维与实践能力在整合过程中也得到有效锻炼（叶力汉 等，2005）。

为了提高教师信息技术与课程的整合能力，除了理论知识、教学设计、教学实施方面，学校也应结合学科特点，对教师进行培训，除了培训多媒体课件的制作、网页的制作等，还应重点培训教师选择、利用、开发资源的能力。同时，帮助教师提高信息素养，使其能够高效地获取信息，准确地评估信息，批判地选择信息，高效地运用信息，创造性地生成信息。

第三节　中小学教师整合技术的学科教学知识

信息时代是农业时代和工业时代之后人类社会进入的第三个历史阶段，其代表性象征就是以“计算机和网络”为核心的信息技术的普及。在人类进入信息社会的过程中，信息技术对教师的教学理念和方法提出了新要求，现代教师也面临着新的挑战：如何混合多种形态和不同的教育技术去促进或加强学生的学习？解决方案是：教师必须获得并发展整合技术的学科教学知识（Mishra　et al.，2006）。

一、TPACK概念提出的背景

随着信息化时代的到来，如何利用信息技术进行有效教学已受到人们的极大关注。但是，人们对技术如何影响教师的专业发展、教师应该如何学习并运用技术等问题的研究还相对滞后，仍未形成清晰的认识。技术通常被人们认为是一种具有特定功能的现成工具，教师只要掌握了这些技术的功能和使用方法，自然就会在其教学实践中加以利用。因此，技术通常被作为一项孤立的外在工具，并未真正整合到教师教学的实践当中。

今天，人们在教师应该如何学习新技术的问题上所面临的情形与舒尔曼（Lee Shulman）提出PCK概念时的情形颇为相似。在舒尔曼提出的PCK概念中没有明确涉及技术，但这并不表示那个时代的教师就不需要掌握技术。而是因为当时教育中的技术远不像今天这么活跃，并以传统技术为主，如黑板、粉笔、教科书、挂图、模型等，这些传统技术形态固定、更新缓慢，在教育中经过了长期的适应过程。对教师和学生来说，它们都已经成为寻常事物，甚至一般情况下不再被视为技术了。换句话说，这些技术已经融入到教学环境的背景之中了。因此，在舒尔曼的PCK概念中，这些技术内化于其他成分之中，尤其与教学法知识（PK）融为一体，如以课本为中心产生的教授法，以黑板、粉笔为主要载体的“三字一画”教师基本功等（李美凤 等，2008）。

2005年，美国密歇根州立大学的Punya Mishra和Matthew Koehler在对

教师专业发展的研究中发现，信息技术之所以没有给教育带来人们预想中的变革，是因为教师缺乏将信息技术与教学成功整合所需的知识。对此，两位学者在舒尔曼PCK概念的基础上，提出一种将技术整合到教师专业知识结构中的新框架，即TPCK，我们称之为“整合技术的学科教学知识”，后改为TPACK（technological pedagogical and content knowledge），意思不变。TPACK的提出是为了描述内容、教法和技术的交互作用及其相互贯通。2008年由全美教师教育学院协会创新与技术委员会主编的，以介绍和推广TPACK为中心内容的理论手册——《整合技术的学科教学知识：教育者手册》正式出版，与此同时，在AACTE（美国教师教育院校协会）的广泛宣传、积极组织培训和大力倡导下，TPACK整合模式在美国得到了较快的推广（何克抗，2012）。

二、TPACK的内涵和特征

（一）TPACK的内涵

TPACK框架建立在舒尔曼的学科教学知识的概念之上，描述了教师对技术和学科教学知识二者如何交互以产生有效地整合技术的教学的理解。TPACK包含三个主要的知识要素：学科内容知识（CK）、教学法知识（PK）和技术知识（TK），以及由这三个知识要素交互形成的学科教学知识（PCK）、整合技术的学科内容知识（TCK）、整合技术的教学法知识（TPK）、整合技术的学科教学知识（TPACK）。如图3.3所示：

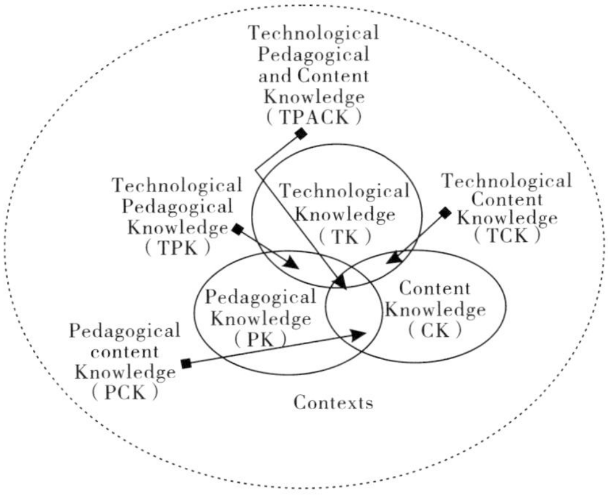

图3.3　TPACK的结构框架

学科知识或称学科内容知识（CK）：指实际被学习或教授的学科知识，对教师而言是指教师对其所教学科的了解，包括该学科重要的事实、概念、理论、方法，组织或联结观念的理论框架，证据和实例，对学科知识的信念等。它是教师从事特定学科教学的重要前提。如果教师没有具备学科内容知识的完备基础，其付出的代价将会十分昂贵，学生会接收到错误的信息并对学科内容领域产生误解。

教学法知识（PK）：通常是指各学科所共享的适用于教与学过程的一般性原则与策略，包括教师对教学实践过程以及教与学的策略、方法的认识，也包括关于课堂管理、教学目标、教学计划的制订与实施、教学评价等各方面的知识。一个有深厚教学法知识的教师能理解学生如何构造知识和获得技能，以及学生如何养成思维习惯和对学习的积极态度。因此，教学法知识要求的是对学习的认知、社会和发展理论的理解，以及这些理论如何用于课堂中的学生身上。

技术知识（TK）：是指教师关于电视、广播、计算机、网络等技术的知识以及应用这些技术产生期望结果的能力。TK 是 TPCK 中完全“去情境化”的一个部分，是任何职业、年龄、生活地域的人都能获得的技术知识。技术知识总是处于一种变化不定的状态，比教学法和学科内容知识更加变化不定。

学科教学知识（PCK）：舒尔曼所提出的学科教学法知识，由学科知识、教学法知识和情境知识综合而成。PCK 涉及学科知识的重新组织与加工，并根据教学情境的需要进行有效的表征，对学生学习中的困难或错误进行诊断、分析与纠正，以及对学习进行合理的评价等。

整合技术的学科内容知识（TCK）：是由技术与特定的学科知识（或教学内容）相互作用产生的，教师需要掌握比他们所教授的学科知识更多的内容，包括教师对新技术给学科所带来的种种变化的了解，以及使用恰当技术表征内容的知识。

技术教学法知识（TPK）：是由技术和一般教学法相互作用产生的，指关于教育技术在教学和学习情境中的存在形式、使用要素和作用效力的知识，包括了解可完成某一特定教学任务的种种教育技术手段，选择最恰当的且当前可用的技术手段，以及使用技术手段执行教学法策略完成教学等。

整合技术的学科教学知识（TPACK）：同时整合技术、教学法和学科内容的知识，是一种专家级教师在教学时会随时应用到的知识形式。TPACK 知识代表着教师能够根据具体的教学情境的需要，综合考虑学科知识、教学方法和技术支持，设计恰当的教学方案，换句话说，就是利用教育技术有效表征和呈现内容以利于教学和学生理解的知识。

（二）TPACK 的特点

TPACK具有如下特征：（1）综合性。TPACK 知识是学科知识、技术知识和教学法知识三者之间整合的产物，因此是综合的、复杂的知识。（2）动态性。TPACK 知识是人类探索教与学过程的阶段性理论成果，不是静态的、一成不变的，而是动态的、处在不断变化之中的。（3）情境性。TPACK 知识包含了具体教学情境中特定的内容、方法与技术之间复杂的关系，而且 TPACK 知识的习得也不能通过脱离具体情境的孤立的技术课程来传授，因此具有情境性。（4）独特性。教师的 TPACK 知识只为那些既精通教育技术，亦精通教学，且熟悉学科内容的教师所拥有。这种知识既不同于只懂技术但不懂教学的专家的知识，也不同于只懂教学原理但不懂技术的专家的知识，并且每位教师所具有的 TPACK 知识不同。（5）实践性。它有两层含义：一是指 TPACK 知识来源于教育教学实践，或来源于对别人实践的反思；二是指教师的 TPACK 知识体现于教育教学实践过程并在实践过程中发挥作用，影响教育教学过程的效果。

三、促进中小学教师利用TPACK进行有效教学的途径

进入21世纪以来，国家陆续颁布的英语课程标准和《基础教育课程改革纲要（试行）》（简称《纲要》）为我国基础英语教育不断向前发展注入了新的活力，其中2001年颁布的《全日制义务教育英语课程标准（实验稿）》指出："在实施新课程的过程中，教师要转变教育教学观念，不断提高专业化水平，以适应新课程提出的新要求。"课程标准不仅给中小学教育改革指明了方向，也对教师的专业素质提出了更高的要求。教师的专业水平直接影响着教学工作的进行，以及学生的学习成

果。因此，高素质教师的培养成为大家热议的话题。信息时代下，教师素质的一个重要方面就是教师基于信息技术的学科教学知识的建构及运用。

（一）理解教育技术在教学中的角色

广义上，技术被认为是人类知识所创造的工具。这些人类知识是有关如何整合资源来创造所需产品、解决问题、满足需要或者实现愿望的。那么教育中所应用的工具、技术则为教育技术。具体的技术有具体的功能可供性和限制性。技术既不是中立的，也不是无偏见的，恰恰相反，具体的技术有自己的倾向、偏见和内在属性，这使得它们在具体的任务中比其他技术更加实用。传统的教育技术包括黑板、投影仪、纸笔等；信息时代，教育技术更多的是多媒体网络技术，包括计算机、电子邮件、博客、微信、短信、视频等。信息教育技术与传统教育技术相比，具有多样性、不稳定性、多功能性等特征。

理解教育技术在教学中的角色就是要知道在何处使用技术、使用何种技术、如何使用这种技术去教学。Mishra 和 Koehler（2006）断言“没有一种技术能够适用于每一位教师、每一门课程或者每一种教学观”。教师应根据教学目标、内容、对象选择不同形式的技术辅助方式，比如学习单词时可以借助动态的图画、声音、视频帮助学生高效记忆，还可以使用一些软件巩固学生的记忆，比如单词连连看。总之，教师要把握教育技术在教学活动中的特殊角色地位，根据不同的学科内容、教学目标和教学对象，采用不同的教育技术。

（二）培养中小学教师的教育信息技术应用能力

传统上，研究者将教育技术视为一种普遍应用的一般技能，认为教师学会使用教育技术手段后可自然发展利用技术进行教学的能力。因此，训练教师的主流做法是采用短期课程形式使教师学会使用各种教育技术设备或工具（田凤秋，2007）。但遗憾的是，这种传统的训练方式主要教给教师如何操作某些软、硬件设备，忽略探讨如何在课堂教学中整合性地运用这些技术，从而无法帮助教师有效地将教育技术运用于课堂教学。然而，知道“如何操作教育技术的设备和工具”不等于知道“如何运用教育技术进行有效教学”，在传统训练方式下，普通教师难以获得利用教育技术进行有效教学的知识（雷呈勇，2008）。

有效地培养和提高教师的教育信息技术应用能力的做法是，应为教师提供真实的需用教育技术解决的教学问题，使教师在解决问题过程中获得对教育技术如何用于教学的深刻理解。Koehler 等（2005）提出了“通过设计学习教育技术”（learning technology by design）的训练模式，这种训练模式为教师设计真实的、需用教育技术解决的教学问题，而不是直接教给教师具体教育技术手段的操作技能，以“做中学”的方式使教师在解决问题过程中获得对教育技术如何用于教学的深刻理解，真正有实效地培养和提高教师的教育技术能力。

（三）创建学习共同体，开展TPACK教学改革

开展TPACK教学改革必须具备一支掌握整合技术的学科教学知识的教师队伍，这一群体是教学改革能否成功的关键力量。教师的培养主要包括两大群体：职前教师和在职教师。第一，职前教师的培养。TPACK知识能够帮助职前教师将恰当的策略和技术有效地应用于他们的实践中。根据职前教师的特征，为他们提供实践的机会或间接参与到教学过程中的方式是最为有效的，如果直接将TPACK作为一种策略性的思维方式融入职前教学法课程，这种培养将是失败的，其根源在于他们根本就不知道如何通过技术进行学习和教学。通过让职前教师进行观摩式个案研究或参与教学使他们获得教学经验，要让他们进一步了解学生，计划并设计教学，开发有效的教学策略，获得有效的课堂管理策略，对学生使用技术进行评价。在培养过程中，可以通过发展TPACK的动态思维工具培养他们的整合技术的学科教学法知识能力。第二，在职教师的培养。有经验教师的知识是有情境的、由事件构成的和片段式的，他们的培养与职前教师的最大不同在于他们能够直接将TPACK知识作为一种策略性知识应用到教学过程之中。教师培训机构可以创设多种环境为在职教师发展TPACK知识提供机会，如创建远程协作与远程合作的活动，通过组建教育协会间的协作推动TPACK发展，将信息技术融入教师专业发展的“境脉”中。

（四）搭建职前与在职教师TPACK知识交流的信息平台

职前教师由于接受了大量关于TPACK知识的学习研究，他们的相关

理论知识储备非常丰富，而真正的实践经验比较匮乏；在职教师在工作中积累了大量的实践知识，但理论知识不足。长期以来，职前教师与在职教师的沟通交流空间狭小，沟通方式比较单一，因此搭建一个可供职前教师与在职教师交流TPACK知识的信息交流平台十分迫切。这个平台可以在职前教育与在职培训之间建立起联系、实现资源的共享，还能真正实现理论指导实践，实践检验理论的良性循环，使职前与在职教师都能获益匪浅。

TPACK教学整合模式是人类探索教与学过程的阶段性理论成果，它对当前和以后的教育和学习会产生显著的促进作用，对中小学教师的专业发展提出了新的要求。中小学教师应具有自我更新意识，在日常的教学活动中善于发现新的内容，新的事物，通过不断的实践、学习、反思，对自己的专业发展进行评价，并自觉思考自己的专业发展，以适应现代科学技术的发展。

第四节　信息技术在中小学英语教学中的应用现状调查

信息化是当今世界经济和社会发展的大趋势，信息技术已渗透到经济发展和社会生活的各个方面，人们的生产方式、生活方式以及学习方式正在发生深刻的变化。全民教育、优质教育、个性化学习和终身学习已成为信息时代教育发展的重要特征，以多媒体和网络技术为核心的信息技术已成为拓展人类能力的创造性工具。信息技术介入教育，使人们的学习和交流打破了过去的时空界限，为人类能力的提高和发挥作用带来了新的空间。教育信息化成为促进教育现代化的重要方式和途径。

为了适应这个发展趋势，我国已经确定在中小学普及信息技术教育，同时强调要加强信息技术与其他课程的整合力度。信息技术与课程整合是我国面向21世纪基础教育教学改革的新视点，与传统的学科教学有着密切联系和继承性，将对发展学生主体性、创造性和培养学生创新精神和实践能力具有重要意义。

基于教育部委托课题——“信息技术在中小学英语教学中的应用”，课题组通过问卷调查来了解我国不同地区中小学校教育技术与英语课程整合的现状以及中小学师生目前对教育技术与英语课程整合的接受和认知水平（武和平 等，2014）。本人作为课题组成员之一，承担了浙江省问卷调查及报告撰写工作，在此将总报告进行分享，以供大家了解相关情况。

一、调查方法

（一）调查对象

本次调查对象选取了我国浙江和甘肃两个省的3所高中、3所初中和3所小学的78名教师和523名学生为调查对象。

（二）调查问题

（1）我国不同地区中小学校英语教学中应用现代信息技术现状如何？

（2）我国不同地区中小学教师和学生对英语教学中整合信息技术及

其未来发展的认识水平如何？

（三）调查工具

本次调查采用调查问卷的形式，分为编制教师问卷和学生问卷。教师问卷分两部分，第一部分调查教师对信息技术在教学中应用的认知，采用五级计分制；第二部分调查信息技术在教学中应用的情况，每个调查项后设置四至五个选项供选择。学生问卷用选择的方式调查他们学习生活中信息技术应用的情况，并从学生学习中运用信息技术的情景、常用的辅助英语学习的信息技术手段、对信息技术应用于英语课堂教学的看法、对未来信息技术应用于教学的希望四个方面采用五级制调查。

（四）数据收集及处理

本次调查共发放教师问卷78份、学生问卷523份，回收有效问卷分别为78份与523份，回收率为100%。数据收集后对每个调查项的每个选择项进行了百分比和均值统计。数据统计分析工具采用Excel及SPSS数据分析软件进行处理。调查对象的基本情况见表3.1：

表3.1 调查对象基本信息

地区	调查对象	总人数	性别		年级		
			男	女	小学	初中	高中
甘肃	教师	33			30. 30%	45. 46%	24. 24%
	学生	424	50. 90%	49.10%	38. 00%	30. 70%	31. 30%
浙江	教师	45			15. 56%	28. 88%	55. 56%
	学生	99				33. 33%	66. 67%

二、统计结果与分析

（一）以学生问卷为例分析学生使用信息技术的基本情况

本次调查分别从学生使用信息技术的时间、家长对学生使用信息技术的支持度以及学生对使用信息技术辅助外语学习效果的自我评价等方面，来考察学生在外语学习中使用信息技术的基本情况。

表3. 2、表3. 3、表3. 4、表3. 5及图3. 4、图3. 5、图3. 6、图3. 7分别呈现了学生运用信息技术的时间及频率。

表3.2　学生运用信息技术的时间

地区	年级	3年以下	4~6年	7~9年	10~12年
甘肃	小学	78.26%	18.64%	1.86%	1.24%
	初中	84.08%	9.23%	5.92%	0.77%
	高中	76.52%	17.42%	5.30%	0.76%
浙江	初中	2.78%	69.44%	22.22%	5.56%
	高中	15.15%	29.79%	43.42%	11.64%

统计结果显示，就信息技术运用于外语学习而言，地区差异的影响要大于不同年级差异的影响。例如，甘肃省某县大多数小学、初中和高中学生接触、使用信息技术的时间不到3年，而浙江某地学生接触、使用信息技术的时间则主要集中在4~9年。接近80%的甘肃省调查对象每天使用计算机网络等信息技术的时间不到1小时。在浙江省的调查对象中，约80%的初中学生、44%的高中学生每天运用信息技术的时间超过1小时，接近20%的受试者报告他们每天使用信息技术的时间超过3小时。甘肃省受试者中约有50.31%的小学生、62.31%的初中生、43.18%的高中生在语言学习中"经常使用"或"有时使用"信息技术，浙江省受试者中约有91.67%的初中生、80.30%的高中生在语言学习中"经常使用"或"有时使用"信息技术。在家长对学生使用信息技术辅助课程学习的支持度上，两地未表现出显著差异，两地均约有43%的小学生或初中生家长支持或部分支持学生使用信息技术辅助学生，两地高中学生家长对学生使用信息技术的支持度则明显低于小学生及初中生家长。

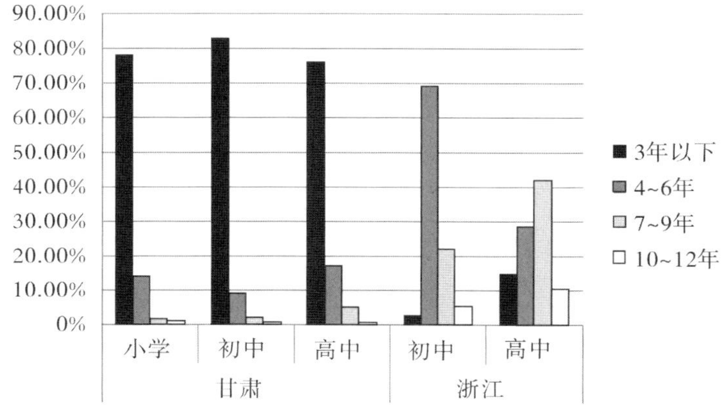

图3.4　学生运用信息技术的时间

表3.3 学生每天使用信息技术辅助语言学习的时间

地区	年级	1小时以下	1~3小时	3小时以上
甘肃	小学	76.78%	21.98%	1.24%
	初中	79.23%	15.92%	4.85%
	高中	78.79%	18.18%	3.03%
浙江	初中	22.22%	58.33%	19.44%
	高中	56.06%	24.24%	19.70%

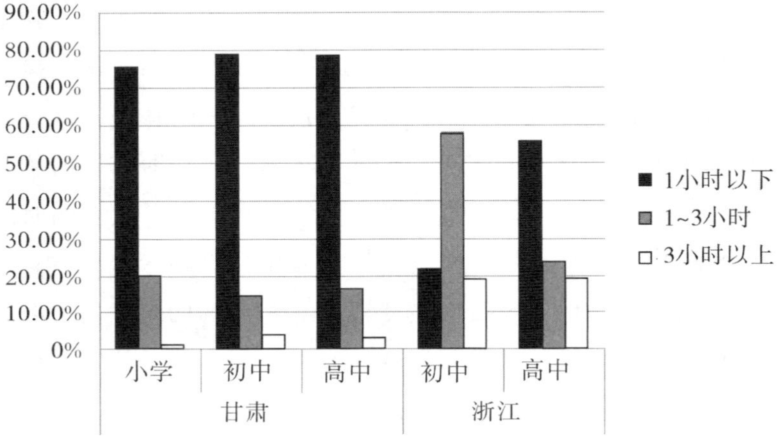

图3.5 学生每天使用信息技术辅助语言学习的时间

表3.4 学生运用信息技术辅助外语学习的频率

地区	年级	经常使用	有时使用	很少使用	从未使用
甘肃	小学	15.09%	35.22%	35.85%	13.84%
	初中	9.23%	53.08%	33.85%	3.84%
	高中	6.06%	37.12%	40.15%	16.67%
浙江	初中	30.56%	61.11%	8.33%	0
	高中	15.15%	65.15%	19.70%	0

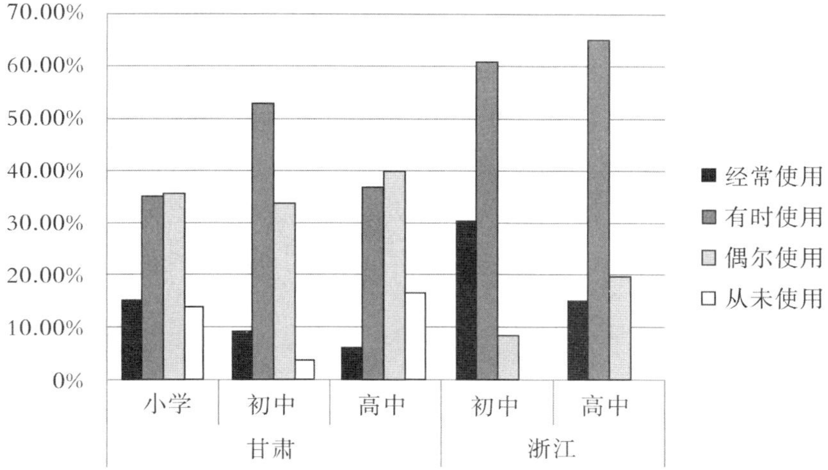

图3.6 学生运用信息技术辅助外语学习的频率

表3.5 家长对学生运用信息技术辅助外语学习的支持情况

地区	年级	支持	有时支持	无所谓	强烈反对
甘肃	小学	49.06%	38.99%	6.29%	5.66%
	初中	51.56%	39.06%	5.47%	3.91%
	高中	21.97%	31.82%	30.30%	15.91%
浙江	初中	55.56%	25.00%	16.67%	2.77%
	高中	48.48%	6.06%	43.94%	1.52%

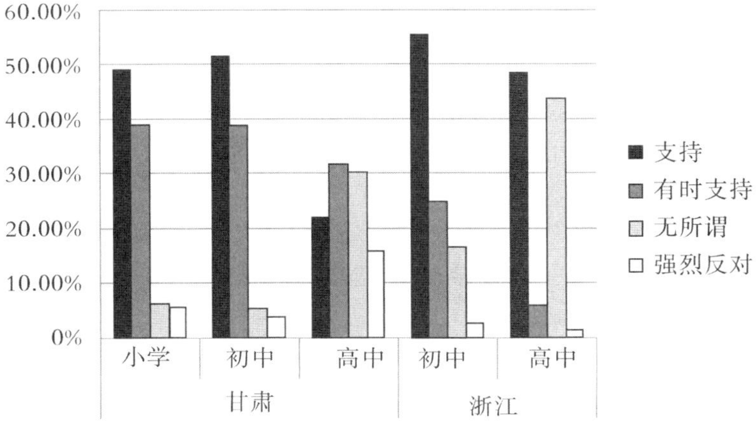

图3.7 家长对学生运用信息技术辅助外语学习的支持情况

（二）学校使用信息技术的基本情况

学生问卷第二部分包含11道题目，主要从学校信息技术基础设施及使用情况、学生信息技术素养及应用能力等方面了解中小学信息技术应用于外语教学目前的发展水平。

图3.8为接受调查学校信息技术基础设施及使用情况统计图。统计显示，浙江省接受调查学校校园网建设及网络访问速度远高于甘肃省接受调查学校，但两省初、高中在信息技术使用水平上未表现出较大差异。同时，两省调查学校中，初中学校的计算机利用及资源提供水平要高于高中学校，这可能与高中学校较注重考试训练而较多采用纸笔等传统媒介有关。

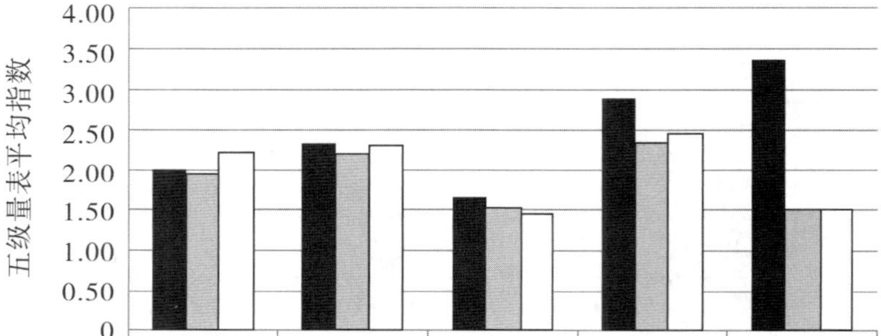

	甘肃 小学	甘肃 初中	甘肃 高中	浙江 初中	浙江 高中
■校园网访问	2.01	2.33	1.66	2.89	3.36
▨计算机利用	1.96	2.22	1.52	2.36	1.50
□资源提供	2.24	2.32	1.45	2.47	1.50

图3.8 学校信息技术基础设施及使用情况

图3.9为两省调查接受学校学生自述其信息技术素养及应用能力的数据统计图。从图中可以看出，浙江省接受调查学校学生对其信息素养的自我认知度要高于甘肃省接受调查学校的学生，特别是在资源获取、资源搜索能力和英语游戏等三个方面的表现尤其突出。同时，低年级学生对其信息技术素养和应用能力的自我评价也高于高年级学生。

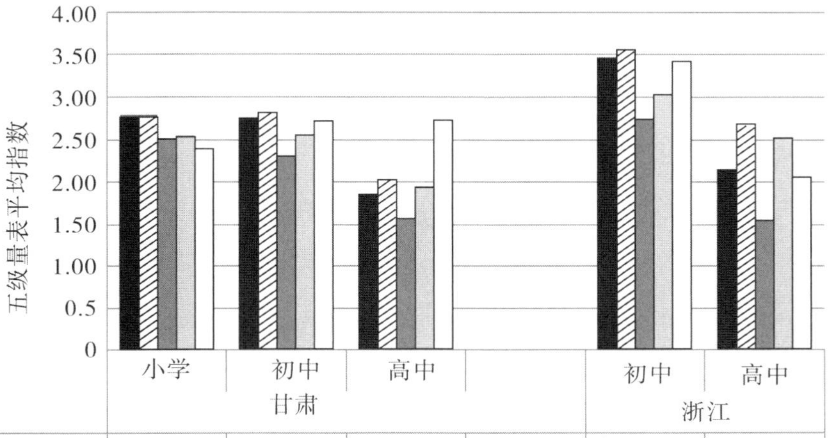

	甘肃 小学	甘肃 初中	甘肃 高中		浙江 初中	浙江 高中
■ 资源获取	2.79	2.75	1.86		3.47	2.15
▨ 资源搜索	2.79	2.82	2.04		3.56	2.68
■ 网络交流	2.51	2.32	1.58		2.75	1.56
□ 英语游戏	2.54	2.56	1.95		3.03	2.52
□ 知识管理	2.40	2.72	2.73		3.42	2.15

图3.9　接受调查学校学生对其信息技术素养和应用能力的自我评价

（三）学生使用信息技术辅助外语学习的频率

问卷的第三部分主要调查学生在外语学习过程中使用信息技术的频率。题目涉及学生利用信息技术用英语与本族语人士交流，使用电子词典及多媒体进行外语视听训练、复习备考和语法词汇学习等方面。因频率是一个相对客观的概念，学生对这部分题目的回答，可以相对客观地反映学生信息技术应用情况。

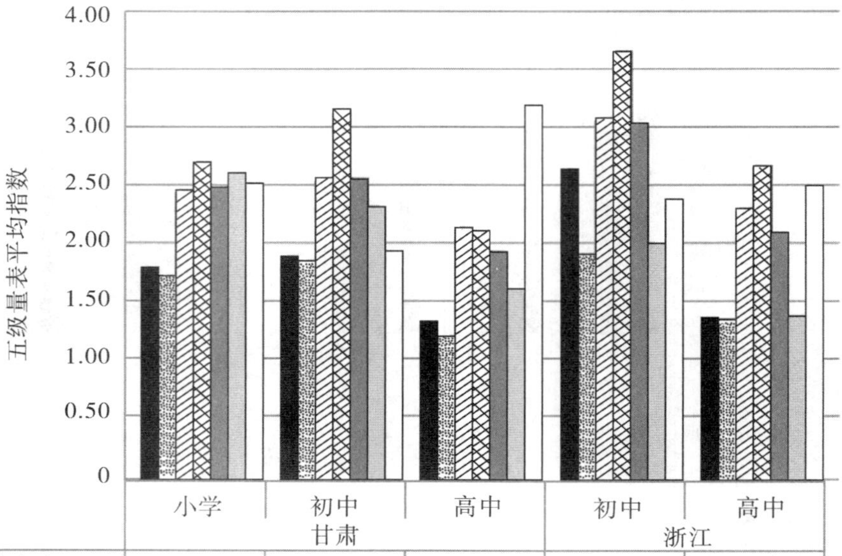

	甘肃 小学	甘肃 初中	甘肃 高中	浙江 初中	浙江 高中
网络交流	1.82	1.92	1.35	2.67	1.39
师生互动	1.75	1.88	1.23	1.94	1.38
英语视听	2.49	2.59	2.165	3.115	2.33
电子词典	2.73	3.18	2.14	3.69	2.7
信息搜索	2.51	2.59	1.95	3.06	2.12
复习备考	2.65	2.35	1.64	2.03	1.41
语言知识学习	2.55	1.95	3.22	2.41	2.53

图3.10 接受调查学校学生在外语学习中使用不同信息技术频率统计

如图3.10所示，电子辞典为两省接受调查学校学生使用频率最高的信息技术工具，英语视听工具次之，信息搜索也是接受调查学校学生使用比较频繁的信息技术。高中学生更倾向于把信息技术作为语言知识（语法、词汇等）学习的主要手段之一。除浙江省的初中生调查对象外，其他接受调查学校的学生并不常借助信息技术来辅助师生及生生外语交际活动。

（四）学生对外语学习中使用信息技术的观念和态度

问卷第四部分主要调查学生对外语学习中使用信息技术的观念和态度。该部分分量表由11题组成，分别从信息技术辅助人际语言交流、学习策略运用及外语学习管理（即元认知策略）等方面，具体考察学生对外语学习中应用信息技术的认识和态度。图3.11是学生对该部分内容回答的结果汇总。

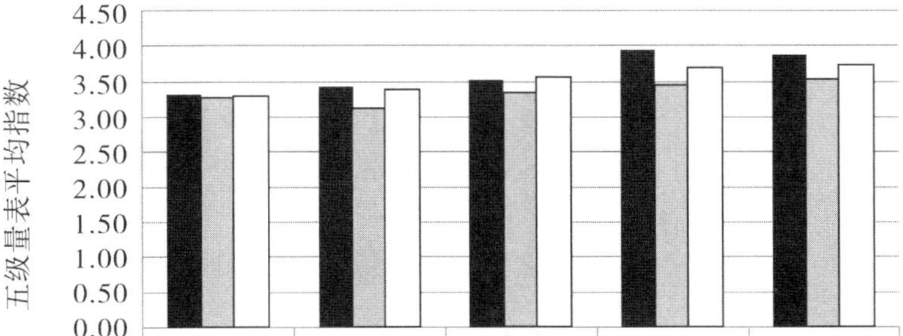

	甘肃			浙江	
	小学	初中	高中	初中	高中
■人际交流	3.31	3.43	3.52	3.94	3.87
▨学习策略	3.28	3.14	3.35	3.46	3.53
□学习管理	3.31	3.39	3.57	3.70	3.74

图3.11　学生对外语学习中使用信息技术的观念和态度数据汇总

如图所示，总体而言，学生对外语教学和学习中使用信息技术持积极的、肯定的态度，从观念上积极认同在外语学习和教学中使用教育技术，所有项目的五级量表平均指数均在3以上，而浙江省调查学校的受试者的态度更趋积极。在该部分内容的三个维度上，学生对教育技术应用于促进人际言语交流和写作方面，持更积极的态度。同时，两省接受调查的学生均认为信息技术对促进学生形成正确的语言学习策略及学习管理能力方面，也发挥着积极的作用。

（五）学生对外语学习中使用信息技术前景的期待和展望

问卷第五部分主要调查学生对外语学习中使用信息技术的前景的预测和展望。该部分分量表由7个题目组成，主要从未来外语学习信息技术产品的功能、内容以及与现有模式的结合等方面，来调查学生对未来信息技术运用于外语教学中的展望和期待。统计结果如图3.12所示。

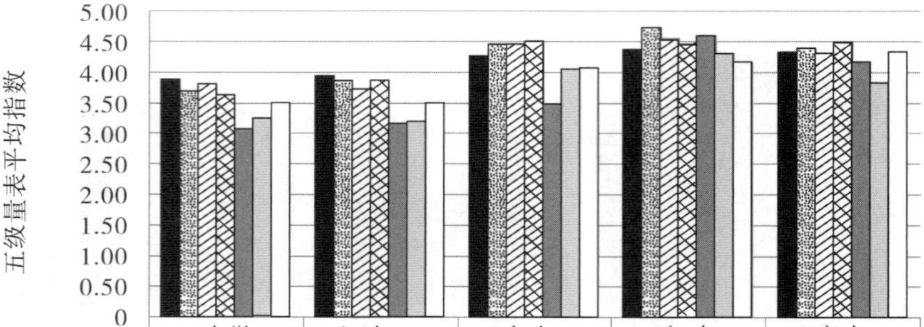

	甘肃 小学	甘肃 初中	甘肃 高中	浙江 初中	浙江 高中
■功能丰富	3.89	3.95	4.27	4.39	4.35
游戏化趣味性	3.70	3.87	4.47	4.75	4.38
提高成绩	3.81	3.73	4.48	4.56	4.32
语言知识学习	3.65	3.88	4.52	4.47	4.51
富媒体多功能	3.09	3.18	3.49	4.61	4.19
资源数字化	3.26	3.22	4.05	4.31	3.83
□与现有模式结合	3.51	3.49	4.08	4.17	4.35

图3.12 学生对外语学习中使用信息技术前景的期待和展望

如图所示，受访学生对信息技术应用于未来外语教育与学习中的前景持积极乐观的态度和很高的期待度，多数项目在五级量表上的平均指数超过4，甚至接近5。学生希望未来的外语学习信息技术产品应该游戏化，具有较高的趣味性，能有助于语言知识的学习，应具有丰富的多媒体功能，数字化程度高，方便携带。同时，受访同学希望，未来的外语学习产品应与现有外语教育模式有很好的兼容和结合。

三、总结与建议

本调查从信息技术应用于外语学习的现状、学生对信息技术应用于外语学习的观念以及未来前景展望等维度，全面调查了我国不同地区中小学校在外语教学与学习中信息技术的应用情况。下表是调查涉及四个方面的数据汇总。

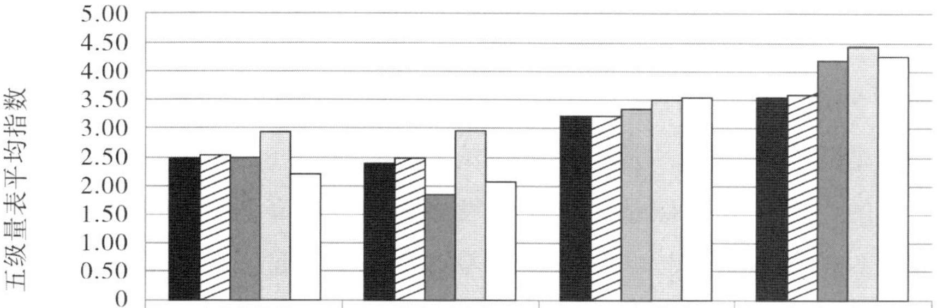

	应用现状	应用频率	观念态度	未来前景
■甘肃小学	2.47	2.40	3.22	3.56
▨甘肃初中	2.54	2.50	3.23	3.62
■甘肃高中	1.96	1.87	3.35	4.19
□浙江初中	2.96	2.96	3.49	4.47
□浙江高中	2.21	2.08	3.55	4.28

图3.13 我国不同地区中小学校在外语教学与学习中信息技术的应用情况

从图3.13可以看出，受访学生对信息技术应用于外语教学持积极的态度，并对其发展前景充满乐观的期待，但对其应用现状却不甚满意。在最能反映现状的应用频率一项上，五级量表的平均指数最低。这种观念和现实之间的巨大反差在本调查的很多方面都有反映，其中最明显的一个例证就是学生对外语学习中信息技术作为人际言语交流工具的观念最积极，而在该项指标的实际使用频率自述评分最低。究其原因，主要在于学校管理层及一线教师对信息技术应用于外语教学的认识仍处于较低水平，将信息技术主要作为一个演示工具呈现给学生，对其资源管理与共享功能、人际语言交流功能、媒体语言训练功能、多元学习策略培养功能以及学习过程管理功能的应用不够充分，不利于学生提高语言水平和学习效率，更不利于形成学生“自主—合作—探究”的学习能力和协作精神，不利于实现新世纪对我国创新型人才培养的更高层次的要求。

信息技术与课程整合，不是把信息技术仅仅作为辅助教或辅助学的工具，而是强调要利用信息技术来营造一种信息化的教学环境，该环境应能支持情境创设、启发思考、信息获取、资源共享、多重交互、自主探究、协作学习等多方面要求的教学方式与学习方式，也就是实现一种既能发挥教师主导作用又能充分体现学生主体地位的以“自主—探究—合作”为特征的教与学方式（这正是我国基础教育新课程改革所要求的教与学方式），以教育的信息化促进教育的现代化，这样就可以把学生的主动性、积极性，乃至创造性较充分地发挥出来，使传统的以教师为中心的“授—受”课堂教学模式发生根本性变革（所谓教学结构是指在一定的教育思想、教学理论和学习理论指导下的，在一定的环境中展开的教学活动进程的稳定结构形式，是教学系统四个要素——教师、学生、教学内容与教学媒体相互联系相互作用的具体体现），从而使创新人才培养目标落到实处。

附录：受访学生在问卷各个题目的反应数据汇总

题目	地区	年级	完全不符合	不太符合	符合	比较符合	完全符合	五级量表平均指数
11a. 在学校里我可以较快地访问校园网。	甘肃	小学	35.40%	39.51%	14.16%	8.45%	2.48%	2.01
		初中	22.31%	45.38%	20.77%	3.08%	8.46%	2.33
		高中	54.55%	35.61%	4.54%	3.03%	2.27%	1.66
	浙江	初中	13.89%	27.78%	19.44%	33.33%	5.56%	2.89
		高中	24.24%	12.12%	10.61%	9.09%	43.94%	3.36
11b. 在学校里我可以很方便地利用计算机。	甘肃	小学	38.27%	38.89%	10.41%	8.70%	3.73%	1.96
		初中	19.23%	52.31%	16.92%	10.00%	1.54%	2.22
		高中	60.61%	33.33%	1.52%	2.27%	2.27%	1.52
	浙江	初中	19.44%	44.44%	16.67%	19.44%	0	2.36
		高中	60.61%	31.82%	4.54%	3.03%	0	1.50
11c. 学校里有专门的供我学习的英语学习资源网站、学习论坛等。	甘肃	小学	39.13%	23.61%	13.04%	17.39%	6.83%	2.24
		初中	25.38%	34.62%	25.38%	12.31%	2.31%	2.32
		高中	64.39%	28.79%	4.54%	1.52%	0.76%	1.45
	浙江	初中	16.67%	41.67%	22.21%	16.67%	2.78%	2.47
		高中	59.09%	33.33%	6.06%	1.52%	0	1.50
11d. 我可以很方便地访问与所学知识相关的英语教育资源网站。	甘肃	小学	33.54%	20.25%	17.02%	16.15%	13.04%	2.49
		初中	19.23%	34.62%	34.61%	9.23%	2.31%	2.41
		高中	44.70%	43.94%	4.54%	5.30%	1.52%	1.75
	浙江	初中	16.67%	41.67%	22.21%	16.67%	2.78%	2.47
		高中	59.09%	33.33%	6.06%	1.52%	0	1.50
11e. 我可以很快地获得我想要的与英语学习内容相关的学习资源。	甘肃	小学	21.74%	19.63%	25.09%	20.50%	13.04%	2.79
		初中	17.69%	32.31%	17.69%	21.54%	10.77%	2.75
		高中	43.51%	38.17%	9.16%	7.63%	1.53%	1.86
	浙江	初中	0	19.44%	30.56%	33.33%	16.67%	3.47
		高中	33.33%	33.33%	21.21%	9.10%	3.03%	2.15

续表

题目	地区	年级	完全不符合	不太符合	符合	比较符合	完全符合	五级量表平均指数
11f. 当我在网上查找某一特定的英语学习信息时，能快速地找到目标信息。	甘肃	小学	16. 77%	26. 71%	22. 98%	20. 50%	13. 04%	2. 79
		初中	17. 69%	26. 92%	24. 62%	16. 92%	13. 85%	2. 82
		高中	35. 11%	36. 64%	19. 85%	6. 87%	1. 53%	2. 04
	浙江	初中	0	13. 89%	36. 11%	30. 56%	19. 44%	3. 56
		高中	16. 67%	31. 82%	27. 27%	15. 15%	9. 09%	2. 68
11g. 我在手机上安装了英语学习的软件。	甘肃	小学	38. 61%	15. 91%	20. 25%	9. 70%	15. 53%	2. 39
		初中	20. 00%	25. 38%	32. 31%	11. 54%	10. 77%	2. 68
		高中	37. 12%	31. 82%	17. 42%	9. 85%	3. 79%	2. 11
	浙江	初中	36. 11%	19. 44%	11. 11%	25. 00%	8. 33%	2. 50
		高中	69. 70%	19. 70%	3. 02%	1. 52%	6. 06%	1. 55
11h. 我在网上有用英语同我交流的网友或伙伴。	甘肃	小学	36. 02%	18. 63%	12. 43%	18. 63%	14. 29%	2. 51
		初中	23. 85%	40. 77%	19. 22%	11. 54%	4. 62%	2. 32
		高中	59. 09%	28. 79%	6. 82%	5. 30%	0. 00%	1. 58
	浙江	初中	25. 00%	25. 00%	16. 66%	16. 67%	16. 67%	2. 75
		高中	68. 18%	21. 21%	3. 03%	1. 52%	6. 06%	1. 56
11i. 我能在网上获得我所需要的各种英语学习资源。	甘肃	小学	16. 15%	19. 88%	19. 88%	21. 73%	22. 36%	3. 09
		初中	18. 46%	30. 00%	28. 46%	13. 08%	10. 00%	2. 66
		高中	33. 33%	34. 85%	15. 91%	11. 36%	4. 55%	2. 19
	浙江	初中	0	13. 89%	19. 44%	27. 78%	38. 89%	3. 92
		高中	13. 64%	19. 70%	34. 85%	16. 66%	15. 15%	3. 00
11j. 我喜欢玩全英语版的游戏。	甘肃	小学	24. 84%	30. 43%	16. 78%	16. 15%	11. 80%	2. 54
		初中	20. 77%	33. 85%	21. 54%	16. 15%	7. 69%	2. 56
		高中	40. 15%	35. 61%	16. 66%	4. 55%	3. 03%	1. 95
	浙江	初中	13. 89%	19. 44%	27. 78%	27. 78%	11. 11%	3. 03
		高中	25. 76%	28. 79%	21. 20%	16. 67%	7. 58%	2. 52

续表

题目	地区	年级	完全不符合	不太符合	符合	比较符合	完全符合	五级量表平均指数
11k. 除了老师推荐的网站，我很少主动去搜索与英语学习相关的资源或信息。	甘肃	小学	31.06%	27.09%	18.25%	13.04%	10.56%	2.40
		初中	9.23%	37.69%	32.31%	13.85%	6.92%	2.72
		高中	17.42%	24.24%	35.61%	13.64%	9.09%	2.73
	浙江	初中	13.89%	41.67%	16.67%	19.44%	8.33%	2.67
		高中	12.12%	18.18%	34.85%	12.12%	22.73%	3.15
11l. 我能利用现有的知识去学习新的信息技术。	甘肃	小学	31.06%	27.09%	18.25%	13.04%	10.56%	2.40
		初中	9.23%	37.69%	32.31%	13.85%	6.92%	2.72
		高中	17.42%	24.24%	35.61%	13.64%	9.09%	2.73
	浙江	初中	5.56%	19.44%	27.78%	22.22%	25.00%	3.42
		高中	28.79%	46.97%	15.14%	7.58%	1.52%	2.06

题目	地区	年级	从不	很少	偶尔	有时	经常	平均
12a. 我利用信息技术通过电子邮件、QQ或者微博同国外或国内的网友，用英语相互交流。	甘肃	小学	58.39%	19.63%	7.70%	7.45%	6.83%	1.82
		初中	53.85%	20.77%	9.23%	10.00%	6.15%	1.92
		高中	78.03%	12.88%	5.30%	3.79%	0.00%	1.35
	浙江	初中	25.00%	22.22%	25.00%	16.67%	11.11%	2.67
		高中	75.76%	15.15%	4.54%	3.03%	1.52%	1.39
12b. 我会和我们的英语老师在网上通过电子邮件、QQ或者微博进行交流。	甘肃	小学	63.98%	11.79%	9.32%	11.80%	3.11%	1.75
		初中	49.23%	27.69%	12.31%	6.15%	4.62%	1.88
		高中	81.82%	14.39%	2.27%	1.52%	0.00%	1.23
	浙江	初中	41.67%	36.11%	11.11%	8.33%	2.78%	1.94
		高中	66.67%	30.30%	1.51%	1.52%	0	1.38

续表

题目	地区	年级	从不	很少	偶尔	有时	经常	平均
12c. 我在互联网或手机上听一些英语材料，来提高自己的听力水平。	甘肃	小学	21.12%	31.67%	22.36%	15.53%	9.32%	2.58
		初中	13.08%	39.23%	20.77%	19.23%	7.69%	2.67
		高中	29.55%	31.82%	25.75%	7.58%	5.30%	2.27
	浙江	初中	16.67%	22.22%	19.44%	36.11%	5.56%	2.92
		高中	33.33%	39.39%	19.70%	4.55%	3.03%	2.05
12d. 我通过互联网或手机看英语原版电影或电视剧。	甘肃	小学	31.06%	26.33%	20.25%	11.80%	10.56%	2.40
		初中	16.92%	36.92%	27.69%	13.85%	4.62%	2.51
		高中	35.61%	34.85%	21.20%	4.55%	3.79%	2.06
	浙江	初中	5.56%	13.89%	30.55%	44.44%	5.56%	3.31
		高中	13.64%	39.39%	25.76%	15.15%	6.06%	2.61
12e. 我通过电子词典、互联网或者手机来查英语单词。	甘肃	小学	29.81%	19.88%	12.43%	19.25%	18.63%	2.73
		初中	12.31%	20.00%	23.07%	23.85%	20.77%	3.18
		高中	37.88%	28.03%	21.21%	7.58%	5.30%	2.14
	浙江	初中	2.78%	13.89%	16.67%	44.44%	22.22%	3.69
		高中	12.12%	33.33%	30.30%	21.21%	3.03%	2.70
12f. 我通过互联网或手机来搜索一些有用的英语资料或信息。	甘肃	小学	26.71%	28.33%	19.50%	13.66%	11.80%	2.51
		初中	22.31%	25.39%	28.46%	16.92%	6.92%	2.59
		高中	46.97%	25.00%	18.18%	4.55%	5.30%	1.96
	浙江	初中	13.89%	16.67%	25.00%	38.88%	5.56%	3.06
		高中	28.79%	40.90%	19.70%	10.61%	0	2.12
12g. 我会在网上找一些英语习题或考试题来做。	甘肃	小学	26.09%	20.25%	23.22%	20.50%	9.94%	2.65
		初中	23.85%	36.92%	22.31%	11.54%	5.38%	2.35
		高中	54.55%	31.82%	8.33%	5.30%	0.00%	1.64
	浙江	初中	38.89%	36.11%	11.11%	11.11%	2.78%	2.03
		高中	66.67%	27.27%	4.54%	1.52%	0	1.41

续表

题目	地区	年级	从不	很少	偶尔	有时	经常	平均
12h. 通过信息技术学习英语能让学习过程不那么乏味。	甘肃	小学	24. 22%	26. 71%	22. 98%	16. 77%	9. 32%	2. 55
		初中	12. 31%	40. 77%	26. 92%	14. 62%	5. 38%	2. 58
		高中	42. 42%	28. 79%	16. 66%	7. 58%	4. 55%	2. 03
	浙江	初中	5. 56%	16. 67%	30. 55%	27. 78%	19. 44%	3. 39
		高中	24. 24%	30. 30%	16. 67%	15. 15%	13. 64%	2. 64
12i. 我可以获得形式多样的资源，例如音频、视频、文本等英语学习资源。	甘肃	小学	31. 06%	26. 09%	16. 76%	16. 77%	9. 32%	2. 43
		初中	20. 77%	30. 00%	26. 93%	15. 38%	6. 92%	2. 55
		高中	43. 94%	30. 30%	15. 91%	6. 82%	3. 03%	1. 95
	浙江	初中	2. 78%	25. 00%	30. 55%	30. 56%	11. 11%	3. 22
		高中	19. 70%	37. 88%	27. 27%	12. 12%	3. 03%	2. 41
12j. 通过互联网我能学到一些新的单词、句型或者表达方法。	甘肃	小学	31. 06%	22. 98%	15. 53%	16. 77%	13. 66%	2. 53
		初中	17. 69%	31. 54%	22. 31%	15. 38%	13. 08%	2. 72
		高中	40. 91%	30. 30%	15. 91%	9. 09%	3. 79%	2. 05
	浙江	初中	0	27. 78%	27. 78%	22. 22%	22. 22%	3. 39
		高中	31. 82%	31. 82%	30. 30%	6. 06%	0	2. 11

题目	地区	年级	完全不同意	不太同意	同意	比较同意	完全同意	平均
13a. 利用信息技术与老师和同学进行较好的沟通和交流。	甘肃	小学	12. 42%	8. 07%	24. 84%	36. 66%	18. 01%	3. 37
		初中	2. 31%	6. 15%	26. 93%	56. 15%	8. 46%	3. 58
		高中	6. 82%	4. 55%	29. 54%	42. 42%	16. 67%	3. 58
	浙江	初中	0	0	19. 44%	38. 89%	41. 67%	4. 22
		高中	0	3. 03%	27. 27%	53. 03%	16. 67%	3. 83
13b. 利用信息技术进行学习能帮助我解决在英语学习时遇到的困难。	甘肃	小学	12. 42%	8. 07%	24. 84%	36. 66%	18. 01%	3. 37
		初中	2. 31%	6. 15%	26. 93%	56. 15%	8. 46%	3. 58
		高中	6. 82%	4. 55%	29. 54%	42. 42%	16. 67%	3. 58
	浙江	初中	0	0	33. 33%	41. 67%	25. 00%	3. 92
		高中	0	3. 03%	21. 70%	58. 60%	16. 67%	3. 91

续表

题目	地区	年级	完全不同意	不太同意	同意	比较同意	完全同意	平均
13c. 利用信息技术能与志趣相同的学习伙伴合作学习英语。	甘肃	小学	9. 32%	11. 18%	21. 12%	36. 64%	21. 74%	3. 48
		初中	3. 85%	15. 38%	26. 15%	33. 85%	20. 77%	3. 52
		高中	7. 58%	7. 58%	32. 57%	34. 09%	18. 18%	3. 48
	浙江	初中	0	5. 56%	36. 11%	38. 89%	19. 44%	3. 72
		高中	1. 52%	1. 52%	27. 76%	49. 50%	19. 70%	3. 86
13d. 利用信息技术合理地管理自己的英语学习过程，比如，能使用信息技术合理规划自己的学习时间，能提醒自己积极面对学习压力等。	甘肃	小学	12. 42%	15. 53%	22. 98%	29. 82%	19. 25%	3. 25
		初中	7. 69%	20. 00%	33. 85%	22. 31%	16. 15%	3. 19
		高中	5. 30%	15. 15%	21. 97%	33. 33%	24. 24%	3. 56
	浙江	初中	5. 56%	2. 78%	41. 67%	38. 88%	11. 11%	3. 47
		高中	6. 06%	7. 58%	29. 27%	38. 91%	18. 18%	3. 56
13e. 利用信息技术能帮助我们灵活地选择最适合自己的英语学习方法。	甘肃	小学	8. 07%	18. 01%	25. 48%	29. 81%	18. 63%	3. 29
		初中	14. 62%	15. 38%	17. 69%	38. 46%	13. 85%	3. 22
		高中	9. 85%	13. 64%	21. 97%	40. 15%	14. 39%	3. 36
	浙江	初中	0	5. 56%	41. 67%	33. 33%	19. 44%	3. 67
		高中	6. 06%	3. 03%	28. 79%	45. 45%	16. 67%	3. 66
13f. 我觉得信息技术对英语学习帮助不大。	甘肃	小学	22. 36%	30. 19%	20. 12%	18. 63%	8. 70%	2. 58
		初中	16. 15%	40. 00%	23. 85%	13. 85%	6. 15%	2. 54
		高中	9. 85%	42. 42%	31. 06%	14. 39%	2. 27%	2. 57
	浙江	初中	25. 00%	38. 89%	30. 55%	2. 78%	2. 78%	2. 19
		高中	10. 61%	35. 85%	39. 90%	10. 61%	3. 03%	2. 59

续表

题目	地区	年级	完全不同意	不太同意	同意	比较同意	完全同意	平均
13g. 我觉得使用信息技术提高了我学英语的兴趣，让我更愿意投入到学习中去。	甘肃	小学	9.94%	11.80%	32.92%	29.19%	16.15%	3.26
		初中	9.23%	13.08%	27.69%	36.92%	13.08%	3.32
		高中	3.79%	18.94%	34.09%	31.06%	12.12%	3.29
	浙江	初中	2.78%	11.11%	55.56%	22.22%	8.33%	3.22
		高中	4.55%	15.14%	40.91%	28.79%	10.61%	3.30
13h. 利用信息技术能帮助我更长时间专注于英语学习，集中注意力。	甘肃	小学	11.18%	14.91%	29.81%	29.19%	14.91%	3.20
		初中	6.15%	14.62%	30.00%	33.85%	15.38%	3.38
		高中	4.55%	18.94%	39.39%	28.79%	8.33%	3.17
	浙江	初中	5.56%	5.56%	58.33%	25.00%	5.56%	3.19
		高中	4.55%	18.18%	38.91%	26.24%	12.12%	3.22
13i. 利用信息技术能让我对英语学习内容的记忆更加深刻，保持记忆的时间更长。	甘肃	小学	6.21%	18.01%	30.44%	27.95%	17.39%	3.29
		初中	5.38%	21.54%	36.92%	28.46%	7.69%	3.12
		高中	6.82%	12.12%	29.54%	40.91%	10.61%	3.36
	浙江	初中	0	5.56%	52.77%	36.11%	5.56%	3.42
		高中	1.52%	9.09%	43.93%	31.82%	13.64%	3.48
13j. 在课堂外利用信息技术能帮助自己在课后继续学习。	甘肃	小学	11.18%	11.80%	26.09%	34.78%	16.15%	3.29
		初中	11.54%	26.15%	26.15%	32.31%	3.85%	2.89
		高中	6.06%	12.12%	28.03%	43.94%	9.85%	3.39
	浙江	初中	5.56%	2.78%	36.11%	44.44%	11.11%	3.53
		高中	1.52%	4.55%	33.32%	46.97%	13.64%	3.69
13k. 在课堂外使用信息技术，能促进我与同学之间的交流、协作与信息分享。	甘肃	小学	13.04%	20.50%	24.23%	24.84%	17.39%	3.09
		初中	14.62%	16.15%	20.77%	31.54%	16.92%	3.18
		高中	12.88%	9.09%	17.42%	37.12%	23.48%	3.49
	浙江	初中	2.78%	0	25.00%	50.00%	22.22%	3.89
		高中	1.52%	1.52%	22.23%	53.52%	21.21%	3.92

题目	地区	年级	根本不期待	不太期待	无所谓	比较期待	非常期待	平均
14a. 我希望未来的外语学习技术产品功能丰富，携带方便，能让我们随时随地学习英语变为可能。	甘肃	小学	9.32%	6.21%	10.56%	32.30%	41.61%	3.89
		初中	9.23%	7.69%	3.85%	33.85%	45.38%	3.95
		高中	1.52%	3.79%	9.84%	35.61%	49.24%	4.27
	浙江	初中	0	2.78%	2.78%	47.22%	47.22%	4.39
		高中	1.52%	0	11.63%	39.88%	46.97%	4.35
14b. 我希望未来的外语学习技术产品能让外语学习过程游戏化、趣味化，帮助我们减轻学英语的负担和痛苦。	甘肃	小学	5.59%	16.77%	13.67%	28.57%	35.40%	3.70
		初中	3.85%	5.38%	21.54%	35.38%	33.85%	3.87
		高中	2.27%	4.55%	3.79%	22.73%	66.67%	4.47
	浙江	初中	0	2.78%	0	16.67%	80.55%	4.75
		高中	1.52%	0	12.12%	33.33%	53.03%	4.38
14c. 我希望未来的外语学习技术产品能帮助我掌握英语考试技巧，提高英语考试成绩。	甘肃	小学	5.59%	10.56%	14.28%	32.92%	36.65%	3.81
		初中	2.31%	18.46%	9.23%	40.77%	29.23%	3.73
		高中	1.52%	3.03%	3.03%	30.30%	62.12%	4.48
	浙江	初中	0	0	2.78%	38.89%	58.33%	4.56
		高中	0	1.52%	12.15%	42.39%	43.94%	4.32
14d. 我希望未来的外语学习技术产品能提供丰富的多媒体功能，让我的英语听、说、读、写能力能得到全方面的发展。	甘肃	小学	9.32%	14.91%	11.18%	28.57%	36.02%	3.65
		初中	3.08%	13.08%	10.00%	37.69%	36.15%	3.88
		高中	0.76%	3.79%	5.30%	22.73%	67.42%	4.52
	浙江	初中	0	2.78%	2.78%	38.89%	55.56%	4.47
		高中	0	0	4.55%	40.42%	55.03%	4.51

续表

题目	地区	年级	根本不期待	不太期待	无所谓	比较期待	非常期待	平均
14e. 我希望未来的外语学习技术产品能帮助我把外语单词和语法规则记得更快、更牢。	甘肃	小学	13.04%	20.50%	22.98%	26.09%	17.39%	3.09
		初中	14.62%	16.15%	20.00%	32.31%	16.92%	3.18
		高中	12.88%	9.09%	17.42%	37.12%	23.48%	3.49
	浙江	初中	0	0	2.78%	33.33%	63.89%	4.61
		高中	1.52%	0	13.64%	43.94%	36.36%	4.19
14f. 我希望未来的外语学习资源都能数字化，这样我就不需要每天面对一大堆课本和学习资料了。	甘肃	小学	13.66%	16.77%	16.15%	30.43%	21.74%	3.26
		初中	9.23%	14.62%	30.77%	31.54%	13.08%	3.22
		高中	0.76%	11.36%	15.15%	27.27%	45.45%	4.05
	浙江	初中	0	2.78%	19.44%	22.22%	55.56%	4.31
		高中	3.03%	7.58%	27.76%	28.30%	33.33%	3.83
14g. 我希望未来的外语学习技术能与现在的外语教学模式有机结合起来，各取所长。	甘肃	小学	10.56%	13.66%	14.91%	31.06%	29.81%	3.51
		初中	6.15%	14.62%	21.54%	36.15%	21.54%	3.49
		高中	1.52%	8.33%	9.85%	38.63%	41.67%	4.08
	浙江	初中	5.56%	0	11.11%	38.89%	44.44%	4.17
		高中	1.52%	0	7.58%	43.45%	47.45%	4.35

本章小结

本章聚焦“信息技术与外语课程发展”，划分为四个小节阐述。第一节描述了信息时代背景下当代课程理论变革的最新含义。第二节系统介绍了信息技术与外语课程整合的主要模式，对信息技术与外语课程整合的概念、目标、意义、过程要素、复杂性及问题进行了阐述。第三节以外语教师为主体，对教师整合技术的学科教学知识进行系统的介绍。最后一节则提供了一份完整的调查报告，描述了目前信息技术在不同地区中小学英语教学中的应用情况。

第四章 信息技术与有效外语教学

如何进行有效的外语教学是外语教学研究永恒的主题。对学生来说，有效外语教学意味着高效的外语学习；而对教师来说，有效外语教学则意味着有效的模式、方法、策略和评价方式。信息技术的介入使得有效外语教学在理念、模式、方法、策略和评价等方面都发生了翻天覆地的变化。有效外语教学是以学生“乐学”、教师“乐教”为前提的，将信息技术的优势以最大化的形式融入课堂教学中，具体体现为教学模式的数字化、教学设备的数字化以及教学的个性化。

教学评价是教学过程设计中的基本要素之一，是教学过程中的重要一环，是衡量和提高教学质量的重要手段，它对整个教学过程起着诊断、调节、导向、监控、反馈和激励等重要作用。在课程和学习的资源获取上，信息技术极大地便利了外语学习资源的获取和开发，拓展的数字化课程资源也是外语教师进行有效教学的囊中法宝。

第一节　信息技术与学生有效外语学习

一、有效外语学习的要素

（一）践行有效学习理念

理念一　自主学习："要我学"变成"我要学"

随着互联网技术的发展，尤其是无线网络技术的逐渐成熟，学习变得随时随地化。各类英语学习网站、软件、APP的出现，使学生的自主学习成为可能。另外，信息和网络技术推倒了学校的"围墙"，学习变得随时随地随心，学习者可以接触到新颖、即时的学习内容，如收听英语国家广播电台，或是浏览读者文摘等网站，也可以看到图文并茂、地道的英语资料。此外，网络的时空交互性使得学习者可以把课本、课堂链接到异域文化的知识点，构建自己的网络学习空间来探讨学习的主题，演绎其逻辑性和顺序性，创建意义、类推、隐喻、归纳或者进行知识、文化的可视化和情景化信息转换。学生的学习主动性在信息技术的支持下，得到了空前的发展。这也就意味着在网络环境中，学习者的学习具有很大的机动性和随意性。换言之，学习者开始扮演主导者的角色，从过去的被动接受知识者转变为学习过程的积极参与者和知识的主动建构者。

理念二　问题为主导的探索式学习：发现问题到解决问题的良性循环

根据建构主义理论，知识是学生依据自身的认知经验主动地加以建构和利用的结果，问题意识的产生则是学习者进行知识建构的起点。在信息化教学的环境中，信息技术将作为学生问题解决的支持工具。信息化教学中最为常见的教学手段莫过于基于问题的学习（problem-based learning，简称PBL）。概括地说，PBL是把学习置于复杂的、有意义的和相对真实的问题情境中，通过让学习者以小组合作的形式在探究的过程中尝试解决复杂的、实际的、真实性的问题，并学习隐含于问题背后的科学知识（彭立，2008）。

理念三　交流合作意识的创生

学习处于丰富的社会情境中，它强调合作对意义建构的重要性。Bruner将教室理解为一种“文化共享”。他曾说：“我已愈来愈认识到多数情景中的学习是一种共同活动，一种对文化的共享。正是这一点使我不仅强调发明和发现，而且强调协商和合作的重要性。概括而言，是强调合作文化创造的重要性。”（布鲁纳，2001）信息技术环境使得每一位学习者都有机会接触到不尽相同的信息，交流合作则是实现信息共享的便捷条件。此外，建构主义认为学生的知识不是通过教师传授而获得的，而是在一定的社会文化背景下，借助教师和学习伙伴等人的帮助，利用必要的学习资料和手段，通过学习过程中的意义建构而获得。这一特性同样强调了交流合作在学生知识构建中的重要性。因此，学生应当树立良好的合作理念，并积极参与到“学习共同体”的建立中来。

理念四　信息素养的提升和能力的发展

多媒体的超文本特性与网络特性的结合，为学生信息的获取、分析和加工能力的培养营造了理想的环境。众所周知，因特网是世界上最大的知识库、资源库，它拥有巨大的信息资源，而且这些知识库和资源库都是按照符合人类联想思维特点的超文本结构组织起来的，因而特别适合学生进行“自主发现、自主探索”式的学习（李玲，2008）。焦建利教授曾写过一篇文章，论述“搜索就是学习”这个理念。网络时代下，学习的确离不开信息搜索。“有问题查搜索引擎”等，已经成为人们经常使用的方法。因此，自主获取知识和应用知识的能力恰恰是学生自主学习所必备的能力。然而网络搜索产生的大多是些零散的信息和知识碎片，只有通过系统的加工整理，才能成为个人知识体系的有机组成部分。因此，学习者需要具备获取、处理、生成、创造和发挥信息的能力，以及信息协作意识与能力、信息免疫能力。

理念五　批判性思维和创造力的构建

由于网络环境具有开放性、平等性、共享性、即时性、交互性和自由性的特点，学习者在发挥主动性、能动性和创造性的同时，也需要形成自己独特的见解和批判思维能力。学习者不再是机械地记忆信息，而是根据任务，学习如何获取和到哪里去采集信息，如何对所获取的信息进行分析、综合、评价、筛选和加工。创新是学习的最高目标。这里所说的创新分为两个层次，第一层次是对个人而言的，即学习的过程就是不断更新个人知识体系的过程；第二层次是对社会而言的，是指学习最终应该导致社会整体知识体系的更新。在学习中创新是指学习与创新应该同步进行，而不是彼此分离；两者的关系就像左右脚的关系，只有两者交互向前，人类才能前进；其次，对学习本身进行创新，包含学习理论、学习模式、学习策略、学习组织的创新等。为了实现创新，新建构主义主张学习应以"我"为主，即根据自己的兴趣和需要开展学习，建构个人化的知识体系（王竹立，2011）。

（二）教师享受教学过程（乐教）

"乐教"就是指教师在教育教学过程中，作为教育主导者的教师和作为学习主体的学生的一种情感体验，这种体验能促使教师和学生产生愉悦的心理状态。

首先，教师成为自身课程的主宰。随着信息技术的介入，教师不再是简单机械地"教教材"。传统教学中，课程是课程专家集中大规模开发的结果，其目的是实现课程的标准化、统一化。因此，它的弊端也就随之而出：无法掌握众多学校的具体需求和资源条件，并排除了学生的差异性和多样性。这就导致课程决策者和课程实施者之间缺少应有的沟通交流，使得最熟悉教材的教师几乎没有发言权。如今，信息化的课堂赋予了教师很大的主动权。课程不再被视为独立于教学之外的预设的知识体系。相反，当教师针对学生的需要、兴趣去组织和选择时，课程的结构将得到不断的调整和重构，使得课程总是处于"形成"（becoming）的路途中（Elliot，1991）。教师需要通过网络检索相关信息，最后构建出符合自身教学条件的材料。在这样的过程中，教师的思想得到了充分的发挥，更能享受到教学所带来的乐趣。

其次，新的师生关系促进教学相长。信息技术下的教师角色重新定位为学生的导师和协作者。在信息化的知识面前，师生都有着平等的获取手段。因此，课堂中，教师和学生能够进行平等对话。多尔曾说："教师不要求学生接受教师的权威；相反，教师要求学生延缓对这一权威的不信任，与教师共同参与探究，探究那些学生所正在体验的一切。

教师同意帮助学生理解所给建议的意义，乐于面对学生提出的质疑，帮助每个学生有效地学习。教师是学生的助手，和学生一起商讨学习的内容、方法以及要达到的目标，并与学生一起共同反思每个人所获得的心照不宣的理解。”（多尔，2000）网络环境下的师生关系更趋向于“弟子不必不如师，师不必贤于弟子”。学生在自主学习理念指导下，开始主动探索和拓宽学习领域，完全有理由超越教师，课堂教学的知识构建开始从“单行道”走向了“双行道”。这种信息的双向流动使得教学不再是一味地输出，而是输出与输入并存。教师感受到教学带来的挑战、乐趣以及进步，从而更加热爱教学，增加教学乐趣。

最后，在线教学共同体的建立加快教师专业化发展。网络环境下教师学习共同体是一个拥有共同愿景的教师个体（专家、骨干教师、同行）借助网络学习环境提供的必要支持条件所组成的学习团体（武俊学等，2006）。在这样一个网络教学共同体中，一手教学经验的深度共享、广域的情景交互（尤其是跨地域的学科教师间的交流）拓宽了教师的视域，使得教学不再是一个人的“独角戏”，而是一个“众人拾柴火焰高”的过程。教师感受到了自身存在的价值和意义，会更频繁地进行教育反思，从而更加热爱自己的教学，最终达到专业化发展。

（三）学生喜欢学习体验（乐学）

“乐学”强调学生的学习动机，被许多学者视为有效外语学习的“触发器”。学习动机影响着学习者能否主动参与学习活动、活动中投入的努力有多少、克服困难的信心等。外语学习的有效性首先体现在能否积极主动地参与外语学习活动，从而主动建构相关外语知识。

刘启珍、杨黎明从静态的认知因素角度把影响有效学习的内部因素分为学生的认知因素和非认知因素，其中后者包括学习态度和学习动机、人格特征、心理健康状态（刘启珍 等，2012）。鲍银霞（2005）从认知的动态过程来分析，认为有效学习的内部条件主要有两个方面：一是学生已有的知识准备和经验基础；二是学习者对学习内容有主动加工的心理倾向和实践活动（鲍银霞，2005）。心理倾向涉及学习的需要与兴趣、情感与态度、学习的动机等因素（布鲁纳，2001）。由此可见，以“乐学”为特征的学习动机是进行有效学习的必备要素。

“兴趣是最好的老师”这句话是古往今来人们一直信奉的真理。因此，在外语学习中，兴趣也扮演着重要角色。学生在“乐学”的驱动下，关注感兴趣的知识内容，主动参与学习活动，认真内化课堂知识，积极有效地将所学知识应用到实际中，这都是有效外语学习所必须经历的过程。

（四）学生综合语言运用能力提高

有效学习发生的内部条件主要涉及两个方面：一是学生对学习内容有主动加工的心理倾向和实践活动，二是学生具备现行学习所需要的知识准备和经验基础（布鲁纳，2001）。因此，有效学习发生的前提条件便是学生已有的知识储备量和认知水平。根据皮亚杰的认知理论，新知识的同化和顺应必须建立在旧知识、已有经验的基础上，通过新旧知识的相互联系、相互作用，学生对新知识进行深入理解和认知，并将其储存到长时记忆中，以便今后的学习。

而对外语学习者来说，已有的知识储备量和认知水平体现在综合语言运用能力上。学生的听、说、读、写能力组成了语言学习者的语言技能，并为之后的语言学习打下基础。当学生在学习新知识时，他们的综合语言运用能力越强，越能将新知识和已学知识进行联系、对比，从而更好地理解新知识，并能正确地在实际生活、学习中使用。通过有效的外语学习，学生能够在主动认知的基础上，积极内化语言知识，有效地将所学内容运用到实际中去，这就是有效学习的最终目的。

（五）学生超越学科界限，综合素质提高

迁移能力是学生认知过程必不可少的能力之一。超越学科界限，发展综合素质，这是所有学科教学的诉求。而有效外语学习的发生，也有赖于综合素质的提高。主动将外语知识与其他学科知识进行联系和认知，不仅有利于外语知识学习的深入，也有利于其他学科学习能力的提升。有效的外语学习，不仅应提升本学科的学习水平，更要帮助学生将所学的语言知识迁移到其他学科，即做到跨越学科。

学生的主动认知是产生有效学习的关键因素。任何知识、能力都必须经过学生自身的理解、吸收，才能形成自己头脑中的知识网络，再通过学生的亲身思考与实践，将所学知识真正储存到长时记忆中。因此，

学科教学中必须重视学生主动认知过程的发生。在外语学习中，学生的认知不会仅限于外语学科，因为学科知识是以网状形式相互联系的。因此，在鼓励学生进行有效外语学习之前，就应引导学生将不同学科知识积极地联系起来，最终达到有效学习的目的。

二、信息技术支撑下有效外语学习的条件

（一）发挥技术整合的优势

技术整合是现代教学的趋势，其核心是技术促进学习（全美教师教育学院协会创新与技术委员会，2011）。技术整合到课程中有着传统教学没有的优势。由于信息技术的发展和普及影响着人们的交流方式、生活方式和工作方式，社会对人才的需求随之发生改变，知识的处理方式也不同以往。因此，学习者的学习方式也需相应地调整，学习者的自主学习开始被关注，而技术能促进学习者的学习。

首先，技术能为语言学习创造真实的语言环境和文化环境。没有文化作为支撑，语言就没有意义。在中国，外语作为第二语言，缺乏真实的语言文化环境。而信息技术和互联网的发展弥补了这一缺陷，为学习者提供了真实的语言学习资料，创造了不同于现实世界但又和现实世界相像的虚拟世界，帮助学生了解西方国家的风俗、习惯和生活方式，了解所学语言的文化背景，从而提高语言学习的有效性。另外，语言学习还需要可以促进有效学习、自主学习的学习环境。技术整合的学习环境中的任务一般都是真实的，真实的环境能激发学生的个人潜力、责任意识和团队精神。

其次，技术提供了各种有力的学习工具，使学习内容更加直观、生动、新颖，学生学习兴趣增强，学习效率提高，促进学生的有意义学习。技术具体能提供的工具可以分为以下六类：效能工具、信息工具、情境工具、交流工具、认知工具和评价工具（见表4.1）。

表4.1 技术能提供的学习工具类型、其功能及例证（Jonassen et al.，1999）

种类	功能	例证
效能工具	提高学习效率，支持知识建构	文字处理软件、作图工具、数据处理工具等
信息工具	获取资源、探究知识，支持在建构中学习	各种搜索引擎、搜索工具、搜索策略和方法等
情境工具	创设情境，支持做中学	各种学习情境，如CBL、PBL、微世界等
交流工具	支持协作学习	各种同步和异步通信技术
认知工具	支持高阶学习，发展高阶思维	数据库、电子报表、语义网络工具、专家系统等
评价工具	记录学习过程，展示学习作品，促进反思	EPSS和电子学档（ELP）等

（二）超越时空的网络支持

传统教学中，课堂时间一般只有短短45分钟，教师必须在有限的时间里完成教学目标，并且学生与教师局限在学校教室中学习，空间受到限制。信息技术支撑下的外语学习不再受到时空的限制。根据时空交换原理（如图4.1所示），传统教学一般是沿着时间轴发展，或者沿着空间轴发展，受到时间空间的影响。沿着时间轴发展的学习是“因时而异”型学习，随着时间的变化而发生变化，学习者在学校的一天，不同时段学习不同的科目，或者随着年龄的增长学习者的学习目标、标准发生变化，终身学习是最典型的一种。沿着空间轴发展的是“因事而异”型学习，学习者的学习空间不同，学习的类型也不同，学习不拘于课堂，学校的正式学习和在线的非正式学习就是因为空间不同而有区别的学习种类（王继新 等，2012）。信息技术支撑下的外语学习超越时间和空间，可以在任何时间、任何地点学习，学习者的学习机会相对增多，并且学习者可以按照自己的爱好、需求和目标选择自己的学习方式和学习环境，是一种以学习者为中心、“因人而异”型学习。不同的学习者、不同的教学方式和学习方式，使学生的自主学习成为可能。

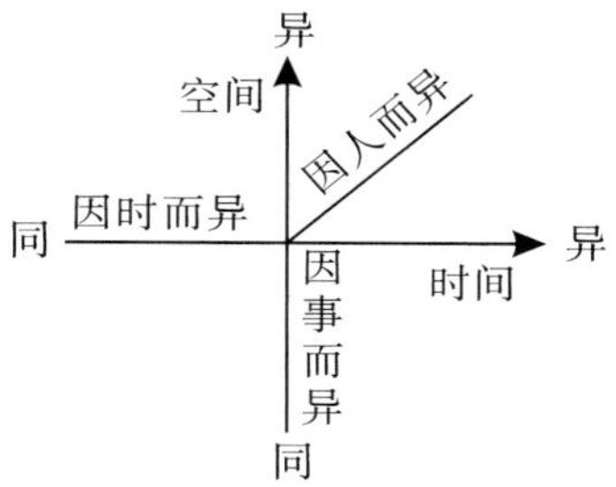

图 4.1 时空变换原理（王继新 等，2012）

（三）超越书本的学科视域

传统教学中学生的知识一般来源于教材，教师的教也是围绕着教学大纲和教材来进行，而教材需要依照教学大纲和课程大纲来编写，内容是预先设计好的，且容量有限。信息技术支持的学习可以超越书本，提供多样的资源，学习者可以根据自己的学习风格、学习兴趣和学习目标自主地选择相应的资源，比如多媒体教材、教学录音带、教学幻灯片、多媒体课件、教学微视频等。而且信息技术支持下的外语学习，学生的知识不是预先设定好的，学生可以根据自身特点进行选择性地学习，信息的传递是拖拉式的，学习者主动将所需的知识拖拉进来，进行重新建构，并转化成相应的能力。

信息技术支持下的外语学习是非线性的，学生可以根据自己的学习路径进行拖拉式信息获取（王继新 等，2012）。同时，信息技术支撑下的外语学习不再局限于某一学科，促进了学科之间内容、方式和方法之间的联系和互相迁移，比如数学的逻辑学知识可以运用到英语写作中，使文章更具逻辑性和说服力。另外，信息技术也为不同学科的学习者和研究者研究共同话题提供了平台，学习者能够超越学科聚焦在同一个问题上进行探讨、分析和解决。这正是书本无法带给学习者的体验和学习方式。

（四）超越教师的自主意识

传统教学以描述性知识为主要学习内容，教师是教学的掌控者和课堂的控制者，学生的学习水平评估也是以回顾知识为主。随着信息技术的不断发展，知识的处理方式发生了变化，描述性知识不再作为学习的核心，学生的语言综合运用能力成为学习的重点目标。在我国缺乏目标语真实语言环境的情况下，教师"填鸭式"的讲授会让学生失去表达、交流和合作的机会。因此，以信息技术为支撑的外语学习，教师一改传统教学角色，成为课程设计者、活动组织者和有效学习的支持者，通过鼓励学习者积极参与课堂活动，激励学习者主动学习来提高教学的有效性。

在信息技术数字化环境下，师生双方的角色都需要做调整，如图4.2所示。教师的角色是：①学习的支持者；②学习向导；③学习中的合作者；④进行课程设计和科学研究；⑤持续学习进取，寻求专业成长。学生的角色是：①信息探索者；②知识的构建者；③认知方法的练习者；④自身学习过程的管理者；⑤担任某些教学的职责（高利明 等，2005）。

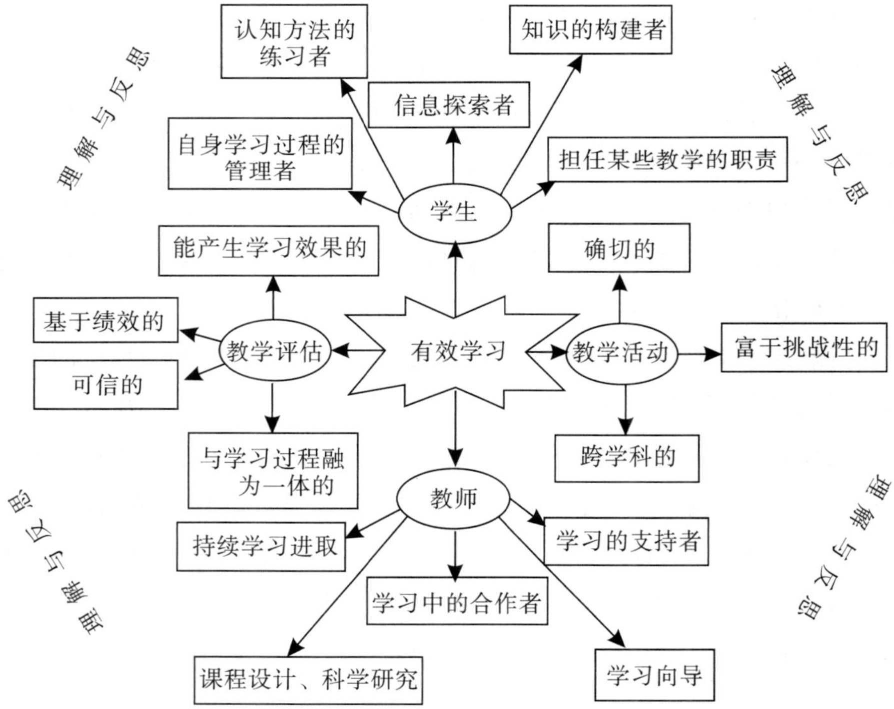

图4.2 技术支持下有效学习的特征与条件（高利明 等，2005）

从图4.2可以看出，在信息技术支持下，学习类型在转变，教师与学生之间的角色关系也在发生变化。教师更多的是学生学习的指引者和鼓励者。技术支持下的学习以学生为主，学生成为主动学习的管理者，自己制订学习目标，自主管理学习过程并进行反馈与反思。学生在信息技术的支持下可以从自己的实际出发，对自己所需的信息进行收集、分析和探索，活动高度自主化、个性化；同时，学生可以对所学到的知识主动建构，将新知识和旧知识有机地联系起来，使学习有意义地进行；并且学生还可以对其他学生的学习过程进行评估与反馈，提出合理的建议，提高其他学生的学习能力与自我交际能力。该学习过程中，教师培养了学生的自主意识，学生的自主意识得到不断强化，能自主地选择学习内容和学习方式，更好地利用信息资源和服务，从而在未来的学习、工作与生活中，在没有教师的协助下也能进行自主学习。

（五）超越自我的全面发展

自我超越是人的生存本性，通过自我否定而实现超越。人的自我超越就是人的自我创造，是个体对自己的不断认识，不断地理解与反思自己的学习过程，提升自己的能力努力去实现自己想要实现的理想（王继新 等，2012）。

首先，学生要对自己能否实现该行为做出判断，也就是“自我效能感”，即对自己能力的评估。班杜拉提出，人的行为受两个因素的影响：强化和期望。强化是结果因素，结果的成功有利于学生对自我进行正面的评价，从而激励下一个行为；另一个是期望因素，学生自身对进行该活动的能力期望会影响到学生的学习行为，当学生对自己的任务感到自信，那么该学生就有比较高的自我效能感，从而能激发学生的学习动机和兴趣，更好地完成学习任务。其次，学生在学习过程中需要进行反思和改进，通过实践对自身能力进行进一步了解，不断丰富自身的经历和反思能力，调整自己的心态和自我效能感，从而激发自己的创新潜能超越自我。信息技术的支持能帮助学生关注自身的发展，同时，给予平台让学生有学习的动力。

信息技术支持下的学习共同体就是其中一个能提高学生能力、激励学生突破自我和促进学生全面发展的平台。信息技术支持下的外语学习是随机通达式学习，学习者所学的学习内容不再是按部就班的，而是可以从任何一点进入自己想要学习的内容，能自由灵活地对学习内容进行选择，而学习共同体就是一种随机通达式学习（王继新 等，2012）。学习共同体就是有着共同兴趣爱好的人在同一个学习环境中交流、讨论和研究问题，共同分享观点，并为完成一个任务共同努力。学习共同体的核心思想不是在原地踏步，而是不断地寻找机会学习，不断地互相激励竞争。在这样的学习环境中，学生要时常反省自身的能力，不断地进步，主动地学习，才能跟其他人进行交流和互动，这就是学生的自我创造、突破和超越。同时，学习共同体的环境是开放的，任务是真实的，学生不仅要学习知识，更要将知识应用到对问题的决策和解决上，并学会如何学习。同时，在学习共同体中学生学习都需要交流沟通互动，学生的交际能力也在不断地提升，有助于学生的全面发展。

三、信息技术支撑下的个性化外语学习方式

信息技术的发展为学生的有效外语学习提供了极其便利的条件。以信息技术为依托的宽松多样的学习环境和丰富多彩的学习资源，使学生可以根据自己的想法和需要随时随地选取特定的学习内容，选择自己需要的学习资源，以适合自己的学习方式学习，掌握学习进度。信息技术环境下的个性化学习除了强调信息技术的个性化支持，还需尊重学生的个性差异，以学生的个性发展为目标（郑云翔，2014）。这种教育方法不会约束学生的个性发展，而是鼓励学生按照自己的学习兴趣选择适合自己的学习方式、内容以及时间和地点，促进学生各方面能力的综合发展。

此外，信息技术为学生提供了更加多样化的学习环境，学生不再局限于在教室听教师上课，而是可以通过各种移动终端，如平板电脑、智能手机等，进行学习；学生不需要携带沉重的课本，移动设备可以存储各类学习资源，如图片、视频、文本、录音等。形式丰富、内容宽泛、数量庞大并且获取来源多样化的学习资源也为学生个性化学习方式的产生提供了有力的支撑。此外，信息技术工作者和教育工作者开发了很多可供教师选择的备课、班级管理、评价反馈等各种应用软件，帮助教师更加有效地进行教学。

学习方式是指学生在完成学习任务时经常的或偏爱的基本行为和认知取向，它是学习者表现出来的学习策略和学习倾向的总和。基于信息技术的个性化学习方式主要有以下几种。

（一）基于智能移动终端的个性化学习

移动技术改变我们生活方式的同时，也对传统的教育教学方式产生了影响。校园网络的建设及移动化的推进是信息化技术改变校园的真实写照。移动技术的发展让手机、MP4、PDA、iPad等这些原本是用来娱乐或者通信的工具直接或者间接地应用于学习。这些便携式通信设备的普及，使移动学习成为一种新兴的学习方式。利用移动终端进行学习自主灵活，高效便利，可以实时交互且可获取的资源非常丰富。各种APP的诞生更让这些工具如虎添翼，如为练习英语口语而研发的英语趣配音，英语学习者可以随时随地选择自己喜欢的视频、歌曲等进行模仿、跟读，甚至秀出自己的配音，让学习不再枯燥。除了英语趣配音，有大量关于词汇练习、听力练习等APP可下载，供学习者针对自己的兴趣或者不足学习。因此，有学者把移动学习称为"中国外语学习的未来"（桂清扬，2003）。此外，还有许多微信公众号提供听、说、读、写、译等学习资源和方法，例如，听力类的VOA英语听力、口语类的开言英语、阅读类的英语美文阅读、写作类的英语写作在线等。学习者可以根据自己的学习需要有选择地关注公众号，通过定期浏览其推送的内容进行学习。

基于移动终端的学习方式具有明显的优势。以智能手机为例，首先，它具有合适的尺寸，方便携带，并且智能手机具有较高的分辨率，方便查看文本图片和精美的动画。此外，智能手机还可以播放音频和视频。当然，平板电脑也具有这些功能。智能手机和平板电脑还可以通过即时聊天软件实时分享学习资源，组成共同体进行讨论，实现交互式学习。沙普尔斯教授认为移动学习可以为人们学习第二语言提供支持，移动学习应用于语言学习的前景非常广阔。同时，他也指出，对于基础教育而言，基于移动终端的学习方式在外语中的应用非常典型并且获得了巨大的成功（魏雪峰 等，2014）。移动终端可以通过游戏等APP给予学习者更多练习外语的机会，其应用前景非常广阔。各种外语类应用软件和丰富的微信公众号提供的资源精美多样。

基于移动终端的个性化学习需要网络和智能设备的硬件支撑，如果是观看视频等非常耗费流量的学习内容，则需要在无线网络的环境下进行。另外，一般情况下，智能设备的存储空间有限，所以需要学习者下载合适的云存储应用程序来备份学习资料。

由于手持设备具有便携性、普适性等特点，很多专家学者都主张课堂上也可以融入以移动设备为基础的教学活动。王竹立教授总结了移动设备运用于课堂的十大用途，并称以互联网为依托的课堂最终将会颠覆传统课堂（王竹立 等，2015）。其实，基于智能终端移动设备的个性化学习已经渗透到校园之中，例如，成都七中的“未来课堂”，平板电脑取代学生的习题册，教师和学生的平板电脑都连接到统一的网络。在学生答题完成之后，平板电脑会自动收集学生的答案，并将答案和正确率传送至教师的电脑（中国教育装备网，2015）。还有安徽省合肥市第八中学，一堂普通的语文课上，学生们人手一台平板电脑，随着教师讲解完毕，学生们一边讨论一边用手指轻触平板电脑屏幕，同时把自己的感想录入其中，并将答案反馈给教师，接下来学生则用平板电脑与教师进行互动，师生间你一言我一语地开始讨论，看似“沉闷”的语文课堂顿时变得热闹起来（刘学，2014）。从以上两个学校的实践案例可以看出，平板电脑运用于课堂中已经不是一种设想，但如何把智能手机运用到课堂中还需要更深入地讨论和实践。学生们沉浸在以智能终端为辅助工具的个性化学习方式的同时，教师和家长们也担心此种学习方式会给学生带来负面影响，例如，移动设备的用途非常广泛，对于自制力弱的学生，很容易把精力和时间放在玩游戏上。而且移动设备上的资源丰富，如果没有教师的指导，学生对在线资源的挖掘只会是冰山一角。

（二）基于网络学习共同体的个性化学习

个性化学习处于丰富的社会情境中，它强调合作对意义建构的重要性。Bruner将教室理解为一种“文化共享”。他曾说：“我已愈来愈认识到多数情景中的学习是一种共同活动，一种对文化的共享。正是这一点使我不仅强调发明和发现，而且强调协商与合作的重要性。概括而言，是强调合作文化创造的重要性。”（布鲁纳，2001）虚拟学习共同体分为两类：一是依托软件架构的共同体，二是基于相关学习理论和社会学的视角（范玉凤 等，2013）。

近年来由于信息技术的迅速发展，很多学者在原有学习共同体概念的基础上不断创新，提出了依托软件架构的学习共同体。这些研究让人耳目一新，同时也顺应了技术发展的趋势。在“普适计算”（罗洁，2014）时代，信息技术已经无缝融入到我们的生活和学习中。“任何学习者可以随时随地地获得学习支持，并在正确的时间、以正确的方式、来做正确的事情。”（罗洁，2014）只要你愿意，知识不再遥不可及、高高在上，而是触手可得。知识的可获取性保证了学习者的及时学习和交互性，如British Council中的免费课程在提供英语学习的同时，其各种各样的在线研讨会可让学习者与其他学习者和专家一起同步交流，保证学习的有效性。这种联系，或者说在“与他人的交互”（Shapples，2015）中获得经验即是学习。学习者需要具备良好的合作理念，积极参与建立“学习共同体”。学习共同体可以是课堂，也可以是研讨会。这种以信息技术为依托的网络共同体学习将会成为个性化学习的主要模式。

以下我们所关注的学习共同体就是依托现成的软件，即微信和QQ，将学习者组合在一起的学习共同体。利用QQ组建QQ群学习共同体，利用微信组建微信群学习共同体。QQ群是指相识或者不相识的用户通过某一个人（可以是QQ群主，也可以是群内的某一成员）在QQ上组建的友好松散型的群体。微信群也是如此，且QQ群和微信群的成员一般都有着相同的目的和兴趣。这两种群体都可以进行文件分享、信息交互以及群体交流。QQ群中分享的文件有的可以永久保存，微信群上分享的文件通过下载收藏也可以做到这一点。目前，QQ群和微信群都支持多人视频通话，非常利于交流。目前，微信公众号中的学习资源非常丰富，群内成员可以随时分享有用的学习资源，这是微信群的一个优势。

实际上，学习共同体的适用范围很广，教师之间、学生之间、教师和学生之间都可以组建共同体。例如，图4.3是笔者本人所在的QQ群学习共同体截图。有的共同体里面既有教师也有学生，有的共同体里面只有学生。

图4.3 QQ群学习共同体（手机截图）

从上述图片可以看出，依托智能手机所组建的学习共同体，是以QQ和微信两种社交软件为渠道，共同体内的成员需要在自己的智能手机当中下载QQ和微信这两个软件，并注册QQ账号和微信账号，然后由发起人组建一个QQ群或者微信群形成学习共同体。笔者根据自己使用学习共同体的体验，大致总结了学习共同体的功能和优势。首先，在需要的时候可以通过这两种社交软件，随意组建学习共同体，比如有的学习共同体是为了交友、分享信息，有的共同体则是为了课程需要，还有的共同体是为了小组交流、讨论问题等。其次，学习共同体的组建可以起到一个激励带动作用。由于共同体内的成员属性多样，水平高低也不同，共同体内积极活跃的成员时不时地分享信息、资源，对其他成员来说是一种激励的暗示。而且，对中学生来说，使用智能手机可能难以抵制诱惑而进行与学习不相关的活动，这时就可以通过共同体内成员的交流帮助引导他们正确使用智能手机，带动其端正学习态度。再者，学习共同体是一个互相分享资源、发布消息通知的渠道。根据不同课程组建的共同体，可以分享不同课程的学习资源，如教师可以分享上课的课件，学生可以上传自己认为较为优质的相关课程学习资源。此外，学习共同体还可以发布课程消息的通知，如教师有事调课之后可以把调课时间通知给相关课程学习共同体内的所有成员，学生有事向教师请假这类情况也可以在群内告知教师。

学习共同体为学习者提供了一个讨论问题和解答疑惑的平台。共同体内的任何成员遇到有关学习生活的任何问题，都可以在共同体内寻求帮助。大家不必再另外寻找一个合适的地方，而是可以随时随地进行交流探讨，这对于身在不同城市的人来说，无疑是一个非常有效的学习渠道，既打破了时空的局限，也拉近了彼此的距离。另外，由于QQ群学习共同体和微信群学习共同体的聊天记录都可以保存，如果共同体内成员对某一观点理解得不是很清楚，则可以在讨论结束之后查看聊天记录进行回顾。最后，学习共同体的组建可以让每个学习者充分参与到学习活动中。学习者利用智能设备，自主地获取资源进行学习，可促使其以更加积极的姿态参与到学习当中，有利于其自身能力的发展。

信息技术为我们带来的基于智能手机的学习共同体的个性化学习方式，给我们的学习活动提供了很大的方便。由于这种学习共同体的学习方式已经有意识或者无意识地被学习者们运用于日常的学习活动中，所以我们应该以更加积极的姿态去正视它，充分挖掘其给学习者的学习活动带来的优势，让这种方式服务于各个阶段的教育当中。

（三）基于智慧课堂的个性化学习

让我们先来看一个案例：

4月1日上午第五节课，温州大学拜城实验高中高一（2）班学生兴致勃勃走进县教育信息中心微格教室，个个脸上按捺不住激动兴奋的神情。原来，温州市第二十二中学马上就要直播一节由外教Harjot Kataria执教的英语课。通过拜城县教育信息中心微格教室，这里的孩子可以同步学习，共享温州“智慧课堂”（高启强，2016）。

上面这则新闻告诉我们，智慧课堂是以信息技术为依托而构建的一种学生个性化学习的方式。《国家中长期教育改革和发展规划纲要（2010—2020）》指出：“信息技术对教育发展具有革命性的影响。”这意味着信息技术与学科教学的整合将更加密切，把信息技术融入各门学科教学应该成为每个学校的发展目标。智慧课堂的目的，就是在以信息技术为支撑的课堂中，进行智慧教育。我们可以看到，近年来国家对教育进行不断改革，也不断尝试把信息技术引入教学当中，但这种以信息技术为基础的教学创新要全面有效地实施还有一定的难度，所以以信息技术为基础的智慧课堂的构建非常重要。

智慧课堂以多种信息化学习工具和系统为基础，在智慧课堂中，教师通过信息化工具可以随时关注到学生的动态，了解学生对教师教学内容的反馈，通过对学生学习行为的记录，分析学生的学习特点。智慧课堂有助于因材施教，在智慧课堂中教师可以关注到每一个学生，针对每个学生的特点进行方法策略上的指导。智慧课堂的教学目的是让每一个学生都发自内心地想自主学习、获得知识，而不是在教师的敦促下“赶鸭子上架”式的学习。智慧课堂中的教学活动是智慧化的教学活动，教师所引导的每个教学步骤和活动都旨在培养学生的智慧，而不是单纯为了完成教学任务。总之，智慧课堂的总体目标应该是把学生培养成为一个具有创新思维并能自主学习的人。学生热爱这样的课堂，对这样的课堂充满激情。对教师来说，活动的设计、问题的提出、学生的组织、课堂的引导与互动显得尤为重要。

传统课堂中，教师在课前备课，学生自己预习；课中教师讲课并提出问题，学生听课并回答问题；课后学生写作业，教师批改作业。教师和学生除了课堂上的45分钟，其余时间几乎没有什么交流，这不利于信息的流通和教学的改进。而在智慧课堂中，学生可以通过智慧课堂的云平台下载学习资料，对课程内容进行预习并在线交流。教师备课完成之后，可以让学生在预习完成的情况下，提出问题并对容易点和难点进行梳理，学生与教师讨论交流之后，教师再对课件内容稍作修改，提高授课效率。在课中，智慧课堂可以通过判断课堂的实时环境，根据主体的学习需要，为学生和教师推送相应的教学和学习资源，调整课堂节奏，真正满足学生和教师的需求。课后，教师可以让学生进行个人反思，学生在个人反思的同时完成作业，并通过在线交流分享或者提出自己在学习中遇到的问题。从而实现真正意义上的互动式教学。

现在很多学校都在努力把智慧课堂真正地引进课堂教学之中，如前文提到的成都七中的未来课堂班，他们在课堂上以平板电脑为学习工具，借助“未来课堂客户端”和“未来课堂出题工具”等软件进行学习。在这种配置的基础上，课堂就可以以学习效果为导向，以高效学习为追求，能实时呈现课堂教学效果，教师可以实时了解教学情况，学生也可以实时了解知识掌握程度，有的放矢，扬长补短。在这个“未来课堂”系统下有几个子系统，如数据交换、处理子系统、课堂教学子系统、云端子系统、多媒体呈现子系统和教师备课子系统，这些系统和资源共同为整个课堂服务。教师可以通过这个系统向学生传送课件资料和习题，在学生答题完成之后，平板电脑会自动收集学生的答案，并将答案和正确率传送至教师的电脑，教师就可以分析学生的答题情况，从而调整自己的教学。这样的教学方式能让教育在更大程度上满足学生个性化学习和个性化发展的需要，实现课堂“即时”的学情采集，个人学习记录也能实时保存，互动式课堂让授课更具规划性，而且还能提供多样的学习方法和教学资源（中国教育装备网，2015）。此外，2015年1月在蚌埠二中举行的“蚌埠首届智慧课堂观摩研讨会”上，蚌埠第二实验学校开展了一节基于智慧课堂信息化平台的教学实践课。该堂课利用信息技术的优势，使学生课前学习微课，课堂上根据学生的认知特点，创设“金字塔闯关”的游戏情境，并进行实时测评和资源推送，结合任务驱动教学法展开深入的探究活动（孙曙辉 等，2015）。这两个例子都是对于智慧课堂的探究实践。

构建智慧课堂是信息技术发展的必然结果，是学生的必然选择。尽管智慧课堂的建构依然面临一些困难，但我们依然能看到部分学校在这方面已经做出了一定的成效，这种新的学习方式让学生充分参与其中，以积极主动的姿态获取学习内容。以信息技术为依托的智慧课堂必然是学生个性化学习的重要组成部分。

第二节　信息技术与教师有效课程教学

一、有效教学的整合设计案例——Fink 模式

（一）课程整合设计（integrated course design）模式简介

为实现学生的有效学习，教学活动的目标不再是以教师要教授的内容为核心，而是以学生要学的内容为核心。那么，教师不仅要有心理准备，而且要有实际行动，对课程进行合理的设计调整。课程设计提供的框架能帮助教师更好地整合课程与技术，并提前设想课程教学过程中可能碰到的问题及提供相应的措施。在此，我们推荐了 L. Dee Fink 的课程整合设计模式，图 4. 4 是 Fink 提出的综合性课程设计框架。

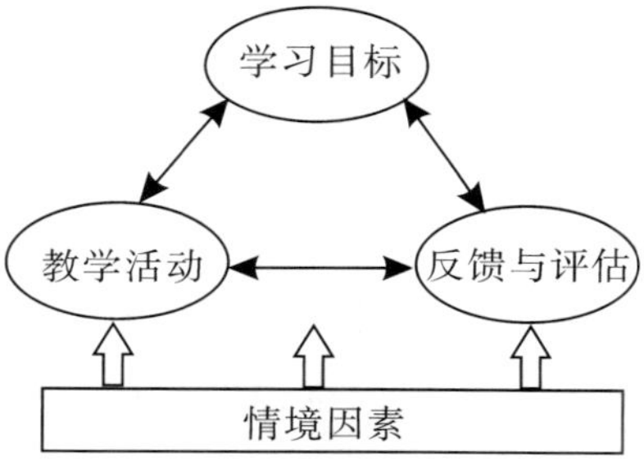

图 4. 4　Fink 的综合性课程设计框架（芬克，2006）

情境因素、学习目标、反馈与评估和教学活动是课程整合设计的关键因素。其中，情境因素是课程整合设计过程中需要收集的信息，是决定学习目标、反馈与评估和教学活动必须考虑的因素。而学习目标、反馈与评估和教学活动三个因素相互支持和相互作用。课程整合设计首先考虑情境因素，深入分析该课程重要的情境因素，包括课程性质、班级情况、授课方式、教师特点、学习者特点等；其次，在此基础上分析学习目标，确定对学生有价值的内容或者有利于终身学习的内容，而不再局限于教师能教什么，通过实现以学生为中心的教学，达到教师的有效教学；接着，设计反馈与评估来检测学生是否达到学习目标，采取的反馈与评估的形式非常重要，不能以考试为唯一标准，而应使用教育性评

估；再者，为了能达到学习目标实现反馈与评估活动，教师需设计合理的教学活动，考虑学生应在课程中做什么才能完成学习目标，完成反馈与评估活动；最后，再将各个因素进行深入分析，分析各个因素是否相互联系、相互作用。

下面具体分析其中三个因素的设计：学习目标设计、反馈与评估和教学活动设计。

1. Fink模式的学习目标设计

首先，设计学习目标需清楚地知道学习的种类，教学需要帮助学生完成哪一种有效学习，从而更好地设计学习目标。Fink分析了布鲁姆对新学习需求的局限性，认为布鲁姆的教育目标分类法没有包括一些社会和学生的需求，如学会学习、人文情感等方面的内容。因此，Fink超越了布鲁姆的认知领域分类法，提出了另一个有效学习分类法（如图4.5所示）。

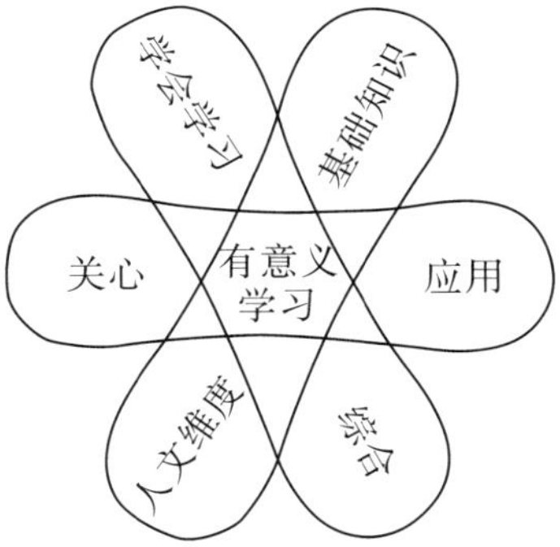

图4.5 有效学习结构图（Fink，2003）

其中图4.5中的六类学习方式没有层次性，是相互联系、相互促进的，任何一种学习的实现都能使另一种学习得到加强或者使另一种学习的实现成为可能。

（1）基础知识

基础知识与传统教育中所传授的知识类似，为学生理解和实现其他种类的学习提供理论基础和理解基础，比如学习语言中关联词表达方式能帮助学生加强写作中内容的一致性和语言的地道性。然而，这里的基础知识不是简单的事实堆积，而是概念性的结构，即知识之间相互联系，结构具有逻辑性，因此，学生需要深入理解课程的概念性应用。

（2）应用

学生将所学的理论知识付诸实践，这是教学的一个重要的目标，学生所学的基础知识不再是事实和理论，而是可以为实践提供方向。其中Fink认为应用包括技能、复杂项目的管理和思维能力三个方面的培养：技能是生活中或从事某一活动所需的能力，比如口头交流；复杂项目的管理是对某一个项目各项任务的组织协调管理能力，比如一次成功的演讲；思维能力根据Robert Sternberg的三要素细分成批判性思维、创造性思维和实践性思维，批判性思维是学生具有分析评价某事物的能力，创造性思维是学生可以突破思维定势，找到新的方式和方法，实践性思维是学生对实际问题的解决能力。

（3）综合

就是理解不同事物之间的关系，从而将不同观点、不同性质的事物联系起来。其中跨学科学习是学生最熟悉的一种综合学习，不同学科的知识有着共性和相互促进的作用，学生可以将某一学科的方法运用到另一学科上，或者不同学科的学习者运用自己学科的理论和方法对共同的问题进行分析和解决。在数字化时代下，另一种综合学习形式——学习共同体被广泛关注，即为不同的、有着共同兴趣的人构建一个共同的学习交流研究平台。

（4）人文维度

学生深入认识有效学习与自我和他人之间的关系。对自身的了解有助于学生自信地完成任务并对自己的努力给予肯定。了解自我与他人之间的关系能促进与他人的交际互动，从而达到更有效的学习。

（5）关心

学生对自己所学的内容、技能和所接触的人有了兴趣和好奇心，就会有动力去主动学习。学生将所学的东西作为焦点，集中注意力可以使学习事半功倍。比如，学习者认为自己有潜力在这次演讲中表现得出色，那么，该学习者便会主动去学习演讲所需要的技巧、更能引起共鸣的语言表达方式和演讲姿态。

（6）学会学习

学生通过该课程能在未来的学习生活中继续学习，这是终身学习的通行证，是信息时代的门票。信息时代更需要能快速找到对自己有用的信息并进而思考的人，学会学习在其中起到重要的作用。Fink将这类学习总结成三种含义：学会做一个更好的学生，学会如何获得和构建知识，以及学会自主学习。

在信息数字化时代，学生需采用多种学习方式，并合理使用，不再是仅仅关注和记忆学习内容。教师在进行课程设计前需要考虑该课程在上述六种学习方式中所能达到的具体目标，以及学生在该课程中能学到的东西。在设计学习目标的时候，要尽可能地涵盖多种学习类型并且实现学生的有效学习。

2. Fink模式的反馈与评估

考试从一定程度上来说是客观的、严密的，标准是易于掌握的，但是，仅用考试来衡量学生的学习能力值得深思。在有限的时间里，一两次考试无法全面地反映一个人的能力，甚至使有潜力的学生屈于考试制度，最终开始应试学习，学习过程会变得枯燥乏味。

Fink对维根斯（Wiggins，1998）提出的认证性评估和教育性评估做了分析和研究，考试就是其中一种认证性评估，它主要是回顾学生所学和检验学生对所学的掌握情况。现在的教学注重的是有效教学，关注学生的学习过程和学习经历，而不仅仅是结果。教育性评估给教师和学生提供了一个评估学习过程的评估模式，并且，教育性评估不局限于教师的评估，学生可以进行自我评估和同学互评等，帮助学生更深入、更有效地学习。

图4.6展示的是Fink对教育性评估模式的展示，分成两部分活动：课程学习中的活动和课程结束后的活动，前者涉及的是课程中需要进行的评估活动，后者是课程结束后，学生将所学的评估方式运用到生活、工作和未来学习中的评估活动。其中方框中的内容指的是教育性评估的三个要素：前瞻性评估、自我评估和忠实反馈。另外还有一个要素是目标和标准，这里没有列出来，但却是至关重要的。

评估和反馈的进行需要有一个清晰、合理的目标和标准，可以用来区分和衡量学生学习的掌握程度和表现。同时，学生自身也需要对目标和标准进行深入地理解，更好地指导自己学习，对自己的学习进行评估，不断改进，从而达到学习目标。另外，评估的目标和标准可以让学生自己规定，学生可以根据课程的性质、自身需要和可以用到的资源发散思维，列出需要达到的目标和标准，并且在实践中试验并完善。这能让学生体验到目标和标准的制订过程，而自我制订的目标和标准更能激发学生对目标的追求和面对失败的勇气。

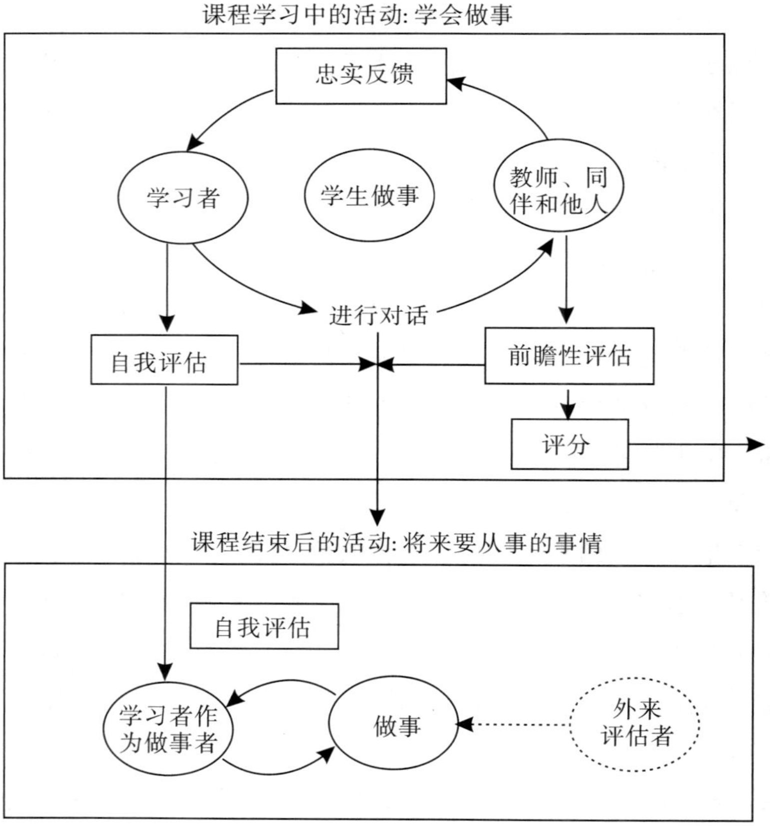

图4.6 教育性评估（芬克，2006）

前瞻性评估有别于回顾性评估，回顾性评估是考查学生对学习内容的理解和掌握程度，而前瞻性评估是学生对所学内容能在未来实践中起到的作用的评估，比如，学生学习跨文化交际知识可以与外国人更好地相处。这与情境结合起来，学生需要考虑所学知识在实际生活中的运用。前瞻性评估让学生在真实情境中接受真实的任务，从而更有效地解决实际问题。

同时，在课堂活动中，学生需要一个忠实反馈，这个反馈是经常性的。学校凭借一次期中考试和期末考试来评价学生的学习能力是远远不够的，至少每个星期都要评价和反馈。反馈是即时的，学生在进行某一项活动时，教师、同学和学生自己就学习情况和表现进行及时评价和反馈，这样学生才会对自己的反馈有更深刻的印象和反思。反馈还要有区分度，根据之前制订的目标和标准，学生能对自己的表现进行对照，明白优秀和欠优秀的区别，学生还可以通过同伴和教师的评估和反馈看到自己的不足，从而完善自我。另外，反馈是以爱为基础表达出来的，初衷是让该学生能更有效地学习，成为一个更好的学生，朝着更高的目标发展，所以提出的反馈一般会考虑学生的各个方面，便于学生理解和接受。

这种反馈有别于传统的评估，不以分数为结果，而是为了提高学生的学习能力而提供相关建议和观点，因此，学生更乐意接受而且不会有很大的压力。从图4.6可以看出，反馈是以对话的形式进行的，学习者和反馈者需要进行互动活动，通过QQ、论坛等交流平台或者面对面进行对话，学习者对反馈进行理解，有疑问的地方跟反馈者进行交流和沟通。通过对话形式的反馈交流，学生对反馈会有更全面的理解，教师和同伴也会更了解学生。在此过程中，学生的学习能力能够不断提升，因此反馈需要有反馈者和被反馈者之间的互动。

教育性评估最大的特点是学生的自我评估，目的是培养学生的自我评估能力，在未来的学习、工作和生活中实现对自我的正确评估，促进自己的进步。学生的自我评估能力也是该环节的重要组成部分，可以与教师、同伴的评估和反馈进行对比，并通过对话，进行再次评估和反馈，当两者的评估和反馈相差不多时，学生便有了自我评估的潜力。因此，教学过程中，学生的自我评估是必不可少的部分。

（二）Fink 的教学活动设计

在Bonwell和Eison（1991）提出的主动学习的框架基础上，Fink提出了一个全面的主动学习观，认为主动学习涉及三个要素：获取信息和观点、经历、反思。图4.7展示了三者的关系及其特点。

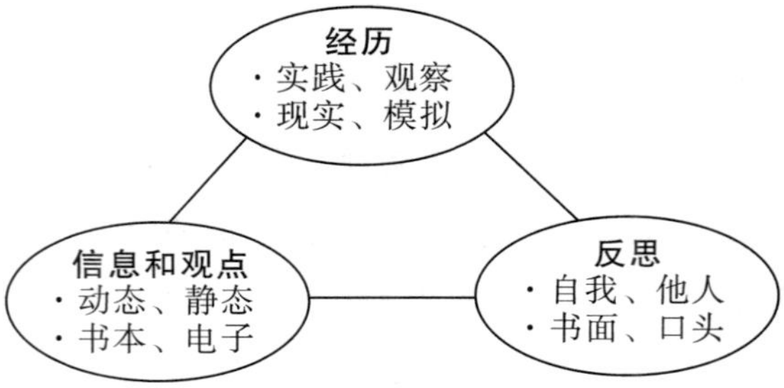

图4.7 主动学习三要素

信息和观点的获取是传统教学中一直关注的，但是教科书的内容往往并非最新的，尤其是语言学习的教科书。而在信息技术时代，教师可以提供与教学主题相关的阅读资料和视频资料，让学生进行提前阅读补充。不过教师也提出担忧，学生几乎不会去提前阅读。这需要教师根据该阅读材料和视频资料的内容设计几个小问题，并且设置的主题是学生感兴趣的，让学生在内驱动力和外驱动力的带动下主动学习。另外，教师可以提供相关信息的链接或让学生利用搜索引擎查找自己需要的有关主题的信息。

经历是“做”的经历，学生通过实践、观察获得有价值的东西，能更深入直观地理解所学知识、策略和方法等。不过，由于实践的风险性、时间的限制性和实地实践的复杂性等，实地现场的实践一般较少发生。而模拟的实践经历可以替代现实的经历，比如角色扮演、个案研究、模拟等。“做”的经历是学生主动学习非常重要的过程，学生将在实践过程中学到相关知识，并通过实践和检验从而加深对知识的理解。

经历结束后，学生的主动学习并不算结束。反思是其主动学习的关键步骤，学生需要反思自己正在学习什么，应该学习什么，还需要学习什么。该过程不是在脑海中回顾，而是需要以反思日志、学习档案或者写作等方式进行呈现。这种反馈形式让学生学会如何自主地评估自己的学习，同时教师和同伴给予及时有效的反馈。通过自主评估和他人评估的比较，学生可加强自我评估能力。表4.2是能促进主动学习的具体活动。

表4.2　促进主动学习的活动

方式	获取信息和观点	经历		反思（学什么和怎么学）
		实践	观察	
直接	原始数据 原始资料	真实情景下的实践	直接观察现象	课堂讨论 学期论文 就学习过程进行深入反思性对话和写作
间接和替代	二手数据和资料 讲解，课本	个案研究 模拟 角色扮演	故事（可以通过电影、文献、口述记录获取）	
远程学习（网络课程、互动视频、函授课程）	课程网址 国际互联网 视频讲座 印刷材料	教师可以让学生进行"直接经历"…… 学生可以远程或者在线参与各种间接经历		学生可以录入自己的反思过程，如果他们愿意，可以通过文字、电视或者网络形式与他人分享

课程整合技术有利于学生的主动学习、教师的角色转换和新的学习环境的创造。结合Fink的课程整合设计模式和全面的主动学习观，进而提出课程整合技术框架，如图4.8所示。

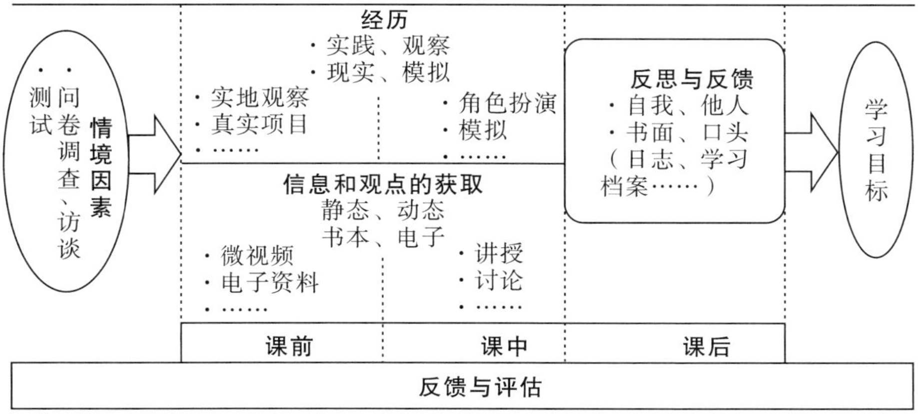

图4.8　课程整合技术框架

教师用问卷调查、访谈等方法调查学习者的特点和需求，用前期测试了解学生的水平以及长处，再结合课程性质分析合理的授课方式、可能遇到的挑战，这将决定课程的设计、学习目标的制订、评估的设计及教学活动的选择和实施。课程确定下来后，教师考虑主动学习的三个因素进行课堂教学。

课前，学生需要收集有关主题的信息和观点，可以直接从教材中获取，得到总结性的、描述性的知识，或者直接观看教师提供的短小精炼、直入主题的教学微视频，或者阅读电子资料，了解主题的背景文化知识，或者搜索电脑，寻找相关信息。同时，学生可以通过电子邮件、论坛、聊天软件、学习平台等与同学和教师交流观点，解决疑难问题，完成教师提前设置的问题等。另外，对于强调学生经历的课程，学生也可以在课前进行实地观察和参与真实项目。

课中，教师对主要问题进行集中讲授，而简单的问题可以通过教学平台直接回答，也可以个别指导。因为教师集中讲授的是学生最为困惑的地方，所以能成功地吸引学生的注意力，促进学生积极思考。当然，学生也可以根据教师所讲的内容再提出问题。接着，教师通过教学平台传送练习或者通过纸质练习检测学生所学内容，学生可以自行完成、讨论或向教师请教，这个过程可以增加学生对知识的熟悉度和增强对该知识的运用能力。学生通过角色扮演、模拟、课堂讨论、小组竞赛等方式来经历学习的过程，实现所学内容的运用，激发学生的兴趣和思辨能力，提高学生的合作能力和交互能力。这个过程可以在教室里进行，也可以通过信息技术提供的虚拟环境来实现，教师可以选择性地使用。

课后，学生进行深刻地反思性记录和评估，学生可以通过日志、学习档案等方式记录学习的过程、遇到的问题以及需要改进的地方。学生在这个过程中与他人、教师进行分享讨论，进行有效反思。

在整个过程中，反馈与评估始终贯穿于课前、课中、课后，教师和同学间的反馈都是有参照标准的、及时的、互动的。①反馈是有标准的，教学活动实施前教师需提供一个统一的标准，教师和学生都按该标准进行评估；②反馈是及时的，在学生的整个学习过程中，教师不断地提供帮助和反馈，学生之间也时常进行互评，让学生在学习过程中及时意识到是否偏离方向并及时调整；③反馈是互动的，需要得到被反馈者的反应，即反馈者和被反馈者之间需要进行互动，做到两者之间相互理解，并让被反馈者更好地达到学习目标。

二、交互式电子白板技术的课堂应用

信息技术的快速发展，使得课堂教学不断变革。黑板，这个曾经被视为课堂不可或缺的因素，如今已远远不能满足课堂教学的需求。大屏幕投影因缺乏教师与学生、学生与学生之间的互动，在课堂教学中存在很多不足。而交互式电子白板（interactive whiteboard，简称IWB），因其特有的互动性，成为替代黑板和大屏幕投影的理想的数字化教学设备。

（一）IWB简介

IWB，又称为互动白板或交互白板，是一种具有人机交互功能的电子设备，以计算机为基础，包括电子白板、电子笔和各类配套的软件。根据IWB的定位测试技术，可以将其分为电磁感应式、电阻压感式、红外式、超声波式、CCD等几种类型。目前，IWB应用于众多领域，主要是各中小学、大中专院校的课堂教学，同时还在远程会议、电子商务、职业培训、媒体展示等方面起着不可替代的作用。

在实际安装中，IWB包括一系列设备：电子白板、电子白板笔、计算机和投影仪，如图4.9所示。电子白板既可用来呈现教师课前准备的课件内容，也可以通过互联网、应用软件等实时呈现课堂所学资源；电子白板笔的功能是操作白板上的元素，放大、缩小、拖动、书写、画图等操作都能通过电子白板笔实现，有时还能用手指替代电子白板笔进行操作；计算机作为基础设备，可以为电子白板的使用提供资源库和展示平台，教师通过操作计算机呈现白板上的内容；投影仪的功能不言而喻，即通过它能够将计算机上的画面实时投影到电子白板上，供学生观看、学习，也可以通过实物投影，呈现实验过程、学生作业等。

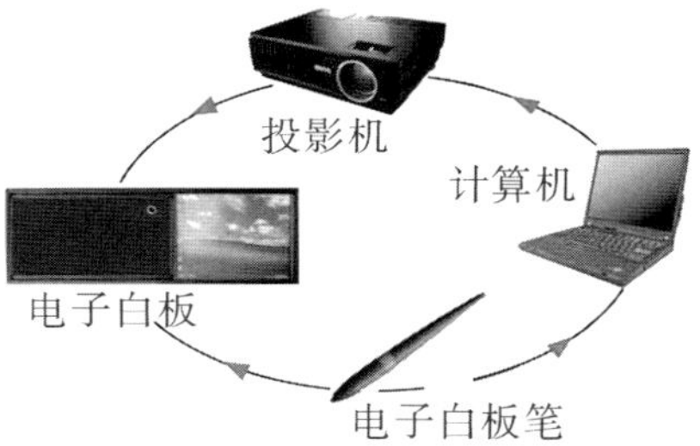

图4.9 互动式电子白板组成部分

在功能上，IWB既综合了传统黑板和投影仪的功能，同时还在计算机的辅助下，拥有其特殊的功能。与普通的黑板相比，教师可以轻松实现课堂内容的书写、批注、画图等功能，同时IWB还具有其他强大的功能：能改变电子笔书写的颜色、粗细；能任意移动文件、文字、图片的位置；能将白板上的板书存储到计算机，可转换格式进行发送和打印，便于学生课后的复习与理解。与单一的投影仪相比，教师不仅可以在IWB上呈现事先准备好的多媒体资源，还可以根据课程需要，随时调用系统兼容的网络资源、软件信息，丰富课堂讲授的内容。此外，IWB改变了投影仪只能“照本宣科”的缺点，增加了教师与学生、学生与学生之间的互动，不仅调动了学生学习的积极性，还活跃了课堂氛围，促进全班学生一起关注课堂内容。

表4.3对IWB与传统黑板、投影仪之间的异同进行了比较，读者可以清晰地发现这三者之间的差别，以及IWB的优越之处。

表4.3 IWB与传统黑板、投影仪的比较分析

类别	呈现教学内容	处理教学内容	师生互动	资金投入	保存板书
传统黑板	只能呈现教师实时讲授的内容	根据授课内容，用粉笔和黑板擦进行书写和修改	好，师生都可在黑板上展示自己想表达的内容	低	只能在本堂课中保存，擦去后无法恢复
投影仪	能呈现各种多媒体资源，包括PPT、WORD文档等	只有呈现功能，无法对其进行修改，教师只能照本宣科，缺乏互动性	差，只有教师的展示和学生的观看，缺乏教师与学生的互动	较高	无法保存
IWB	不仅能呈现实时授课的内容，还能展示各种多媒体资源	不仅具有呈现功能，还能对呈现的内容进行修改和标注，并能实时保存	好，师生互动形式多样	较高	可以保存，并能根据需要转换格式，进行发送或打印

（二）IWB与课堂教学方法

IWB作为黑板的替代设备，真的只是简单的替代品吗？课堂教学中引入交互式电子白板，对教学有何影响？这是我们首先要解决的疑问。通过对美国教育资源信息中心（Education Resources Information Center，简称ERIC）数据库的文献进行分析，可以发现IWB对教学的影响主要有以下六个方面：

1. 成为教师的好帮手，增强教学效果

在传统的黑板加投影仪的课堂，教师只能通过呈现事先准备好的课件和实时的板书，对学生进行知识传授，学生只是作为知识的被动接受者，少有积极主动的学习行为。即使掌握了该知识，也只是从视觉形式出发，经过学生自己努力建构，才能习得新知识。因此，这种课堂缺乏学生积极主动的行为，课堂也就变得压抑、死板。而互动式电子白板的加入，不仅通过电子笔的颜色、粗细等变化功能增强了板书的效果，同时也增加了师生之间的互动，IWB作为教师的好帮手提升了课堂教学的效果。这样的课堂能够使学生由被动学习转变为主动学习，学习过程也不仅停留在听和看，而是通过亲身体验更好地吸收、转化知识，促进对知识的理解和应用。

2. 活跃课堂气氛，交互性特征凸显

电子白板与黑板相比的优越之处在于其“交互性”。课堂中，学生成为了主动学习者，他们积极、活跃地加入教师组织的各项活动，他们乐于参与任何活动并在快乐学习中分享自己的观点。此时，学生对课堂有了一定的归属感，已融为集体的一份子，与教师互动，与同学交流，活跃的课堂气氛不仅使得枯燥的学习课堂变为有趣的知识乐园，而且平时难懂的知识也变得轻松易懂。比如，在英语课堂中，借助网上英语小游戏，学生们可以在交互式电子白板上通过游戏的形式获得英语知识，教师也能及时地引导、鼓励学生；通过交互式电子白板有效地利用网络资源，快速获取与本节课相关的文字、图片、视频、音频等教学资源，以多感官形式提高学生学习的积极性，增加学生与教师的互动、与同伴的交流，使课堂真正成为学生们自己主导的学习之地。

3. 增强学生的课堂融合度

交互式电子白板的交互特性，能够有效活跃课堂气氛，从而增强学生的学习动机，使他们乐于参与到教师传授知识的过程中来。此外，积极的课堂气氛，也能吸引学生的注意力，并能持久地将注意力保持在课堂之中，学生对课堂活动的参与度大大提高。积极的学习动机、极高的课堂参与度，都是学生同化、顺应知识必不可少的因素。

4. 促进旧知识的复现和新知识的建构

交互式电子白板的呈现功能、网络资源和软件应用的实时利用能力，能为学生提供多方面的知识建构方式。一首欢快的英语字母歌曲能让学生轻松回忆起字母的发音和写法，一幅展现二战战场硝烟的图片能使学生深刻感受到当时士兵和人民的无助……多样的呈现方式，不仅促进了学生回忆旧知识的过程，同时也减少了对新知识理解的负担。因其直观性、体验性等特点，学生的知识建构能力大大增强，新旧知识的联系与整合能力也得到有效提高。

5. 提高学生的知识掌握水平

IWB利用其多样功能，不仅可以为师生提供书写、画图的工具，也能为他们提供平等交流的环境，以创造性的方式开展教师与学生、学生与学生之间思想、心灵的对话，共同分享彼此的想法与心得，让学生在平等的环境下，自然地接受教师传授的知识，改变了以往“拒绝”学习的不利倾向。此外，IWB的良好呈现功能和资源利用整合能力，可以满足不同水平、不同学习风格和不同学习需求的学生，进而提高他们对知识的理解能力和掌握水平。

6. 使抽象知识易于理解

正如上文所提到的，IWB能为学生提供多元化的视觉呈现效果，比如复杂的句型知识通过动画演示可以变得有趣易懂，从而使学生对复杂、抽象的知识进行多重建构，促进他们对知识的理解。此外，IWB还能为学生提供亲身体验的机会，直接在白板上应用和操作所学知识，让他们在亲自动手中真正体验到学习的快乐，从而真正参与到课堂学习中来。

从上述六个方面的影响可以看出，IWB并不只是简单的黑板替代品，它以独有的功能和特征，对课堂教学产生了不可忽视的影响。那么，IWB是否对课堂教学方法有影响呢？会彻底改变教师教学方法吗？

在以语言传递信息为主的方法中，虽然以教师与学生的口头交流为主，但IWB能通过图片、视频等学生感兴趣的方式，激发他们的学习动机，从而提高交流的参与度。在以直接感知为主的方法中，IWB的应用不言而喻，丰富的网络、软件应用资源能为教师提高海量感知内容，让演示变得不枯燥，使学生真正参与到演示和参观中来，成为学习的主人。以实际训练为主的方法虽然强调学生的“练”，但是学生通过在IWB上亲身展示训练的成果，或是直接对交互式电子白板上提供的刺激做出反应，不仅能提高训练的效果，而且能提高学生思维的水平。以欣赏活动为主的教学方法可以利用IWB的丰富资源，为学生提供“陶冶”的蓝本，不再只是围绕单调的教室环境布置。教师若采用以引导探究为主的方法，那么IWB可以成为得力助手。

虽然IWB对教学和课堂教学方法具有深远的影响，但值得我们注意的是，IWB并不能彻底改变教师的教学方法。吴筱萌（2011）在《交互式电子白板课堂教学应用研究》一文中指出：“教学方法的改变并不取决于技术，而是取决于教师对于教学的理解以及对于新技术的教学潜力的认知。”

（三）IWB与课堂交互性

在传统的课堂中，交互主要发生在教师与学生、学生与学生、学生与黑板之间。随着计算机和投影仪的加入，又增加了教师与投影仪之间的互动，而学生与知识之间的交互则是间接性的。当交互式电子白板进入课堂后，交互关系体现在四层关系上，即教师与白板、学生与白板、教师与学生、学生与学生。如图4.10所示。

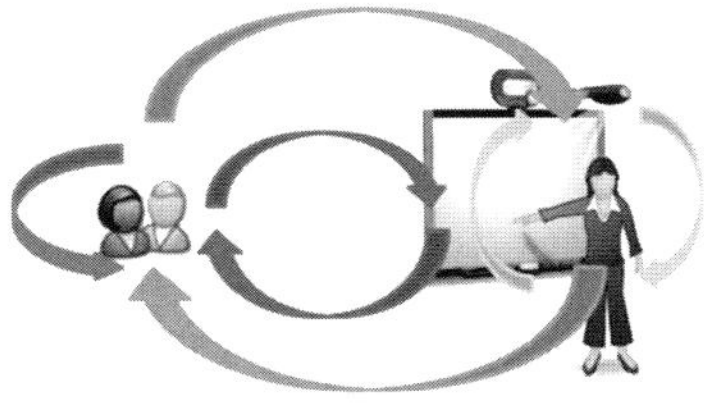

图4.10　教师、学生、互动式电子白板的互动关系（鲍贤清，2009）

除了明确课堂中发生的互动关系，我们还必须明确课堂中白板的交互类型。Moss和Jewitt等（2007）[40]将课堂中使用白板的交互分为技术交互（technical interactivity）、物理交互（physical interactivity）、概念交互

(conceptual interactivity) 三类。技术交互类型，顾名思义是指将进行交互的重点放在利用交互式电子白板的各项有用功能上；物理交互类型中，互动主要发生在学生与白板之间，让学生亲身体验、亲自操作电子白板上的内容；而概念交互是指学生与教师传授的知识进行互动、建构，最终理解、内化知识概念。

从交互各类型的特点可以看出，这三个类型的交互性是不断提升的。技术交互只是实现了IWB的显示功能，更多地强调其呈现能力以及更多地解决了教师“教”的问题，学生通过听和看被动地接受知识，依然限制于传统教学方式上，师生之间、学生与学生之间的交互依然没有得到发挥。而在物理交互类型中，虽然学生获得了亲自操作电子白板的机会，亲自体验到白板的各项特殊功能，一定程度上促进了学生对知识的理解和记忆，但互动仅仅发生于学生与白板之间，而不是学生与教师传授的知识之间的互动，因此，此类型的交互对学生理解、掌握知识的帮助并不大。现如今，人们对IWB的使用，仅仅停留在物理交互类型上，也就高估了IWB对学生的作用。Moss等（2007）认为，“概念性的交互是最有价值的交互”，因为概念交互有利于深层学习的发生和高阶思维的发展。在具有概念交互的课堂中，交互式电子白板不是以单一的呈现功能辅助教师，而是通过呈现的内容，鼓励教师与学生之间、学生与传授的知识之间进行对话，学生个人、小组、团队通过开放性的讨论创造性地探索、发现、解决问题，并在电子白板上展示各自探索的成果，最终达到掌握、应用知识的目的。此类型中，学生不再如传统课堂那样被动地学习、机械地记录笔记，而是以提问、对话的形式，通过发挥白板的动态展示、有效引导、知识共享的作用，增加了与老师、同伴的对话和交流。

在实际课堂中，最常见的交互形式便是Moss等人提出的“技术交互”。教师通过电子白板展示事先准备好的教学内容（如英语对话、课文图片等），动态演示语法结构，解释词语的搭配和用法，利用聚光灯功能吸引学生的注意力等。以上都是教师可以开展的课堂教学活动，能够发挥交互式电子白板的功能，激发学生学习动机，提高学生的课堂参与度。而教师对交互式电子白板技术的认识与操作熟练程度，在一定程度上决定了此类互动开展是否顺利与充分。

随着教师对电子白板技术的认可，IWB在课堂中的交互应用便从单纯的技术交互上升为物理交互，即学生与白板之间的互动增多了。学生能亲自到白板前，用电子笔或手指对白板上的元素进行操作，或是展示个人、小组的探究成果。教师使用电子白板展示课件内容，不仅展示了最终的知识成果，还演示了动态的知识演变过程；学生可以利用电子白板展示原本只能用语言表达出来的想法，甚至无法用语言表达时，电子白板可以给予学生展示的平台，以实际操作的方式与教师、同伴分享自己的探究成果。这种交互一方面符合学生的认知习惯，能从亲自体验与操作中开展认知过程；另一方面能够提高学生学习的动机，使枯燥的练习变得有趣，让学生乐于把学到的知识应用起来。因此事实上，IWB可以有效促进学生的思维训练，教师也能从学生的展示中检测自己的教学效果。

概念交互是指学生与教师传授的知识进行互动、建构，最终理解、内化知识概念。这是发展到最高阶段的互动类型，在如今的课堂电子白板应用中还不常见。由于现实的教学过程追求进度，教师对课堂教学活动的安排一般都比较紧凑，因此大多数课堂上学生与知识的互动很少见到。换句话说很少能看到这样的场景：学生对一个问题进行长时间、深入地思考和探究，教师针对学生提出的想法和问题不断进行解惑和挖掘。因此，在目前，“概念交互”这种类型就很难出现在课堂上。

交互式电子白板因其鲜明的“交互性”，不断地受到人们的关注，继而引发课堂教学的变革。但是它也曾遭到批判。IWB确实有助于增加师生之间的互动与合作，但只是将其放置于教室前方，会使课堂重新回到传统的传授型教学模式。Miller等（2008）发现，虽然交互式电子白板广泛应用于英国课堂，但是教师主要关注的是它的呈现功能，例如关心如何通过电子白板展示更多、更好的内容，而电子白板的真正“交互性”却被忽视了。换句话说，教师并没有利用IWB实现学生由浅层学习到深层学习的转变。按照原本的初衷，IWB的引入可以积极实现将抽象知识转变为创设的情景，进而发展学生有意义的深层次学习，但在实际的课堂教学中，教师往往忽略了这一点。为了解决这一点，教师必须意识到IWB所拥有的独特优势与功能，深入挖掘其教学潜能。教师要充分利用来自互联网和各种应用软件的丰富教学资源，以减少准备课前教学资料的时间，同时也增加学生课后自主学习的可能性；课堂上，教师要积极开展活动，尤其是探究性活动，充分发挥IWB的“交互性”，以活动为基础，引导学生开展讨论、演示，从而促进他们对知识的理解和掌握。教师不用到主控台前操作，就可控制演示材料的播放，这使得课堂中教师的肢体语言得以充分发挥，也避免了课堂上由于教师往返于黑板与主控台间分散学生注意力的问题。由于学生关注白板行为的增多（以前学生关注的是黑板，但其信息容量小、形式单一，且有污染），强化了集体参与学习过程的行为，教师也因此成为整个学习集体中的一员，不再是远离学生躲在设备后的操作者，学生在无意识中达成了更多的与老师和同学在情感上的交流沟通，学习兴趣也因此增长。

（四）IWB与英语学科教学

研究发现，不同学科对IWB在教学中的应用有不同的需求，这直接影响了教师在课堂上对不同IWB功能的使用。在英语学科的教学中，IWB能够通过展示图片引导学生展开对话，教师能够实时地处理白板上的板书，或注释、或画线、或标注颜色等对语法知识进行详细讲解，用不同的方式将学生的注意力吸引到课堂内容的重难点上。而其他学科则较多地通过实物投影、动态数据演示抽象概念等方式辅助课堂教学，如科学、数学等。

从完整的英语学科教学的课堂来分析，从导入、呈现到学生操练，再到最后的总结和评价阶段，IWB能够在教学的各个阶段发挥应有的作用，尤其是前两个阶段的功能发挥得更为突出：

1. 导入环节

教学刚开始，教师可以利用图片、音乐、视频等多媒体资源作为导入资源来引出本节课的主题，引起学生的兴趣，提高学习动机，并从一开始就活跃课堂气氛，为之后的教学打下基础。同时教师还可以使用拉幕等功能，或是调用软件、互联网资源，与学生开展互动游戏，激发学生的学习热情。

2. 呈现环节

此环节中IWB的应用最多。教师通过多种形式为学生呈现语言知识和实际应用的例子，可以是文字、图片、视频，也可以是动画效果。通过电子白板的各项功能，如放大、缩小、拖动、标注等，在引起学生注意的同时促进学生的认知发展。此外，教师还能通过访问互联网和调用应用软件来丰富课堂内容。

3. 操练环节

这阶段是学生知识同化、顺应的关键，教师应该设计活动，鼓励学生展开对话与互动，并利用白板进行引导，通过探究问题和解决问题深入理解知识，从而将本堂课的知识储存到长时记忆中去。教师还可以邀请学生亲自操作白板上的元素，从而了解学生对知识的掌握程度。

4. 总结、评价环节

总结阶段，教师可以从白板的资源库中调用曾经教学过的图片、概念等，与新知识进行对比、辨析，从而让学生达到温故知新的目的，促进他们的迁移效果。教师也可以利用电子白板快速放映课件内容，让学生挑选出重难点，通过拖动或复制粘贴功能制成新的课件，从而使本堂课的学习重难点一目了然。评价环节中，通过白板的实物投影功能让学生展示讨论成果和个人练习、作业，同时教师给予及时而恰当的反馈，学生的学习能达到事半功倍的效果。

英语作为一门语言，必须通过教学训练学生的听、说、读、写各项技能，因此教学过程中需要运用视觉、听觉、感觉等多种感官形式，辅助学生理解与记忆，从而达到学习语言和运用语言的目的。教师可以利用IWB开展英语小游戏，使用其聚光灯、拉幕等功能辅助单词的练习与记忆。丰富的网络资源极大丰富了教学资源，教师可以在英语课堂上围绕教学内容随时运用此类资源，如播放与主题相关的英语歌曲、英语电影，开展网络小游戏等，激发学生学习的热情，从而达到教师的教学效果。

三、计算机辅助外语教学发展

（一）CALL 基本介绍

计算机辅助语言学习（computer-assisted language learning，简称CALL）始于20世纪50年代。1946年，世界上第一台电子数字计算机研制成功为计算机辅助语言学习播下了种子。20世纪八九十年代，随着网络技术、虚拟学习环境、人工智能等技术在语言学习中的运用和发展，计算机辅助语言教学得以快速的发展。

计算机辅助语言学习以计算机科学、人工智能、媒体/通信研究等为载体，将第二语言习得、社会学、文化研究、自然语言处理等学科研究成果应用于第二语言教育。这一跨学科的特性意味着CALL的命名视角注定是多样的。我国学者何高大（2007）从技术观、方法观、认知观、模式观、功能观这五个层面对其进行了归纳整理：

第一层面是从技术层面来理解CALL的定义。CALL研究先驱Michael Levy（1997）曾对其作出如下定义："Computer assisted language learning can be defined as the search for and study of applications of the computers in language teaching and learning."。这一定义认为凡是使用计算机进行研究或学习的语言教学与学习都可称为CALL。因其涵盖范围之广，被国际语言学习技术协会（IALLT）和欧洲计算机辅助语言教学协会（EURO - CALL）等在内的许多国际组织所认同。在此层面，CALL又被称为WBI（web based instruction）、ICALL（intelligent CALL）等。

第二层面是从语言教学理论和心理学理论来定义。如Mark Warschauer提出行为主义CALL（behavioristic CALL），交际主义CALL（communicative CALL）和整合CALL（integrative CALL）。行为主义CALL认为计算机有两大主要作用：一是提供教学材料，二是提供重复性操练。交际主义CALL将CALL看成是活动交际的提供和激发设备。整合CALL其作用更为丰富：提供丰富的教学资源、激发学习兴趣、易于个性化设计等。这一层面上的类似定义还有CBLT（content based language teaching）等。

第三层面是从教育观和学习观来定义CALL。如CBE（computer-based education），CALL（computer adaptive language learning），CAI（computer assisted learning)，CITAL (computers in teaching and learning)，WBT (web based training)。

第四层面是从功能上定义CALL。这种定义基本可以涵盖以上的定义，如CALL (computer assisted language learning) 等。

第五个层面是从人工智能技术来定义。这个定义基本涵盖人工智能(artificial intelligence，简称AI) 和机器人在教育中的运用，如AI in second language acquisition，CALL (corpus-assisted language learning)，AIALL (artificial intelligence-assisted language learning)，RAI (robot-assisted instruction)，RDI (robot-directed instruction)，RSI (robot subject instruction) 等。

综上所述，尽管各类定义在名称视角上不尽相同，但其本质是相同的：信息技术促进语言学习。因此，本书认为计算机辅助语言学习是指科学合理地运用计算机、多媒体、网络等现代信息技术，实现教与学过程和资源的优化，使得教师与学生得到最大限度的发展与提升。

(二) CALL理论及实践发展

国内对CALL的研究起步于20世纪70年代后期，此后在20世纪80年代早期，其讨论的内容主要是电脑本身，即电脑的作用、软件和硬件的开发、未来的用途前景等，如开发一些词汇学习软件，以促进信息传递的各种软件程序、课程软件和文字处理系统等。其间，随着计算机辅助语言学习观点的逐渐出现和发展，外语学习观开始发生了转变：从引导学生在语言能力内循序渐进转变为促进交际能力和语言能力，从一系列回答问题和句型操练转变为学习者可以自由选择学习的材料和方式(张荣建，1993)。这一阶段CALL的讨论重点主要集中在教学法上，讨论对软件的利用，特别是在不同教学环境中的应用，如学生是否使用同一母语，教学的类型（有无教师指导、个人自学、集体学习）等；随后，由于Windows 95和Windows 96等图形界面多任务操作系统的传入，以及计算机多媒体的应用，CALL在20世纪90年代后有了新的发展。2004年，教育部在全国180所试点院校推行的计算机辅助英语教学改革使得CALL的研究数量和规模急剧上升。本节主要从以下四个方面来探讨国内CALL研究的发展。

1. 计算机多媒体网络外语教学的理论探讨

这一方面的研究主要包括计算机多媒体网络教学模式和方法、对外语教学的作用、与相关教学理论的结合。目前此类研究主要集中在介绍和评价相关理论的层次上，这些理论包括二语习得理论、建构主义学习理论、人本主义学习理论等，其中对二语习得理论和建构主义学习理论的介绍性、解释性、基础应用性研究比较多。从建构主义的学习环境来说，“情境”“信息库”“协作”“会话”“管理者”基于网络可以得到较好地实现。多媒体计算机能够提供丰富的静态和动态的图形和文字以及声音，因此能够提供良好的情境。协作和对话亦可以在局域网和因特网下通过键入进行，而作为管理者的教师始终在场。此外，不少学者也试图建立涵盖学生、教师以及学习环境这三大评价要素的网络教学评价标准和一系列外语多媒体网络教学设计（包括教学目标、教学情境、教学资源、自主学习、协作学习、学习评价以及学习强化等）。然而，此类研究总体上呈现“数量多、重复率高、质量低、研究面广、研究点散”的特点，能够真正体现其在理论建构或实践指导方面价值的研究少之又少，所以有必要“提出一个网络外语教学研究的学科框架，为今后的研究明确方向”（张红玲 等，2007）。

2. 计算机多媒体网络课堂实践

这一阶段的研究主要是探讨传统教学与多媒体教学的关系。传统教学手段相对较为单一和落后，教学工具主要是一块黑板和一支粉笔，大多为教师单方面地教，学生被动地学。教师占据主体地位，通常使用“满堂灌”的授课方式，忽视了学生的主动性和能动性，过分重视对知识的灌输，忽视学习策略的传授。而多媒体网络课程中学生作为学习的主导者，其自主能力较强。网络环境下的教学是由教师和学生借助网络平台为实现特定的教学任务而进行的“师—生—机”三者间的交错互动，它强调了学生学习的主动性，同时也肯定了教师的指导作用。就此看来，网络环境下的教学主要有两点不同：第一，教师的地位重要但不是最重要；第二，强调教师的专业素养尤其是课程意识。在此基础上产生了以下五种多媒体网络教学模式（何克抗，2001）。

（1）讲授型模式

CALL环境下的教学最大的优点在于突破了传统课堂中人数及地点的限制，其最大的缺点是因此导致的学习情景的真实性不强。利用Internet实现讲授型模式可以分为同步式和异步式两种。

①同步式讲授

这种模式应用的前提是学生在同一时间聆听教师教授以弥补异域性带来的不真实感。在教学过程中，教师以多媒体信息方式呈现课堂材料（以超文本的方式组织，并存储在Web服务器上），通过视频等及时通信工具进行讲解。与此同时，学生可以通过页面留言板块进行举手、提问等。教师再根据学生的反馈信息做进一步的解释和应答。这种模式的结构示意图如下（见图4.11）：

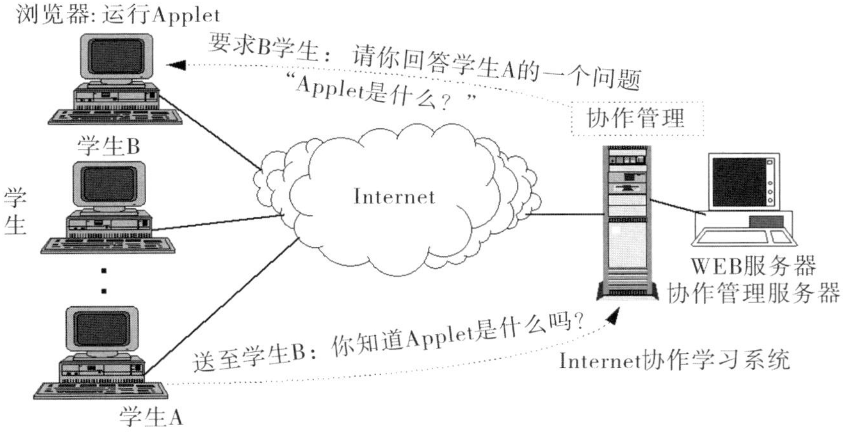

图4.11 同步式讲授模式

②异步式讲授

异步式讲授主要由教师将教学材料（包括教学要求、教学内容、教学评测等）编制成HTML文件存放在Web服务器上，学生通过浏览这些页面来达到学习的目的。当遇到疑难问题时，学生可以用BBS、QQ或电子邮件与其他学习者或教师进行讨论交流。

（2）个别辅导模式

这种模式可以在学生和教师之间通过电子邮件异步非实时地实现，也可以通过Internet上的在线交谈（IRC）方式实时实现。前者的优点在于学生可以随时向教师请教，但不能马上得到辅导；后者可以得到教师的即时讲解，就像面对面一样。

(3) 讨论学习模式

该模式下的学习主要是依靠BBS、QQ这一类的及时通信软件进行操作的，其主要特点有师生参与讨论，讨论对象可选择，讨论可公开或私下，支持共享白板功能，支持向导功能等。

(4) 探索学习模式

探索学习模式有四个基本要素，即问题、资料、提示和反馈。教师设立一些适合学生解决的问题，通过Internet向学生发布，要求学生解答，与此同时提供相关信息，给予适当帮助。另外，教师也及时就学生的疑难问题提供适当的启发或提示。

(5) 协作学习模式

在CALL环境下的协作学习过程中，基本的协作模式有四种：竞争、协同、伙伴与角色扮演。竞争是指两个或多个学习者针对同一学习内容或学习情景，通过Internet进行竞争性学习，看谁能够首先达到教学目标的要求；协同是指多个学习者共同完成某个学习任务，在共同完成任务的过程中，学习者发挥各自的认知特点，相互争论、相互帮助、相互提示或者进行分工合作。伙伴是指尽可能地以小组而非单独形式进行讨论、分享与展示的模式。角色扮演是指学生分别扮演指导者和学习者，对两者间“知识上的差距”进行取长补短（光华-e-learning，2013）。

3. 计算机网络环境下的师生研究

CALL中三个最主要的元素是学习者、教师和计算机。因此这一方面的研究主要包括教师角色定位及其培训、学生角色定位以及计算机角色定位这三个方面。学生的角色转变在上一节已经详细阐述，本节不再赘述。

(1) 教师角色定位

在这样的环境中，教师一改传统教学中心角色位置，重新定位为信息资源的设计者和CALL活动的组织者。

作为信息资源的设计者，这包含着教师作为课程开发者的角色转变。信息教师需要学习和掌握多媒体技术以及与此相关的网络通信技术，能够设计开发先进的教学资源。在传统的学科能力（即对学习内容的熟悉度和教学经验的丰富性）上，教师较软件设计人员有着无可比拟的优势。因此，在CALL环境下，教师需要对信息资源进行甄别、选择以及确定最终的教学资源。教师需要具备较强的信息检索、筛选和管理能力。

作为CALL活动的组织者，这涵盖了教师作为协助者或是在线专职信息查询顾问的角色定位。教师不仅要对教学过程进行管理，对教学结果进行评价，还需要教会学生如何获取和筛选外语阅读信息资源，通过一系列途径帮助其完成对知识的主动探索和意义的建构，如及时进行作业批改、平等对话、主题讨论等，以促进学习者真正投入到语言学习过程中。由于CALL环境对学习者有着很高的要求，而教师又无法一一解答，尤其是在大班教学中，这种情况尤为明显。因此组织“协作学习”显得格外重要：学习者在教师的组织和引导下一起讨论和交流，对问题提出自己的看法、论据，并对别人的观点做出分析和评论。帮助学生学会学习，掌握科学的学习策略和学习方法，培养收集信息并进行分析研究、总结、归纳以及知识迁移的能力，使之最终具有自我学习、自我发展的能力，这是CALL环境下教师所肩负的责任。

（2）教师培训

Ramanair和Sagat（2007）曾提到过“软件和硬件都已到位，‘人件’也必须到位”。这里的“人件”指的就是教师。一般认为，教师的改变和更替是缓慢的，要使教师的角色转变，相应的师资培训重心必须开始调整。优化在职教师的素养结构（包括教学素养、科研素养、信息素养和科学素养）和将现代教育技术“常态化”是CALL环境下教师培训的关键性问题。不少教师错误地认为CALL就是一种简单的搬运工作：将纸质教学材料搬上电脑。然而，CALL的作用和意义远不止如此。教师必须参与培训，学会通过网络来工作，从而使他们能以高效、创新、独特的方式实现教学目标。

首先，培训要促进教师观念的转变。教师要从单纯的知识传授者、灌输者转变为学生主动建构意义的引导者、促进者、协作者和课堂管理者等多元角色于一身的教育者（崔岭，2004）。教师在传授知识的同时要培养学生的各种能力，调动他们的积极性，激发动机，同时转变教学模式、教学方法和教学设计。

其次，在CALL教学环境下，计算机基础知识和基本操作、多媒体课件的制作、网络资源的利用和其他现代化教学手段已经成为教师必须熟练运用的业务。

最后，教师信息技术与课程的整合能力也是必不可少的。学习现代教育技术不是要把外语教师培养成计算机高手或是编程专家，而是让教师利用新技术更好地开展教学活动。找准计算机技术与外语教学的结合点、切入点和使用时机是课程整合的关键所在。

（3）计算机角色变化

传统视角下，计算机在CALL中常被用作由教学人员操作的辅助工具，教师借助计算机对学习者进行授课。而现代视角下具有主导角色的计算机既可以拟物也可以拟人（陈坚林，2005b）。计算机的拟物作用指的是其作为教具、资源、情景和学具等，如PowerPoint软件。作为资源的计算机最大的媒介工具是Internet。而计算机作为教师、助手、学员和学伴的拟人作用是新时代赋予的新内涵。具体可见图4.12。

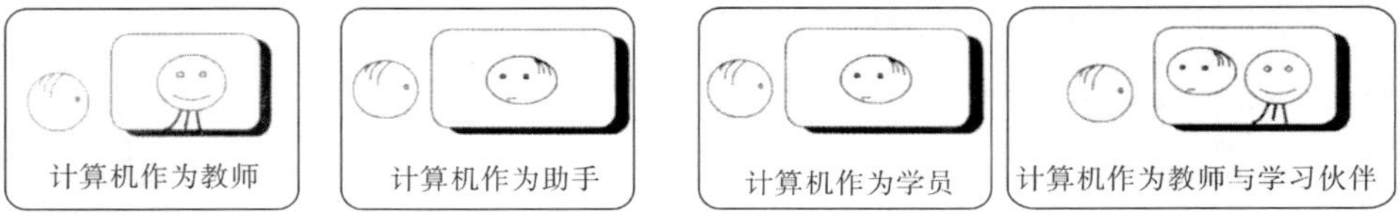

图4.12 计算机的拟人作用

4. CALL的发展趋势

人工智能技术、数字化技术、信息和网络技术这三大计算机关键技术将推动计算机从辅助走向主导。首先，作为信息化外语教学系统的核心技术，人工智能技术可以实现教学行为的人性化、人机互动自然化（如根据学生的不同个性特点和需求进行教学和提供帮助）、环境虚拟化（如教学情境的虚拟化创设）、教学过程合理化以及繁杂任务代理化（如电子档案的建立）等。其次，凭借数字化技术的支持，信息以数字信号形式稳定存储，并能快速被检索和高速提取。纸质课本和黑板被声音、影像、图片所替代，而后者更具形象化和个性化。它为CALL的深入发展提供了可能。最后，信息大爆炸的年代，信息和网络技术将“天网”

（如数字卫星通信系统、移动数字通信系统）与“地网”（因特网及其他网络）合二为一，使得信息的覆盖面更广，资源能被广泛共享，时空不受限制，实现多向互动和便于合作。基于上述分析，我们可以预见，从理论的角度而言，以因特网为基础的远程计算技术（telecomputing）以及以超微计算机和无线通信网为基础的“泛在计算技术”（ubiquitous computing）将成为今后计算机应用于外语教学的重要发展方向（陈坚林，2005b）。而且计算机作为语言学习的辅助地位将不断得以提高，很有可能从“配角”走向“主角”。

CALL的研究主要有以下三方面走势：

第一，研究课题涉及的范围将更广泛。跨学科的研究日趋明显，心理语言学、社会语言学、应用语言学、语言习得、认知语言学等学科的新发展将会更多地用来指导计算机辅助外语研究。如何更有效地使用计算机多媒体网络学习语言，营造最佳的网络生态教育环境将成为重点课题。计算机多媒体网络技术的开发和建设也将得到进一步加强。

第二，研究方法将更为科学、规范，质化研究、质化与量化相结合的研究将更多地应用于计算机辅助外语教学研究。

第三，研究对象的重点将从对教学主体的研究转向对学习主体的研究，包括学生使用网络学习材料的方法，利用计算机多媒体网络学习的心理机制和计算机多媒体网络环境下学生的学习策略等。同时，学习者的培养也将得到更多的关注。

第三节　信息技术与外语教育评价创新

一、我国外语教育评价现状与发展趋势

教学评价是教学过程设计中的基本要素之一，是教学过程中的重要一环，是衡量和提高教学质量的重要手段。它对整个教学过程起着诊断、调节、导向、监控、反馈和激励等重要作用。教学评价方式主要有三种：终结性评价、形成性评价和诊断性评价。终结性评价是对学生阶段性学习之后进行的最终评价（如期末考试或学业考试），其目的是检验学生的学习效果和学业水平。形成性评价主要关注学生的学习过程并对其学习过程进行评价。诊断性评价则是为了发现学生在学习过程中存在的问题和需要改进的地方，为学生进一步提高学习效果服务。教学评价可以帮助学生了解自己的优点与不足，为教师教学活动的改善指明方向，进而促进学生、教师的发展。

我国以前的外语教育评价体系存在着评价主体、评价方式、评价内容单一等诸多问题。通常教师都是根据测试成绩对学生进行打分和排名，测试的内容主要根据教学大纲和书本知识，评价的内容过分注重学生的语言技能，是一种重语言、轻能力，重结果、轻过程，重全面、轻个体的评价体系（鲁子问 等，2008）。这种评价模式早已暴露出种种弊端，过分注重甄别与选拔功能，造成了严重的应试倾向。教师为了考试而教，学生为了升学而学，整个教学过程是被动而压抑的，学生的批判性思维得不到发展，创新能力受到限制，全面发展被束缚。整个流水式教学就是在“制造”整齐划一的“标准件”，扼杀了学生的创造性和鲜活个性（桑新民 等，2013）。

《普通高中英语课程标准（2017年版）》对教学评价做了一些改变，强调教学评价应包括形成性评价和终结性评价；评价重心由结果向过程转移；强调评价主体的多元化，评价形式和内容的多样化，评价目标的多维化。《义务教育英语课程标准（2011年版）》不单注重学生的语言能力，也注重学生的批判性思维能力和学科的综合素养。《教育信息化十年发展规划（2011—2020年）》也鼓励发展性评价，探索建立以学习

者为中心的教学新模式。

另外，在信息技术与外语课程不断整合的过程中，传统的评价模式已不能适应教育信息化的发展趋势。外语教育评价必须与信息技术整合起来，进行创新。例如，重庆工商大学将网络纳入其外语教学评价体系，开创了“1+2+3 教学模式”。其中，“1”为小班每两周在语音室上一次听说课（2 小节），“2”为每周网上自主学习最低学时数，“3”为大班面授综合课。同时他们采用了与之相应的 10% +20% +70% 教学评价模式。10% 为课堂形成性评价，20% 为课外形成性评价，70% 为阶段（学期）形成性评价（其中 10% 为口语评价），并以终结性评价四、六级考试为标准。在线学习因其反馈的及时性和过程的记录性使得学生的学习过程变得可测量。该校这一教学创新将使得传统的形成性评价变得简便易行。教师可以用在线单元测试成绩作为形成性评价的主要依据，也可以利用网络资源编制试题，让学生在规定的时间内完成。教师可以查看网络记录、了解学生的成绩以及在线作业时间，每单元学习结束后，还可以通过网络学习系统对所学知识进行测试，评价学生是否达到既定的单元目标。

信息技术与评价体系相结合，可以较方便地编制评价项目，搜集评价信息，实施评价过程，分析评价数据，管理评价结果，实现形成性、整体性和多元化的教学评价，从而优化评价过程，提高评价的效率和效果。信息技术与外语教育评价的融合，将大大促进外语教育评价体系的发展，创新形成性评价、诊断性评价和终结性评价方式。

二、信息技术与形成性评价的创新性结合

形成性评价是指在教学过程中为了获得有关学习的反馈信息，对学生所学知识的掌握程度进行的系统性评价，以诊断和促进为目标，具有诊断促进功能、反馈激励功能、反思终结功能和记录成长功能，是教学过程的有机组成部分（鲁子问 等，2008）。基于信息技术的电子学档（ePortfolio）和模块化面向对象的动态学习环境（Moodle）平台，是形成性评价的典型代表。

（一）电子学档（ePortfolio）

根据巴莱特（Helen C. Barrett）博士对电子学档的定义，电子学档是

以电子技术为基础，运用数据库和超文本技术来表现和展示学习者在学习过程中关于学习目的、学习活动、学习成果、学习成绩、学习付出、学业进步，以及关于学习过程和学习结果的反思的有关学习的一种集合体。其主要内容包括学习作品、学习参与、学习选择、学习策略、学习反思等材料，主要用于现代学习活动中对学习和知识的管理、评价、讨论、设计等（王佑镁，2003）。《教育信息化十年发展规划（2011—2020年）》对电子学档运用于学生的形成性评价非常重视，提出“建立覆盖全体学生的电子档案系统，做好学生成长记录与综合素质评价”。电子学档的制作过程包括对作品的收集、选择、反思、指导与收获，其中反思过程是电子学档中最重要的环节，也是学生学习过程中最重要的一环。

信息技术的发展，人类进入Web 2.0时代，Web 2.0技术更加强调连接、参与和合作。相应的，电子学档也从ePortfolio 1.0发展到ePortfolio 2.0。两者的区别见表4.4（Barrett，2008）。

表4.4 ePortfolio 1.0和ePortfolio 2.0

ePortfolio 1.0	ePortfolio 2.0
分级的，有计划的 Hierarchical，designed	网状的，自然发生的 Networked，emergent
方法：电子学档作为清单 Metaphor：Portfolio as checklist	方法：电子学档作为故事 Metaphor：Portfolio as story
数据驱动 Data-driven	学习者驱动 Learner-driven
注重标准化 Focus on standardization	注重个性和创造力 Focus on individuality，creativity
反馈来自权威者 Feedback from authority figures	反馈来自学习者团体 Feedback from community of learners
大型、复杂的系统 Large，complex systems	小型、松散混合的系统 Small pieces，loosely joined-“Mash-ups”
基于网络 Web-based form	基于博客和维基 Blog and Wiki
实证主义者 Positivist	建构主义者、联结主义者 Constructivist，connectivist
问责制驱动 Accountability-driven	学习为中心 Learning-focused
专有的 Proprietary	开放的标准 Open standards
数字纸张（文本和图片） Digital paper（text and images）	数字故事（多媒体） Digital story（multimedia）
本地存储（硬盘、CD） Local storage（hard drives，CD）	网络储存（终身的个人网络空间） Network storage（lifetime personal web space）

多媒体、超媒体、在线学习的不断发展，电子学档的设计和使用更加完善，在Web 2.0技术的环境下，电子学档的收集、连接与思考、讲故事、合作、出版等环节更加具有交互性。电子学档的主要目的之一是让学生通过元叙事，比如讲故事和反思，来发现自己的优点与不足。“没有反思，成长和改变永远不会发生。”（Donnison，2004）目前，英国的许多学校采用电子学档的评价方式。图4.13是电子学档制作的流程图（Finger et al.，2009）。

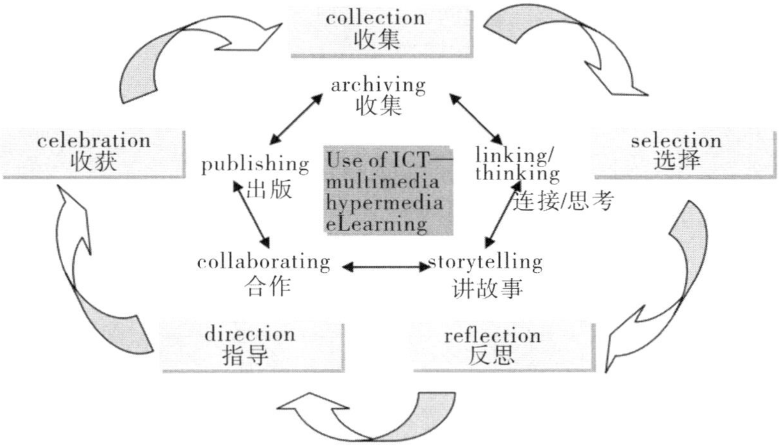

图4.13　电子学档制作流程图

（二）模块化面向对象的动态学习环境（Moodle）平台

Moodle（modular object oriented dynamic learning environment）平台是由澳大利亚Martin Dougiamas博士于2002年根据社会建构主义理论与他的志愿者团队合作开发而成，上海师范大学的黎加厚教授称之为“魔灯平台”，并使之本土化。目前Moodle平台最新的官方版本是Moodle 3.0.3，适用于Windows系统和Mac OS X系统。在中国，Moodle平台也越来越受到推崇。单点魔灯是Moodle中国区第一家认证合作伙伴，并开发了掌上魔灯APP，集成了公告、日历、博客、勋章、帖子、文件、课程、成绩、作业、论坛、选课，以及消息和联系人等模块。而魔灯中国是国内公司对Moodle应用服务的二次开发，并且设计研发了Moodle移动学习端。

Moodle平台一般包含管理员模块、教师模块与学生模块。按功能分，可分为课程管理模块、作业模块、聊天模块、投票模块、论坛模块、测验模块、资源模块、问卷调查模块和互动评价模块等。Moodle强调对学生进行过程性评价。在课程管理模块，教师能够控制课程的所有设置。课程管理模块会跟踪并统计学生的每个活动，包括学生的访问时间、访问次数、停留时间长短、参与的讨论活动与次数、测验和作业的分数等，并为学生与教师显示图形报告，供他们查看，以便更好地了解学习情况。作业模块会自动记录学生上交作业的时间。教师对学生上交的作业进行评价和反馈，提供个性化指导；也可以进行自我评价与同伴评价，促进学生自我反思与提高。图4.14是Moodle的作业模块流程图。

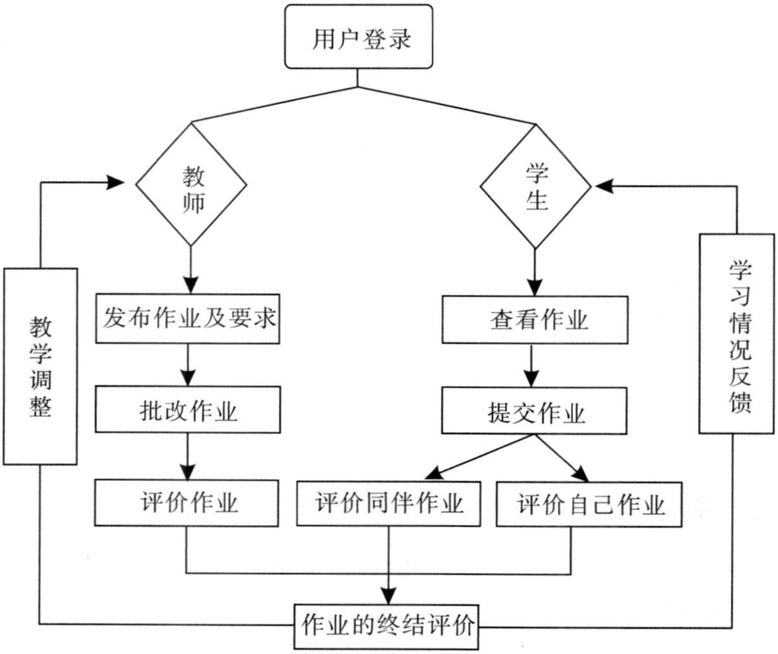

图4.14 作业流程图（解继丽，2010）[19]

在测验模块，教师可以分类设置题库，学生可以根据需求进行自我测验。该模块自动对学生的测试进行评分，并提供反馈。学生根据这些反馈进行反思，调整自己的学习目标、态度、计划、进度、策略等。在互动评价模块，教师设置评价标准和量规，学生根据这些标准进行自我评价、相互评价，教师对这些评价进行管理，并做出评价。图4.15是互动评价模块流程图。

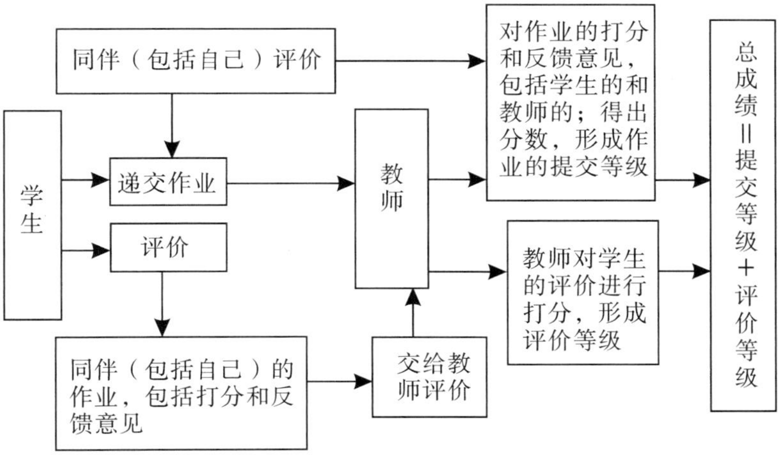

图4.15　互动模块评价流程（解继丽，2010）[23]

在教育信息化的背景下，网络教学平台不断运用于教学中。Moodle平台安装方便、易操作、免费而且功能强大，已发展成为高校和中小学教学常用的平台之一。

三、信息技术与诊断性评价和终结性评价的创新性结合

《义务教育英语课程标准（2011年版）》和《教育信息化十年发展规划（2011—2020年）》都强调学生的自主学习，鼓励学生利用信息手段主动学习、自主学习、合作学习。在这个背景下，由信息技术支持的自动评价系统促进了学生的自主学习，学生在自主学习的过程中能够自我诊断、反思和提高。信息技术支持的自动评价系统往往具有及时、高效、个性化的特点。学生可以通过这些自动评价系统建构知识体系，改进认知策略，优化目标设置和调整学习策略，进而提高学习效果和效率（韩后 等，2015）。这些自动评价系统通常涉及外语听力、口语、词汇量和写作，在学生的自主学习过程中扮演着集诊断、评价、指导、鼓励为一体的重要角色。

信息技术与终结性评价的创新性结合，促使计算机化语言测试的不断发展，促进了数字化评价机制的形成。如图4.16所示。

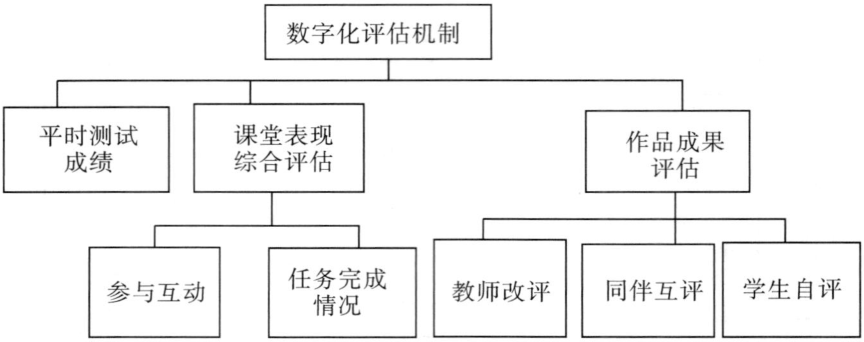

图 4.16 数字化评估机制（李晓东 等，2015）

（一）英语写作的自动评价软件

1. Writing Roadmap 2.0

外语写作能力是衡量学生外语水平的重要指标之一。信息技术支持下的外语写作自动评价软件成为学生自我测试和提高外语写作能力的帮手。

美国在20世纪60年代率先开始研发写作自动评价系统，如早期的Project Essay Grade（PEG）系统、E-rater和IntelliMetric评分系统，以及之后出现的Intelligent Essay Assessor，都是针对英语写作而研发的自动评价系统。由以上评分引擎衍生出了更加完善的自动评价系统，如My Access，Criterion，Writing Roadmap（WRM），Write to Learn等，不仅提供作文总分，还包含内容、组织、语体、词汇和语法以及格式规范单项分与个性化反馈，很多已经被应用于课堂教学形成性评估（吴一安 等，2012）。而Writing Roadmap凭借特有的优势，成为我国教育科学“十一五”规划教育部重点课题内容。

Writing Roadmap具有即时性。它不是软件，无需下载，只要联通网络，登入www.writingroadmap2.com，学生随时随地都可以进行在线英语写作练习与测评。学生提交作文后，系统进行评分，生成成绩报告，学生可以趁热打铁，进行修改。

Writing Roadmap具有自动评分功能。它从思想和内容、组织结构、体裁、词汇运用、流畅度、拼写及语法正确率这六个维度进行评分（栾新华，2012）。评分包括作文的总体分数以及各个维度的分数。学生则可以根据这六个维度的分值，改进自己的写作，提高写作能力。

Writing Roadmap具有互动性。Writing Roadmap设置了许多针对不同年级、不同英语水平学生的作文题目，供学生选择，也可以自主设置题目。如果学生在英语写作的过程中遇到词汇、语法、篇章布局等方面的困难，并且无人对以上的这些问题给出具体的指点，学生可以求助于Writing Roadmap中的工具箱。该工具箱可以为学生提供包括篇章布局提示、词汇拼写和句法检查、同义词提示和句法分析等一系列的提示和建议，便于学生有效创作。

Writing Roadmap除了可以进行自我评价，还可以用于形成性评价。教师可以利用该系统创建班级，使之成为学生管理系统。教师可以在该系统中布置写作任务，随时跟踪学生对作文的完成、修改情况。系统可以为教师生成形成性报告，帮助教师了解全班学生的写作情况，从而进行个性化辅导。Writing Roadmap提供有免费账号，教师和学生均可以免费体验。

2. 批改网

批改网是辅助教师批改英语作文的在线服务系统，能够有效减轻教师批改英语作文的工作量，提高学生的英语写作能力。用户注册时有教师和学生两种身份选择。批改网支持网页版与移动客户端。如果您使用电脑，直接搜索“批改网”即可找到它的官网，注册后即可免费使用；如果您使用手机或平板电脑，可以下载“批改网”应用软件。二者使用起来都很简单便捷。

在批改网上注册“教师”身份的使用者，可以创建班级和布置作业。教师创建好班级后，批改网会提示教师关联使用QQ班级群，以便教师布置的作业同步到QQ群里，并且支持学生在QQ群里写作业，十分方便。当然，教师和学生也可以下载手机客户端，在客户端上完成和提交作业。

同时，批改网还有互动功能，教师和学生以及学生之间可以通过消息对话实现互相提问和实时答疑。

（二）词汇量的自我测评网站

英语词汇量是英语语言能力的基石，英语词汇量的多少从某种程度上决定了英语听力、口语、阅读、写作和翻译水平。研究表明，英语学习者如果想在听、说、读、写几个方面流利地使用英语，需要掌握的单词量大致为7000。为了培养学生的英语交流能力，我国的英语教学重视学生的词汇掌握情况，要求高中学生毕业时词汇量超过3000，大学生词汇量为4500到6500、词组700到1700。为了更好地达到这一学习目标，对学生词汇量的评估十分必要，学生也希望能够客观、准确地了解自己的英语词汇量。在信息技术时代到来之前，对词汇量的测定是非常困难的。而现在，互联网与信息技术的发展，使得词汇量的测定方便快捷，客观准确。以下推荐几个词汇量测试的网站和手机软件，可以帮助大家了解自己的词汇量。

1. https：//www.smart-words.org/

该网站的词汇难度与美国的学术评估考试（SAT）接近，以考查近义词为主。测试成绩由答对的单词量、答错的单词量和答题速度决定。测试成绩从A1到J11分多个等级，A1最低，J11最高。通过测试，学生不仅可以知道自己的词汇量水平，还可以知道多次测试的平均水平以及自己在同龄人当中所处的位置等。该网站的设计合理，除此之外，还有很多功能。

2. https：//www. test-your-english-now.net/

这是一个权威的国外在线测试网站，以测试近义词为主，还能进行语法等测试，测试结果比较准确，符合测试者的实际水平。词汇测试分三个等级：第一等级测80道题，最高水平词汇量为8000；第二等级测120道题，最高水平词汇量为15000；第三等级同样测120道题，不过难度比较大，最高水平词汇量为25000。（见表4.5）

表4.5 词汇测试等级

Level 1	80 items	Up to 8，000 words
Level 2	120 items	Up to 15，000 words
Level 3	120 items	Up to 25，000 words

3. 轻松背单词 http：//www. qsbdc. com/

该网站是一个综合性的单词学习网站，不仅包括单词学习，还包括词汇量测试。词汇量测试没有固定的题目数量，以选择英文单词意思为主要形式，测试题目越多，结果越准确。测试的时候如果选错答案，该网站会提示正确的选项，并把没有掌握的单词罗列出来，供学习者学习使用。

4. 沪江英语 http：//www. hjenglish. com/

该网站可以匿名测试单词量。每20题一轮，最多80题。根据正确率实时更新测试者的沪江等级。在选择项里面会出现比较容易混淆的内容，所以往往能考查出测试者是不是真的记住了这个单词。

测试效果比较好的网站除了以上几个，另外还有扇贝网 http：//www. shanbay. com 和 http：//testyourvocab. com/等。

（三）会话能力的自动评价系统

随着社会的发展，英语口语能力越来越受到教育部门、社会企业和学生的重视。传统的英语教学以学生的英语等级考试来评判学生的英语水平，如四六级考试、雅思托福考试。然而，通过这些考试的学生，在实际的英语交际中，却普遍出现“哑巴英语”“有口难言”的情况，不能适应我国经济建设与社会发展的步伐。这一实际情况也从侧面反映出学校的实际英语教学不够重视口语表达能力与交际能力的现状。语言的社会本质是交际，而口语能力又是交际能力最基本的组成部分。国家教育部门与社会虽然重视学生口语表达能力与交际能力的培养，但在传统的实际教学中，由于缺乏理论与技术的支持，很难对学生的口语能力进行评估与反馈。

1. PhonePass SET

随着信息技术的发展，利用技术对口语测评的可能性越来越大。由美国 Ordinate 公司研发的英语口语自动测评系统 PhonePass SET，集合了识别语音技术、心理学、测试学理论、统计学模型理论、数字分析技术等尖端技术，是目前最有代表性的英语口语能力全自动测试系统。该系统将参试者的语音进行数字化处理，然后传输到 Ordinate 位于加利福尼亚州的 Menlo Park 总部的中央处理服务器上进行数据处理分析。PhonePass SET 根据参试者在测试期间实际使用的单词、短语、句子以及语速、流利程度和发音情况来综合评估。PhonePass SET 的评估内容分为5个部分：阅读、跟读、用短语回答问题、用三个听到的词组造句以及开放性问题。该测试以电话形式进行，测试者无需经过报名、审核、进考场等一系列烦琐的程序，只需拨打指定的电话号码，与PhonePass系统进行约10分钟的互动交流即可完成英语口语测试。测试结束后几分种便能在线获取成绩报告。

PhonePass SET英语口语自动测试系统操作方便，成绩报告分析快速及时，评鉴标准公平客观。全世界许多不同的政府机关、学术机构、商业组织已广泛采用该系统，如美国政府、加拿大政府、德国政府、美国教育考试处（ETS）及众多高校和跨国企业，都已应用该系统来对人员进行英语口语及听力技能的测试，并取得了良好的效果。2002年世界杯足球赛前，汉城[1]为了对15 000名志愿者进行客观准确的英文口语水平测试，应用了PhonePass SET英语口语自动测试系统，以其高效便捷的强大功能，在短短一星期内就完成了这项艰巨的任务，其应用效率和功能是传统测试手段难以达到的。

PhonePass SET在中国也已经崭露头角。联晨教育咨询（上海）有限公司把PhonePass SET引进中国，并已经与北京师范大学、上海交通大学、上海外国语大学、四川大学、广东外语外贸大学和香港理工大学等国内著名大学合作建立了第一批PhonePass SET考试中心，为政府部门、大中型企业人员的招聘及评定，大型活动志愿者筛选有效地提供快速高效、客观准确的英语口语测试服务。

2. 清睿国际“口语100”跨平台智能听说训练系统

“口语100”是中国第一个基于美国教育部NETP 2010“Framework of Cloud-based Learning Environment”框架打造的智能网络学习空间（人人通），是新一代云计算智能教学设备。它结合了教育、认知和行为心理学的教学设计，采用世界领先智能科技打造智能听说教练，开发了多项基于人工智能技术的教学应用，帮助解决英语教学听说训练的基本问题。

“口语100”的创新应用主要体现在四个方面：智能跟读、智能听说、手机口语教练和语言环境。“口语100”使用了清华大学和美国加州

[1] 2005年1月“汉城”的汉字书写确认为“首尔”。

大学的世界领先人工智能技术，在中国著名教育专家龚亚夫、张连仲、刘鹰、刘兆义和众多一线英语教师的帮助下，打造了目前世界上智能度较高的智能口语教练Aryn老师，并且其功能越来越完善成熟，已经被许多学校接受和使用。她可以针对课文听说背诵和针对单词听说，给学生智能化的一对一辅导，并提供人性化的即时反馈。在智能跟读的过程中，Aryn老师会示范朗诵，学生则进行模仿。一旦发现学生的语音语调出现问题，Aryn老师会马上给予纠正，直到学生发音正确为止。另外，Aryn老师会对学生的语音进行打分，帮助学生了解自己的口语水平。这种互动式的语音练习，让英语听说练习变得简单有趣。（见图4.17）

Aryn老师也是英语教师们的好助教，可以按英语教师布置的听说作业在课后给学生进行辅导，比如智能跟读、智能听说等，并且会把学生的练习情况和综合分析报告呈报给教师。教师只需半分钟布置作业，一分钟检查作业，使听说教学变得简洁有效。（见图4.18）

图4.17

图4.18

移动学习是未来的学习模式，随时随地可以进行学习。只要在手机上安装“口语100”智能教练，学生就拥有了一对一的智能口语教练，可以随时随地地练习。

除了以上的对英语词汇量、写作、口语的自动评价系统与网站，还有其他大量的自动测试评价网站与系统，如朗文英语开发中心的网络课程Market Leader，可给学生提供初测试和后测试的信息。测试网站Wordskills. com可提供三个水平的测试，为剑桥第一证书、高级英语证书、水平英语证书提供测试服务。此外还有Netlanguages. com，Study. com，Forum Education. net等。

（四）iTEST大学外语测试与训练系统

由外语教学与研究出版社研发的大学英语测试与训练系统iTEST，主要服务于高等院校的大学英语四、六级网考。它是一个提供英语试题库资源、自建题库管理功能和在线评测服务的综合测试教学管理平台，是一个能提供多种语言专业考试数据统计分析，将测试、教学与科研相结合的测试系统，是首个经过专业预测调整、首个全真模拟大学英语四级网考的测试系统。iTEST系统的试题经过项目分析，在实际使用前经过大规模样本试测与校正，确保科学的难度与区分度。其题库建设基于项目反应理论，致力于为学校量身定做个性化测试解决方案。该系统支持教师进行自动组卷、阅卷、成绩分析统计等个性化教学管理，支持学校组织和实施大规模外语测试。iTEST系统通过先进的测评技术有效提高考试效率，规范考试管理，从而提升大学英语教学与评估的整体质量。2008年开始，教育部考试中心逐步在全国高校进行大学英语四、六级网考试点推广。大学四级英语网考不仅在试题上做了惊人的改变，听力分值占到了70%，考试形式也发生了巨大变化，整个考试过程都要求学生面对电脑屏幕，听音频、看视频、做阅读。iTEST系统正是在这一背景下应运而生，其宗旨是“以练促学，以测促教”。无论是对学校、教师还是学生个人，iTEST都是一个高效的测评系统。该系统参照大学英语四级网考，创建真实测试环境，帮助学生熟悉机考操作和考试流程；采用大学英语四级网考口语评测技术标准，确保口语评测结果准确，具有指导性。学校可以组织标准化外语考试并开展高效教学评估，通过对测试成绩的全面分析，迅速了解和评估全校学生的英语能力及总体教学效果。教师可以组织班级测试，进行测试分析与教学诊断，其清晰易读的成绩报告、基于多方位的测试统计分析，可以让教师及时了解学生的英语水平，发现学生的知识点分布情况，并给予针对性辅导。此外，教师可以通过学习记录了解学生的学习情况，指导学生进行自主训练。学生可以利用该系统进行自我测试，提高英语水平。目前，北京外国语大学、西安交通大学、北方工业大学等高等院校正在使用该系统。（见图4.19）

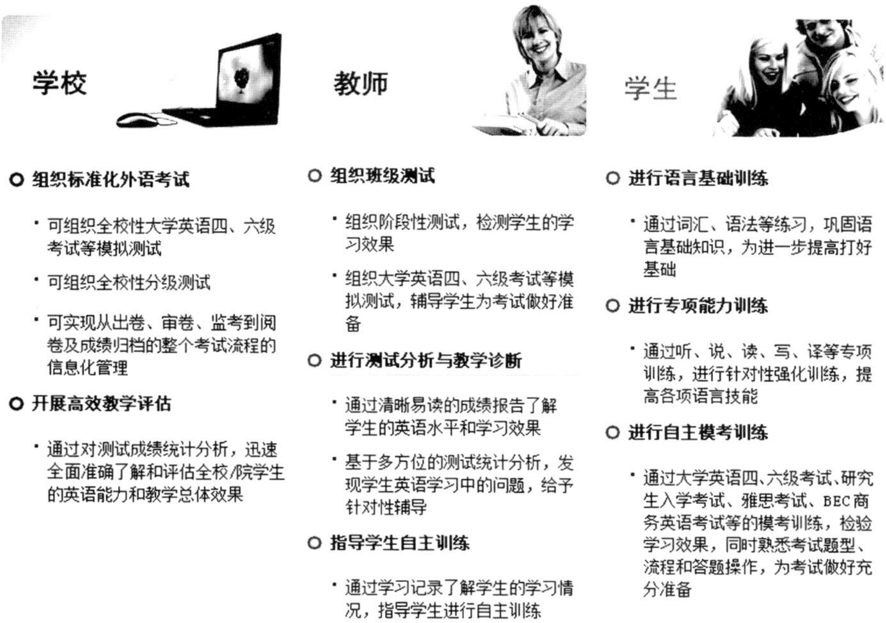

图4.19 iTEST大学外语测试与训练系统

（五）计算机化语言测试

信息技术与终结性评价的结合表现在测试的计算机化。1986年，Canale撰写了著作*The promise and threat of computerized adaptive assessment of reading comprehension*，标志着计算机化语言测试（computer-based assessment）时代的到来。计算机化语言测试，颠覆了传统的纸笔考试，在测试界引起了一场革命，目前已成为国外测试方式的主流。计算机化语言测试，是计算机出题、阅卷、评分、反馈的现代化语言测试方式。它从最开始的考试系统自动化和阅卷系统自动化，发展成为考试阅卷自动化，再发展到计算机化适应语言测试。早在20世纪80年代末，Bunderson、Inouye和Olsen（1989）就预测了未来计算机化测试的发展路径。Redecker和Johannessen（2013）在他们的基础上，对目前及未来的计算机化测试发展道路进行了概括与总结。如图4.20所示。

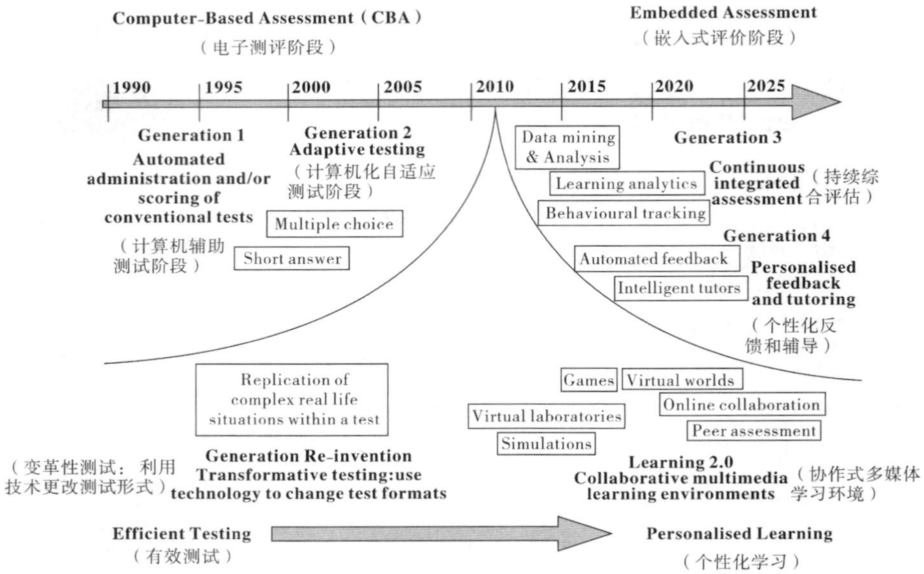

图4.20 目前及未来的计算机化测试发展道路

Redecker和Johannessen把计算机化测试的发展分为两个阶段，分别为电子测评阶段（computer-based assessment阶段，简称CBA阶段）和嵌入式评价阶段（embedded assessment阶段）（Redecker et al.，2013）。CBA阶段又分为计算机辅助测试阶段和计算机化自适应测试阶段。计算机辅助测试其实是传统纸笔测试的电子版，测试内容、过程与纸笔考试差不多。而计算机化自适应测试阶段以项目反应理论为依据，可以从题库中自主选择难度中等的测验题目让学生进行回答。若学生能够正确回答，则计算机自动估计考生能力水平，然后自动生成更复杂的问题以适应学生的能力；若回答错误，则计算机自动生成更简单的问题，让学生回答。计算机不断重复测验过程，直到计算机对受测者能力估计稳定在某一水平为止。该水平即为考生能力水平。计算机辅助测试（computer-aided test，简称CAT）属于非线性考试，出题与受试者的实际水平是相适应的，能够做到个性化出题，因人而异。目前，美国大部分中小学校都使用CAT，欧洲国家如丹麦、芬兰等，也逐渐采用这种测试方式，而嵌入式评价阶段是未来计算机化测试的发展方向。它以学习分析理论为依据，例如，分析有关学生水平的数据，评估学生学业上的进步，预测他未来的发展，以此给他量身定做学习计划、内容、方式等（Redecker et al. , 2013）。嵌入式评价阶段把评价过程与学习过程合二为一，在学习者学习过程中，不断给予监控与指导，并对学习过程进行过程性评价与终结性评价。到了Generation 4阶段，学习系统能够给学生提供即时有效的反馈，并在学生学习需要的基础上，为学生和教师的未来学习策略提供建议。虽然嵌入式评价阶段目前还处在测试与开发阶段，但在未来5年里将会成为现实（Johnson et al. , 2011）。

第四节 基于信息技术的外语课程与学习资源获取

一、常用网络搜索引擎介绍

常用的网络搜索引擎有：雅虎（Yahoo），百度（Baidu），MSN和搜狗（Sogou）等。

Yahoo是美国的互联网门户网站，有英、中、日、韩、法、德、意、西班牙、丹麦等多种语言版本，各版本的内容互不相同。其服务包括搜索引擎、电子邮件、新闻等。百度是全球最大的中文搜索引擎，提供网页搜索，视频搜索，MP3、地图、新闻、图片、词典等搜索导航。微软MSN中文导航页面是微软官方推出的针对中国用户的Windows 10 Edge新标签页和原有IE用户的默认首页，为中国用户提供的中文网站导航体验。搜狗搜索引擎，支持微信公众号、文章搜索，通过独有的Sogou Rank技术及人工智能算法为用户提供快、准、全的搜索服务。

二、常用外语课程资源介绍

（一）常用英语学科教学研究网站推荐

1. 学科课程与英语教师发展网站

常用的学科课程与英语教师发展相关的网站有中国日报社21世纪英语教师网、英语教师网、国家教育资源服务平台、新标准英语网、人民教育出版社课程教材研究所在线和外语教学与研究出版社在线等网站。中国日报社21世纪英语教师网是为全国教育者打造的网络学习空间，以教师个人和群体的知识管理为目标，全面支持各种形式的知识分享和移动终端，包括文字、文档、图片、视频、论文、专著等；英语教师网为英语教师提供备课、复习及培训的专业资源类网站；国家教育资源服务平台是教师专业发展的伙伴，以专家引导为导向，以教学相长为方向，以全程跟进服务为基础；新标准英语网有丰富的教学资源和一些展示课，涵盖小学到高中各个学段；人民教育出版社课程教材研究所在线和外语教学与研究出版社在线是权威的官方网站，网站中会不定期地更新一些学术研讨会资料和一些著名学者的学术言论，发布各种高端教育会议通知公告，是国内中小学教师获取资源的优质网站。

2. 备课课件与阅读资源网站

可供英语教师备课的资源网站和拓展阅读的相关网站有课件中心（英语）、21世纪课件中心（小学英语）、教育阅读网和英语备课大师等。课件中心，即中教网（基础教育门户）提供小学、初中、高中各学科课件。21世纪课件中心，是专门针对小学开发的一个教师资源获取类网站，网站提供小学各学科课件、教案、学案、试卷等资源，同时还有各种主题班会的材料，通常需要用点数下载。教育阅读网即中小学课件中心，内有小学、初中、高中各学科不同版本教材的课件教案等资源。用户如要下载网站类资源，需先注册登录，支付一定数量的虚拟币即可获得资源。英语备课大师网包含了英语备课室、免费英语网、中小学英语备课中心、主题备课、目录式备课、英语教案、英语试卷、英语课件、备课中心、备课大师、中小学英语教学、在线阅读、字典、词典等内容，能够帮助教师顺利备课。

（二）APP介绍

1. 用于课堂与教学的APP

用于课堂与教学的APP主要有“一起作业”、iTunes U、学而思教师和English LaunchPad Lite等。“一起作业”可以实现以下功能：轻松创建网上班级，并实现一键布置和检查全班作业；免费使用来自全国重点名校的最新真题题库，实现个性化的班级组卷，提升学生应试能力；囊括全国范围内的小学英语和小学数学各种版本教材，网站所有学习资源均与各学科对应的数十种教材同步，方便教师和学生使用；所有教学资源结合最新颁布的九年义务教育课标要求；智能生成班级成绩报告，对班级知识点掌握情况一目了然。iTunes U这款软件可以帮助教师实现在iPad上教学，教师们可以通过iTunes U创建自己的课程和收集学生的作业，还可以与学生们通过群组的方式讨论，也可以给同学们的作业评分。学而思教师APP可即时查看班级学生的学习状态，遇到问题可及时沟通。English LaunchPad Lite是专为英语教师设计的用于课堂的教学软件。软件中包含很多主题动画，其中的双语词典提供超过50种语言。此外，对语法结构、语法练习都有很详细的讲解，还可提供小测验。

2. 用于分析与测试的APP

常用的分析与测试APP主要有调查派和问卷星等。

调查派是拥有强大数据分析功能的免费在线调查问卷设计和发布系统。其提供的免费在线设计调查表、分析调查数据、在线查看调查结果等功能，可以帮助教师设计调查表并在互联网上发布，所得调查结果以多种方式直观展示，分析结果一目了然。问卷星是一个专业的在线问卷调查、测评、投票平台，专注于为用户提供在线问卷设计、数据采集、自定义报表、调查结果分析系列服务。

3. 用于学习和记录信息的APP

在学习和存储记录信息方面，听课大师、录音大师、扫描全能王、Nearpod、Adobe Voice和印象笔记等是比较常用的APP。听课大师顶部有一排功能按钮，分别是添加时间点、拍照、录音、录视频、保存、下课。添加第一个时间点时，可以选择是否开启整堂课的录音；添加下一个时间点时，会自动统计上一个时间点持续时间；小抽屉功能，可以随时记录一些关于整堂课的信息；每5分钟会自动保存一次，保存后为空的节点将自动删除。语音转文字是直接对着麦克风说话，系统再识别、转化为文字；录音转文字是指可以把一些录音资料上传后被识别、转化为文字。扫描全能王可以把纸质文档扫描成电子文档保存下来。Nearpod平台可以确保教师、学校使用他们的iPad管理学生的iPad、iPhones、Mac上的内容。这款APP集交互式演示、协作和实施评估于一体，方便教师对学生的管理。Adobe Voice可以在几分钟内帮助教师制作令人惊叹的动画视频。教师可以使用它从25000多张美丽的标志性图片中挑选几张展示想法。Adobe Voice还可以自动添加音乐、电影短片等，同时可以把制作的动画视频在线公开，任何人都可以观看。印象笔记是一款2008年发布的多功能笔记类应用产品，具有保持同步、剪辑网页、图片搜索、储存重要资料、团队协作、支持第三方等功能。

（三）微信公众账号介绍

1. 关于理念与方法的微信公众号

以下微信公众号可以为有效教学提供一些理念与方法上的指导和建

议：传递教育、创新学习、好教师、小学好教师、京师书院BigData、我们的教育等。“传递教育”公众号不定期提供英语听、说、读、写的各种教学设计案例和方法，分享如何攻破某些教学难点，提供学习英语的方法及教学管理的一些意见和建议，资源丰富多样，能给英语教师提供一些启发和帮助。“创新学习”公众号会发布北京师范大学“移动学习”教育部–中国移动联合实验室的一些创新学习方法、模式等，涉及各个学科，对英语学科的介绍很前沿，具有很大的价值。“好教师”是国内的民间教师教育新媒体平台。“小学好教师”公众号为小学教师提供新的教育理念、即时的教育资讯、有趣的教育故事、经典的教学案例、实用的教学技能、优质的教师教育资源、全面的家庭教育理念和教育案例。“京师书院BigData”公众号每期都会分享学术大家的一些言论，以及关于教育的一些争议和创想。“我们的教育”公众号每周为读者推送新鲜的教育理念和基于研究的教育实践。

2. 关于资讯与平台的微信公众号

一些微信公众号能为英语教师提供一些最新的资讯和交流的平台，如第一教育、教育思想网、美国K12学术学科教育、英语学习教师版等。“第一教育”公众号是《上海教育》杂志微信公众账号，致力于成为专业的教育资讯服务者，每一期都会介绍一个学校或一个学校的特色教学方式，提供的都是较实用的教育资讯。“教育思想网”公众号是21世纪教育研究院主办的教育公共讨论平台，旨在通过传播教育常识、更新教育理念、发起教育讨论、发现教育创新，促进教育公平和提高教育质量。“美国K12学术学科教育”公众号会分享美国中小学教育阶段的最新资讯，帮助孩子享受更优质的教学及环境。“英语学习教师版”公众号为读者推送新鲜的教育资讯，权威的专家指导和实用的教学经验。

3. 关于资源与技术支持的微信公众号

常用的资源与技术支持的微信公众号有英语好教师、实用教育技术等。“英语好教师”公众号主要推荐精华英语学习内容，包含英语考试、英语学习方法、热点资讯、英语影视台词、英语口语、双语阅读、欧美文化、双语笑话等内容，是英语教师的好助手，是学生的好帮手。“实用教育技术”公众号每天分享实用的教育信息技术，如微课制作、PPT制作、办公技巧、上网技巧等。

三、常用电脑终端外语学习网站介绍

1. 听说类

常用的听说类外语学习网站有：①Voice Tube看视频学英语；②普特英语听力资源；③在线英语听力室；④旺旺英语；⑤魔方英语等。其中，“在线英语听力室”功能非常强大，网站上有很多训练听力的素材，涉及从小学到大学各个阶段、各个种类的音频素材，以及各种行业英语，应有尽有，是个练习听力，进行口语模仿的好网站。“旺旺英语”的素材分类和“在线英语听力室”类似，但是仅提供文本素材，没有听力音频。“魔方英语”是电影学习英语的网站，可以提高口语和听力水平。

2. 读写类

常用的读写类外语学习网站有：读者文摘（reader's digest）、国家地理(national geographic)、译官网（双语阅读）、普渡大学在线写作实验室（the purdue online writing lab）等。

3. 词典类

常用的词典类外语学习网站有：韦氏词典在线、牛津词典在线、剑桥词典在线、英语搭配词典、英语同义词词典（写作替换词必备）和Cambridge Dictionary等。

四、常用移动终端外语学习资源介绍

（一）APP介绍

1. 听说类

常用的外语听说类APP有英语流利说、有道口语大师、SpeakingMax、朗易思听、TED、多说英语、掌中英语、沪江听力酷、少儿趣配音、早晚听课文、新概念英语等。

“英语流利说”“有道口语大师”这两款APP都可以反馈学习者单词的发音正误，并纠正其不标准发音，适合中高年级的学生使用。

“SpeakingMax”内有美国日常生活视频。“朗易思听”拥有数万篇双语听力材料，内容丰富，其有四大特色功能：双语同步课文、单曲循环播放、深度学习生词、在线制作自己的专属课程。“TED”包含世界上各界人士的演讲，这些人有教育精英、科技天才、医疗技师、商业领袖以及音乐传奇人物等。“多说英语”是一款口语听力类练习软件，它拥有超智能口语打分，可以纠正每一个不标准读音。学习者可以通过观看别的小伙伴的会话，汲取他们的精华。如果没听懂，学习者可以直接点击没听懂的内容反复听。此外，“多说英语”还拥有名人演讲、影音娱乐、时尚潮流等在线或离线听力资源。打开“掌中英语”APP，可以随时随地收听英语达人的节目，与教师互动，可以跟读模仿，训练发音技巧，学习地道的英语表达、生活用语、商务职场英语，了解西方文化、国外学习生活、国外旅游、留学考试等。“沪江听力酷”是一款练习听力的APP，囊括英语、日语、法语、韩语、德语、西班牙语六大语种，有近500个听力节目，且支持离线学习，还有复读功能，让手机变成外语复读机。该APP中有各种教材和考试以及名人演讲和动漫的材料可以订阅，材料有贴心的注解。“少儿趣配音”利用动画、儿歌配音激发孩子兴趣，操作简单，可以单句录音和视频回放，容易让孩子产生成就感，同时也支持分享到QQ、微信平台。“早晚听课文”APP有与各版本教材对应的听力材料。“新概念英语”涵盖《新概念英语》系列短文。

2. 读写类

常用的外语读写类APP有奇速英语、扇贝新闻、扇贝读书、扇贝炼句、爱洋葱阅读、CHINA DAILY、晨读美文等。

“奇速英语”是一款掌上阅读英语时文的软件。其功能有：时文阅读功能（最基础、最核心的功能）、时文分享功能、时文争霸功能（时文闯关拼速度和正确率）、在线视频观看功能、在线考试功能。

“扇贝新闻”文章以各种考试难度分类，所有文章都按照英语考试等级标注了难度，比如四级、考研、托福等，让人一看就知道是否适合自己的英语水平。此外，根据选择的考试等级，文章中会自动画出相应的核心词汇，使用非常方便。该APP自带词典，遇到生词一点就能查阅，它还能自动识别词组，查询和记忆生词都很方便。

“扇贝读书”是一款可以阅读英文原著的软件，阅读过程中可以即时将每个生词都添加到自己的学习计划中，每篇文章都会标亮出学习者在扇贝网上学过的单词，还可以在学习者准备考试的时候帮助标亮出考试要求和没学过的生词。学习者每天的学习进度、完成的文章数和被激活的单词数都会通过图表生动展示出来。

“扇贝炼句”课程包括几千个实用短语和示范例句，面向四、六级听力，托福，雅思和商务英语。该APP中全部炼句、例句都来自美国波士顿和英国牛津的本土专业人员配音。“扇贝炼句”拥有强大的抗遗忘系统，智能程序可以帮助复习巩固。该APP支持离线学习。

“爱洋葱阅读”提供精品原版与双语图书，包括小说、经管、杂志、社科等。

“ CHINA DAILY”（中国日报）是中国最大的英文报纸，为用户提供热点新闻，时事点评和实用信息。

“晨读美文”可以进行主题阅读，每篇文章短小精悍，读完一篇短文所用的时间较短，离线下载资源包可以支持学生随时随地学习。

3. 词典类

常用的外语词典类APP有道词典、欧路词典、必应词典、出国翻译官、海词词典等。

“有道词典”本地增强版是多语种互译词典，支持离线查询，囊括六十五万余条英汉词汇以及五十九万余条汉英词汇。“有道词典”通过独创的网络释义功能，轻松囊括互联网上的流行词汇与海量例句，并完整收录《柯林斯COBUILD高阶英汉双解学习词典》《21世纪大英汉词典》等多部权威词典数据。其便捷的摄像头取词功能，使你无需输入就能获取单词的准确释义；网络单词本可以与词典桌面版实时同步；图解词典功能，使查词结果明了直观；此外，“有道词典”还增加了有道学堂功能，涵盖各类备考课程以及丰富的学习内容。

“欧路词典”有免费版和专业版两种（专业版收费），两者差别不大。“欧路词典”可以离线使用，还可以跨软件取词。比起其他词典APP需切换过去才能查词，“欧路词典”就方便很多。此外，“欧路词典”还有帮助背单词功能，除了自己的生词本，还有各种英语学习的典型词库。

“必应词典”具有本地和离线查词功能，还有单词挑战、必应电台、我爱说英语等应用，能为学生、白领等中级水平英语用户提供良好的学习体验。

“出国翻译官”支持29种语言的语音识别，特别是中英文之间的双向语音翻译效果更佳。该APP提供经典语音导游，针对不同语种精选出不同的日常用语供参阅，涵盖13个国家的餐饮、住宿、交通、旅游、购物等的常用短语，图文兼备，是出国旅游的一个方便的辅助工具。

“海词词典”是中国第一个互联网词典，词典种类全，词量大，讲解细。其收录的词汇涵盖40多个行业，词汇量达两千多万，不但有词源、用法、辨析、例句、词组等的精细讲解，还有背单词、翻译、每日学习阅读等辅助功能。

4. 单词类

为中国学习者设计的单词类英语学习APP，有拓词、百词斩、扇贝单词、沪江开心词场、知米背单词、多邻国等。

“拓词”是一款背单词软件，可以在安卓手机、iPhone、iPad上使用，在电脑上可以用使网页版。单词以选择题的形式出现，配合单词发音，根据特定算法会不断重复，当背错的时候会显示例句。

“百词斩”拥有最全词表，涵盖初中、高中、四六级、考研、托福、雅思、专四、专八、SAT、GRE、GMAT、托业等考试词汇。“百词斩”是一款针对英语学习开发的“图背单词”软件。它一词配一图，建立单词与真实环境的联系，利用图片联想法记忆单词。其有70秒的对战系统，PK一下就知道学习者是否成功记忆单词；它独创动态算法，能精确测出学习者单词量；提供单词电台（TV），深度讲解单词背后的故事。此外，该软件还可以和小伙伴们组队背单词，自定义每日提醒背单词，可用单词作锁屏，点亮屏幕就能背单词。

“扇贝单词”在线同步数据后可支持离线学习，词库涵盖学习的各阶段，还有来自文学作品和影视作品中的高频词汇，以及各种学科的英语单词，如新闻英语、商务英语等。“扇贝单词”是第一家将权威的柯林斯高阶学习者词典整体引入单词学习流程的软件。学习者可以在APP

中加入扇贝小组，和几十万人共同成长。

“沪江开心词场”覆盖十大语种，拥有1000多本词书。学习者可以通过玩游戏闯关背单词，闯关背词后获得词能量。该APP设计有PK竞技场等功能，旨在提高背单词的兴趣。此外，“沪江开心词场”还有自定义背词提醒，生词本等功能。

“知米背单词”以短语形式记忆英语单词，使单词记忆不再孤立、机械、抽象。学习者也可以通过初中、高中、大学、出国考试、新概念等阅读材料将单词串起来记忆。“知米背单词”提供英音、美音两种语音包，同时可以智能帮助学习者制订单词学习计划。其单词覆盖面广，包含各种考试和教材的配套单词和词组；全新短语学习模块包括生活口语和雅思口语等短语本，增强了用户的语用意识。“知米背单词”功能很多，是一个不错的背单词APP。

“多邻国”是一款免费学习多门外语的APP，从听、读、拼、义四个方面进行多元化的单词和语句训练。它有趣的游戏关卡设计使学生在游戏中享受学习的乐趣。相比传统的外语学习资料，“多邻国”凭借其内容丰富、形式有趣的APP应用程序深得学生们的喜爱。

5. 美国学生常用的英语学习APP

更受美国中小学生喜欢的英语学习APP有Learn with Homer、Spell Board、Grammaropolis、Weird but True、Curious、This is my story、Writing Prompts、DK readers、TED、Public speaking等。

“Learn with Homer”是一款针对2~7岁幼童设计的提高认读能力的APP。该APP分为22个级别，拥有1000多个微课程和活动，内容包括词汇认读、故事、历史、科学、诗歌等。其不仅可以提高学习者的阅读能力，同时也是练习口语的好机会。孩子在使用这款APP时，可以与虚拟教师进行对话，比如，虚拟教师问：“哪个单词是糖果的意思？请点一下。”如果小朋友点对了，就会得到教师的夸奖。为了确保小朋友已经理解所学内容，Learn with Homer中的虚拟教师还会根据孩子阅读的内容进行提问，让孩子回答。该APP能将孩子的回答进行录音，家长可以登录家长账号去了解孩子的学习情况。

“Spell Board”是一款针对3~8岁儿童设计的识字及增加词汇量的

APP，其最基本的功能是单词拼写。进入APP后，虚拟教师会给出一个单词，小朋友在白板上拼写正确后，屏幕上会出现“Great Job！”的字样，并会得到虚拟教师的夸奖。最新版本的Spell Board还新增了单词迷宫、排序拼写单词、填补缺失字母等功能。除此之外，用户还可以利用Spell Board制订一周的单词学习计划。

“Grammaropolis”是一款帮助孩子学习英语语法的APP。在大家看来，英语语法学习总是比较枯燥的，但这款APP非常有趣。其从最基本的词性入手，按照词性将英语词汇分为名词、动词、形容词等，帮助孩子理解语法。不仅如此，Grammaropolis的开发者认为，单单知道一个单词的词性是远远不够的。因此，他们给每一个单词制作了一张“语法地图”。这张地图有例句、书籍、视频等坐标，通过一些实例让孩子们体会每个词在一句话中是主语、谓语还是宾语，并了解其具体的用法。

“This is my story”是一款美国小学正在使用的教育APP，以游戏化的方式激发孩子的灵感。一个个稚嫩的小动物正在草坪上，等着小主人安排自己的故事。用户只需随机选取动物或者其他物件，按照自己的兴趣就可以随机组成一个故事。故事以“这是我的故事，并且我会一直坚持下去”作为开头，无形中的暗示更能激发孩子的兴趣。APP刻意模仿孩子的画笔，做出可爱的界面，让孩子有兴趣主动学习，所有的学习不过是又一场游戏。“This is my story”推出了新功能，孩子们可以贴图拼句子，再用一句完整的句子说出自己的故事。该难度更方便学龄前儿童接受，还有助于单词的记忆。

“Weird but True”是一个揭秘一切不为人知的有趣好玩的冷知识的APP。它除了帮助孩子增加生活常识、生活经验，还有绝佳的英语学习方法。色彩斑斓的界面，跳脱的动画，用户只要滑动界面就可以看到一个又一个冷知识，如果觉得非常新奇，还可以点击右上角的“That’s weird!”，APP随即会发出非常奇特的声音。该APP还提供收藏功能，方便用户在之后回顾自己不知道的知识。“Weird but True”目前只免费开放一个免费知识包，其中包括大概20个冷知识，要想获得更多内容，需要付费购买。APP中的冷知识涉及生活的各个方面，还涉及许多生活必需品词汇，对普及用户生活化英语非常有利。

“Curious”是一款针对12岁以上人群使用的APP，它有大量2~3分钟的小视频，每个小视频介绍一个小知识。该APP涉及的话题非常多，包括艺术、语言、园艺、摄影、医疗等领域。严格说来，“Curious”并不是一款单纯的英语学习APP，但在使用过程中，用户的听力可以有大幅提升，与此同时，用户的知识面也会得到拓展。

“Writing prompts”是一款针对美国初中生写作的创作APP，其提供无数种组合方式让学生独创自己的故事，能无限激发学生的想象力。该APP提供了很多生动的英语单词，不再是学校里常用的那些平常词汇，扩充了学生的词汇量；APP还特地列出超过一百个常见易拼错单词，提醒孩子们格外注意。

“DK readers”一开始是一套由英国DK出版公司出版的科普类分级阅读系列图书，DK公司将其开发成APP，方便更多孩子阅读。APP版的DK readers延续了分级制，从Pre-Level，Level 1到Level 4共分为5个等级，从简单到复杂，适合不同英语阅读程度的孩子自主阅读，也可以由父母讲给还没有阅读能力的孩子听。“DK readers”涉及的内容非常广泛，从微观到宏观，从陆地到海洋，从地球到宇宙。因为是科普类图书，DK readers非常注重图文并茂，精彩的图片配上注释后更有助于孩子们阅读理解。值得一提的是，“DK readers”是免费下载的，也免费提供了图书的一部分内容。如果想阅读难度更大更有趣的书，则需要到APP中的“书店”去购买。

“TED”是英文technology entertainment design的缩写，是集技术、娱乐和设计为一体的网络学习平台，诞生于1984年，由美国一家私有的、非盈利的机构运行。TED大会闻名于世，会议秉承“用思想的力量改变世界”。每年3月，TED大会就会在北美召集来自各个领域的杰出人物开会，包括科学、教育、文学、设计、建筑等领域人物，涉及的范围非常广。这些杰出人物会在大会上分享他们的个人经历、经验和独特思考。每一个TED演讲的时间通常在18分钟以内，学习者可以通过网络，观看TED的演讲视频。现在TED已出多个版本APP，包括安卓版、iPhone版、iPad版。TED每周及时更新，用户可以提前将视频下载至客户端，便于没有网络的情况下观看。iPad版本新增Radio，省去用户耗流量或网速慢的困扰。

“Public speaking”是一款美国学生学习公共演讲的软件。Public Speaking教导学生如何克服公共恐惧，如何准备充满逻辑的论述，甚至如何培养大将之风。APP还贴心地为学生在每次练习前准备绕口令环节，帮助学生做好充分的准备。学生可以跟随Public speaking大声朗读，在Public Speaking里进行现场模拟等。该APP免费，其中所用音频皆为真人发音，语音纯正，适合学生跟读模仿。

（二）微信公众号介绍

1. 听力类

听力类的微信公众号主要有：在线英语听力室、初中英语听力训练、专业英语听力、外研版小学英语听力、中小学英语听力等。

“在线英语听力室”每天会更新英文美句、英语听力等学习资源。“初中英语听力训练”是分阶段分层次的中考听力训练，一步一步提高学习者听力水平，以备战中考听力。“专业英语听力”的音频可下载，它涵盖在线听力、英语听力教程、英语学习、新概念、四六级英语考试听力等大量英语听力资料，还提供时事新闻。“外研版小学英语听力”提供外研版新课标小学英语、初中英语课文朗读听力音频及flash动画学习视频，为学生提供学习资源。“中小学英语听力”由教育部基础教育课程教材发展中心中小学英语教学组提供技术支持，利用在线视频及课本录音，帮助中小学教师更好地进行英语听力教学。

2. 口语类

口语类的微信公众号主要有：开言英语、英语口语精华、实战英语口语交流、美剧英语口语、英语口语、BEC商务英语等。

“开言英语”定时对某个话题的相关表达进行分享，对学习口语非常有帮助。“英语口语精华”不定期分享各种主题化的实用口语表达，紧跟网络时代潮流。“实战英语口语交流”会分享英语口语学习法，美国俚语和美剧，英语新闻和英语笑话阅读，美文阅读，还有时尚潮流单词。“美剧英语口语”有英语口语、听力、阅读、音乐，一应俱全。“英语口语”包含英语的听、说、读、写，以及英语口语练习、日常英语口语8000句、常用英语口语、每日英语听力等内容，还有在线外教免费教口语。“BEC商务英语”包含商务、职场、社交用语等一些不可不知的常用英语。

3. 阅读类

阅读类的公众号主要有：英语美文阅读、考研英语时事阅读、ABC英语阅读会、幼儿英语阅读、小学英语分级阅读、少儿英语阅读精选等。

这些公众号的更新非常频繁。实际访问时需要密切关注其更新情况。“英语美文阅读”每天会推送一篇经典美文，用图片说话，用文字表达。“考研英语时事阅读”中的文章90%来自*The Economist*，*Times*，*Science*等杂志，且内容会持续更新。“ABC英语阅读会”分享原版英语读物，提供分级阅读，阅读级别从儿童、学生到成人都有，每次推送文章的版面设计也很好看。“幼儿英语阅读”主要介绍幼儿英语阅读习惯培养方法，推荐幼儿阅读书目等。“小学英语分级阅读”主要分享分级阅读故事，每2至3周会推出一个英语分级小故事的微导读视频，让孩子喜欢上英语故事，帮助孩子积累词汇，为以后学习打好基础。“少儿英语阅读精选”主要精选兼备知识性和趣味性的少儿英语阅读素材，帮助孩子培养良好的英语阅读习惯。

4. 写作类

写作类的公众号主要有：唐老雅英语写作工作室、Cynthia英语阅读与写作、英语写作教学与研究、Jasmine英文写作教室、钱博士谈英语学术写作、英语写作在线等。

“唐老雅英语写作工作室”主要帮你解决雅思阅读和写作问题。“Cynthia英语阅读与写作”提供以雅思写作为主的实用信息，追踪考题并提供原创范文，多数内容也适用于其他英文写作。“英语写作教学与研究”致力于传播有创新性和实践性的研究成果，为英语写作领域的教师和研究人员搭建学术平台，成为获取该领域研究成果和了解国内外学术研究动向的重要渠道。“Jasmine英文写作教室”每天推送英语写作技巧，传授语法技巧，推送内容全是中英文对照。“钱博士谈英语学术写作”推送英语学术论文写作、修改等技巧。“英语写作在线”定期分享写作技巧和一些英语学习方法，讲授托福等考试的写作策略，还会分享一些世界各地的趣闻。

5. 综合类

综合类的公众号主要有：李晨老师教英文、小学英语学习资源、英语学习教师版等。

（1）李晨老师教英文

此微信公众号的功能是跟随北京外国语大学的李晨老师提升英文素养与教学能力。

（2）小学英语学习资源

此微信公众号服务于广大师生家长，分享英语学习方法，点拨教材重点、难点，丰富英语学习资源，致力于提高小学生的综合语言运用能力。

（3）英语学习教师版

此微信公众号的注册主体是外语教学与研究出版社有限责任公司，致力于为广大教师提供最新鲜的教育资讯、权威的专家指导和实用的教学经验。

（4）一起记单词学英语

此公众号提供英语短文，每日一句，英文精曲，英文笑话，语音翻译，单词听写测试以及英语四、六级成绩查询等。

（5）沪江英语

此公众号每日推荐精华英语学习内容，包括英语考试、热点资讯、英语影视台词、双语阅读、欧美文化等英语知识。

（6）华尔街英语

此公众号的注册主体是华尔街英语培训中心（上海）有限公司，主要推送英语学习趣闻、秘诀和要点等。

（7）每日学英语

通过此微信公众号，订阅者可以获得精彩的短句和口语，还可以查单词、搜英语资料。

（8）英语环球 ChinaPlus

该微信公众号的注册主体是中国国际广播电台，提供24小时的英语广播、新鲜有趣的英文资讯和丰富多彩的互动活动。

（9）微英语

微英语可以每日推送1~3条精彩短句、口语、词组、翻译、单词，还有国外资讯、娱乐、阅读、生活以及各种新鲜笑料等。

（10）功夫英语

此公众号主要提供快速学会英语的方法，分享国际前沿心理语言学研究成果，还定期推荐适合不同阶段学员观看的英语电影。

（11）可可英语

可可英语推送的消息包括听歌学英语、美剧推荐、时事新闻，以及以小主题呈现的“可可茶话会”、世界节假日博览、新概念早读英语、每日新闻一分钟、慢速英语短文听力等。除此之外，还有iPhone版、iPad版、安卓版和WP版的APP可供下载，是一个非常不错的移动学习资源。

（12）高中英语

此公众号适合高中学生，公众号定期分享一些高中英语学习建议和技巧，以及各种听力、口语、阅读、写作的技巧和知识，各类语法和短语的讲解等，对高中生非常实用。

（13）初中英语

“初中英语”是与“高中英语”相对应的一款适用于初中学生的英语学习公众账号，每天分享与初中英语有关的各种知识和技巧，非常实用。

（14）英语全能特训

此公众号提供微听力、微口语、微词汇、微阅读、微翻译等特色服务。

五、常用综合性在线学习网站介绍

以下介绍的网站供有需要的学习者使用。网站上的学习资源丰富，有很多非英语的知识可供学习者选择。

（一）国内

国内有一些资源丰富、知识体系完备的在线学习网站，如网易公开课、网易云课堂、学堂在线、中国大学MOOC、百度传课、番薯学院、超星学术视频等。

“网易公开课”的用户可以在线免费观看来自哈佛大学等世界级名校的公开课课程，以及可汗学院、TED等教育性组织的精彩视频，内容涵盖人文、社会、艺术、科学、金融等领域。“网易云课堂”是网易旗下另一个综合型在线教育网站，和Udacity有点类似，以传授实用技能为主，兼顾高等教育和职业应用，发展比较快，已经有近万门课程资源，有免费课程和收费课程。其中，免费的课程以实用技能、兴趣爱好为主，大学计算机专业课程也属免费课程。“学堂在线”是清华大学自主研发的MOOC平台，相对于国内其他MOOC平台起步要早些，原本是清华大学自产的课程，受众也都是校内学生，现在已经和斯坦福大学、台湾师范大学、复旦大学等知名高校建立了合作和资源置换关系，课程数量超过500门，该平台上的资源全部免费。“中国大学MOOC”是高等教育出版社和网易合作建设的，是国家精品课程的网络化，全部课程资源都是中文，合作高校也都来自国内。目前，该平台已经联合北京大学、复旦大学等53所知名高校，提供600多门课程，资源同样全部免费。“百度传课”的授课模式主要是网络互动直播和点播，课程内容丰富，涉及IT互联网、职场、办公等技能培训，英语、日语、韩语等外语学习，雅思、托福等留学考试，中小学、考研、四六级等学习内容，有免费课程和付费课程。“番薯学院”有很多高校教育视频和教学资料，以教育视频为主。“超星学术视频”是一个学术视频网站，有几千名国内外教师讲课，讲授形式包括课堂教学系列、专题讲座系列及大师系列，目前囊括了哲学、宗教、社会学、政治、文化科学、文学、艺术、历史等学科。

（二）国外

国外的在线视频学习网站起步较早、发展也更成熟，主要有Coursera、edX、Udacity、iTunes U、可汗学院、FutureLearn、Iversity、Open2Study、Udemy、OpenupEd和MIT OpenCourseWare等。

“Coursera”由美国斯坦福大学两名计算机科学教授创办，是国外在线教育产品中对中文支持最好的产品之一，许多课程都提供中英文字幕。除了“微型专业”和认证的课程证书，其余大部分资源都免费。

"edX"是麻省理工学院和哈佛大学联手创建的大规模开放在线课堂平台（非盈利性网站），除了国外课程，也与国内顶尖高校，如北大、清华等，有联合上线课程。目前课程总数超过500门，基本采用"Freemium"的模式，只有希望获得课程的认证资格证书的用户需要交纳费用，其他均免费。Udacity同样源于斯坦福大学的课程供应商三巨头之一，不过Udacity的课程偏向移动应用开发、数据挖掘、软件工程等IT类实用技能课程。"iTunes U"是苹果设备自带的网络公开课软件，课程以哈佛大学、麻省理工学院、牛津大学等以英文授课的课程为主，中文课程比较少，只有香港中文大学、香港科技大学、中山大学、西安交通大学、国家开放大学等不到十个大学提供中文授课课程，内容完全免费。"可汗学院"是由孟加拉裔美国人萨尔曼·可汗创立的一个教育性非营利组织，主旨是利用网络影片进行免费的视频授课。它所涵盖的领域十分广泛，包括数学、历史、生物、化学、天文、金融等学科，在线涵盖的教学视频超过2000个。"可汗学院"充分利用了信息技术下网络输送资源的便捷性和重复利用的成本低廉性，每个视频控制在一定时长；它的课程安排遵循了学习者身心发展的内在规律，从简到繁，从易到难，从浅到深地逐步深入。教师不出现在电脑屏幕中，用的是一种电子黑板系统技术。这个网站也相应地开发出了一种练习系统，可以供学习者练习，巩固知识。学习者在线学习，电脑系统可以完整记录每个问题的实际情况，教师可以参考记录，轻而易举地得知学习者尚未掌握的知识，进而帮助他们练习巩固。"FutureLearn"是英国的利兹大学、伦敦国王大学、伯明翰大学等多所大学的在线教育平台，全部课程都来自英国的大学，部分课程在考试或者发放证书时收费。与其他教育网站不同的是，该网站互动性较强。"Iversity"是德国人创立的免费的MOOC平台，被视为欧洲的Coursera。"Open2Study"是澳大利亚的在线教育网站，提供英文字幕和课程证书。虽然其号称是MOOC学习网站，但"Open2Study"的课程都没有明确的开课和结束时间，用户想学多久就学多久，想什么时候开始或结束都可以。Udemy是美国的开放式在线教育平台，只要有一技之长，人人都能在Udemy上注册成为教师，类似达人教学。目前该网站已经有32000多门课程，800多万学生，规模相当大。不过该网站免费课程较少，大部分讲师都希望出售自己的知识从而获得回报。“OpenupEd”是欧盟的在线教育平台，目前有约185门课程，大部分都是免费课程。在“OpenupEd”上，用户可以找到俄语、法语、意大利语、波兰语、阿拉伯语等12种语言课程，一些课程还提供两三门语言，当然主要的语言是英语，喜欢小语种的用户可以免费学习。“MIT OpenCourseWare ”是麻省理工学院开设的在线教育网站，有关MIT的课程几乎都能免费找到。

本章小结

本章共划分四个小节呈现信息技术与有效外语教学。第一节主要从信息技术支撑下的学习理念、有效教学的条件和个性化教学进行叙述。第二节提供了信息技术整合有效教学的教学设计案例，并介绍了计算机辅助外语教学的发展。第三节描绘了信息技术融入外语教育评价的可行性与具体的结合方式。第四节提供了外语教师进行课程资源拓展的可利用渠道，第五节为学生的外语学习提供了基于信息技术的外语学习资源的获取渠道。

第五章 基于信息技术的外语课程发展案例

在“互联网+”的大背景下，网络媒体的互联互通推动数字化教学的普及，促使外语课程教学模式快速转型。传统教育形式由单一的校园教学演变成校园网络教学、网络在线和实践应用等多种模式。教师、学生、教学内容和教学环境作为教学环节中的关键因素，随着外语课堂的数字化转型形成多维度的动态角色选择定位。

“大规模网络开放课程（MOOC）”等新型在线课程在世界范围内迅速崛起，促使教学内容、方法、模式和教学管理体制机制发生变革，给外语教育改革发展带来了新的机遇和挑战。在时代的召唤与教育部政策的指引下，全国各地中小学开始了基于信息技术的地方课程和课型开发，积极探索和创新我国外语课程建设新模式。

对广大一线教师而言，利用信息技术制作优质教学课件是一项必备技能。这要正确认识教学课程与教学课件的关系，把握信息与知识的内在联系与区别，充分发挥自身优势，切实提高信息技术素养，真正做到信息技术为我所用，打造移动互联网信息技术下的新型课堂教学案例。

第一节 数字化背景下外语课程创新

一、慕课

（一）慕课介绍

1. 慕课的崛起

大规模网络开放课程简称“慕课”，英文为MOOC，是Massive Open Online Course的缩写。2007年，美国犹他大学的戴维·威利（David Wiley）教授在Wiki上发布了一门面向全球用户的可分享课程资源的线上开放课程。2008年1月，加拿大里贾纳大学的教授Alec Couros开设网络课程“社交媒体与开放教育”（Social Media and Open Education，EC&I831），并邀请全球专家远程参与教学。他们发布的课程为慕课的发展奠定了基础。2008年，来自加拿大爱德华王子岛大学（University of Prince Edward Island）的学者戴维·科米尔（Dave Cormier）和国家人文教育技术应用研究院高级研究院的布莱恩·亚历山大（Bryan Alexander）提出MOOCs这个专有名词。2008年9月，由加拿大学者斯蒂芬·唐斯（Stephen Downes）和乔治·西蒙斯（George Siemens）共同开设的联结主义和联结知识课程（Connectivism and Connective Knowledge，CCK08），吸引了25个曼尼托巴大学的付费在校生和超过2200个线上免费注册用户。自此，慕课这个名词真正的进入了我们的视野。2011年，斯坦福大学试探性地发布了三门正式课程供公共免费注册学习。其中，斯坦福大学前教授塞巴斯蒂安·特龙（Sebastian Thrun）的“人工智能导论”（Introduction to Artificial Intelligence）课程吸引了来自190个国家的16万名学生注册参与，这也孕育了目前慕课三巨头之一——Udacity的诞生。2011年11月，斯坦福大学前教授达芙妮·科勒（Daphne Koller）和安德鲁·吴（Andrew Ng）共同创办了类似的慕课平台Coursera。这两大机构都是由斯坦福大学前教授创办的盈利性慕课机构。2011年12月，麻省理工学院启动了MITx项目。在此基础上，2012年6月，麻省理工学院与哈佛大学合资搭建了edX平台（Boyatt et al.，2014）。自此慕课三巨头，即Udacity、Coursera和edX诞生，慕课声名大噪，如飓风般席卷了各大报纸、门户网站的头条，也在教育界引起了巨大的波澜。至2013年年底，Coursera平台已经聚集了来自107所大学的558门课程，独揽了将近600万的组成用户，Udacity、edX用户也都超过了百万。随后，creative LIVE Inc.、iTunes U—Apple Inc.、United States Small Business Administration、Khan等如雨后春笋般纷纷被推向市场，慕课在全世界开始逐渐流行开来，比如法国的FUN、德国的Iversity、日本的JMOOC等也已上线。如果2012年被《纽约时报》称为慕课元年，那么2013年可称为慕课市场大爆炸的一年。

慕课也已成为中国教育界炙手可热的字眼。2013年5月，清华大学、北京大学同时与edX签订合作协议，之后，北京大学又加入Coursera平台。复旦大学、上海交通大学也跟随慕课的热潮，宣布与Coursera签约。2013年10月10日，清华大学推出了由其攻坚团队历时4个月倾力打造的全球首个中文版慕课——学堂在线（www. xuetangx. com），推出了清华大学的“中国建筑史”“电路原理”等5门课程，还有麻省理工学院的“电路原理”以及北京大学的“计算机辅助翻译原理与实践”等对外开放课程。此外，由北京慕课科技中心成立的慕课网（http://icourse163.org.cn/）也是目前国内慕课的先驱者之一。

慕课就网络授课这一形式而言，并不新鲜，那慕课到底是什么，为何能在教育界引起如此轩然大波？慕课冲破了高等学府的“围墙”，为世界各地大规模的学习者提供免费、零门槛的优质教育。慕课为大众揭开了高等学府优质教育的神秘面纱，然而慕课的吸引力却远不止于此。Daneil将各大名校争先恐后加入慕课行列的行为称为“gadarene rush”（横冲直撞）。各大名校都紧随其后，而且他们也确实有变革的压力（Daniel，2012）。然而，世界顶级名校为何会敞开他们神圣的大门将精品课程公之于众呢？首先，互联网为在线高校教育开启了一条淘金之路，高校希望通过提供线上课程抓住这个大淘金的机会。其次，由于过去几年的经济萧条，美国政府缩减了对各大高校的财政拨款，虽然最困难的时期已经过去，但据报告显示，美国41个州缩减了2011—2012年对高等教育的财政拨款，其中1/3的州缩减了一半以上。于是，即使是一流名校，也得想方设法缩减开支，而慕课让世界名校们看到了教育可持续发展的曙光。再者，出于企业社会责任（corporate social responsibility，简称CSR），很多慈善家、基金会、政府机构都赞助高等学府开发线上课件、学习程序等（Palmer，2005；Hussin，2011）。慕课三巨头的领导人也曾直言不讳地表示，慕课旨在打破阻碍现代教育普及化中存在的资源以及地域的屏障。Coursera创始人之一的达芙妮·科勒，在一次TED演讲中提到“慕课逐步实现了将教育作为一项基本人权的愿望，只要你有上进心、有能力，都可以利用慕课学到所需的技能，以改善自己、家庭及社区的生活”。突如其来的慕课并不是教育界改革计划中的成果，但高等学府一致认为应该鼓励和支持慕课的发展，以体现高等教育中的自由和平等。慕课作为信息时代与教育改革共同催生的产物，各界都希望能借慕课之风为教育界带来一次革新。

2. 慕课的定义与分类

慕课是一个动态的学习模型，它为学习者提供共同的学习机会，学习者通过交流互动，知识共享，共同建构新知识或对知识的新理解。慕课是一类针对大众人群的在线课堂，人们可以通过网络来学习。慕课是远程教育的新发展成果，是通过开放教育资源的形式发展而来的。慕课的设计和课堂参与与学院和大学课堂相似，但慕课一般不会像在校学习那样要求学分，并且可以用证书作为学习奖励。慕课没有完全既定的定义，但有四个显著的特点。

（1）受众面广（large number of participants）：与传统的远程教育相比，慕课能够满足大规模学习者的学习需求。

（2）开放共享（open accessibility）：除了少数的一些授予学位的课程需要学习者有该学科的专业基础，慕课对课程学习者的注册资格几乎没有要求或正规条件的限制，可以容纳全球性的目标群体。此外，慕课学习往往是免费的或只征收较低的参与费。

（3）数字化（digitization）：慕课打破了学习地域的限制，课程通过网络学习平台专门推送。数字化包括学习资源，教学过程，师生、生生之间的互动以及测验等。

（4）教学理念（didactical concept）：在线教学理念指导课程学习内容、教学过程与知识的传授需紧紧跟随预先设定的学习目标，在线教学设计的元素包括课程安排，学习内容的预先安排，师生、生生之间的互动管理，检验教育目标与测试的实行情况等（Wulf et al.，2014）。

此外，慕课的教学理念也与以往的网络课程不同，学习内容的建构都是以教学理念为依据，教学过程、知识的发展都是以预设的学习目标为指导。相较于以往的网络课程，慕课将时下流行的社交互动平台整合其中，更加注重师生、生生之间的交流互动。同时，慕课持动态的知识观，根据学生学习的数据分析与反馈改进教学内容，突出了以学生为中心的特点。

随着慕课的发展，慕课最终分化为两种完全不同的教学模式：cMOOC 和 xMOOC。它们的教学理念基础、教学内容、评价方式、师生角色，以及师生、生生互动方面都不尽相同。cMOOC 基于联结主义的教学模式，强调线上的沟通互动，学生创造学习材料，互动形式与大型多人线上游戏类似，即强调创造性、自主性和社会网络学习。xMOOC 是由美国知名高校在认知行为主义基础上发展而来的，它有正式的课程表，统一的内容以及测试等去检验学生是否达到教学目标。这更加类似于传统课堂中的大课，一名讲师给大规模的学生上课，一些研究生助理分组管理学生，回答他们的疑问，讨论作业等。换言之，cMOOC 关注知识的创造与生成，而 xMOOC 关注知识重复。Siemens 指出 xMOOC 是传统课型再加上互动的练习意见讨论室等，而 cMOOC 是在联通主义的基础上，让学习者在学习过程中能够自我规划，是社交化学习的过程。cMOOC 充分利用了开放的教学资源，允许学习者通过互动交流规划自己的学习过程（Daniel，2012）[18]。Bates 指出 xMOOC 模式适合学习一些经过不断练习能够习得的领域知识（domain knowledge）。而 cMOOC 能够让学习者学会更高级的创新性技能（higher order creative skills）（Kop et al.，2012）。

慕课还有一种模式：tMOOC。tMOOC 采取基于任务的学习方式，如在新媒体传播课程中，要求学生利用工具独立编写数字化故事，然后在网上提交作品，教师仅起指点作用。这类慕课坚持开放的理念，但同时规定注册的学生必须来自被其认证的大学以控制运行规模和操作认证

（陈坚林，2015）。

（二）慕课课程特征

通过线上技术、公开资源、远程学习、学习社区来服务大范围学习者，这一理念并不新颖。而慕课作为一种最新的网络授课形式，相较于以往的网络课程，有其独特的课程特征。本章节主要从 cMOOC 和 xMOOC 两类慕课的特征进行阐述。

1. cMOOC

cMOOC 在联结主义的理论基础上，将社交互动软件、专家、学习者以及线上资源等整合成一个学习共同体。虽然 cMOOC 为学习者提供大体的时间表和学习资源，但学习者需要自行制订学习目标、学习计划。学习者有责任通过网络分享资源，交流思想，共同指引课程的学习方向，促进学习者间的共同学习（Kop et al.，2012）。cMOOC 旨在为学习者创造一个舒适、可信任、有资源价值的学习平台以促进培养学习者自主学习能力、创造性和以网络化社会为基础的学习能力（Boyatt et al.，2014）。这个课程的目的不是让学习者去识记课程的内容，而是学会课程学习中所需的、体现课程学习的过程学习方式、方法，并能在学习课程的过程中不断的强化。以下将介绍 cMOOC 的课程特征。

（1）教学理念

cMOOC 是在联结主义教学理念的基础上发展而来的。联结主义（connectivism）是由加拿大学者乔治·西蒙斯（George Siemens）于 2004 年在他的论文《联结主义：数字时代的学习理论》中首次提出，被誉为国际上新近兴起的 e-learning 学习理论中“里程碑式”的数字时代学习理论。Siemens（2006）首次提出联结主义时，他认为，现存的教育理念不再适用于当今的 Web 2. 0 时代，已不能解决这个时代所带来的挑战。这个时代的主要特征有：①知识的快速发展，知识本身就是一个动态发展的过程。产品的更新换代和知识的不断外化需要我们从不同的视角去理解知识。②未来的学习趋势将会是人们在其一生中需要介入不同的知识领域，非正式学习成为了学习的一个主要方面，学习和工作之间将不再是孤立的两个部分，而是相互融合的。这也与时下的终身学习理念不谋而合。③现今的技术已经改变了人们的思维方式，组织和个人都是学习的有机体，对知识管理的关注表达了人们亟需一种理论来解释个人与组织这两个学习有机体之间的联系。对于之前由学习理论来指导的学习过程，现今可由技术来支撑它们。对于现今的学习者而言，知道获取知识的途径比知道如何学、学什么更加重要。

联结主义的基本理念是知识分布于网络连接之中，因此学习能力应包括构建知识网络的能力以及利用知识网络的能力（Downes，2012）。在信息大爆炸时代，信息增长的速度远远超过了人们处理信息的速度，学会获取信息和筛选信息比掌握信息本身更加重要。联结主义认为，途径比内容更加重要，知识只是一个载体，是人们互动交流从而养成良性学习方式的催化剂，而学会如何获得知识，区分重要知识与非重要知识并形成学习网络才是课程的关键。Siemens（2006）的联结主义的八条教学原理是：

第一，学习和知识产生于不同的见解之中。

第二，学习就是联结不同的专业节点和信息源的过程。

第三，学习可以存在于非人类的设备上。

第四，学习更多知识的能力比自身现有的知识库重要得多。

第五，要促进持续性的学习就需要建立和维护节点与信息源的网络关系。

第六，能够发现不同领域、思想、概念之间的联系是一项核心技能。

第七，保持知识的与时俱进是所有联结主义学习活动的最终目的。

第八，决策本身就是一个学习过程。选择学习内容、理解最新资讯的过程都是对瞬息万变的客观世界做出调整的过程。

在实际的应用中，信息流的构建、维护和有效利用是组织活动的中心。联结主义教学主要通过以下四个活动来完成：①集合，即集合与课程相关的材料供学习者自行选择学习内容。联结主义一再强调，其课程没有中心内容，每个人根据自己的意愿选择学习内容从而产生自己的观点，而那些有趣的讨论和活动也正是建立在这些不同观点的基础之上。②重新整合，即联结自己与他人的学习资源。通过现今的社交互动平台，如博客、线上会议室等，来记录、总结、评价学习内容。③转用，它是这个课程的主题，即学会如何去阅读、观看、理解、与他人合作去创造，以及在此基础上去构建新的理解和知识。学习不再是简单的复制和筛选知识的过程。④推动分享，继续学习。联结主义希望学习者能够最大限度地与外界分享他们的成果，并从彼此分享的课程以及评价中不断地学习到更多的信息（Downes，2012）。cMOOC的课程设计是基于联结主义发展而来的，关注学习者学习能力的培养以及学习者对学习资源的整合以形成对学科的理解。

（2）教学内容

联结主义一再强调，cMOOC没有固定的教学内容，学习者根据自己的喜好选择与教学主题相关的内容，通过网络资源分享，思想交流，共同指引课程的学习方向。当然，没有中心内容并不代表没有内容。正如在对CCK11[1]的相关研究中，Downes（2011）提道：在联结课程中，没有指定的教材，一切都是自行选择的。尽管课程没有既定的内容，但这并不代表该课程没有内容。联结主义学习要求参与者自行选择他们喜欢的跟主题相关的学习内容，并且鼓励参与者能与其他学习者分享自己的内容。因此，学习者的潜力也不再受到课程内容的限制。

（3）教学目的

cMOOC旨在为学习者创造一个舒适的学习平台，以培养学生的创造力、社交能力、思考辨析能力等（Siemens，2012）。学习者通过参与课程，学会如何获取知识，并筛选重要信息。课程的主要目的是让学习者学会课程学习中所需的、体现课程学习过程的学习方式和方法，并能在学习课程的过程中不断强化，而不是去识记课程内容。

（4）教学流程

在课程开始的时候，课程组织者会以电子邮件等方式为学习者提供形式多样的、与课程内容相关的材料供学习者阅读、观看。此外，每个工作日还有从课程服务商、学习者、网络等处收集而来的、标亮的newsletter发送给学习者，这就像一个杂货店一样，里面有很多内容，学习者可以自行挑选自己感兴趣的学习内容。内容的选择也是关联课程中

[1] CCK11是一门开放的线上课程，为期12周，主要探讨联结主义的相关概念及其在教学实践中的应用。

很重要的一个部分。关联课程没有特定的课程内容，学习者要学会如何与学习内容以及其他学习者进行互动。通过对内容的选择，形成自己关于课程独特的视角，而不是课程内容的识记。如果看到感兴趣的内容，可以到评论页面留下自己的见解。为了更好地参与课程，学习者可以通过博客、WordPress等平台分享关于课程的内容（contributions），也可以参加每周至少一次的线上会议，与其他学习者进行头脑风暴。cMOOC的流程图如图5.1所示：

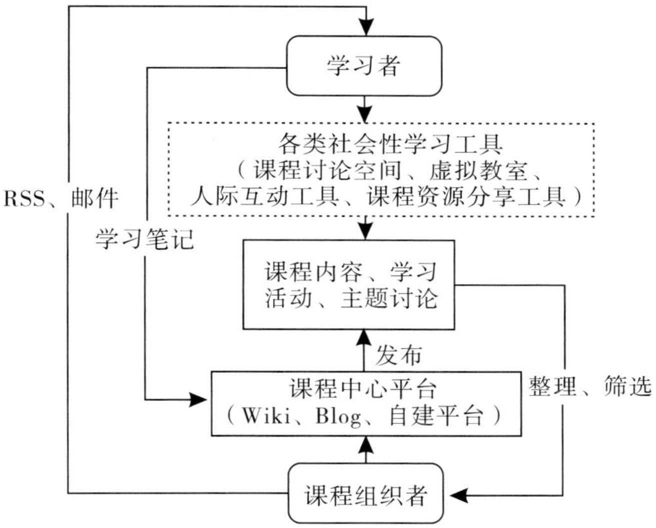

图5.1 面向cMOOC的学习管理系统框架设计（李华 等，2013）

Kopp和Fournier（2010）针对Siemens和Downes的联结课程进行了深入研究并指出，对于慕课新手来说，课程最大的挑战是社会临场感（social presence）和高度的自主学习能力。Downes认为慕课与传统课程最大的区别在于慕课是基于自愿原则的，个人自行决定是否参加课程以及如何参加等。如果学习者不是自愿的，那么他就没有融入慕课之中。慕课与传统教学的第二大不同是慕课假定参与者是积极主动的，并且通过慕课的课程能够学会如何学习。传统教学以命令式的教学方式为主，学生习惯于根据一定的指令去学习。慕课旨在让学生对自己的学习负责，只有当学生被赋予责任的时候，他们才能学会如何对自己负责。然而，期望慕课能代替传统教学是不合理的。在慕课课程开始之初，学生最好具备一些基础能力，或者能提前做好大量的准备（Kopp et al.，2010）。慕课旨在创造一个学习环境，在该环境中，学习者通过相互之间的交往互动可以增强他们推理、思考、辩论等方面的能力。

2. xMOOC

xMOOC 是以行为主义理论为基础的，在高等教育传统体制内的授课平台，由传统教学模式数字化演变而来。与以往网络课程不同的是，xMOOC 不再是单纯地将课本搬到网络上，而是将课堂搬到网络上。它除了提供视频材料、文本资料和在线答疑，还为学习者提供交流互动社区，建立交互参与机制。作为 xMOOC 三大巨头的 Coursera、edX 和 Udacity，相较于 cMOOC，它们有更加结构化的课程体系和系统化的平台支持服务。xMOOC 主要由三大部分组成：学习内容、作业及评价活动。以下将介绍 xMOOC 的课程特征。

（1）课程结构

课程讲座视频是由课程设计者将一个或几个知识点录制成小短片，学习者可以根据自己对学习材料的理解程度，回看或者快进视频，控制自己的学习路径和速度。内嵌小测验可以让学习者进行回溯检索性学习，检测自己的理解程度。此外，xMOOC 平台还为学习者提供在线答疑、用户交互社区等，以学习者为中心，提供多样化的学习支持服务，优化学习者的学习体验。

（2）评价机制

作为一种巨型课程模式，以一对千，甚至以一对万让讲师与学习者之间面对面交流变得不现实。因此，xMOOC 利用很多科技手段来保证学习的可持续性和可测量性。慕课主要有机器评分和同学互评（peer-reviewed assessment）两种主要评价模式。前者主要针对理工科类课程，它甚至能够检测出编辑类作业中编码的错误。后者主要运用于人文社科类课程，学生之间需要遵守一定的规则来相互评价，以鼓励学习者之间相互沟通。基于视频的内嵌测验和单元测验，学习者能够及时检验自己的学习情况。内嵌测验和评价机制给予学生及时的反馈，学生能够及时了解自己的学习成绩，从而大大提高学习者的积极性。教师可以根据评价结果分析学生的学习情况，并改进自己教学中的不足之处，以提高学习者的学习质量。

（3）数据分析

相比于传统课堂，慕课在视频播放过程中安插了大量的统计代码来研究每位学习者的学习情况以改进教学。比如，根据Coursera 2015年10月的统计结果，虽然Coursera的小短片平均长度大约在12分钟，但是该平台最适合学习者集中注意力的视频长度为21分钟左右。由于慕课参与者人数动辄上万，因此采用机器学习机制能够对慕课学习过程中产生的大量数据进行分析，比如一个人看过多少次视频，某道题目有多少人答对等，而这些数据的分析结果能够反映出课程的设置问题。教师可以根据大数据分析来调整整个网络课程，而学生可以通过这些数据分析了解自己的薄弱点，进行有针对性的加强练习。

（4）互动模式

xMOOC非常强调师生、生生之间的交流互动。xMOOC利用博客等社交软件来支持师生之间的交流互动。此外，慕课优化了论坛讨论服务，每个视频都有对应的讨论区，它还将视频讨论区与Quora的顶踩机制结合起来，通过同学投票可将优质的问题和答案置顶。同时，慕课还将社交网络整合成为课程传播和师生交流互动的平台。除更贴近生活外，师生、生生之间以他们独特的方式相互帮助，共同学习，教学相长。

（5）名校名师

作为一种新兴的网络授课形式，xMOOC能风靡全球的一个重要原因是xMOOC平台上的课程都是由来自名校的名师们精心设计和发布的。在这个资源共享盛行的时代，xMOOC带着名校的神秘光环，将他们的课程公之于众，这对其他学校的学习者具有极大的吸引力。大众将名校名师的课程等同于精品课程，而免费接触精品，大概谁也不会拒绝。如Udacity和Coursera是由斯坦福大学前教授创办的，edX是由哈佛大学联合麻省理工学院共同创办的，而后，他们分别与不同的名校签约，将该领域的精品课程囊括其中。

（6）信息技术的整合

慕课成功的原因之一在于它非常重视用户体验，能够利用最新的信息技术，不断优化服务，为学习者提供学习支持。同时，针对一些随之而来的问题，不断进行改进。例如，xMOOC采用线上测试之后，随之而来的一大问题便是作弊。在发现大量的家庭作业存在作弊现象后，Coursera设置了“荣誉代码”（honor code）。Coursera还和一家名为ProctorU的机构合作，通过网络摄像头来监督考试。参加考试的人需要出示一种或多种身份证明，再通过电脑扫描考试的周围环境以确保没有任何可供作弊的考试工具和提示等；同时，学生还需要填写关于个人身份的多选题以核实其身份。在考试期间，ProctorU的工作人员通过摄像头观察学生的考试情况。虽然这种监督过程实施起来难度很大，但具有一定的可行性。目前采用的另一种办法叫“身份跟踪”（signature track），就是让学习者在开始时出示自己的身份证，在做作业时必须拍一张照片和上传一小段自己的打字样本。因为每个人都有自己打字的节奏和习惯，这是很难模仿的，就像每个人都有自己的笔迹一样。这也叫“击键生物识别术（keystroke biometrics）”，以用来确定作业是否由本人完成。

（7）教学成本低

慕课作为大规模线上开放课程，能够同时对成千上万的学生授课，所以相对于传统课程一位教师、一个教室的模式而言，更能节约教育成本。xMOOC更多的是作为课堂教学的补充，学生课后观看视频，带着问题进教室，与教师、同学讨论自己的疑问，从而更加有效地利用课堂时间。从另一个角度来看，这也算是降低教育成本的一种方式。由于慕课利用教师资源的方式更加合理，能有效地解决当今学校存在的另一个难题，即用更少的经济预算给更多的学生提供更加优质的教育，同时，为低收入家庭的学生敞开优质知识的大门，降低他们的学习成本（Vardi，2012）。慕课的出现让这一切变为可能，教育者希望通过对慕课的合理利用，降低教育成本，增加财政紧张地区的教育机会，降低学生的学习成本，提升学生的学习效率。

（三）慕课教学设计

慕课的教学设计独具特色，以xMOOC为例，课程由视频、内嵌测试题、作业、互动活动等组成。慕课每周发布的视频都是高度浓缩的知识内容。将一个单元的内容浓缩为几分钟，或至多十几分钟的视频呈现给学习者。视频内嵌了帮助学习者自我判断是否掌握了所学知识点的测试题，并给予及时的反馈，学习者根据自身的情况决定是否重新观看视频以巩固理解。慕课布置的作业完全以学习者为中心，是学习者展现自我的舞台。作业设计是慕课课程中的重要组成部分。学习者通过互动平台进行讨论和完成作业，通过共享，不仅能从其他学习者的作业中得到启发，也能从其他学习者对自己作业的评价中获取灵感，构建自己对课程的理解。由于慕课具有庞大的学生群，因此慕课课程需要对实施过程中的教学管理规则做出明确的规定，比如作业是什么，什么时候交作业，学习社区的发言礼仪是什么等。只有严格遵守规定，才能让这个庞大的学习群体有条不紊地进行各项活动。

现今，慕课已在全球范围内流行开来，但中西方在慕课教学设计的思维上存在差异。虽然这受到各地实际情况的影响，但西方在教学设计的处理方面，还是有值得借鉴之处的。

第一，因材施教。课程设计者针对不同的学习对象，布置不同的学习任务。例如，美国宾州大学的“Creativity，Innovation and Change”课程，简称“CIC课程”，教师在开课前将学习者分为：潜水员，即只看视频的人；探索者，即除了看视频，还参与作业的人；冒险家，即除了看视频，还参与作业和专题的人。针对后两类学习对象，教师每周都会分别给出作业。当然，不同“身份”的人将来获得的证书可能会有所不同，学习者也可以根据自己的兴趣来改变自己的“身份”。

第二，从灌输到引导的学习方式。目前，国内的慕课内容还是以灌输为主。在内容上，教师常常很难取舍，通常会将所有有用的内容全部教授给学生，这就剥夺了学生自主学习、自我探索与创新的机会。而西方教师在教学内容方面大都大胆取舍，采取引导模式，只教学生最基础的内容、知识与技能，鼓励学生在已学的基础上自我学习和探索，自我构建知识与理解，从而引发学习者的学习兴趣和学习动机。这与联结主义的思想不谋而合，因为科技时代的到来，预示着灌输式的教学方式已经无法成为主流，而应该引导学习者自己探索，形成自己对知识的理解和建构。

（四）慕课课程启示

作为当下教育界的宠儿，慕课的流行绝不仅仅是因为规模大或在线。

它的教学理念以学习者为中心，注重师生、生生互动，注重学习者学习方式的养成及知识的创生等都可以给传统课堂教学带来一些启示。

1. 从大型多人在线游戏到慕课（From MMOGs to MOOC）

MMOGs 虽呈现多种多样的类型，但从名称上来看，其包含了明显的特点。第一，MMOGs 中所包含的 3 个单词“Massively Multiplayer Online”意味着 MMOGs 可以容纳大量的在线玩家。第二，MMOGs 中所包含的单词“Game”自然意味着 MMOGs 属于数字化游戏。

MMOGs 的结构设计可以用形式要素和戏剧成分的概念进行简明的分解。形式要素包括在线玩家、明确的游戏目标、软件限定的游戏规则、核心的游戏情节设计过程、游戏资源、人为冲突、虚拟游戏边界和明确的结果。戏剧成分包括模仿的混合，（古希腊戏剧中的）人物之间的冲突，难度逐步加大的挑战，预设一个游戏世界，幻想的角色和拟真的故事情节。

同样地，用形式要素和戏剧成分的方式分解 MOOC 的结构设计。由此可见，MOOC 中的形式要素与 MMOGs 十分相似，包括在线学生（玩家）、课程目标、课程规则、学习计划（过程）、学习资源、测试（冲突）、课程范围和测试结果。然而，MOOC 中的戏剧成分与 MMOGs 有很大的不同。

（1）基于严格规则的系统，MOOC 基本上只提供一种形式的“游戏”，即每位学生与课程体系的竞争性“游戏”。

（2）在 MOOC 中，挑战的类型包括练习测验、分级作业与分级考试。多数情况下，此类挑战只属于按时间顺序安排的连续任务，而不是有目的地设计出符合提升学生技能的任务。

（3）MOOC 没有精心设计的前提、人物和故事情节。基于对 MMOGs 和 MOOC 比较分析，指导 MOOC 设计视角的提升（Tan et al.，2014）。

2. 从慕课到翻转课堂（From MOOC to SPOC）

慕课，作为现今改善传统教育的新势力，被人们赋予了很高的期望。但是就目前而言，希望通过慕课来彻底代替传统课堂教育还不现实。Downes 认为慕课旨在让学生学会如何学习，然而，期望 MOOC 能代替传统教学这个观念本身就不合理。MOOC 对学习者自主学习能力和自我规划能力有一定的要求。因此，纯MOOC形式并不适用于中小学的教学。慕课是否有助于教学，取决于我们到底要如何利用慕课。我们应将慕课视为传统教学的补充，而不是替代者，即可以将MOOC以翻转课堂的形式来辅助教学。正如慕课设计者和推广者的期许一样，他们并不希望电脑的出现让人们渐渐地遗弃教室、课堂，而是希望通过在线教育改变学校的教学性质，让学校教学变得更加吸引人（Fox，2013）。麻省海湾社区学院的O’Donnell认为，慕课在基础课程的教学方面有很大的潜力。慕课在课程内容教学方面有很大的优势，但是测试、评价和教师指导方面还有很多缺陷。传统的教学模式是教师作为讲台上的权威给学生讲解课程，课后要求学生独立完成作业。而慕课带来的新的教学模式是学生独自参加网络课程，然后在教师的指导下完成作业。相较于传统的教学模式，这种翻转模式有很多优势。首先，课堂教学内容更加优质，慕课让世界上最高水平的教授们提供免费的课程内容以及深入浅出的讲解，学生可以根据自己的理解能力，反复观看视频或者直接跳过自己已经理解的部分。此外，在课堂上，教师指导学生学会如何学习，如何获取信息渠道，如何进行批判性的思考、分析，整合信息、构建知识，学生有更多的时间可以与教师共同探讨问题（Radford，2011）。这种形式充分利用了慕课的优势：高质量的教学材料和学生间的及时反馈，从而最大限度地利用了教学中的稀缺和不可再生资源——教育者的时间，理论上更合理地支配了教学实践，丰富了教师和学生的经历。混合式课堂让师生之间能够更好地交流互动，也促进学生更好地掌握课程内容。

3. 学习共同体的建立

由于高新科技的高速发展、经济的全球化，这个世界正在不断地发生变化。人们应该不断更新自身的知识，提高自己的技能以迎合这个瞬息万变的世界。教师，作为学习者的引导者，更应该注重自身的发展，学科知识的强化、教学理念的更新、教学方式的与时俱进，并具有终身学习的学习理念。慕课不仅能改善高等教育，也能为在职人员提供继续教育，使得终身学习的理念能够进一步的实现。线上教育的便利性、低成本性已被越来越多的在职人员所接受。美国教育局2011年报告发现高年级大学生和那些有配偶的或者全职工作者更加积极参与远程教育和学位项目（Siemens，2006）。比起传统教学，MOOC为教育者、学习者、助教提供互动交流平台，形成关系网，共享知识，交流互动，共同学习。教师职业教育和继续教育可从cMOOC教学理念和课堂模式中得到启示。相比于学生，教师具有更高的自主学习能力和自我规划能力。教师之间学习共同体的建立、资源的共享及交流互动对教师的在线职业发展有着不容小觑的助推力。

4. 同伴评价

相较于以往的网络授课，慕课的成功很大程度上取决于慕课的及时反馈。慕课利用时下流行的社交互动平台，如Blog、Wiki等交流平台供学习者就课程问题、自己的想法等进行互动交流，共同学习。同时，xMOOC的视频中还嵌入了配套的测试题，让学生及时了解自己对知识点的掌握情况，并及时改进。除了机器评价，慕课还引进了同学互评（peer assessment）。这不仅增加了学生的课堂参与感，提高了学生学习的积极性，同时，同学之间的及时反馈能够使学习者意识到自身的学习问题，从而有针对性地改进自己的学习方法。

5. 以学习者为中心

在cMOOC中，教师只为学习者提供最初的学习材料、作业以及随后上传的评价活动。相较于传统课程，教师在慕课编制过程中只处于第二位的角色，因为他们没有为大部分参与者提供私人的学习服务。学习者间相互协助，用讨论和增加相关材料的方式丰富课程，这也就是所谓的“teacher as learner”模式。由于一门慕课的参与者成千上万，一对万的学习支持是不现实的，所以慕课开发了很多线上互动社区，学习者之间通过互动社区共同交流，共同学习。慕课也提供了同伴互评的评价机制，不仅提高了学习者的学习动机，也增强了学习者的课程参与感。

6. 大数据分析教学

各大院校启用慕课的一个潜在原因是他们希望通过慕课平台收集数据，或者说进行学习分析找出学生成功和失败的原因。学习分析将会追踪学生的每一个学习进度，教师可以根据学习者反映的数据来改进自己的教学。如果大多数学习者在同一个问题上出现了错误，那么教师应改变这一知识点原本的教学设计，以促进学习者更好的理解。数据分析还可以总结出学习者的学习习惯，这有利于教师根据数据结果，提供更好的学习体验，也是当今互联网所强调的客户体验的一种类型。

7. 信息技术不断整合

慕课之所以能在教育界掀起如此大的波澜，与当今信息技术的巨大变化是分不开的。信息技术的迅猛发展，为优质教育资源的普及化提供了学习支持服务。云计算、音视频技术、Web 2. 0和网络基础设施等为慕课的发展提供了技术支持（Boyatt et al. ，2014），如击键生物识别术、大数据分析等。慕课课程不断融入最新的学习服务技术，为学习者提供学习支持，优化学习者的学习体验，比如论坛顶踩机制、在线会议室等。

8. 低边际成本

由于全面数字化教育服务体系的构建，师生互动自动化程度的提高，潜在互动价值创造的系统开发，课程的边际成本接近于零。因此，成本的显著降低得以实现。

9. 长尾效应

慕课打破了学习地域与时间的限制，可以容纳全球性的目标群体，特别是在职培训领域。因而，慕课当前也能提供专业课程。

10. 教育服务个性化

学习分析促进个体参与者对学习内容和教学方法的适应，满足其需求。使用现有的数字（化）学习方法和慕课技术能够调整个体学习目标与学习表现，且几乎没有附加费用，因而有助于推动个性化课程的开展。系统设计数字化教育服务能够使教育服务更具个性化。

二、翻转课堂教学模式

随着信息技术的不断发展和进步，当今社会日趋多元化。互联网时代、微博时代、云时代、移动时代、微信时代，各种时代标签的背后恰好说明了当下是一个不断变化的时代。时代在变化，学生在变化，教学方式自然也要随之改变。在信息化的社会背景下，如何利用信息技术的优势和便利进行外语学科的有效教学，是许多外语教师十分感兴趣且关心的话题。2011年，美国各地兴起的“翻转课堂”（the flipped classroom），凭借其新颖的教学模式很快吸引了人们的广泛关注，并被加拿大《环球邮报》评为2011年影响课堂教学的重大技术变革之一。翻转课堂，关键不是“翻”而是“转”。翻转课堂并非简单地在家看视频、上课、写作业，不是视频取代教师；不是让学生盯着电脑屏幕，孤立地学习；更不是电子书包，无序学习。“翻转课堂”是对传统教学模式的补充，是准确把握学情，实现以学定教、先学后教的方式；是要唤起学生与生俱来探索新知的欲望，让教师角色回归本源；是提高学生学习品质，培养终身学习的“长跑能力”；是泛在学习，对弱势学生的帮助和关怀；是让课堂的内容得到永久存档，便于复习或补课，最终让所有学生都能找到自己的学习基点，并在此基点上进行个性化学习（林春，2015）。

翻转课堂是由英语flipped class model翻译而来的术语，“翻转课堂式教学模式”简称翻转课堂。翻转学习网络（flipped learning network，简称FLN）对翻转课堂的定义是：“翻转学习是一种教学方法，这种教学方法将直接教学的行为从小组学习空间转移到了私人学习空间，而小组讨论空间变成了一个动态的、互动的学习场所，在这个场所，学员们将概念应用于实践，更加积极主动地参与课堂主题，而教师的角色是指导者。”（中小学信息技术教育编辑部，2014）简而言之，翻转课堂是借助信息技术颠倒了传统知识传授和知识内化的顺序，将传统课堂中知识的传授环节转移至课前完成。知识的内化则由原先课后作业环节转移至课堂中的学习活动。

翻转课堂颠倒了传统教学“先知识传授，后知识内化”的教学模式，即通过信息技术和互联网的辅助，将传统课堂中知识传授的阶段转移到课前让学生自主观看教学视频来完成，而知识内化的阶段则由原先学生自主完成课后练习转移到课堂上师生、生生间的讨论与探究等活动来完成。随着课堂教学过程的颠倒和课堂时间的重新规划，教学过程中的各个过程和许多要素也发生了变化。借助信息技术制作教学视频，通过对知识传授和知识内化的颠倒安排，实现了对“教师白天在教室上课，学生晚上回家写作业”这一传统教学模式的翻转和革新。

（一）翻转课堂的起源和发展

美国可汗学院（Khan Academy）创始人萨尔曼·可汗最早对翻转课堂进行了探索。起初，可汗在利用信息技术远距离辅导侄女数学功课的过程中，萌生了制作教学视频，让更多学习有困难的孩子享受这一辅导资源的想法。随后，他很快将自己的想法付诸实践。2006年，他将制作的第一个教学视频传到YouTube网站上，并很快受到了人们的热捧。紧接着，萨尔曼·可汗制作了更多教学视频，范围涉及数学、金融、历史、物理、化学、生物等科目的内容，为学习有困难或是在家自学的孩子提供了大量的学习资源。

如果说可汗主要是利用信息技术对学生进行学习辅导的话，那么，在2007年，美国科罗拉多州林地公园高中的化学教师乔纳森·伯格曼和亚伦·萨姆斯则进行了颠覆传统课堂的尝试。起初，这两位教师使用屏幕录制软件演示文稿的播放和讲课声音，并将视频上传到网络，目的是帮助生病缺席的学生补课。后来，他们将这一方法运用到日常教学当中，让学生在课下观看教学视频，在课堂上完成作业，并面对面讨论和讲解学习中的难题与疑惑。这种颠覆传统的教学模式迅速受到了学生的欢迎，由此开创了“翻转课堂”的先例。为了让其他教师更好地理解和运用翻转课堂的理念和方法，2012年1月30日，他们在林地公园高中举办了翻转课堂“开放日”，让更多的教学者观看翻转课堂的运作情况和学生的学习状态。这不仅使翻转课堂的观念深入人心，同时也将翻转课堂真切地展示在公众面前，使更多的人可以近距离观察和体验。许多中小学教师开始将翻转学习模式应用于科学、数学、技术、社会和语言等课程中，并自发成立了翻转课堂联盟网络（flipped classroom network），以便开展翻转课堂的研究和讨论。截至2012年年初，已有两个国家（以美国为主）的20多个州30多个城市开始了翻转学习的实践探索（秦炜炜，2013）。2012年7月，乔纳森·伯格曼和亚伦·萨姆斯合著的翻转课堂教学实践和心得——《翻转你的课堂：每天每节课与每个学生交流》（*Flip Your Classroom: Talk to Every Student in Every Class Every Day*）一书的出版，成为翻转学习理论化进程中的一个重要里程碑。此外，开放教育资源（OER）运动使翻转课堂得到进一步推广。继麻省理工学院开放课件运动（OCW）之后，耶鲁大学公开课、可汗学院微视频、TED（TED的教育频道）等视频为翻转课堂的开展提供了优质的教学资源，促进了翻转课堂的发展。

（二）翻转课堂的教学模式

翻转课堂包括两个阶段，分别为课前知识输入和课上知识内化。课前知识输入阶段，即在线学习阶段，学生根据自身实际情况和学习水平自定学习进度，自主观看教学视频。这个过程中学生可以跳跃式地学习，也可以反复学习。学有余力的学生可以吸收更多的知识开拓视野，相对落后的学生可以反复观看教学视频以力求"学懂"。这样就提高了教学效率，满足了不同层次学生的需求。课上知识内化阶段，即线下学习阶段，学生和教师共同参与。教师通过引导和答疑，使师生、生生之间形成互动，从而帮助学生更好地内化知识，达到更好的教学效果。通过"课前知识传授，课上知识内化"这样的颠倒安排，课堂真正变成了一个解决问题，加深概念理解，生生之间合作学习的地方；学生真正成为了学习活动的主导者，而教师也从单一的知识传授者转变为学生学习活动的组织者、引导者和促进者。翻转课堂的教学模式如图5.2所示。

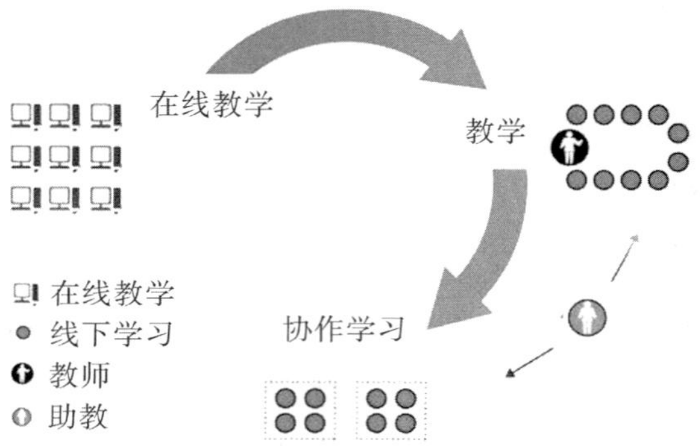

图5.2 翻转课堂中的教与学

针对教师而言，课前知识输入阶段，教师需要创建教学视频并为学生提供相应的针对性练习。教师在录制教学视频之前，应当明确学生必须达到的学习目标，这与传统课堂中教师在备课时预设教学目标的活动是一致的。有了明确的教学目标，教师应当基于学生当下的学习情况、学习习惯及学习心理等特征，收集并创建时长约为八分钟的简短的个性化教学视频。视频的教学内容力求清晰明确，前后连贯，教师的讲解要生动、形象。此外，教师在视频的讲解中也应当注意与学生的互动，调动学生的积极性，适时提出一些问题引发学生思考。

众所周知，课前知识输入固然重要，但知识的内化吸收是学习者真正掌握知识并运用知识的关键。翻转课堂将知识输入阶段转移到课前，通过学生“课前预习的最大化”相对延长课上知识内化的时间。因而，教师在课上成功组织高质量的课堂活动，正确引导学生进行协作学习是翻转课堂中极为重要的一个环节。首先，教师应当就课前学生自学过程中反映的问题进行梳理，并总结出一些有探究价值的问题供学生在预习的基础上进行更深入的合作探究。其次，教师可以采取小型辅导、小型研讨、分组学习等方式，鼓励学生在活动中既能够独立探索，思考问题，又能够参与协作学习，从而学会思考，学会合作，学会分享。最后，教师一定要给学生及时适当的反馈和评价，让学生在学习过程中进行及时调整和反思。

总而言之，翻转课堂的整个学习过程都是围绕学生发展进行的，课堂活动和学习测评环节更是顺应了学生的个性需求。从课程资源的开发，到学生课前自定义的线上学习，到学生课上的知识内化与运用以及课后的反馈评价和研讨总结等一系列步骤和环节（如图5.3所示），不仅学生在学习过程中享受到了乐趣，觉得学习更加个性化；教师也在整个教学过程中发展并提高了自身的学科能力、课程建构能力及信息技术操作能力。

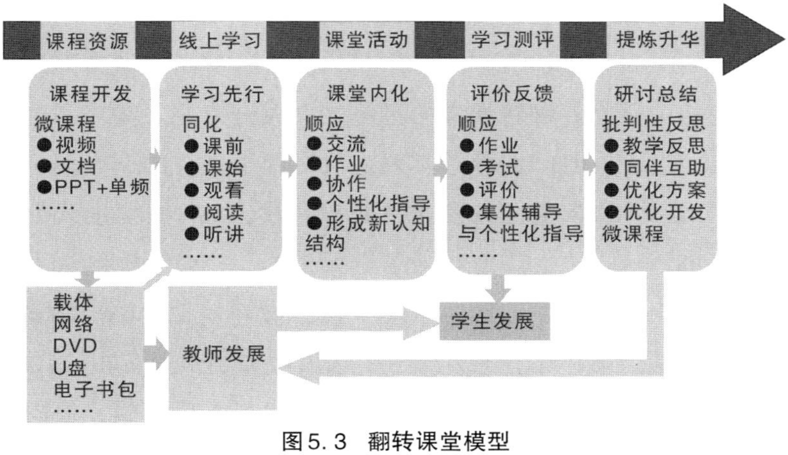

图5.3　翻转课堂模型

（三）翻转课堂的应用现状

翻转课堂模式一出现就受到了人们的广泛关注。近年来，国内外有关翻转课堂的研究和实践如雨后春笋般层出不穷。

2007年，萨尔曼·可汗创办了一个非营利的教育机构——可汗学院，该网站上有超过3500个教学视频，内容涉及数学、社会科学、经济学、会计、历史、地理等多门学科。可汗学院成立之初就受到很多家长和学生的好评，同时也获得了比尔·盖茨的大力支持。可汗学院的迅速兴起也让更多的教育从业者认识到翻转课堂是一种非常可行的教学改革方式。

2012年3月，美国科学教师协会（National Science Teacher Association，简称NSTA）发表的报告表明：国家科学教师协会2012年开展了题为"Have you flipped?（你参加翻转课堂了吗?）"的调查研究，70%的参与者表示他们已经在不同程度上试行了翻转课堂，其中高中占总数的60%，应用翻转课堂最多的学科是科学，占总数的57.4%。在美国的K-12[1]学校，师生们努力尝试着各种各样翻转课堂教学模式的变革，并涌现出许多精彩案例，如美国明尼苏达州斯蒂尔沃特市石桥小学的数学翻转课堂，柯林顿戴尔高中的全校翻转，东大急流城高中的AP生物学翻转课程等。

我国翻转课堂的实践研究虽然晚于国外，但是也正因如此，我国的教师和学者充分吸收了国外理论研究和实践的精华，站在了巨人的肩膀上，使我国教师和学者在翻转课堂的实践研究中少走了很多弯路。2011年下半年开始，我国重庆、上海、广州、南京、杭州等城市陆续展开了翻转课堂的相关研究。翻转课堂的星星之火大有燎原之势。其中，重庆聚奎中学在经过一段时间的教学实践之后对师生进行的调查显示：对于翻转课堂，82.9%的学生比较喜欢或非常喜欢，88%的学生认为提高了学习兴趣，88.9%的学生认为增强了学习信心，88%的学生认为知识要点更易理解，96.6%的学生认为有助于自己做好笔记，63%的学生认为作业完成的质量更好，还有17%的学生认为增加了学业负担。100%的教师接受这种教学模式，并愿意在下学期继续参与本项实验，但同时也提出了一些关于硬件设施、教学、管理以及学科建设上的问题。此外，重

[1] K-12中的K代表kindergarten，12代表12年级（相当于我国的高三）。K-12教育即大学前的教育，又称为基础教育。

庆针对学校实际情况还提出了翻转课堂的“三四五六”模式：“三”指教育目的、教育理念、教学方式三方面内容的翻转；“四”指“课前四环节”，包括制作导学案、创建教学视频、学生自主预习和学习，以及教师了解预习和学习情况；“五”指“课堂五步骤”，分别为合作探究、释疑拓展、练习巩固、自主纠错和反思总结；“六”指实施翻转课堂的六大优势，即“少讲多学，合作共赢”“一对一贴心辅导”“及时掌握学情”“培优补差”“丰富课程内容，拓展学生视野”“为教师减负”。重庆聚奎中学的教学实践说明翻转课堂这种教学模式在我国还是很受教师和学生欢迎的，但也存在一定的问题，需要教育机构和教师共同努力解决，争取让每个学生都能从中受益。

（四）翻转课堂的教学特点

翻转课堂颠倒了传统教学“先知识传授，后知识内化”的教学模式，即通过信息技术和互联网的辅助，将传统课堂中知识传授的阶段转移到课前让学生自主观看教学视频来完成，而知识内化的阶段则由原先学生自主完成课后练习转移到课堂上师生、生生间的讨论与探究等活动来完成。随着课堂教学过程的颠倒和课堂时间的重新规划，教学过程中的各个过程和许多要素也发生了变化。

1. 教师角色的转变

教师职责的转变。与传统课堂不同，翻转课堂中的教师不再是课堂的主宰，而是由“桶水滴注”的知识传授者转变为学生学习资料的提供者，学生学习探究的指导者、合作者和促进者。教师的任务不仅包括讲授教学内容，还为学生提供优秀的学习资料，并指导和促进学习者理解、掌握教学内容。在学生学习的过程中，教师要注意观察学生的学习进度和考查学生的学习效果，在学生需要指导的时候提供必要的支持。

对教师能力要求的改变。翻转课堂中教师角色的转变意味着教师要成为学生资源获取的脚手架，成为学生自学材料的提供者。因而对教师能力的要求也随之增加。教师除了要传道、授业、解惑，还要具备搜集或制作优秀教学材料的能力，并且能够将搜集来的各种教学材料进行组织和改编以适应学生的学习要求。与此同时，教师还要具备较好的教学设计能力。不同于传统课堂教学，由于“课下知识传授，课上知识内化”颠倒安排，翻转课堂上腾出了更多的课堂时间。教师要想利用好课堂时间，需要花更多的精力和心思进行巧妙的课堂设计，需要使用更加丰富的教学设计策略，并组织衔接好课堂上的各个学习活动。

2. 学生角色的转变

翻转课堂中的学生，由原来的知识被动接受者转变为学习过程中的问题发现者和主动探究者，真正实现了学生的主体地位。翻转课堂改变了教学内容传授的场所和时间，教师将讲授转换为视频和其他材料，让学生先在家中自学新知识或利用网络资源获取自己所需的知识，第二天将疑惑和问题带到课堂上进行讨论，从而高效利用课堂时间，使课堂成为交流、创造的场所。在整个学习过程中，学生可以根据自身实际情况制订个人学习计划。学生在课外完成教学视频或其他自学资料学习的基础上可以自行控制课程进度，根据自己的需要重复学习或跳过某个知识点，也可在课堂上根据个人兴趣或困惑进行更深入的探究和讨论。在教学的交互过程中，人人参与，相互讨论，相互学习。在翻转课堂模式下，师生关系是一种平等、理解、双向的人与人的关系，传统意义上的“教师教，学生学”将让位于师生之间互教互学，形成一个真正的学习共同体。

3. 教学形式和课堂内容的转变

传统教学模式是教师在课堂上通过面对面的形式传授知识，学生通过课后练习、实践等方式对课堂内容进行巩固和内化，而翻转课堂恰好相反。教师借助互联网和信息技术，制作并上传教学视频，学生课前可以在任何地点、任何时间自主学习新知识；课上，师生、生生之间可以有更多面对面的交流与讨论。翻转课堂要求学生课下通过观看教学视频学习教学内容，这不仅给学习者提供了自定步调的学习方式，为个性化学习提供了可能，也为学习者提供了相对独立的学习和思考的空间，避免了课堂讲授中的人云亦云。此外，教师可以根据网络信息的反馈了解学生对知识的掌握程度，进而有充足的时间在课堂上组织讨论相关知识点以加强学生的理解；教师也可以针对学生各自的问题与困惑在课上真正做到个性化辅导。传统课堂上的知识讲解从而转变为翻转课堂的问题探究。这种转变的核心在于课堂时间的重新规划，即通过“预习时间”

最大化来相对延长教与学的时间。学生事先对学习内容进行预习，带着问题进课堂，减少了教师在课堂上传授新知识的时间，从而给学生留出了更多的课堂时间进行有针对性的深入探讨。

4. 教学评价方式的转变

传统教学评价方式一般为纸质评价，课堂教学结束后，学生可以进行自评，同伴之间可以进行互评，但绝大多数的评价仍停留在测试评价阶段。翻转课堂借助现代信息技术，可以实现多角度、多方式的评价。学生可以在网上建立讨论区，将课堂讨论延伸到网上，实现网上自测自评和同伴间的心得分享与互评。在这个过程中，教师和家长可以及时起到监督作用，随时随地关注和督促孩子的学习状况。在传统教学中，对学生学习情况的测试与反馈往往不够及时，教师直到考试才能了解到学生存在的问题。而在翻转课堂中，教师能够利用信息技术，及时检测学生对新知识的掌握情况并及时纠正学生存在的错误，让学生清楚自己的学习情况。此外，学生、教师、家长之间可以借助互联网这一平台实现多方沟通交流，将家庭教育与学校教育紧密联系起来。

5. 教学资源的转变

教学资源的转变促进学习者教与学方式的转变。教学资源由传统的教科书、教师板书或者教学幻灯片转变为教学视频，学生学习方式得到了转变。学生可以根据自己的学习情况选择暂停或重复播放视频，思考视频中讲授的内容，不必担心会漏掉重点知识内容，从而掌控自己的学习步调，制订个人学习计划。此外，由于教学资源永久性存档的特点，教师不必担心学生遗忘所传授的内容。这样的学习模式使得教师从课堂重复讲授中解放出来，从而有更多的时间和学生进行线上或线下的沟通交流，真正做到因材施教。

教学资源的转变促进教学资源的共享。翻转课堂模式下，教师协力合作制作教学视频，并上传到网上供学生使用。优秀的教学视频不受地域和时间的限制，可以在网上广泛地传播共享。如耶鲁大学公开课、哈佛大学公开课、网易公开课、可汗学院微视频、TED、沪江英语等网络平台和网络资源为翻转课堂提供了大量优质且覆盖面广的教学视频。翻转课堂促进了教学资源的共享，在一定程度上促进了教育公平，缩小了不同地区教学资源的差距。

（五）翻转课堂的教学条件

1. 观念的转变

从表面上看，翻转课堂的核心在于翻转了时间，即时间的重新分配。然而，事实上要实现课堂的翻转，首先需要翻转的是教师和学生的观念和习惯。

国内在对翻转课堂进行如火如荼地研究和实践的同时，也招来了不少的质疑声。有人认为翻转课堂无异于南橘北枳。很多一线教师表示，他们比较关注的是如何把一节课上好，如何讲得出彩，如何让学生在短时间内消化吸收，如何让学生在考试中取得好成绩，而不是关注先进的教学模式或者是信息化的教学设计理论。还有一些家长更愿意相信名师面对面、手把手的教导才可以改善孩子的学习情况，不相信在线视频可以让孩子学懂、学会知识。还有一些学者认为翻转课堂存在学生内驱力不足的问题，即学生的学习动力不足，主要表现为学生在课前是否真正深入地进行学习。如果孩子的自制力比较差，学习的积极性不高，那么翻转课堂线下的交流讨论对这些孩子来说就像是噩梦，因为这些孩子缺乏自制力，在线学习中连基本的知识点都掌握不了。

但是，翻转课堂不等同于在线视频，视频也无法代替教师，在线课程只是翻转课堂的一部分，学生依然需要教师的指导。值得一提的是，相比传统的班级授课制，翻转课堂中的教师更能够关注到每一个孩子的差异，给予孩子真正的个性化辅导。课前的在线视频观看相当于传统课堂的课前预习，但由于是教师有针对性地对重难点知识的有声讲解，比起学生盲目的预习效果要好得多。课堂上，教师组织的课堂活动不仅仅是学生之间的合作探究，也包括小型研讨、小型辅导等方式，面对面互动学习依然是学习的重要环节。

翻转课堂的实施初衷是为了让学生在积极轻松的学习氛围中自主地学习，快乐地学习。若教师、家长和学生在观念上不进行转变，囿于传统的教学模式，不敢尝试，不敢创新，翻转课堂的实施就会很难进行。

2. 微视频的创建

微型视频课程，简称微课，即翻转课堂教学模型中的教学视频。微视频课程是教师围绕学科知识点、例题习题、疑难问题、实验操作等进行的教学过程。微课在制作上“微”，即时长控制在5~10分钟；内容上“精”，即重在讲解重难点；整体效果上“妙”，即能够帮助学生自学新知识，又能够引发学生进一步思考。可以说，微课的成功创建是翻转课堂成功的第一步。

微课的制作可以有多种方法，最常见的是PPT讲解过程的屏幕录像，如可汗学院的微视频课程，首先由教师根据学生的学习需求做出判断分析，形成微课方案，包括视频讲授方案和配套训练测试，最后形成微课视频。视频要求教师能够在有限的时空内做到结构完整，语言准确生动。学生在观看微课视频后能达到初步理解和掌握知识的目的。

教师在微课的内容制作上，应基于对学生学习习惯和学习心理的充分了解。其内容主要包括相互联系、相互推进的六个部分：教学设计、素材课件、教学反思、用户评价、学习反馈以及练习测评。

3. 教师素养

有人说翻转课堂减轻了教师的教学任务，然而事实恰恰相反。首先，教师要有较丰富的信息技术知识和学科专业知识。微课，即教学视频，是课前知识输入环节的一大要素，也是整个翻转模式成功运行的重要一环。微课要求时间上的“微”，内容上的“精”，效果上的“妙”，这对教师的信息技术和学科专业能力提出了更高的要求。制作微课之前，教师要基于学生的学习情况，在互联网上查找并下载既与学习内容相关，又能激发学生学习兴趣的资料。之后，教师需要学习使用电子白板软件、屏幕录像软件等技术制作微课视频。教学视频中知识点的呈现要清晰，语言要精炼，讲解要亲切，使学生在轻松愉快的氛围下接受知识。

其次，教师要有敏锐的观察力、良好的沟通能力以及课堂活动的组织和掌控能力。在翻转课堂中，课上的知识内化和应用过程是整个教学模式最为关键的一个环节。线下课程，教师不需要直接传授知识，而需要更多地理解学生，注意学生之间的差异，为学生解决问题，进行个性化辅导，组织学生进行小组学习等。教师对学生的关注点要从成绩名次逐渐转变为关注学生自身的提升。除了良好有效的师生沟通，教师的上课方式需要转变得更加灵活，组织各种各样有趣并有效的课堂活动。例如：在学习英美戏剧作品的时候，可以试着让学生在课堂上进行短剧表演；学习有关风景名胜的课文时，可以让学生充当小导游，介绍家乡的风土人情和秀美风景等，真正让学生在头脑风暴、辩论、讲演等交流中激荡思维的火花，培养创新精神和批判性意识。

三、微课

（一）微课介绍

由于现代教育技术和移动交流技术在教育领域得到越来越广泛的使用，越来越多的人使用移动工具并且通过网络独立学习。所以，微课（micro learning resource），一种新的教育模式，得到了越来越多的关注。随着Khan Academy、Coursera、TED、edX和Udacity的流行，微课更大程度上被视为包含微观知识的指示性视频。视频长度通常为5~8分钟，最长不超过15分钟。这让学生有可能在任何时间、任何地点进行学习。微课不仅影响了传统的教学方式，也改变了人们的学习习惯，尤其是翻转课堂上的微课使用。但是对于大多数学者和教师来说，制作、推广、展示优秀的微课是充满挑战的。所以，微课需要特殊的关注和调查。

微课指一个小型的课程，它带着特定的目标关注一个特定的问题并且时长通常少于10分钟。事实上，微课最先是由Timothy McGrew教授开发的。他把微课程分成三部分：观念的介绍、解读、联系日常生活的例子（Liang et al.，2013）。从那之后，David Penros提出了“微课”这个术语，并且强调了微课不是由微观内容发展为微观教学，而是现实的课程内容，在建构理论的指导下为在线或者移动学习服务（Wen et al.，2014）。教育家认为微课是“一个短暂刻录好的音频，或者是磁带展示，关于一个单一并且定义明确的话题”。这使微课变成了一个比较狭隘的术语。

在国内，微课的实践研究者胡铁生认为微课程是微观视频网络课程的短小形式，它的主要载体是微观的指示性录像，并被设计和开发成情景化、多模式的学习风格。黎加厚教授认为微课是一个短小的、少于十分钟的课程，它有清楚的教学目标，关注一个具体的问题，以短小精湛的内容形式呈现。微课是一个情境化的、有趣的并且可视的互联网学习资源包，旨在使用流动的多媒体教学视频作为载体来支持新的学习风格，例如倒叙学习、混合学习、移动学习和片段学习等。以上的定义基本上说明了微课的主要载体是针对特定知识或教学环节的短微流媒体教学视频。

在外语教学中使用微课的趋势日益增长，它能给外语教学带来很多好处。首先，通过使用微课，学习者可以自我调控学习。自主学习模式鼓励学生自主调控学习节奏和方式，学生可以停止和重放以确保理解内容。因此，自主学习者可以很好地自我发展，因为学习者开始承担学习的责任。其次，微课是翻转课堂的重要支撑，为更加专注的活动节省课堂时间（Liu et al.，2013）。他们可以使用合适的教学方法来解释基本概念，从而拥有更多的课堂时间来解决问题和应用。最后，微课给个性化教学提供了机会，可以实施差异化教学，增加师生、生生之间的交互时间。

然而，微课有一些不足之处需要引起重视。首先，也是最重要的一点，微课需要特定的表现形式和技能，这并不是每位教师都具备的。制作适合的、优质的微课视频和材料，对大多数教师来说都是一个挑战。另外，一些学者认为，微课会减少学生的参与，并且会替代教师的讲课。

（二）微课的设计原则和产出策略

随着信息技术在教育中的应用，我们越来越强调以学生为中心的理念，避免技术为中心的倾向。这就意味着无论我们使用何种技术，都不能忽视人的能动作用。微课的设计理念是帮助学生进行自主、合作、探究学习，在学习过程中发挥教师的引导作用和学生合作伙伴的作用（Liu et al.，2013）。

微课的设计原则如下。第一，微课应是短而精的视频或音频，长度为8~15分钟（小学阶段为5~8分钟），最好不超过20分钟，可以支持在线播放。微课可能很短，但能够吸引学生的注意，激发和鼓励学生进一步研究。第二，微课应从具体的、容易学习和理解的关键点着手。教师最好选择小而独立的内容作为教学内容，以传达核心概念、具体知识或教学环节。如果一些概念不是很重要，就没有必要放入微课内容里。虽然微课很简短，但设计应包括三个要点：介绍、解释和结论。第三，微课的目的是引导和促进学生的终身学习。精心设计的微课能促使学生对微小知识点的进一步学习和探索。它还可以创建积极的学习环境，帮助学生构建知识网络，促进学生的人机交互、学生与学生的互动和学生与教师的互动。第四，灵活运用策略。微课制作的策略包括任务驱动、问题导向、合作探究、反馈互动、分步指导、教学与启示、知识强化、实验示范、操作探索、推理与计算、搜索补足、知识解释和问题解决等。教师可以灵活地选择适当的策略，或根据微课的需要整合各种策略。

（三）微课的制作

在微课的制作过程中，可以使用很多设备（专业摄像机、DV、数码相机、电脑摄像头和智能手机等）。一些屏幕录制软件也能够被集成到动画视频软件（如Flash、Premiere和Corel等）。目前高校制作微课的方式有两种，一种是使用专业设备的专业团队，另一种是使用个人屏幕录制软件的教师。需要明确的是微课的内容和技术只能服务于关键内容，所以我们鼓励教师利用屏幕录制软件制作微课。下面是制作微课的方法和步骤：

1. 主题和题目的选择

如上所述，微课应该只关注特定的知识。因此，一个微课通常只能介绍一个知识点。如果标题可以突破传统的教学模式和目标，具有新颖性，并且贴近学习者的生活，就更能吸引学生的注意力。

2. 清晰的定位

清晰的受众定位是必要的。过于宽泛的定位往往不能令人满意。微课学习环境是一对一，而不是一对多。

3. PPT产出

优质的PPT应该有专业、简短、清晰和漂亮的设计，它决定了微课的教学效果。

4. 剧本创作

要有清晰的设计思路。作为教学视频，微课应具备电影的良好特性。因此，教师应该具体指明教学步骤和相应的时间分配。

5. 熟悉软件

Camtasia Studio是一款强大的屏幕录像软件，可以很好地记录屏幕运动，包括图像、音频、鼠标移动路径和旁白的声音。录音文件可以作为普通视频文件输出或是由Camtasia Studio编辑。Camtasia Studio可以基于定时器轴做出各种视频版本，如贴标签、媒体库、图片、照片特效字幕、场景变化、画外音和标题编辑，源文件和输出文件的支持格式。

6. 现场录音

在录制过程中，教师要注意详细的操作，例如，鼠标移动不乱；讲课时，鼠标动作速度不宜过快，图片应简短，没有任何不相关的图标、背景等。

7. 版本与输出

虽然许多输出视频可以以不同的格式存在，但如果输出视频没有被压缩，那么AVI格式是最佳选择。视频和音频的参数应该设置得高一些。虽然输出的文件很大，但在视频转换的时候不会影响质量。

8. 格式转换

一些软件（如格式工厂）可以将其他格式转换成MP4、FLV 、AVI格式等，使文件适合网络传输，支持在线观看。

9. 下载管理

完成的微视频应上传到校园网或第三方网站进行动态管理，并将发挥反馈、沟通、评价和反射的作用，从而使微课概念付诸实践。这是非常重要的环节，将决定微课能否持久保持旺盛的生命力。

（四）微课在英语课堂中的应用

微课的使用可以使教师和学生在课堂上有更多的时间应用和实践语言知识和语言技能。在课堂环境中，微课的有效运用需精心设计。然而，使用微课的初学者不一定要马上完全改变自己的教学或学习形式。例如，学习者可以利用微课在学习新课文或参加讨论前自主学习新的词汇或词块。微课也可以作为一种激发好奇心和兴趣的手段。此外，微课能帮助教师简要重述信息，了解课堂活动或讨论。微课作为简短的介绍或总结，可以帮助学生预习和复习，辅助技能的实践。

虽然并非所有的知识都适合微课，但由于外语学习的特点，很多外语教学内容适合微课形式，比如语言知识、语音知识、语法知识、语义知识和语篇结构知识，都是重要而零散的，可以用微课形式呈现。教师可以用微课讲解外语语音和发音技巧，帮助学生掌握语音知识。教师也可以通过微课介绍听、说、读、写技能，如阅读技巧中的浏览、扫描、猜测和预测。在对这些技能进行一般性介绍之后，学生可以在课堂上实践。

以下是以话题“天气”为小学生设计的微课。本微课的要点和设计脚本如下（见表5.1和表5.2）：

表5. 1 重点词汇

名词	形容词
太阳，阳光	有阳光的
云，云朵	多云的
雪，雪花	下雪的
风	刮风的，有风的
雨	下雨的

表5. 2 文字设计

时间 time (second)	旁白 voiceover	知识点 know-ledge	视频活动 video motion	备注 special requirement
00:00~00:09	“羊羊天气预报” (female voice)		Show the beginning video of weather report in CCTV channel.	
00:09~00:18	Man Yangyang: “Hello, everyone! Now it is time to report the weather.” (male voice)		The old sheep and Man Yangyang appear with the title “羊羊天气预报”.	
00:18~00:24	Man Yangyang: “Look at the map!”		Show the map of the sheep's village and then show Lan Yangyang.	

续表

时间 time (second)	旁白 voiceover	知识点 know-ledge	视频活动 video motion	备注 special requirement
00:24~00:37	Xiao Huihui: "What's that?" Lan Yangyang: "That is the sun." Xiao Huihui: "What's the weather like?" Lan Yangyang: "It is sunny."	sun, sunny	Lan Yangyang and Xiao Huihui lie on the grass and look at the sun.	
00:37~00:42			The screen goes back to the map and focuses on Mei Yangyang.	Use the "Zoom-in" to enlarge the picture of Mei Yangyang.
00:42~00:58			Show the image of Mei Yangyang, little mouse and snow.	
	Little mouse: "How's the weather?" Mei Yangyang: "It is snowy." Little mouse: "What's this?" Mei Yangyang: "It is snow."	snow, snowy	Little mouse is looking at the snow and pointing at the snow.	
00:58~01:02	The screen goes back to the map and focuses on Xi Yangyang.			Use the "Zoom-in" to enlarge the picture of Xi Yangyang.
01:02~01:10	Xi Yangyang: "That is cloud. It is cloudy."	cloud, cloudy	The cloud is empha-sized by a circle.	

续表

时间 time (second)	旁白 voiceover	知识点 know-ledge	视频活动 video motion	备注 special requirement
01:10~01:16	The screen goes back to the map and focuses on Hui Tailang.			Zoom-in: enlarge
01:16~01:22	Hui Tailang: "It is windy and rainy. It is so cold."	windy, rainy	Show Hui Tailang's castle on a rainy day.	
01:22~01:27	Man Yangyang: "Now do you know the weath-er?"		Man Yangyang appears.	
01:27~01:44	Man Yangyang: "Sun, sunny; snow, snowy; cloud, cloudy; wind, windy; rain, rainy."	summary of the vocabu-lary	Show the weather pictures one by one with the vocabulary in the screen.	
01:44~01:52	Man Yangyang: "Bye-bye! See you tomorrow!"		Show "The ending".	

四、智慧课堂教学模式

新的课程理念认为，课堂教学不是简单的知识学习的过程，而是师生共同成长的生命历程，是不可重复的激情与智慧综合生成的过程。国家督学成尚荣先生指出，随着新一轮基础教育课程改革的不断推进和课堂教学改革的不断深化，课堂教学所呈现出来的前所未有的艰巨性、复杂性，以及教学活动自身的特异性、多变性和不确定性，都对教师洞悉复杂局面、应对复杂挑战的智慧品质和智慧水平提出了更高的要求。

课堂教学改革就是要超越知识教育，从知识走向智慧，从培养“知识人”转为培养“智慧者”；用教育哲学指导和提升教育改革，就是要引领教师和学生爱智慧、追求智慧（成尚荣，2007）。让智慧唤醒课堂，让智慧引领教师专业成长，是时代的呼唤，是教师专业成长的需要，是课堂教学焕发生机与活力的契机，也是新时期教育教学改革的重大使命，“建构智慧课堂”的课题研究有着鲜明的时代意义。

智慧课堂是以完善学生的人格成长，促进学生的智慧发展，提高学生的综合素质为目标的理想课堂。

传统的外语教学整个课堂流程随着教师走，学生被动地接受知识的输入。这样的课堂教学模式，使得学生学习的主体作用被弱化。课堂教学的智慧成了教师渴望但却无法企及的点缀。在这样的一种大背景下，开放式教学模式的出现无疑是外语教学的一剂良药。开放式教学模式倡导课堂教学中教师要遵循以学生为主体和以教师为主导的原则，尊重个体差异，注重情境创设，灵活处理教材，灵动教学方法，丰富教学评价，开启多元互动，注入智慧之源（黄翠红，2012）。

1. 教学内容的开放是智慧课堂之本

教学内容是一堂课的根本所在。教师教什么，怎么教，学生学什么，怎么学是体现课堂智慧的关键。开放式教学提倡用活教材，而不是死磕教材。

2. 教学关系的开放是智慧课堂之魂

教学关系承载着教学内容的建设，课堂上师生间的关系直接决定着教学内容的实施情况，是课堂教学的灵魂所在。近年来，很多英语课堂开始采用小组合作学习的形式来开展课堂教学活动，这样的教学关系不再是以往教师一言堂的情况，而是一种师生之间和生生之间多角度、多层次的合作学习关系。而这种关系也日益成为师生知识传播、情感交流的纽带。

3. 教学方法的开放是智慧课堂之彩

开放式的教学关系决定着教学方法也要开放，灵动的方法能够激活课堂，使之出彩。在有限的时间里以形式多样的教学活动来传授、巩固并使学生掌握其内容，是课堂时效性的生动体现，也是教学效果的良好保证。具体的教学方法可以针对词汇、句型、小短文分别设计不同的活动。词汇的教学可以借助多媒体图片的呈现来进行，句型的操练可以让学生们以分组竞赛的方法来巩固，知识点的回顾环节可以设计角色扮演（role play），寓教于乐。另外，教学过程中教师们需要密切注意学生们的反馈。开放式的提问方式可以展现学生多元的智慧，同时也能让尽可能多的学生参与到课堂中，体会学习的快乐。

4. 教学评价的开放是智慧课堂之晶

所谓教学评价的开放，就是评价中要突出学生的主体性，由教师独评变为师生共评，即学生自评、互评、组评、师评等相结合，既关注过程又重视结果，使整个教学评价尽量完善、和谐。整个评价不带个人成见或偏见，不伤及学生的自尊与自信。开放式的教学评价，升华了整个教学过程，使之产生后续的良性循环的影响。

按照现代课程理念，智慧课堂要求在课堂教学中要注重让学生“感受过程，习得规律，发展智慧”。由此可见，对于智慧课堂的理解和把握，其实最根本的就是要抓住“智慧”和“课堂”的两个方面：一是要抓住课堂这个出发点和落脚点，任何内容的选择和环节设计都必须充分考虑到课堂这一载体的可能性、现实性和需要性；二是在此基础上，要充分发挥教师的教育智慧，在教与学的互动过程中通过创新方法来展示智慧教育（岳莹，2016）。

智慧课堂不是新概念，它指的是将高科技引入教学中，让学生和教师共同发挥主观能动性，集合每个人的智慧于课堂。目前来说，多媒体教学只是利用了高科技产品，却没有真正完全实现智慧课堂。

五、自主课堂教学模式

自主课堂是一种学生必须动起来，在动中学习，在学习中发展的教学模式。其基本框架结构是：学生主体，小组合作，自主参与；教师指导，双边互动；鼓励教师结合学科特点，进行课堂教学改革的创新，打造高效率的个性化课堂。

自主课堂教学包括四个层面：驱动学习（激发学生参与）—交流学习（学生学会参与）—评议提升（学生自我评价）—反思拓展（学生自我认知）。每位教师可以根据学科实际、课程特点灵活运用教学基本模式。

（一）驱动学习

主要任务：激发动机、明确目标、自主学习、记忆内容。

环节要求：

第一，为了让学生通过自学初步理解概念和问题，记住最基本的事实和知识，必须制订详细的导学提纲（学案），而导学提纲的设置要以基础知识为主，明确本课教学目标及学习重点，说明自学要达到的程度，让学生围绕目标与重点进行自学。

第二，导学提纲不应以练习或作业提纲的形式，否则容易导致学生把自学局限于完成练习或作业。为使导学提纲更具操作性，应让学生备有专用的练习本，把自习中自己无法解决的问题或自己发现的问题记在本子上或做记号，以便当堂寻求帮助。

第三，新课导入应做到快、新、实。快，即导入快，不拖泥带水，使学生尽快融入课堂；新，即针对学生好奇心强的心理特点，使其对文本发生兴趣，增强学习积极性；实，即导入环节应为整个课堂服务，导入内容应与授课内容保持一致，不可为新而新，为奇而奇。

第四，自主学习可以采取自主学习、合作学习、探究学习等形式。对自学部分的设计可以从多元化的角度呈现出来，或问题，或情景创设，或活动设计等，所设计的问题应该具有针对性、开放性、探索性，联系生活实际，方便学生进行讨论交流。小组学习可以给每个（或两个）学习小组特定的问题。

第五，教师对学生的自学指导要做到四明确：明确用时、明确内容、明确方法、明确要求。在学生自学的过程中教师要巡查，巡查的主要目的是了解学情。

评价关注点：第一，教学目标、任务的制订是否符合课标要求和学生实际；第二，学生学习的自主性；第三，自主学习的目标达成度。

（二）交流学习

主要任务：学习反馈、沟通交流、个性展示、解惑答疑。

环节要求：

第一，教师要根据教学实际确立需要检查、交流、讨论的问题，并事先告知学生。

第二，要在各层次学生（或小组）中选出一（两）名学生讲述、解释课堂提出的问题，使学生学习情况得到及时反馈。同学发言、演板、演示操作时，其他同学要学会倾听、观察、思考，随时准备完善和补充。

第三，教师要注意从正面引导学生讨论，对于错误要说出错误原因和更正的理由；对于学生在学习或汇报中的疑难问题，教师要启发全班学生讨论解决，学生不会的教师再点拨。引导学生寻求规律、发现规律，真正让学生知其所以然，帮助学生提高分析问题、解决问题的能力。

第四，教师备课时要多了解学生，以他们的认知水平为出发点，预测他们可能存在的问题，有针对性地准备，这样才能更好的为学生释疑。

第五，整个部分要关注学生情感的体验及能力的培养。

评价关注点：第一，教师的引导艺术；第二，学生参与度（学生个性化的理解与表达）；第三，教学分散难点、突出重点。

（三）评议提升

主要任务：理清思路、学习评议、总结归纳、理论提升。

环节要求：

第一，教师通过重申学习目标、学习重点，要求学生掌握基本概念、核心知识，对于没有掌握的学生，教师要有具体的补救措施。

第二，通过知识梳理、单元回归，帮助学生构建知识体系，从而系统地掌握本节课的知识，获得比较完整的知识和技能。小结的设计可以由教师来做，也可以由学生来做，或由师生共同完成。

第三，教师对学生学习过程和结果的评价要多给予肯定，以便学生形成积极的自我评价，帮助学生逐步树立学习信心。

评价关注点：第一，教师的发展性评价；第二，信息技术运用与学科教学的整合；第三，知识归纳的精确度。

（四）反思拓展

主要任务：学会反思、自我认知、练习巩固、拓展提高。

环节要求：

第一，给学生设置一些生成性较高的、感兴趣的问题或活动，以便开拓学生的视野，延伸学生学习的欲望。

第二，督促学生独立完成作业，通过作业和练习检验已学知识的掌握程度。课堂作业要典型、适度和适量，要低起点、多层次，设计必做题、选做题和思考题。

第三，鼓励学生反思自己的学习过程，反思自己的收获和不足，认识到自己的知识漏洞，以便查漏补缺，自我提升。

第四，学生作业期间，教师要通过巡视，了解学生本节课的掌握情况。

评价关注点：第一，开放性习题的设计；第二，教师的个别辅导；第三，学生的自我评价。

六、其他在线课程教学模式

“BAT”中国互联网三大巨头百度、阿里巴巴和腾讯相继涉足在线教育领域。2013年7月，百度教育悄然上线。此后，百度有了度学堂。2014年8月，百度收购了传课网，度学堂和传课网合并，启用新品牌“百度传课”。2013年8月，淘宝同学上线，阿里巴巴在淘宝同学的基础上又继续开拓其他在线教育领地，开发了基于淘宝教育的底层基础大市场。腾讯则借助自身大流量优势，从2013年4月QQ2013 Beta3起，就开始升级群聊和群视频，陆续加入了多人视频、群应用等功能并快速迭代。2013年11月，QQ群中新增了教育模式，2014年3月初发布的QQ5.2体验版中加入了PPT涂写、标记重点等功能，4月上线了直播课程平台“腾讯课堂”（彭晨虹，2015）。除了这三大巨头，猿题库、梯子网、YY、多贝各有主打产品和特色，网易、新浪、360等互联网公司也相继推出自己的在线教育产品。中国的在线教育市场呈现百花齐放、百家争鸣的局面。不过，上述互联网公司主要是做在线教育的平台，现在越来越多的线下教育机构也逐渐开拓其在线教育市场，而他们做的更多是内容，比如三大上市教育公司好未来、新东方和学大。这些线下教育大公司做在线教育，主要走两条路线：自己开设平台销售线下课程或与其他平台联盟成为内容提供商，两条路线没有孰好孰坏，都是机遇和挑战并存。

（一）淘宝同学

在线教育正在形成一个庞大的市场，当中潜藏的巨大商机使得电商巨头淘宝也开始大刀阔斧挺进。淘宝有其自身优势，其在商品展示、交易等方面积累的经验和资源能迅速放大生效，助其挤入在线教育市场并占得一席之地。而且，淘宝的教育市场并非从零起步，只不过之前的教育成分都零散地分布在其他目录下，如淘宝母婴、淘宝生活等。从本质上看，淘宝教育电商化是在做平台而非内容，旨在利用自身的用户、流量优势，为线下教育机构和在线教育机构搭建一个承载虚拟教育服务的平台。

淘宝同学上的精品课程大多由入驻平台的教育机构提供，有一技之长并具有相关培训资质的个人也可以申请开课。目前有多家线下培训机构和线上教育平台入驻，包括环球网校、沪江网校、学大教育、京翰教育、秦汉胡同、建通教育、学通教育、万语网、卓越教育、决胜网、蓝轨迹、微课网、乐思福教育、达梦教育等。

淘宝同学被称为“淘宝大学的进阶版”。淘宝大学是阿里推出的官方网络营销培训机构，专门培养淘宝电商运营人才；而淘宝同学的定位为精品在线互动课堂，前者生产内容，后者做在线平台。（见图5.4）

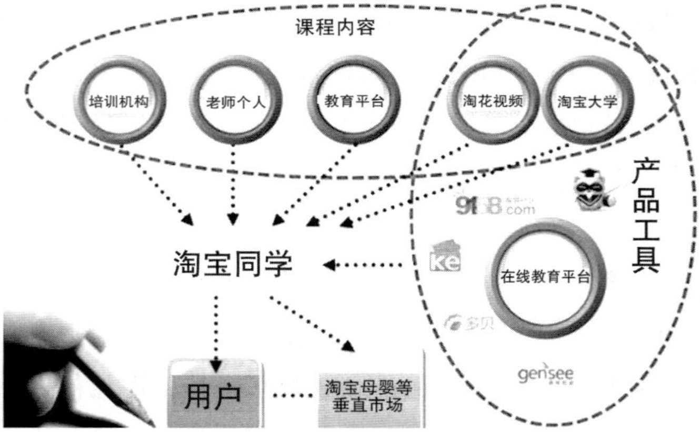

图5.4　淘宝同学

淘宝同学是带有淘宝网气质的。限时特价课程抢购模式，学习社团的团购模式无不让我们看到了淘宝商品销售的影子。课程购买流程和用户评价等就更不用说了。还有每天的直播课程表，直播课程推荐，最新开课提醒，用户的学习动态呈现，学习视频的简短试看时间，“看了该课程的人还喜欢”的相关课程推荐和与某一课程相关的社团推荐等，淘宝同学用完全商品化销售的手段做在线教育。在这样的背景下，作为平台的淘宝同学需要做的就是要严把教育商品的质量关。此外，淘宝同学还有微淘账号，为学员随时随地学习交流提供了便利。

淘宝同学最初的切入点，只是将“课程”这种产品服务作为一个新的大类进行聚合。我们点击某个课程，就会直接链接到入驻机构店铺相应的产品详情页，剩下的环节就只是交易本身，和在淘宝上购物没有任何差别。这时淘宝同学实质上仍是电商，教育不过是电商中一个商品种类而已。用户只是在淘宝上完成购买，而学习的过程和淘宝全然无关。而最关键的课程本身，绝大多数都还是以线下面授或学习卡、网校、名师公开课等几种固有的产品形态存在。改版后的淘宝同学，强调互动性的直播，突破了单纯交易平台的局限性，更好地将整个教学过程引入线上。承载直播这一功能的重点工具则是在淘宝旺旺上顺势延伸出来的“旺旺 2014 直播版”。

2015 年，淘宝同学正式更名为淘宝教育，经历了又一次战略思路的大调整。这次的转型方向是利用淘宝的大数据和流量优势，将线上、线下整合起来，做教育的 O2O 融合服务。

（二）腾讯 QQ 在线教育

在线教育的实践基础是流量，而 QQ 用户巨大，是在线教育最佳流量池之一。腾讯进入在线教育领域并非突然，从 2013 年就开始紧锣密鼓地筹划。2013 年 4 月份的 QQ2013 Beta3 已经具备了多人视频、群应用等服务在线教育的功能；随即 7 月份发布的 QQ2013 Beta6 中，群应用就已经支持 AA 收款功能。2014 年推出了新版的群支付功能；3 月初发布的 QQ5. 2 体验版中加入了 PPT 涂写、标记重点等功能，并使用了“让远程课堂更生动”的描述，其进军在线教育的目的已经非常明显；11 月，腾讯在 QQ 群加入教育模式，并在北京的一所小学开始试点。腾讯的在线教育产品，主要有两个团队，其中一个以 QQ 群为网络课堂做直播教育，而另一个团队以精品课为资源平台做录播教育。（见图 5.5）

图5.5 腾讯QQ在线课堂

在线教育的构成少不了三大要素：授课工具（QQ群）、支付工具（QQ群支付）和课程交易平台。腾讯对QQ群的建设已较为完善，在QQ群中添加了群支付功能。直播课程平台“腾讯课堂”是腾讯在教育领域的又一布局。这是一个完整的课程交易平台，它的推出也使得腾讯在在线教育领域的闭环得以初步形成。在产品分类上，腾讯课堂包含了托福、雅思等语言类学习，编程、设计等职业培训，中小学、考研、公务员等考试类学习，亲子早教及兴趣类的课程，每天有3~5门课程开课，免费课程居多。目前腾讯课堂的合作机构包括新东方在线、中公教育、高思教育、华图网校等，平台上的课程均由第三方机构提供。此外，QQ在线教育的官方介绍中称，学校可以直接使用QQ群实现远程课堂；机构也可以使用QQ群完成从招生、上课到课后管理等一系列行为。所以，QQ在线教育也扮演着一个线上和线下教育的联通纽带角色。

直播是腾讯非常看好的一个“被部分验证”的互联网和教育结合点。从教育机构的角度看，直播在扩张性、运营成本、进入门槛和授课效果上具有独到优势；从学生的角度看，直播不但能使其在便利性、学习成本方面受益，选择范围上也有所拓宽。从产品契合度看，直播这种即时互动的形态，无疑和腾讯的属性极为贴近。将QQTalk功能嵌入后的增强版QQ群语音和群视频，原本就有无尽的想象空间。QQ群也是绝大多数在线培训机构招生离不开的工具，通过运营QQ群实现转化几乎成了一个必经环节。一旦时机成熟，在这个必经环节中顺带衍生的直播课堂，对任何外在的“平台”都有不可小觑的优势。

除了基于QQ群开拓在线教育市场外，腾讯还有很多其他形式的尝试，如早前的腾讯微讲堂，腾讯精品课以及腾讯大学。腾讯微讲堂是腾讯在2011年12月推出的，定位为国内第一档以公开课形式打造的由中国人讲授、面向全体网友的原创视频课堂，走的是节目制作路线。微讲堂有以下几方面的特色：（1）内容上注重实用型非学术型，并且是原创，包括历史、经济、生活、百科四大类；（2）制作上成本高、包装精美，使用演播室和专业录像设备；（3）传播上基于讲师人格魅力的授课，属于非传统的知识获取型，讲师都是国内知名专家、学者；（4）鼓励用户参与内容的制作、分享与传播，总的愿景是打造没有围墙的知识花园。而腾讯精品课不管从形式上还是内容上都有微讲堂的影子。腾讯大学与淘宝大学形式上极为相似。腾讯利用自身在互联网行业的经验，邀请行业知名人物的加盟，创办了主打提供互联网行业专业性和权威性学习资源的腾讯大学。这不仅解决了自身员工培训和深造的需求，同时与众多网站合作，开设了电商学院、开放平台学院和互联网学院三大学院，为广大的互联网和电商从业者及爱好者提供线下培训、网络直播和视频点播等多样化的学习方式，既做平台，也做内容。

（三）百度在线教育

百度做教育主要有三步：百度文库、百度教育和百度传课。

百度文库虽不是我们现在所理解的在线教育模式，但无可否认的是它与教育密切相关，它多年所积淀的丰富资源也是百度正式涉足在线教育的基础。此外，于2012年10月23日上线的百度文库“课程专区”，通过课程化、体系化的梳理和展现方式，将文档资源向体验更佳的多媒体方向发展。前期着力引入专业机构的优质课程，以开放共享的方式丰富文库课程的内容覆盖，更好地满足用户在自我提升方面的需求，增加文库在教育领域的专业性、权威性。同时也与公开课视频类网站合作，共享相关的教育资源。在展现形式上，文库课程采取了“视频+文档”的形式，易于快速学习。

百度是搜索引擎的巨头，其涉足在线教育，肯定离不开“搜索+推广”的路径。在百度教育网主页上，除了考试日历、教育百宝箱、热门搜索、今日焦点和知识排行等板块外，主要有四大模块——学习、工作、生活和出国。每个模块下都有相应的课程排行和推荐机构。所以百度做教育，更多的也是在做平台，虽然百度文库的积淀为其做内容提供了一定的基础，但是也只体现在网站目录下的资料一栏中，目前还不是百度在线教育的重心。此外，和其他很多做平台的机构一样，百度做平台也面临着在线教育的关键问题——课程质量。虽然网站中的相应课程机构处都会显示一个“百度信誉星级”，不过这个是基于基本的商业评判，并非教育本身，仍然不能判断教育机构的师资教学等状况。百度教育度学堂下的开学季特辑是一大亮点，它针对不同的学生群体，不仅提供相应的线上和线下课程，还有适合特定群体的商品推荐。

百度收购传课网也是为了实现在线教育的梦想迈出的重要一步。传课网是一款集成了即时通信（instant messaging，简称IM）、课件播放和在线支付功能的KK客户端软件，一个可进行直播或转播的网络教室和一个消费者间（customer to customer，简称C2C）的课程交易系统。传课网与淘宝C2C的平台模式类似，包括担保交易平台、教师与学生之间的互评、协商退货等产品细节。不过传课网上线不久，就决定在两个方向上进行调整。一是把本来针对K-12（代表基础教育）的定位转向18岁以上用户，因为发现青少年的家长普遍对在线教育兴趣不大，看不到家长潜在的付费意愿，传课网认为年轻成人用户的在线培训需求更“刚”一些。二是把C2C平台定位改成服务教育机构的服务商。尽管平台还是这个平台，产品设计与功能上没有大的改动，但传课网的主要定位与运营重点变成服务各个教育机构，让它们及旗下教师能来这个平台，并在这个平台上有好的授课体验，甚至商业收益。

除了上述几点，百度本身还有很多可以利用的资源，如百度百科、爱奇艺、贴吧等。

（四）YY教育

YY教育于2011年6月上线后，几个月就发展到月活跃度几百万用户，不免令人兴奋。YY是依托“不卡、不掉、不延迟”的互动直播工具为切入点，先对平台自身的教学频道聚拢归类，进而引入外界培训机构和讲师，后来推出具有营销和交易作用的“课程市场”。

作为YY教育第一款在线教育产品，100教育首先进入的是留学英语培训市场，方式是提供多人语音以及实时视频讲解，即YY教育是作为一个覆盖多个品类的平台提供者。100教育作为独立的在线教育平台，包括独立客户端、移动APP和100.com官方网站，专注在线留学英语培训，且基于学习场景和数据分析，建立了一套个性化的教育辅导体系，未来还计划进一步增强在线学习的良好体验。

（五）多贝网

多贝网是由曾任中国惠普区域销售经理的陈广涛所创建，是目前国内较受欢迎的在线教育公司之一。这是一个帮助教师通过网络公开课形式传播知识内容的社会化学习网络平台，它为讲座、教学和培训等知识活动提供虚拟场所，同时还提供自动录像和代收费的服务。在多贝网上，教师可以快速举办在线互动讲座和公开课，并可自动生成回放；学生轻松检索和观看各种课程，在讨论区可以与教师和其他学习者实时在线交流。教师还可以组建课程群，为学习者答疑。除了找教师和课程进行学习，学习者也可以发布自己的公开课。此外，在多贝网上还可以创建小组，学习者们可以就某一共同话题进行讨论交流。

多贝网络教室主要由四大部分构成。首先是教师端，即教师使用的多媒体计算机，教师不仅与其他媒体设备相连，而且通过网络设备与学生机相连。教师通过教师端能够组织教学活动，控制教学进程。其次是学生机，学生只需要有一台个人电脑以及稳定的网络，不用下载任何软件和插件，直接访问课程链接就可以进行学习。再者是控制系统，包括控制面板和电子教室（广播软件）。控制面板能够控制各媒体设备之间的切换，电子教室能够实现教学演示、视频广播和集体讨论等教学功能。最后是资源系统，可以上传多种格式的网络课件，支持上传各种版本的PPT、PDF、Word文档、TXT及图片。

目前，多贝除了网页版，还新增了iPhone版、iPad版和Android版的移动应用，用户可以将有趣有料的知识放进口袋，并且支持离线观看，只要同步课表，就可以随时随拿着手机学习。

(六)好未来

好未来的前身即学而思，是美国纽交所上市教育公司，所以好未来做在线教育的模式是典型的线下教育机构拓展线上教育市场。好未来的线上教育将重点推出原创。目前好未来旗下主要的业务体系包括：学而思培优（6~18岁中小学小班培优教育）、智康1对1（6~18岁中小学1对1针对性辅导）、学而思网校（0~18岁中小学远程教育平台）、摩笔思维馆（3~8岁关键期儿童思维培养）和家长帮（0~18岁教育信息与资源分享平台）。好未来采用的是线上线下结合的教育模式，着重建设的网站分为两种类型：一种是产品型的网站，如学而思网校；一种是信息平台型的网站，如家长帮。学而思网校的资源主要依托线下教育和网校自身的教师与教研团队。他们专注于中小学教育，并结合互联网产品的特性，研发出适合网络教学的产品。而家长帮作为信息分享平台，一部分内容是学校教师和网站编辑原创的内容，还有大量互联网用户贡献的内容，他们中有线下班学员及几十万家长，也有大量非学员用户。

好未来发展在线教育的核心策略是建立O2O（online to offline，线上到线下）营销渠道。首先，好未来收购了一系列学习网站，整合在jzb.com下，包括aoshu. com、zhongkao. com、gaokao. com、zuowen. com和kaoyan. com。家长利用APP可以通过移动设备与jzb. com平台上的家长群体联络，建立长期O2O模式引流。其次，好未来将继续推进混合式学习策略，在学生没有上线下课程的时候为他们提供在线习题练习或APP，好未来针对不同课程已经开发了不同系列移动产品，比如为小班推出了X-培优，为1对1推出了i-智康，为学前教育推出了i-Mobby。

(七)网易教育

网易在线教育目前主要包括网易公开课和网易云课堂，此外，旗下的有道词典和有道云笔记也起着非常重要的辅助线上线下教学的作用。网易公开课，定位于传播属于全人类的知识和智慧，主要课程有：国际名校公开课、中国大学视频公开课、TED、可汗学院以及MOOC三巨头之一的coursera课程。网易公开课主要是一个公益性的学习平台，致力于为爱学习的网友创造聆听国内外知名学府和学者的课堂和讲座的机会。此外，网易公开课在彰显公益的同时，也是希望通过品质建树口碑，利用口碑聚集人气，以期在现今激烈的网站视频竞争中开辟出一条大道。

网易云课堂是网易公司打造的在线实用技能学习平台。该平台于2012年12月底正式上线，主要为学习者提供海量、优质的课程。学习者可以根据自身的学习程度，自主安排学习进度。立足于实用性的要求，网易云课堂与多家教育、培训机构建立合作，课程数量已达1100多个，课时总数超过16000小时，涵盖高等教育、实用软件、IT与互联网、外语学习、生活家居、兴趣爱好、职场提升、经融管理、考试认证、中小学、亲子教育等十余大门类，并且目前拥有Web端、iPad端。云课堂上有免费课程和付费课程，学习者可根据自己的需求和兴趣设计自己的云课堂并安排学习计划。学习计划为云课堂独有研发，针对不同用户的学习需求，推荐或由用户自己创建适合自己程度的学习内容和周期。学习计划的制作，让用户的学习具有系统性，同时能根据计划的周期，有效提高学习效率，优化学习效果。技能图谱为网易云课堂研发的一款学习知识图谱，通过蜘蛛网图谱，学习者直观清晰的理解、掌握相关类目的整体框架，能迅速找到自己的学习定位，从而快速完成相关技能知识的学习。题库是云课堂为参加各类热门考试的考生研发的题目类学习模块。用户可参加公务员、建筑师、会计等多类考试的真题练习测试，并参与题目的分析讨论。同时，题库会和相应考试类课程、学习计划整合，在整个备考过程中辅助考生。

此外，网易云课堂为视频学习做了专门设计，笔记、问答和标记功能在提高学习者学习效率的同时方便对学习过程的监管。学习者添加笔记时会自动保存视频的当前时间点，回顾笔记时就可观看当时视频。学习者还可以对视频截图或上传本地图片保存到笔记当中，使得保存老师的板书、重要信息更快捷。学习者可将笔记公开，也可评论、收藏他人笔记，加强了用户间学习交流。另外，笔记可同步到自己的“有道云笔记”中，或分享到各种社交网络，便于集中管理。此外，学习者在学习过程中，网易云课堂支持自动或手动标记课时完成状态，或标记为“重要/有疑问”等，以便用户回顾和把控学习进度。另外，用户可设置课程的学习时间安排，云课堂会定期发送提醒通知用户。最后，学习者在学习过程中可随时提问。云课堂会根据问题内容将问题呈现给相关学习者或讲师，帮助用户快速获得答案。

（八）反思在线教育

1. 从二语习得的角度看在线教育

可理解输入 Comprehensible input ⟶ 情感过滤 Affective filter ⟶ 语言习得机制 Language acquisition device ⟶ 获得的知识 Acquired knowledge ⟶ 输出 Output

上面的简单模型阐述了克拉申提出的二语习得的输入假设理论。从该模型中可以看到，习得二语的首要条件是大量可理解的输入，而在线教育丰富的资源恰恰满足了这个要求。但值得注意的是，输入（input）并不等同于吸收（intake），中间还隔着情感过滤（affective filter），语言输入必须通过情感过滤才有可能变成语言吸收，再逐步内化，最后得以产出。影响知识吸收的情感因素非常多，克拉申指出，当学生处于一种自信和放松的状态下，知识的吸收度是很高的，而当学生不自信且十分焦虑时，知识输入很少转换为知识吸收（Krashen，1985）。但是，自信、焦虑这些情感因素又很难靠人机对话来完成，冰冷的电脑替代不了师生间面对面的交流，老师的一个眼神或一个拍肩的动作都可能有助于增强学生的自信心，减轻他们的学习焦虑情绪。同学与同学之间的讨论、碰撞也都会对学习过程产生显性或者隐性的影响，这是在线教育很难做到的。

2. K-12阶段在线教育

K-12是一个源自欧美的定义，是kindergarten through twelfth grade的简写，是指从幼儿园（Kindergarten，通常5~6岁）到十二年级（Grade 12，通常17~18岁）的学习阶段。在中国，这个年龄段主要是：幼儿园、小学、初中、高中。很多在线教育的定位都是中小学教育，特别是为中、高考提供专题辅导或者强化训练等。但事实上，在线教育在这个阶段发展的前景并不是很大。为什么这么说呢？首先从幼儿园阶段说起。在这个年龄段，孩子需要学习的各种兴趣培养课程、英语启蒙、拼音启蒙、算数启蒙等，都是需要面对面、手把手的教授，一方面老师可以根据经验及孩子的反应来调节教学内容，另一方面孩子也需要在和老师以及其他同学的沟通过程中学会很多人际交流、团队合作等成长必不可少的内容。此外，幼儿园的孩子还没有学会自主学习及熟练操作网络，若是进行在线学习，需要家长一直监督和指导，这对家长来说选择线下学习反而会更为方便省力。其次是小学阶段。这个年龄段的孩子，他们对于互联网或者任何电子产品，最核心的诉求是游戏，他们自制力较差，极为容易沉迷游戏。而且这个年龄段孩子的家长也不希望孩子过多接触互联网，一方面是怕孩子沉迷网络，影响学习，另一方面也是怕影响视力及孩子的健康。最后是初高中阶段。这阶段学生将面临中高考，在教育的选择上很少选择不熟悉的在线教育。所以，中国家长和孩子较多会选择面对面教学和纸笔学习。在线教育作为补充和调剂也乐于接受，但很难成为主流。

据艾瑞（iResearch，一家专注于网络媒体、电子商务、网络游戏、无线增值等新经济领域，深入研究和了解消费者行为，并为网络行业及传统行业客户提供市场调查研究和战略咨询服务的专业市场调研机构）发布的《2018中国在线教育行业白皮书》显示，预计2020年中国在线教育用户规模将达2.96亿人，中国在线教育市场规模将达4330亿元。80、90后父母的教育意识不断增强，学前教育、K-12在线教育、素质教育市场需求不断扩大。在消费升级的大背景下，人们对高质量教育的需求越来越旺盛，进一步推动在线教育“刚需化”转变。

综上所述，在线教育不仅要找准对象定位，还要找准内容定位，并不是所有的课程都适合在线教授模式，比如造型、艺术、舞蹈等，这些课程单纯通过实时视频无法获得很好的效果。但语言、健康咨询等方面的内容，就可以很好地在线发展。

第二节 基于信息技术的地方课程开发

一、数字化背景下的地方课程开发

（一）智慧课堂

1. 绍兴市昌安实验学校智慧课堂

昌安实验学校为推进学校教育现代化进程，在市教育局电化教育馆的支持下，加大智慧教育技术投入，对全体学科教师进行了智慧教育技术应用培训，组建了一支由年轻骨干教师组成的智慧课堂教师队伍，率先在初一（3）、（4）班建设了两间智慧教室，试点进行“智慧课堂”教学模式。平板电脑取代了传统的黑板，并且学生人手一台，不仅可以书写，还可以视频、互动；课堂上没听懂的内容，回家后还能“场景再现”，反复学习；回答教师问题不再是积极学生的“专利”，电脑将用聚光灯随机打亮学生的头像，头像打亮的学生就是“幸运儿”；到黑板上填空不再用粉笔，而是在平板电脑上用手指将正确答案拖进空白处；英语课上添入了万圣节的元素，视频中巫婆的笑声活跃了整个课堂；学生在家学习遇到疑难问题可以随时找教师帮助，师生之间不再有难以逾越的时空隔阂。

2. 曲阜一中101智慧课堂（科教网，2017）

从2013年9月开始，曲阜市第一中学（以下简称“曲阜一中”）高一年级的师生尝试开办信息化教学班，利用101智慧课堂的资源和教学平台开展教学，探索与时俱进的教学实践，如今已发展成一所在省内外都颇具影响力的实验型学校。

目前，曲阜一中高中部每个年级设置4个信息化教学班，初中部每个年级设置2个信息化教学班。曲阜一中应用101智慧课堂的实践经验和网络资源、教学平台开展信息化教学，在教师培训、学生培养、课程拓展、教学基地建设、教育研究、校际交流等方面共建合作框架，特别是依托101智慧课堂研发的101智慧云教学系统开展信息化教学实践。

曲阜一中的信息化教学模式为：2013级和2014级学生利用微机网络教室，采用传统课堂与微机室网络教学相结合的方式。在课堂上，每学科每周拿出不少于总课时的三分之一的时间，利用教学平台开展教学活动。晚自习时，拿出不少于一小时的时间，让学生利用个人平台进行选择性自学，有针对性地加强学习，提升弱势学科和薄弱知识点。2015级和2016级学生，配备平板电脑，进入“人手一平板”的学习模式，学生可以随时随地利用101智慧课堂资源进行自主学习和复习，教师可以利用101智慧课堂教学平台进行备课和授课。这样既提高了工作效率，又保证了资源的长久性。

（二）空中课堂

1. 杭州学军中学空中课堂

为了积极创建“人人皆学、处处能学、时时可学”的学习型社会，推动教育变革和创新，实践教育教学新模式，适应现代教育的发展，学校动员部分老师利用周末时间为高一同学开辟了网上学习的直播互动课堂——学军空中课堂。

学军空中课堂面向社会开放，由杭州学军中学免费提供课程，浙大万朋课后网提供技术支持，学生只需支付少量通信费用即可报名参加。学军空中课堂课程涵盖语文、数学、英语、物理、化学等学科，授课教师均具备中学高级教师以上职称，包括省特级教师和省教坛新秀，师资团队力量强大。“空中课堂”平台具备实时互动功能，教师上课内容在每一名学生的学习平台上直播呈现，师生、生生之间均能够进行对话交流。老师进行网上授课，学生在线听课并提问。

2. 宁波地区空中课堂（史望颖，2015）

宁波市教育局推出了2015年新春版“空中课堂”，是宁波市教育局推出的网络学习平台，授课教师都是全市的教学权威，包括浙江省特级教师、宁波市名师和骨干教师，视频节目形式新颖、内容丰富。空中课堂旨在让名师智慧得到广泛共享，给宁波市全体学生提供优质教育资源，推进教育的均衡和公平。

空中课堂开设有小学辅导、初中辅导、高中辅导、我的家乡、专题教育、小学生身心呵护、名师课堂直播、教师培训、心理健康等专题栏目。内容不仅涉及语文、数学、外语、物理、化学、生物等学科，还有书法教学、作文辅导、教师培训和乡土教材等内容，学生可根据需要进行个性化选择。

中小学学科重难点辅导精心设计了小学、初中、高中各学科65节教学课程，课程全部由全市的一线名师授课，针对学生学习过程中碰到的重难点问题进行讲解，课程采用微课形式，时间短、内容精，更便于学生学习。

为确保山区、海岛的孩子也能享受名师教学，市教育局装备电教中心经过多方努力和协调，实现了宁波教育城域网与电信、移动、网通的高速互联，不管学生家里是哪个运营商的网络，只要有电脑，均可流畅地浏览空中课堂，让宁波市的名师走进每一位孩子的家中。

（三）翻转课堂

1. 温州市第二中学（以下简称“温州二中”）：平板电脑“翻转”传统课堂（林春，2015）

2013年，温州二中推出“翻转课堂”，先后为全校学生配备了平板电脑，鼓励自主学习。教师提前制作好“微课程”视频或文件，学生们先在家有步骤地进行自学，并尝试完成预习检测题，提交给老师。老师了解了每位学生掌握的情况及程度，便能够在课堂教学中“以学定教”。每节课还能空出15分钟左右的时间，让学生做课堂练习。课后，学生还有时间来做拓展练习。

下课前10分钟，学生再次使用平板电脑，进行当堂检测。教师只需在自己的平板电脑上点一下，就能看到每个学生的检测成绩、错题。这样一来教师就能知道学生这节课掌握了哪些知识，易错点在哪里，一目了然。

“翻转课堂”让一些课程变得轻松了。有的英语教师对新变革做出了积极探索。过去的英语课，时常需要花费一些时间来讲解欧美的文化背景，以帮助学生理解课文，为此，教师时常借助投影仪，但有些后排的同学看不清楚，而今，人手一台平板电脑，问题迎刃而解。此外，每隔一段时间学生们的平板电脑就会被更新一次，所下载的与学习无关的软件会被自动删除。教师和家长要随时监督管理学生使用电脑的情况。

2. 山东省昌乐一中：用翻转课堂撬动教学改革（董晶 等，2014）

2013年9月，昌乐一中对第一批实验班初一、高一各两个班级开始尝试翻转课堂；2013年11月，第二批实验班初一所有班级，高一增加至16个班；2014年2月，高一的所有班级参与翻转课堂；2014年4月，初二、初三所有班级参与翻转课堂；2014年9月，高二、高三全面推行翻转课堂。

昌乐一中翻转课堂在实践过程中不断总结完善，逐步形成了具有昌乐一中特色的“二段四步十环节”翻转课堂教学模式（如图5.6），成为全国智慧教育的一面旗帜，已有国内外许多学校和教育机构前来交流学习。

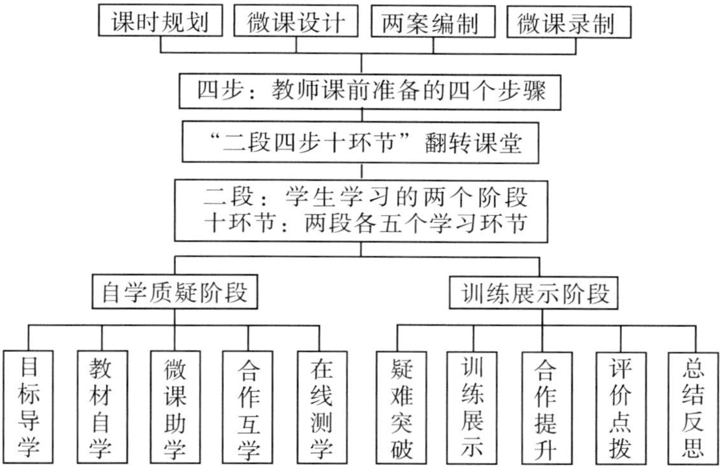

图5.6 昌乐一中翻转课堂教学模式

（四）自主课堂

1. 湖南师范大学附属中学自主课堂（叶越冬，2015）

湖南师范大学附属中学近年来把改革课堂教学作为一大重点，建立自主、合作、探究的教学体系，以激发学生自主学习。该校对传统“灌输式”的课堂教学模式进行了改革，探索以学生自主学习为基础的小组合作探究课堂新模式。他们还组织编写出版了一套以课本为依据的自主学习辅导材料。该辅导材料每个课时都分自学案、探究案、训练案等几个部分。自学案，是学生课前自主完成的内容。探究案，是课堂内师生合作完成的内容。训练案，是学生课后巩固和提升的内容。课堂上，老师讲的少了，学生们思考、讨论的多了。湖南师范大学附属中学的自主课堂，教师的指导性和学生主体性都得到了充分发挥，值得借鉴。

2. 重庆市黔江实验中学自主课堂（王巧西 等，2017）

黔江实验中学以学科教室、拓展性功能室建设为载体，以“双案式”（备课案和导学案）课堂模式和小组合作学习模式建设为抓手，培养学生的自学能力、合作学习能力，让学生成为学习的主人。在逐步的探索实践中，形成了“目标导学、探究释疑、当堂训练、拓展深化”的课堂教学模式。黔江实验中学尊重学科特点，强调环境育人的力量，努力创新课堂教学。而学校学科教室的建设让原本枯燥、乏味的学习也变得好玩、有趣起来，真正做到让学生“动”起来，让课堂“活”起来。“备课案”以模板形式重点解决教师教什么、怎么教、为什么这样教三个问题，以此来规范教师的教案书写。“导学案”则具体解决学生学什么、怎么学、学到了什么三个问题，让导学问题成为课堂的主线，引领学生自主学习。

二、数字化背景下的地方课型开发

（一）海宁高级中学“英语电影和歌曲欣赏”校本课程

英语经典电影和歌曲具有提高学生艺术欣赏能力的作用，对英语电影和歌曲的学习、改编、表演，可以提高学生英语的综合运用能力，尤其是会话能力。另外，英语电影和歌曲能够给学生带来愉悦感，在轻松的氛围中快乐学习，激发对英语学习的兴趣。

海宁高级中学开设“英语电影和歌曲欣赏”校本课程，作为学生的选修课程之一。电影欣赏以欣赏经典电影片段、分角色朗读台词并进行表演为主要形式；歌曲欣赏以欣赏、学习、学唱、表演为主要形式。欣赏英语电影时，教师有意识地引导学生提高跨文化交际意识与能力，比如在放映西方喜剧电影的时候，引导学生讨论西方喜剧电影，讨论其表现手法，并与中国喜剧电影进行对比，造成不同文化上的冲击，加深学生对不同文化的认识。学生可以选择具体的电影片段进行改编，并进行生动的表演，在自己和同伴的表演中感受西方喜剧的幽默和手法。英语歌曲学习不仅要学习歌曲中的生词，并且要探讨英语歌曲和中文歌曲的异同点和英语的发音问题，帮助学生从做中学习，纠正并提高自己的语音语调。

海宁高级中学开设的“英语电影和歌曲欣赏”校本课程，践行了新课改理念，优化了教学方式，注重培养学生的综合应用能力。

（二）广州"读一篇"校本课程

"读一篇"由广东省语言学专家、教授及学者等组成的编写队伍，参照义务教育国家英语课程标准创作编写，由美国驻华大使馆和领事馆学者、北京师范大学专家参与校稿的校本课程资源。该课程分教科版和人教版两个版本，每个版本分为4个级别（3~6年级），覆盖小学教材所有话题，与现行小学教材话题和内容同步，对学生而言是英语课外阅读的有效补充。广州近20所小学成为实验学校，开设"读一篇"校本课程。

"读一篇"校本课程积极倡导玩中学（learning by playing）、读中学（learning by reading）、思中学（learning by thinking）的教学理念，通过线上线下相结合的方式，为学生提供合适的阅读材料。学生的阅读量为每天一篇，每个模块阅读文稿15篇。五年级以上增加篇章类阅读文本的数量，减少对话性阅读。每个级别的篇目、篇幅不一，三年级每篇为30~60词，四年级70~100词，五年级100~150词，六年级150~200词。其题材生活化，注重文本原创性、趣味性和国际文化视野的渗透。文本内容难易程度适当，每篇阅读材料的生词量控制在2%~3%，生词重复率在6次以上；低年级增加利用字母组合归纳编写的文本，有利于学生积累词汇量。文本题材及问题的设计与线上阅读系统相结合，培养学生的猜词能力、归纳理解能力和自我阅读监控能力。

到小学毕业，学生通过该校本课程预计可完成10万词的总阅读量。

（三）潍坊市教育局听说课程改革

经山东省潍坊市教育局研究，决定从2019年开始，将初中学业水平考试英语学科的听力测试从笔试中分离出来，在微机室通过人机对话方式单独进行测试，同时进行口语测试（秦国玲，2018）。为提高英语教学质量，引导教师加强口语听力教学，增强学业水平考试的科学化和规范化，学校在现有的基础教育上进行创新改革。

在实践上，山东省潍坊市教育局开始借鉴北京巧口英语听说模式。巧口英语所代表的第三代"翻转课堂"以人机对话为切入点，提供学练结合、适于自学的课程，同时提供监测自学情况的手段。巧口英语为山东教育的改革提供了切实有效的落地实践依据。

第三节 利用信息技术制作优质课件

一、常用课件制作软件介绍

（一）Flash

Adobe Flash（原称Macromedia Flash，简称Flash；前身为Future Splash），是美国Macromedia公司（现在已被Adobe公司收购）所设计的一种二维动画软件。通常包括Macromedia Flash，用于设计和编辑Flash文档；Adobe Flash Player，用于播放Flash文档。

一般来说，制作Flash课件大概分为以下几个步骤。

1. 素材的准备

（1）图片素材准备

图片可以根据课件内容的需要，自己拍摄或者从网上下载。很多原始的素材是不能直接使用的，需要对其进行深加工。

素材的收集与整理是一个长期的、零碎的工作。收集者平时要多留心，把收集与整理素材的工作放到平时，并养成一种习惯，以便在制作课件的时候节省时间和精力。很多素材还要借助图形编辑软件对它们进行处理，以满足需求。

在平时的课件制作过程中，需要借助Photoshop或Fireworks等图形编辑软件对位图边缘进行羽化。收集的图片jpg格式占多数，但这种格式不太适合直接应用到Flash中。因此，需要在工具栏中选择合适的工具，选择位图需要羽化的部分，羽化后把图片存储为透明的png或者是gif格式。这两种格式的图片导入到Flash中的背景是透明的。当然，也可以直接在Flash上进行图片处理，但这只适合对背景色较单一的图片，而且处理的效果可能不是很好。

（2）声音或视频素材准备

为课件加上背景音乐能使效果更加突出、更有吸引力，选择合适的背景音乐也非常重要。一般背景音乐可以从网上下载，还可以自行加入一些配音，效果会更好。平时也可以把一些适合做背景音乐的片段下载下来，整理备用。

为了使讲授内容更易于理解，更有趣味性，也可以加入一些视频，具体而形象地介绍一个内容或知识点，更能引起学生的兴趣。视频可以从网上下载，也可以自己拍摄，还可以借助视频处理软件对原始视频进行简单的处理，提高其易用性。

2. Flash课件的制作流程

（1）创建舞台对象，输入文本或导入图片；

（2）在不同的关键帧和舞台中设置文本和图片排放的位置；

（3）利用不同的关键帧、时间轴和一些动画技巧设置文本和图片的动画效果；

（4）通过为按钮和帧添加动作来触发对某个对象产生的键盘或鼠标响应，实现人机交互；

（5）进行影片发布设置，导出动画文件。

为了使动画更具有观赏性和吸引力，最好给课件动画加上片头和片尾，这样，一个完整的Flash课件就制作完成了。整个制作过程叙述起来虽然简单，但是要想制作出一个完整的动画课件，还需要花费很多的时间和精力。这就要求制作者不断学习，增强Flash设计技巧，多思考、多练习，才能随心所欲地做出想要的动画效果，进而制作出比较出色的优秀课件。

3. Flash课件制作过程要注意的问题（高沛鑫，2013）

作为教师，制作多媒体课件的目的是辅助教学。因此，课件的内容也必须与教学内容保持一致，这样才可能达到理想的效果。所以，制作Flash多媒体课件时，必须融合教学内容、教育方法及艺术于一体，前期要做好教学计划，写好教案，然后根据授课内容进行设计。

（1）贴紧教材，重难点突出

脱离教学内容的课件是没有意义的，课件不但要紧贴教学内容，还要明确知识点和技能点、重点与难点，一个优秀的课件能充分体现教师的教学思路及授课内容，清晰直观，让学生看了一目了然。

（2）内容精练，交互良好

课件要紧贴教材，但不能完全复制教材，制作时应把复杂难懂的内容提炼成简单易学的知识点和技能点，然后再利用Flash动画技术把知识点进行形象的阐述。优秀的课件还应该具备良好的交互性，最好设有导航菜单和按钮，这样教师讲起来方便，学生读起来也方便。

（3）易于传播，便于修改

多媒体课件还要具有良好的移植性，所以文件的容量越小越好，便于复制、转移和共享。因此，我们在课件中所用的素材尽量少用位图，多用矢量图，以便做出更加小而精并且易于移植和传播的Flash课件。

当前的教育是面向现代化的教育，所以现代化的教育手段越来越受到重视。制作多媒体课件应该是教师需要具备的能力。要想制作出优秀的多媒体课件，就必须有一款好的开发工具。而Flash无论是界面还是功能，在多媒体课件开发软件中首屈一指，也比较容易上手。希望越来越多的教师能够用Flash制作出优秀的教学课件，只有不断地学习、实践和探索，逐步积累经验，才能做得越来越好。

（二）Authorware

Authorware是一种解释型、基于流程的图形编程语言。Authorware被用于创建互动的程序，其中整合了声音、文本、图形、简单动画及数字电影。

Authorware程序开始时，先新建一个流程图，通过直观的流程图来表示用户程序的结构。用户可以增加并管理文本、图形、动画、声音及视频，还可以开发各种交互，以及起导航作用的各种链接、按钮和菜单。

Authorware是当今使用最广泛的e-learning编辑软件（authoring applications）之一，主要用于生产多媒体交互式课件。课件内容可以随心所欲，从简单演示如何换轮胎，到复杂的工业或医学操作。对于一些简单的多媒体应用程序而言，还需要使用一些简单的脚本，这样看起来会更有感染力。脚本应用得越熟练，Authorware被发掘的功能也就越多。在Authorware 7中，脚本除了用Authorware本地脚本语言，还可以用JavaScript。

如果你从来没有接触过脚本，光看截屏，可能会感到无从下手，但即使你不懂脚本，通过Authorware提供的简单对话框，也可以对图标的行为、属性等进行配置，进而开发出简单的e-learning应用程序。

Authorware可以通过CD、DVD及网络进行e-learning内容发布。遵照SCORM标准后，Authorware的作品可以放在任何SCORM兼容的学习管理系统上发布。许多媒体类型的文件都可以被导入Authorware中，比如Adobe Flash，Adobe Director，PowerPoint，各种格式的数字视频、数字音频以及各种格式的图片。Authorware通过第三方的“Xtras”和“u32's”，还可以进行更丰富的功能扩充。

一般来说，制作Authorware课件大概分为以下几个步骤：

1. 课件片头的制作

（1）显示图标的使用

功能：用于显示文字、图形、图像（可以来源于外部图像文件，也可以自己绘制）。

操作1：显示图形图像新建文件，并设置文件属性（用菜单栏的“修改”—“图标”—“属性”命令或在“编程窗口”空白处右键菜单中的“属性”命令，打开显示图标属性窗口，在该窗口可设置课件播放窗口大小、窗口背景色、是否显示标题栏、菜单栏、任务栏等）；将显示图标拖放到流程线上，并为其命名；双击流程线上的显示图标，打开演示窗口；用工具窗口中的绘图工具在演示窗口中绘制图形或用工具栏上的导入按扭导入外部图像文件；设置显示图标的属性，选中显示图标，单击显示图标属性窗口中特效后的按扭，打开特效方式窗口，在该窗口设置特效。

操作2：显示文字（用工具窗口中的“文本工具”在显示图标的演示窗口中输入文字，或用工具栏上的“导入”按扭导入外部文本文件）；文字的选择，单击绘图工具栏的指针工具，可取消文字的输入状态，并可以用鼠标指针选取文字；设置字体，菜单“文字”—“字体”—“其他”，选择所需的字体；设置文字大小，菜单“文字”—“大小”—“其他”，输入所需大小的点阵值。

（2）等待图标的使用

功能：用于设置等待的时间，作用是暂停程序的运行，直到用户按键、单击鼠标或者经过一段时间的等待之后，程序再继续运行。

操作：将等待图标拖放到流程线上，并为其命名；在属性窗口设置等待图标属性，可以设置“按钮”“鼠标单击”“时间限制”“键盘响应”等。

（3）群组图标的使用

功能：将一组图标组合成一个群组图标，作用是将一部分程序图标组合起来，实现模块化子程序的设计，使程序流程更加清晰。

操作：

方法1：将群组图标拖放到流程线上，并为其命名；双击群组图标，打开群组图标程序流程线；在群组图标程序流程线上编程。

方法2：在程序流程线上拖动鼠标选中需组合在一起的图标；执行修改菜单中的群组命令。

（4）制作片头

操作：用一个显示图标显示背景图片，在属性窗口中选中“防止自动擦除”选项，并设置特效；用一个显示图标显示片头文字，并设置特效；用一个等待图标控制片头显示时间；将以上图标全部选中，执行修改菜单下的“群组”命令将其组合为群组图标，并命名为片头。

2. 课件主体的制作

（1）添加交互

添加交互是指用户与计算机进行“对话”（人机交互），其中每一方都能对另一方的指示做出反应，从而使计算机程序在用户可理解、可控制的情况下顺利运行。

操作1：主界面的制作（交互图标的使用）

操作步骤：将交互图标拖放到流程线上，并命名为主界面；将一个群组图标拖到交互图标的右边，在弹出的交互类型对话框中选择“按钮响应”，并命名为“活动1”，该名字将会显示在按扭上。设置按钮交互属性：在交互图标右边，群组图标上方的交互分支交界处的标志上单击，打开交互图标属性窗口设置该交互分支的属性（按扭形状、按扭位置、鼠标指针形状等）；再拖一个群组图标到交互图标的右边（名为“活动1”的群组图标的右边），并命名为“活动2”。用类似的方法设置“活动3”“活动4”“巩固提高”“总结”“作业”“退出”等分支。

操作2：教学环节内容的设置

双击扩展名为“活动1”的群组图标，在其程序流程线上放置一个显示图标，在该图标中放入本节课要讲的第一部分内容（本节的第一个活动）。在运行程序时，用户单击“活动1”按扭，就会执行该群组图标，显示该图标中的内容。若内容需用到多个显示图标，则每两个显示图标间用等待图标隔开，并在显示图标属性中选中“擦除以前内容”选项。

用与上面类似的方法设置“活动2”“活动3”“活动4”“巩固提高”“总结”“作业”“退出”等分支中的内容。

（2）在课件中添加声音

①步骤

拖入一个声音图标到流程线上；双击声音图标打开属性窗口；单击属性窗口中的“导入”按钮，导入所需的声音文件。

②设置声音属性

把声音属性窗口“计时”选项卡中的“执行方式”改为“同时”。

（3）片尾的制作

操作：在主界面交互图标右侧名字为“退出”的群组图标上边流程线交界处双击，打开交互图标属性窗口，将响应选项卡下的“分支”设为“退出交互”；在程序流程线下边用一显示图标显示片尾文字，并设置特效；用一等待图标控制片尾显示时间。

在等待图标下面放一计算图标，双击打开其代码输入窗口，输入代码“quit”（该代码作用是退出程序的运行），然后关闭代码输入窗口，并确认保存；将以上3个图标选中，执行修改菜单下的“群组”命令将其组合为群组图标，并命名为片尾。

（4）课件发布

①Authorware课件的发布

用Authorware做好的课件，在没有安装Authorware的机器上还不能运行，必须进行打包发布，生成可在Windows下运行的程序，才能在没有安装Authorware的机器上运行。

操作：先保存制作好的课件（即保存要发布的文件），然后选择菜单栏的“文件”—“发布”—“发布设置”，打开“一键发布”对话框；点击“打包为……”项右侧的按钮，在出现的对话框中选择打包后的文件要保存的位置；选中“集成为支持Windows 98、Windows ME、Windows NET、Windows 2000或Windows XP的Runtime”复选项，这样打包后将生成EXE文件，可以在Windows系统下单独运行；选中“复制支持文件”复选项，会将程序中用到的所有支持文件自动打包；若不在网上发布，“发布为Web”项都不选；设置好后单击“发布”按扭，即可发布。

②Authorware课件发布遇到的问题

课件发布遇到的问题及处理发布后的课件在运行时常会出现一些错误提示，出现这些错误提示的原因是缺少一些支持程序运行的文件，解决方法是将Authorware安装目录下的Xtras的文件夹和所有dll类型的文件都复制到发布后的EXE文件所在的文件夹中（李永新，2011）。

（三）PowerPoint

Microsoft Office PowerPoint是微软公司设计的演示文稿软件。用户不仅可以在投影仪或者计算机上进行演示，也可以将演示文稿打印出来，制作成胶片，以便应用到更广泛的领域中。利用Microsoft Office PowerPoint不仅可以创建演示文稿，还可以在互联网上召开面对面会议、远程会议或在网上给观众展示演示文稿。Microsoft Office PowerPoint做出来的东西叫演示文稿，它是一个文件，其格式后缀名为ppt；或者也可以保存为pdf、图片格式等。Microsoft Office PowerPoint 2010及以上版本中可保存为视频格式。演示文稿中的每一页就叫幻灯片，每张幻灯片都是演示文稿中既相互独立又相互联系的内容。

具体的PPT制作方法在后面会讲到，这里介绍制作的注意事项。PPT是制作课件最简单的方法，这种方法简单易操作，使用方便，是平时教学中使用最广的一种课件制作方法。制作PPT课件时，要注意把首页制作得美观大方，首先把首页的标题设置好，版面要整洁，其次要把背景设置好。首页是一个课件最主要的一页，应该把最好的创意放在首页，给人一种眼前一亮的感觉，可以鲜艳一点，一幅优美的图片或一幅符合主题的画面加上一段简洁的主题语句和一个按钮就能够体现这样的效果。这样的首页才有吸引力，让人看了就很难忘记。

第一页的制作好与不好，关系到第一眼的感受是否与众不同，是否令人难忘。创意好的第一页会让观看者兴趣浓厚，也是一种享受，特别是学生上课时的感受。因此，制作好一张优美的课件，是上好一节优质课，或者是做好一个广告宣传片的一种非常重要的手段。

另外，用 PPT 制作课件，动画效果的设置也非常关键，加上一定的动画效果，使整个课件的技术含量提高，再加上一定的按钮，使课件互动性提高，这样可以让使用者与课件有一个互动的效果。在 PPT 中，加上按钮是一件很容易的操作。按钮的添加，播放效果的切换，以及整个课件版式的设计都是制作课件十分重要的环节。在 PPT 中，这些操作都是简单易完成的一些基本技能，用 PPT 制作课件时还要注意设置超链接和动作，并确保其完整。

制作好的课件中通常存在大量的超链接和动作，在设置完这些链接和动作以后需要通过播放来检查链接和动作的正确性，以防出现链接不能用或不正确的动作，这是保证课件质量最重要的一个环节。在设置完这些超链接或动作以后要及时测试，以便发现一些表面上看不出来的小问题或者错误。这样在制作的过程中，一边制作一边发现问题，并能及时解决。这样制作完成的课件才能有一定的使用价值和效果（庞丽萍等，2012）。

二、常用课件制作原则

（一）结构要清晰

PowerPoint 课件的结构主要有三种：一是直线式结构，适用于将核心概念、基本原理把教学内容贯穿起来，渐进讲解；二是分支式结构，适合呈现知识体系，如并列与归属的概念等；三是网络结构，适合构建情境，引导探索性学习。PowerPoint 课件组成各种结构的基本单位是页或卡片。基本单位小而且多，为了保证结构清晰，构建结构要注意三个因素之间的关系，即幻灯片播放的物理结构、知识体系的逻辑结构与教学设计的活动结构三者统一的问题。在三者合理设计并有机结合的情况下，学生学习知识会感到清晰，有条理，易于理解。在制作课件时应突出本学科知识的层次、归属、类推等逻辑关系，在教学设计中考虑并在教学活动中呈现给学生这种结构关系，以减轻学生组织、判断知识关系的负担，提高学习效率。建议考虑以下几点：（1）分析、提炼学习内容，做到幻灯片内容的简明性。（2）设计好清晰的导航，谨慎使用超链接，防止跳转的随意性。（3）幻灯片紧跟教学活动，体现课堂进程的脉络性。

1. 要有清晰的逻辑

PPT应该是演讲者或授课者的整体思路的体现，无论是“结论—论据1、2、3—结论”式的观点表达，还是“问题—原因—解决方法”式的问题阐述，PPT设计应该先根据授课者的主题和思路确定大体的逻辑结构，再进行完善。

不论是哪种类型的PPT（纯娱乐类的除外），一份PPT的结构一般包含以下几个部分。

（1）课堂说明页：主要用来说明课堂的基本要求，该部分可有可无。

（2）标题页：主要用来说明演讲的标题、副标题（如果有的话）、演讲者、演讲时间以及演讲者所属机构。

（3）目录及跳转页面。

（4）正文。

（5）致谢页面：经常是采用艺术字。

（6）辅文：主要针对工作报告、项目说明、推广方案类的演示稿，主要内容是演讲对象在演讲结束后可能提出的问题的回答等。

2. 要做到结构清晰

首先，课件中的文字要精练，教材上的大段文字阐述不必在课件中重复出现，即使要出现，也尽量浓缩，以浅显、精练的文字归纳出要点。其次，在课件中可多次重复目录页，每讲完一个大问题，都重复播放目录页，使走神的学生也能追上课程的思路；还有就是整个课程的项目符号和编号要统一，并尽量与教材保持一致，以方便学生做笔记。

3. 要做到结构科学

课件是对教材内容的再创造，在制作课件时，首先应确定教学目标，分析教学内容的知识结构，分析学习者的特征等。其次依据先进的教育科学理论和教学设计思想选择最佳教学过程设计，包括学习模式的选择、学习环境与情景创设、教学策略的制订，以及媒体的选择与设计等，力求内容完备、图形准确、数据精确、方法科学，符合教学规律和学生认知规律。与学生思维同步，保证循序渐进，不仅能使学生对所学内容留下深刻印象，而且更能激发学生的创新思维。

（二）内容要突出

1. 强调重点是幻灯片内容设计的核心原则

在设计幻灯片时，每张幻灯片都要有鲜明的观点，重点要突出。

PowerPoint是幻灯片的英文写法，由power和point组成。其中power指“有能量、重量”，point意为“点”，概括起来就是“有重量的点”，即“重点”。PowerPoint软件的特点就是观点（point）鲜明，突出重点（power）。也就是说，只有把power和point都做好，才能称之为真正的幻灯片。

①一张幻灯片不等于Word的一个页面

在Word中，编辑的单位跟页码没关系，其无需打字，只要使用多个回车，就能从一个页面跳到另一个页面，因此，与其说Word的一页纸是编辑的单位，还不如看成是打印单位。

一张幻灯片并不等同于Word的一个页面。很多人都有过这样的经历：字数太多，当一张幻灯片写不下时，就再建一张接着写。事实上，这是典型的“Word搬家”。这样的幻灯片显然没有达到强调重点的原则，不提倡使用。

②一张幻灯片相当于Word的一个章节

幻灯片大纲的英文版叫“Outline”，相当于Word中的标题，属于结构性文字。一般来说，在幻灯片中，只能放入标题和结构性的文字，而不能放入过多的正文。如果实在需要放入较多正文，可以将它添加在备注中。也就是说，幻灯片中的文字应该是纲要性的，等于一个章节，只有章节和标题才可以体现明确的观点和重点。

如图5.7的一张幻灯片所示，由于Word文字多，幻灯片编辑空间小，只能节选一部分，所以把节选的部分称作“片段”。

整理原稿文件(片段)

综合收集的各类数据，建立中央数据库。通过SQL，Server把来自Excel等数据源的数据集中起来管理，帮助使用人员及时准确的在系统中有效地利用数据库的数据，并为今后的应用打下坚实的基础。

确立数据汇总原则，实现财务报表自动生成。按照三类实践汇总需要，建立报表汇总模板和汇总原则，并使整个汇总过程自动化，从而减少使用人员的手工操作，提高编制的效率。

建立统一的报表分发和管理平台。通过使用TF软件，为用户建立一个灵活而丰富的报表使用体验，实现报表的自动分发，并且进行有效的权限审核和控制，提高数据的安全性。

图5.7　修改前的幻灯片

此类幻灯片有两个错误：一是标题没有论点，不能叫“片段”；二是所节选的文字没有重点。事实上，该幻灯片三段文字中的第一句都是核心，可直接提取核心内容，把每段第一句做成一级标题，同时把标题换成“实施方案”，如图5.7所示：

实施方案　　核心内容

1. 综合收集的各类数据，建立中央数据库。
通过SQL，Server把来自Excel等数据源的数据集中起来管理，帮助使用人员及时准确的在系统中有效地利用数据库的数据，并为今后的应用打下坚实的基础。
2. 确立数据汇总原则，实现财务报表自动生成。
按照三类实践汇总需要，建立报表汇总模板和汇总原则，并使整个汇总过程自动化，从而减少使用人员的手工操作，提高编制的效率。
3. 建立统一的报表分发和管理平台。
通过使用IF软件，为用户建立一个灵活而丰富的报表使用体验，实现报表的自动分发，并且进行有效的权限审核和控制，提高数据的安全性。

图5.8　修改后的幻灯片

通过对比不难发现，图5.8的观点表述更加明确，但这仍然不是幻灯片，只是多了背景颜色，没有观点和重点，因此只能称为“多级Word”或者“记事本”。

通常，幻灯片中的重点要先提取出来，然后再进行加强。只有突出核心，在打开幻灯片时，观众才能够了解所讲的重点，使幻灯片达到质的变化。如果配合动画，就能够达到更好的效果。

值得一提的是，图5.7中的三段文字不一定都要加在幻灯片中，事实上，只要把三个标题做好，其余的由内容演示者说出来即可。须知很多观众不会看过多的文字，文字太多会让人产生疲倦感，也就起不到吸引观众的效果。因此，不如将幻灯片打印出来让观众自己看，这样还能节省时间。

总之，制作幻灯片一定要考虑观众的感受，学会换位思考，从而达到重点突出的效果。

2. 优化教学内容

利用多媒体辅助外语教学的目的是对教学的最优化，提高外语教学效果。在外语教学中，并不是课本中的每个单元都使用相应的课件。课件教学价值的高低主要表现在课件教学目的与教学内容的选择和表现等策略上。教师在制作外语课件之前，必须要明确本课的教学目标，即要解决什么样的语言问题，训练学生哪些方面的交际技巧，扩充学生哪些方面的文化背景知识等。然后根据教学目标和教学内容确定是否需要制作课件。在课件制作过程中，教师要特别注意选取那些传统上一直采用讲述教学、无法演示或不易演示的教学内容作为多媒体课件素材，利用多媒体图、文、视、听多角度的特点优化教学结构，以便顺利实现学生对新语言知识的顺应、更新或重建学生对语言的认知结构。

3. 不用与授课内容无关的多媒体素材和动画

很多老师制作课件的时候，喜欢把手头搜集的图片、动画、声音等都统统堆砌在课件之中，却不管这些资料与课程内容有没有关系，是否有助于学生理解和掌握知识，这样制作出来的课件并不能达到较好的教学效果。

4. 信息量适度

信息量适度有利于突出重点。Krashen二语习得理论的“i+1”假设认为，学习者要有足够的可理解性语言输入才能习得语言，但这个量应适度。外语课件在制作过程中要遵循信息量适度的原则，避免信息量过小或过大。有一种观点认为，多媒体课件呈现的信息量越大，多媒体的优越性体现得越充分。例如，教师在介绍单词thanksgiving时，给学生呈现了大量与之有关的图片，甚至影片、歌曲。尽管课件的图片精美，影片、音乐有趣，学生也欣赏得津津有味，但这并不是本课的重点，教师的讲授重点可能被淹没在大量新信息中，从而使重点变得模糊不清，影响到其他内容的教学。实际上，教师只需通过几张图片对该词进行介绍即可。但如果是作为文化欣赏课来讲解thanksgiving，那么大量的与之相关的信息呈现就显得很有必要了。因此，在制作多媒体课件时，教师要谨记多媒体和课件都是为教学服务的手段，千万不要被这些手段牵着鼻子走，舍本逐末。课件中展示的信息量应以能否出色完成教学任务为依据，"适量"而不"过量"。

（三）节奏要合理

1. 课件节奏要和课堂节奏相适应

授课过程中，应注意把握课堂节奏，课件翻页比板书要快捷得多，不能赶进度，要紧紧抓住学生的注意力。每张幻灯片的字数以30~60个汉字为宜，讲的时间以2~5分钟为宜。如果一个问题或概念的内容比较多，一张幻灯片放不下就拆分为两张，切忌强行把文字堆积在一张幻灯片上。

2. 课件结构的节奏性

课件制作的节奏美，主要体现在整体结构的布局上，体现在起承转合的恰到好处上。首先要注意开头的设计，良好的课堂氛围的创设往往取决于一堂课的起始和导入环节。教师如能精心设计一段导入，就会犹如磁石吸铁一般，紧紧吸引学生的注意力。

艺术感染力强的课件，其中的动画、声音、图文都有很强的感官冲击力，它直接刺激学生的视觉、听觉，在激发学生的学习兴趣、增进理解和促进记忆力方面有良好的效果。一个课件的展示不但要取得良好的教学效果，还要能激发学生的兴趣。优质的课件应是内容与美的统一，展示的对象结构对称、色彩柔和、搭配合理，有审美性，使人获得美的享受，具有较高艺术性。

3. 提升课件趣味性

生动有趣的课件有利于调动学生学习的积极性和主动性，图文并茂、声色俱全、形象直观、生动活泼的课件更能吸引学生的注意力。虽然使用多媒体进行课堂教学的确有很强的趣味性，但趣味性并不是多媒体课堂教学的主要特点，要根据不同教学内容和教学对象灵活使用。

4. 用奇巧的方式展现创新

用奇巧的方式表现课堂内容，以独特的形式安排各教学内容之间的联系，全力支持新型的教学模式，如合作学习、自主学习或探究式学习模式等。创新性课件的制作需要教师把握时代脉搏，熟悉新技术、新方法，对各种教学模式要融会贯通。

5. 课件容错性原则

要做到节奏合理，必须保证课件的稳定性。课件的稳定性是课件的生命力，课件在调试、运行过程中不应出现任何故障。可以预先安排多种教学过程，事先输入各种可能的结果，以便教师随时更改教学流程；对教师可能出现的误操作需要进行除错处理，以使教师的误操作不会对教学过程产生影响。

6. 课件操作简易方便

简易操作的课件有利于做到节奏合理，不易出错。一堂外语课通常只有45分钟，在课堂上教师既要讲解新知识，又要组织学生做大量的语言练习。因此，教学课件应符合操作简易性原则。操作简易性原则体现在以下三个方面：

（1）课件的安装或运行快捷，即课件可以自由、快速地安装或复制到计算机硬盘上，运行速度快。音频或视频文件对播放器往往有特定的要求，课件中所选择的音频、视频文件格式通用性要强，所用的播放器运行速度要快。

（2）操作简单、灵活、可靠，链接清楚，便于操控。课件要有目录菜单，目录与内容互相链接，便于查找。

（3）兼容性强。课件中所需的运行工具、插件兼容性强，选用的字体（如音标字体等）应是较常用的、可在大部分计算机中显示的，课件应该能够与计算机的硬件系统和软件系统兼容，避免出现运行中的“死机”问题。

（四）搭配要和谐

1. 内容有机结合

“尺有所短，寸有所长”。教学媒体的采用也要根据教学内容及教学目标来选择，不同教学媒体有机结合，优势互补，才能得到事半功倍的教学效果。例如：数学的方程求解、物理的公式推导等，用多媒体课件教学就不一定比教师与学生一起边推导边板书效果好；化学实验教学用多媒体课件有时就不如实际演示更直观更有说服力；理论问题、微观世界的活动等，采用多媒体课件则有其明显的优势。

2. 模板与色彩搭配要和谐

和网页的设计一样，课件制作也忌讳“五颜六色”，过多的颜色会显得杂乱，并分散学生的注意力。一般来讲，除了黑色和白色，最多搭配3种颜色。

教学是以学生为主体、以教师为主导的一个活动过程。任何类型的多媒体课件在这个过程中都只是一个辅助手段，使教师把一堂课的重点突出、难点分散，把难以用语言描述的原理和过程形象、直观地演示出来。但课件不是一节课的全部，整个课程仍要以教师为主导，所以，我们不必把课件做得面面俱到，更不能把应该由学生思考的问题轻易地展示出来，我们所要做的事情是通过课件的展示来激发学生学习的兴趣，促进学生的主动探究与思考，促进学生创造性地学习。

3. 画面遵循简约性原则

外语课件的画面在符合学生视觉心理（即吸引学生注意力）的同时，要尽量减少分散学生注意力的无益信息的干扰。画面简约性原则应体现在以下三个方面：首先，课件画面布局应重点突出，同一画面上的对象（文字或图片）不宜过多，少用与讲授主题无关的装饰性图案，避免配以全程无法关闭的音乐，尽量不用动作不停的动态标题等，以免分散学生的注意力。其次，画面上文字数量不宜过多，电脑屏幕上过多的文字不仅容易使学生产生疲劳感，而且不利于他们感知语言学习的过程。除阅读性材料外，知识讲解的课件页面每屏不超过12行，字号大小要适宜。最后，课件画面切换应该避免过于烦琐、复杂，内容的跳转最好淡入淡出。在画面切换时控制好音效。

4. 画面兼顾艺术性

简约性和艺术性是一对矛盾统一体。优秀的多媒体课件在画面上应该是简约性和艺术性的和谐统一。艺术表现力强的多媒体课件不仅会取得良好的教学效果，而且使人赏心悦目，获得美的享受。这就要求课件的画面应色彩柔和、搭配合理，展示的对象结构匀称、生动逼真，声音和动作的搭配要流畅和谐。简言之，课件制作要以简约为本，兼顾艺术性。

制作外语课件的目的是实现教学的最优化。课件是为课堂教学服务的，所以教师在制作课件时应认真选题，并处理好课件内容和课件表现形式的关系——内容为教学服务，形式为内容服务，避免片面追求课件画面的华丽和动感而牺牲教学内容的实效性，影响学生对语言的认知。同时，要处理好教师、课件、学生在课件教学中的关系。教师是课堂教学的讲授者和课件的演示者，学生是知识的接受者和课堂活动的参与者。教学目标是课堂的重点，课件是辅助教学的手段，课堂教学的优化和良好的教学效果是外语课件追求的目标。

此外，教师在制作多媒体课件时还应该考虑以下几个问题：多媒体软件提供的语言指示是否清楚明确；课件系统对学生的错误如何反馈；学习者在学习过程中遇到困难时，如何寻求帮助；课件提供的图片和声音等是否与语言学习相关，对教学是否有帮助；课件使用的有效性如何，是否配有评价系统，是否鼓励学生学习。

5. 课件制作的科学性

科学性无疑是课件评价的重要指标之一，尤其是演示模拟实验，更要符合科学性。课件中显示的文字、符号、公式、图表及概念、规律的表达式力求准确无误，语言配音也要准确。

但在科学性的评判上要做具体分析。如果片面强调科学性，就会束缚人的手脚，不利于多媒体课件的应用发展。所以，演示模拟原理要正确，要反映主要的机制，细节可以淡化，要尊重事实，允许必要的夸张。科学性的基本要求是不出现知识性错误。

6. 借鉴他人优秀经验

做过课件的教师都知道制作课件要花大量的时间。若能直接采用现成的课件或对原有课件做少量修改就能为己所用，必将使多媒体教学大为普及。

我们知道，使用别人制作的课件来上课，是很别扭的，自己的思路和风格无法发挥，融于课件中的思想、进程思路、表现方式、体系结构和技巧运用与自己的风格可能相去甚远，若再加上教学对象的差异，课件的弊端就暴露出来了。因此，让教师使用不能重组的课件是比较困难的，教学效果往往也不好。制作的课件是否有开放性，能否稍加改造就可以为其他教师所用，这在今后是重要的，需要大力提倡，这也符合开放共享的信息时代的要求（许智坚，2010）。

三、常用课件的制作过程与方法

（一）精备教材

课件要“源于教材”，即常用课件的制作和应用要以教材为纲，把握好教材的逻辑框架、文本脉络、基本观点以及重难点，整个课件要建构严谨、简约的知识逻辑体系。因此，课件又要“高于教材”（李梁，2008）。这里所说的“高于教材”，关键就是要做到精炼。“没有精炼的课件，是‘教材搬家’；‘精炼’到只有标题的课件，那是‘电子板书’。”（武星亮 等，2011）制作内容精炼的课件需要在三个层次上着力：一是精炼单元体系和单元内容；二是精炼文本中心内容及重点和难点；三是对同一现象进行归纳，对不同知识点进行比较等，让学生对教学内容有清晰的、先入为主的、“抓人眼球”的视觉印象。

（二）精编脚本

编写详细的脚本是整个课件制作过程中的重要环节。脚本的编写要在整个课件中设计思想充分分析的基础上，根据教材内容、教学目标、教学对象，进行合理、科学的知识重组。制作者按照设计要求并结合计算机的特点，对课件制作进行全面考虑和细致的划分，并以书面的形式详细地写出来，也就是要将课件的内容进一步细化，具体到课件系统结构流程、各知识点的屏数、各屏关系、各屏显示的内容与布局，使用的媒体名称、画面设计、表现形式，以及教学过程的操作控制等都要一一罗列清楚，使其真正成为课件制作的精确“图纸”（吴志伟，2001）。

（三）精选素材

教师在课件制作过程中最大的阻碍是课件制作所需素材的收集与处理。课件素材主要有文字、图片、音频、视频、动画五大类，其中文字、图片、音频的收集容易实现，可以通过搜索引擎找到资源。这些资源是可以直接通过复制、另存为等方式下载到本地计算机里保存的。但视频、动画大多是镶嵌在网页中，没有提供下载地址链接，教师可能无从下手，或者要求去到相应的网站注册账号，下载颇为麻烦。以下详细介绍视频、动画收集和处理方法（肖露欣，2011）。

现在国内网站上的视频材料通常是flv格式，那么如何将flv格式的视频下载到计算机里呢？我们可以通过维棠flv或硕鼠等视频下载软件实现。首先，将该视频所在的网址地址复制；然后，启动维棠flv视频下载软件并新建一个下载任务；最后，将视频网址粘贴到"视频网址"栏目中，并在"另存为"中设置好视频下载保存位置，在"重命名"栏目中设置视频文件名，点击"确定"即可完成（见图5.9）（肖露欣，2011）。

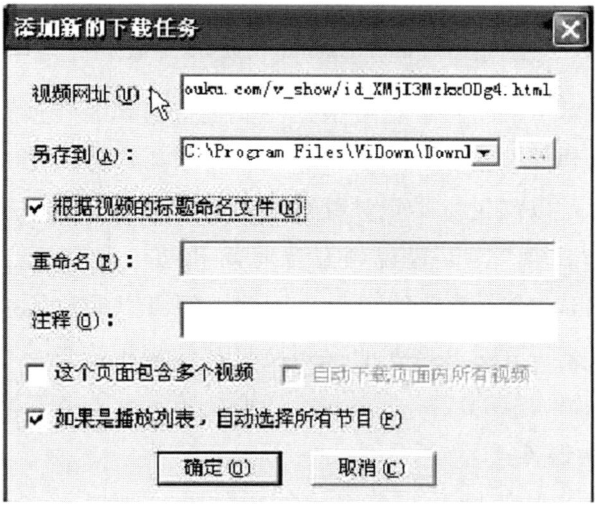

图5.9　维棠视频下载设置页面

通过搜索引擎，如百度，我们同样能找到所需的动画素材，但网站上动画都是直接嵌在网页中，格式为swf，不能直接下载。这时需要借助网页动画下载软件Flash Catcher捕捉网页中的动画。首先，安装Flash Catcher软件，这时在IE浏览器的工具栏上就会增加一个图标，如果该图标没有显示在工具栏上，可以通过"工具"—"工具栏"—"自定义"将该图标添加到工具栏上；其次，打开需要下载的动画网页，点击IE工具栏上的图标；最后，预览列表中的动画，选择所需要的动画，点击"改变目录"设置动画保存位置，点击"保存"（见图5.10）（肖露欣，2011）。

图5.10 Flash Catcher网页动画下载界面

收集到的视频、动画素材可根据需要进行剪切、转换、压缩。对视频进行处理的软件有很多，如会声会影、格式工厂等。格式工厂集上述功能于一体，可以满足基本视频处理需求。将待处理视频拖至格式工厂界面，右击“选项”，设置视频开始时间和结束时间，点击菜单栏中“开始”即可自动输出裁剪的视频。压缩视频可以通过转换格式的方式来实现，一般来说RMVB格式的视频质量和体积比较高，可以选中想要转换的格式，如“→RMVB”，拖入待转换视频，点击“开始”即可。

（四）精做课件

制作课件需要使用一些多媒体编辑软件，一般可选用PowerPoint、Flash、Authorware等。Authorware是一款多媒体课件制作软件，具有强大的交互能力和兼容能力，但其缺点是难掌握、难修改；Flash能轻易制作出体积小、可缩放、易传输的动画并支持比较丰富的媒体类型，但交互能力一般；PowerPoint是典型的能够无师自通的多媒体制作软件，简单、易学、易用、易修改、创作快速，并具有一定的交互能力和兼容能力。各种多媒体创作软件各有其特点，教师应根据自己不同的需要，选择不同的软件。一般来说，外语课件制作软件的选择依据教学用途和教学内容而定。按用途分，一是为了参加比赛或是公开发行，另一种是日常教学。如果为了参加比赛，建议使用Authorware，因为其强大的功能可以满足教师很多的想法，而且可以兼容各种媒体，可以制作出功能齐全、极为美观的课件。而如果制作课件是为了日常教学用，教师可以使用

PowerPoint，因为简单易学、创作快速。按内容分，如果教学内容极具系统性，需要设计多种媒体软件，如一些大学开设的课程，可以选用Authorware软件；而中小学学习的内容以单元呈现，PowerPoint适用性强。

一般来说，制作PowerPoint课件大概分为以下几个步骤（由于软件版本更新过快，以下仅根据PowerPoint的某一版来进行演示，不同版本的使用操作会有所不同）：

1. 构思

课件的构思，可以是边制作边构思，但比较成熟的方式是先设计课件制作方案。根据PowerPoint的特点，课件制作方案最好是写成分页式，即按照幻灯片逐张排版的样式，同时可进一步考虑模板的选取或设计、版式的选择、效果的设置、动画出现的时间以及放映时的链接等。其中，模版选取或设计是需要尽快确定的，因为它会影响课件的整体布局。

2. 新建并保存课件

计算机安装了PowerPoint后，可以直接右键新建课件，也可以启动PowerPoint软件进行新建课件。

至于保存课件，则可以通过部分软件的快捷键“保存”按钮或者菜单栏“开始”里的“保存”或“另存为”按钮进行保存（见图5.11）。要养成对制作中的课件进行阶段性保存的好习惯。

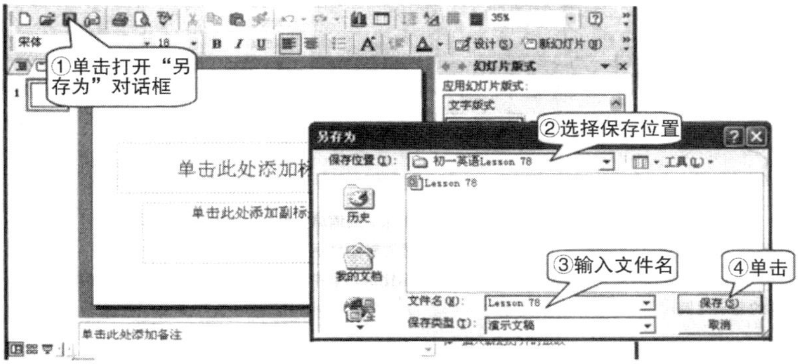

图5. 11　PowerPoint软件课件保存操作

3. 课件版式选择

PowerPoint系统内储存了不同样式的幻灯片课件模式，使用者可以根据需要来进行选择，这一步骤叫作选择幻灯片版式（具体见图5. 12）。

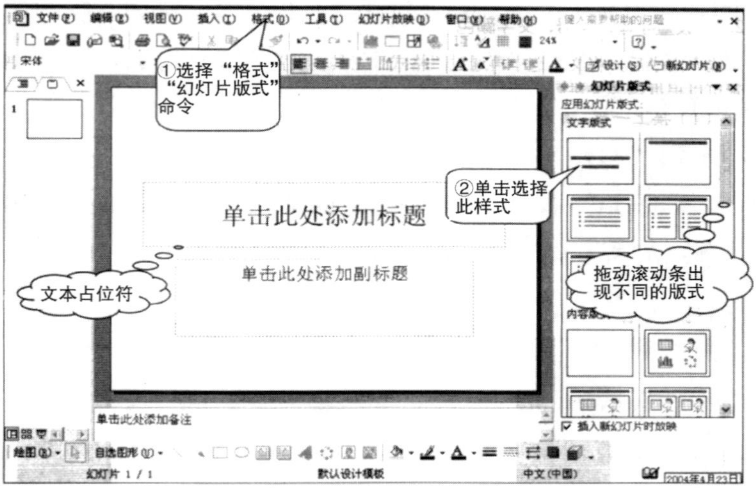

图5. 12　课件版式选择

4. 添加文本

选择某一版式后，幻灯片自动出现的文本框称为文本占位符。添加文字，只需单击文本占位符，即可在其中输入文字（具体见图5. 13）。

图5. 13　输入文字

对文本进行相关设置，需要将文字选中再在“格式”工具栏设置字体、字号、文字颜色等，这些设置可以根据课件的需要来进行（具体见图5. 14和图5. 15）。

图5.14　设置字体

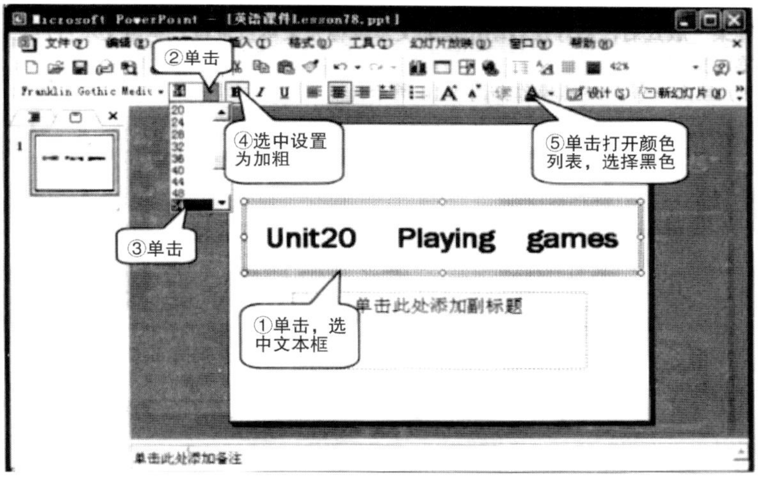

图5.15　将文字设置为54号、黑色、加粗

5. 插入背景图片

为了美化课件，可以直接对图片进行复制并粘贴到幻灯片中，也可以从素材库中选择一些图片文件导入到幻灯片上，然后根据外语课件需要进行移动，调整图片的位置、大小和叠放次序（具体见图5.16和图5.17）。

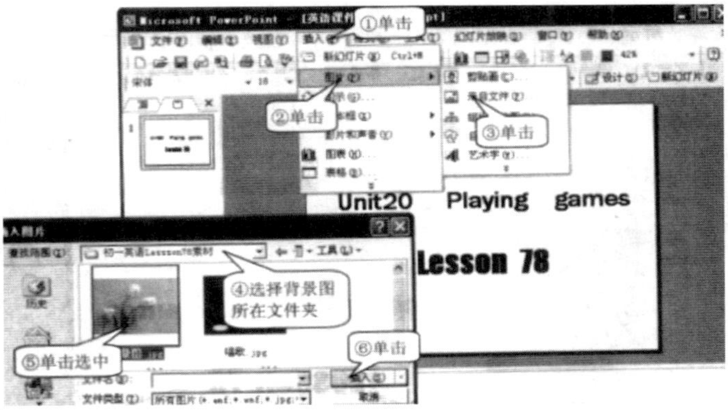

图5.16 插入背景图片

图5.17 调整背景图片的位置、大小和叠放次序

6. 图形组合

当幻灯片上的图形较多而且又很相似时，可以对这些图形进行组合，组合后比较稳固，可以整体设置自定义动画（具体见图5.18）。

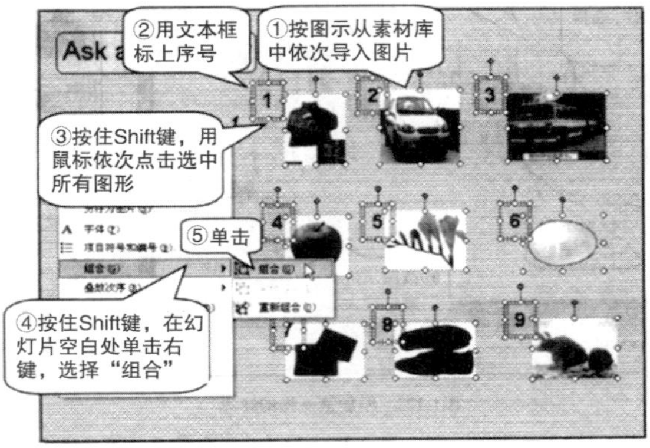

图5.18 组合图形

7. 插入及调整艺术字

幻灯片上可以使用一些具有特殊效果的文字，如 PowerPoint 的艺术字的文本字体除可以设置多种字体外，还可以使用多种特殊艺术效果。艺术字经常被用来制作标题。

选择“插入”—“图片”—“艺术字”菜单命令，打开“‘艺术字’库”对话框，如图 5. 19。

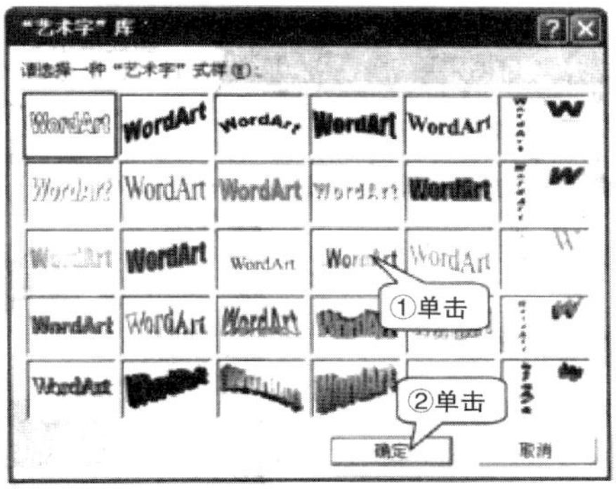

图 5. 19 “艺术字”库对话框

选择一种样式，打开“编辑‘艺术字’文字”对话框，如图 5. 20。

图 5. 20 插入艺术字

若想调整艺术字的大小和位置，可进行如图 5. 21 的操作。

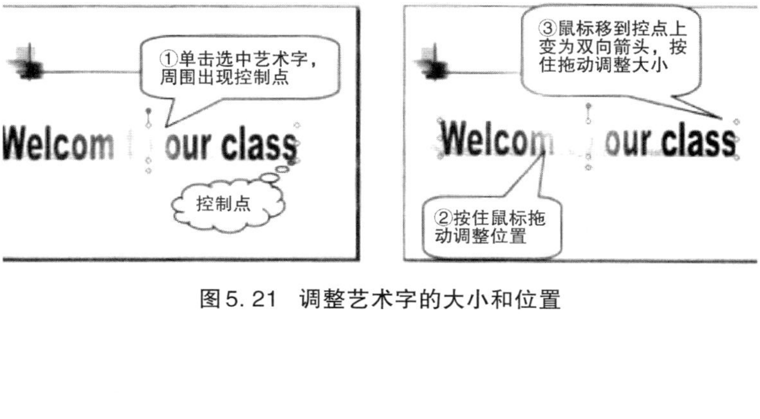

图 5. 21 调整艺术字的大小和位置

8. 插入图表和结构图

在 PowerPoint 的幻灯片上可以直接使用菜单命令插入规则的表格，根据需要，还可以对表格的行列进行修改或设置表格的样式、边框、填充颜色等属性。

选择“插入”—“新幻灯片”菜单命令，添加新幻灯片，将其设置为空白版式并设置背景颜色，继续操作可输入文字，导入图片，如图5. 22所示。

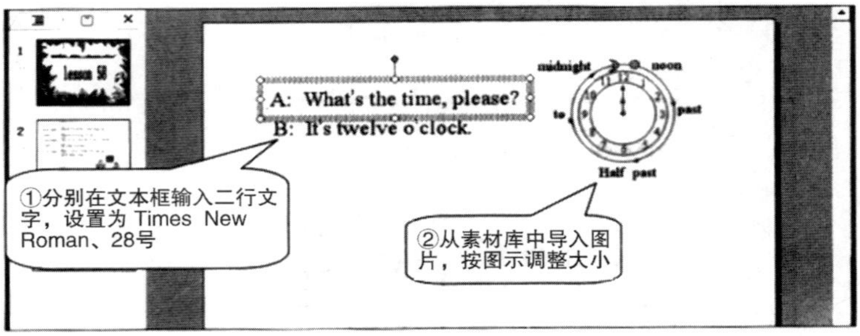

图5. 22 插入文字、导入照片

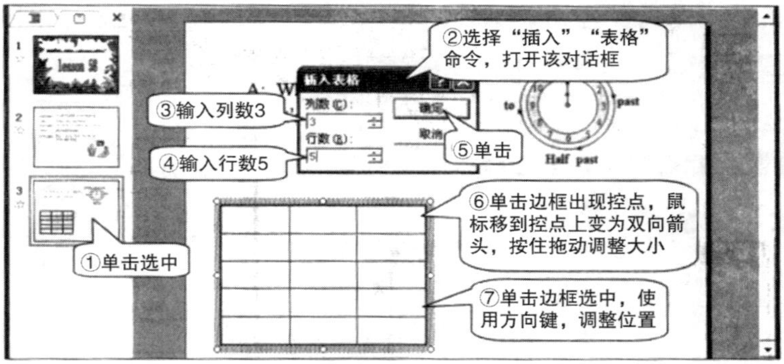

图5. 23 插入表格

可在幻灯片中插入表格，操作如图5. 23所示。

插入表格后，可以设置表格格式，选择“视图”—“工具栏”—“表格和边框”命令，打开“表格和边框”工具栏，操作如图5. 24；也可以合并单元格，操作如图5. 25所示；还可以在表格中输入文字，操作如图5. 26和图5. 27所示。

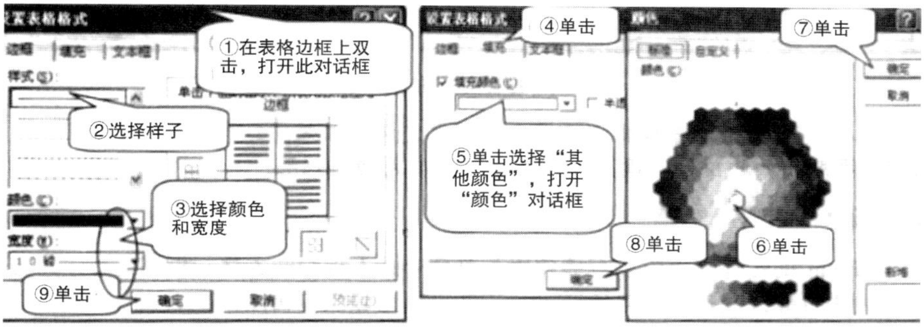

图5.24　设置表格格式

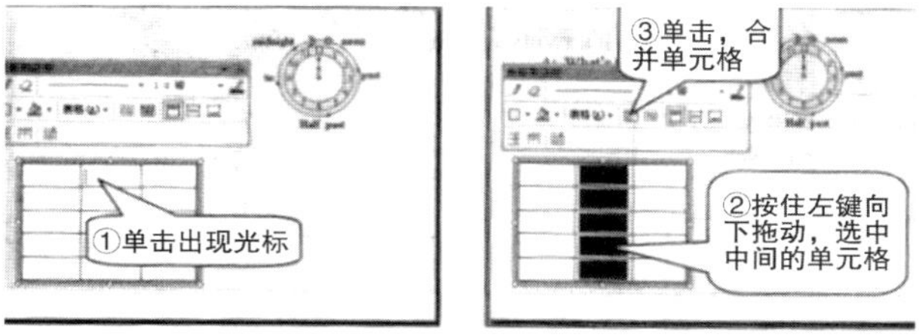

图5.25　合并单元格

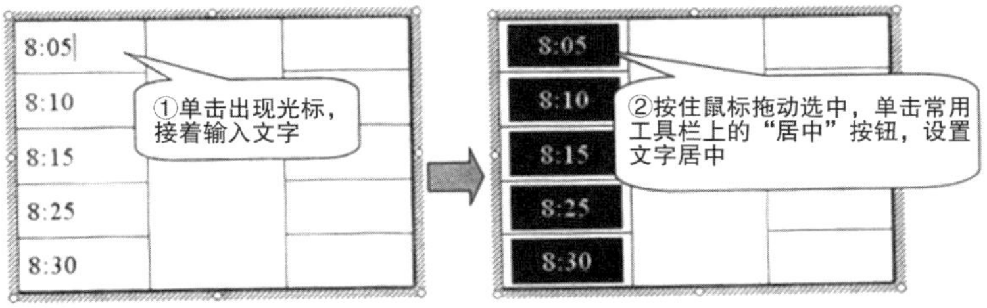

图5.26　在表格中输入文字

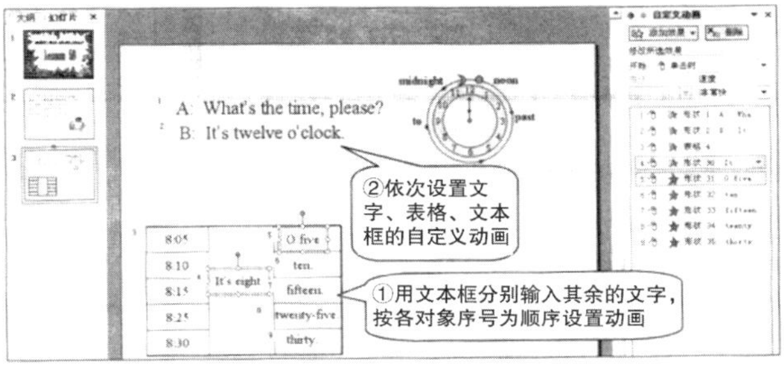

图5.27 设置文字自定义动画

9. 插入声音和视频

PowerPoint XP课件中可以直接加入WAV、MID格式的声音，播放CD，录制旁白；也可以从PowerPoint XP系统的剪辑管理器中选择插入声音。

选择“插入”—“影片和声音”—“剪辑管理器中的声音”命令，在文件中选择所需要的声音文件，点“确定”即可。插入声音文件后，如果单击“否”按钮，则以后播放幻灯片时，单击幻灯片上的声音图标时，才会播放声音；选择“是”按钮，播放幻灯片后将自动播放声音，见图5. 28。

图5. 28 插入背景声音

10. 插入Flash动画

Flash动画的魅力是众所周知的。在PowerPoint中可以插入Flash，步骤是：从“视图”的“工具栏”中打开“控件工具箱”—点击“其他控件”—点击“Shockwave Flash Object”项—在页面上画一个框—右击此框—选“属性”—点击自定义后的“…”—在出现的对话框中填入“影片URL”—点击“确定”—调整Flash的大小和位置—点击“OK”。

11. 设置动画

动画在课件设计中有其极重要的地位，好的动画效果可以明确主题、渲染气氛，产生特殊的视觉效果。PowerPoint中有如下几种动画：

首先，幻灯片切换，定义幻灯片切换时的动画效果；其次，幻灯片动画方案，定义幻灯片中各个元素（文本、图形、声音、图像等）的动画；最后，自定义动画，分别定义幻灯片中各个元素（文本、图形、声音、图像和其他对象）的动画。动画类型主要有进入、强调、退出、路径，动作条件主要有单击、按键、定时、之前、之后、触发，附加特性主要有速度、声音。

12. 幻灯片的链接

在PowerPoint中，使用超链接可以在幻灯片与幻灯片之间、幻灯片与其他外界文件或程序之间，以及幻灯片与网络之间自由地转换。超链接本身可能是文本或对象（例如图片、图形、形状或艺术字）。以下介绍在幻灯片上设置超链接可切换到另一张幻灯片。

选择"插入"—"新幻灯片"菜单命令，添加下一张幻灯片，选择空白版式，继续操作如图5.29和图5.30所示。

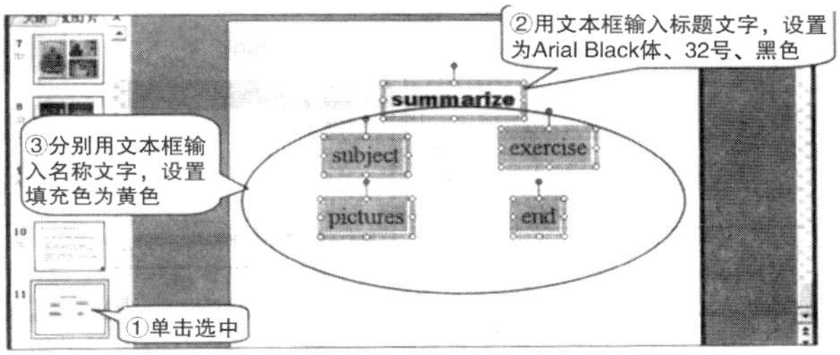

图5.29　输入文字

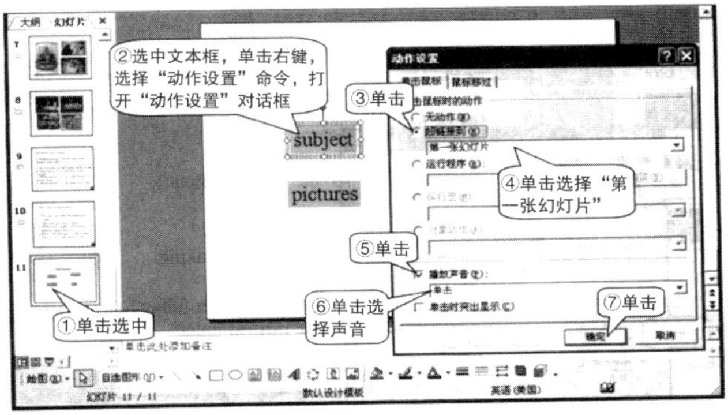

图5.30　设置超链接

13. 幻灯片的放映

一个课件通常由多张幻灯片组成，按照其中的教学内容不同，这些幻灯片又可以分成几个组（几个模块）。在放映幻灯片时，常常要有选择地播放某一组幻灯片，讲解课件中某一知识点。为了实现这种效果，在制作课件时，可以将这一组幻灯片定义为一个自定义放映，设置超链接到别的幻灯片上。具体操作如图5.31（徐莹 等，2004）。

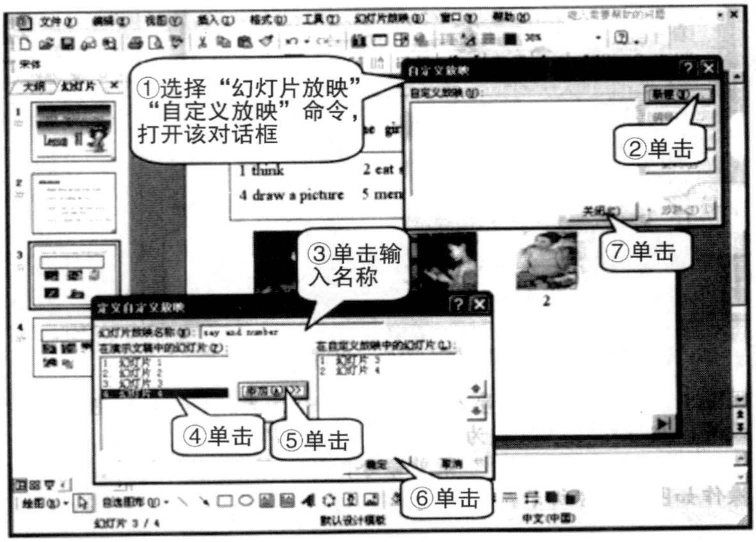

图5.31 设置自定义放映

（五）精测课件

课件制作完成后，教师需要演示课件，对应所设计的脚本查看课件是否需要修改。如果有条件，教师应到上课教室演示，确保有支持课件的硬件系统。

四、快速课件的定义与理念

多媒体课件以其丰富的表现力、良好的交互性、极大的共享性满足了信息技术环境下教师的教学需求以及学生的学习需求。Flash、Authorware、PowerPoint是常用的课件制作软件。在上文中已分别对这三类制作工具进行较为详细的介绍，尤其是对PowerPoint的介绍：包括课件制作的原则、过程及方法。PowerPoint的制作是教师教学辅助的基本工具，为提升教师PowerPoint的制作技巧，进一步满足信息化、网络化、数字化教学的需求，快速课件制作工具已成为热点，应用范围不断扩大。

对于什么是“快速课件”，国内外学者目前尚无形成统一的定义。Bersin by Deloitte公司[1]首次尝试界定“快速课件”的基本特征：（1）课件开发周期短；（2）课件内容涵盖评价、反馈及追踪功能；（3）课件

[1] 原为Bersin & Associates公司，现已被全球专业服务公司德勤Deloitte收购。

开发借助方便易用的文档编辑软件；(4) 课件时长控制在一小时以内；(5) 课件内容综合同步传递模式与异步传递模式；(6) 课件内容包含简易的媒体、测试元素及链接指南。

本书尝试对快速课件的定义进行归纳：快速课件，即在数字学习模式引领下，经短时间设计开发出来的兼具低投入、高回报、多功能特点的网络多媒体课件。

快速课件凭借其短时、低耗、高效的潜在优势不仅有助于共享大范围、分布式数字化学习资源，而且有助于全面优化并推动信息素质教育。其蕴含的理念如下：

第一，低碳教育理念。这一理念的提出也是对常规课件开发的革新。低碳教育理念以低时耗、低消耗、低损耗为基础，秉承个性攻坚，低碳发展的宗旨。快速课件在开发过程中，能充分结合学习者个性化和多样化的学习需求，其及时的反馈追踪功能与交互功能彼此依托。融入低碳教育理念，旨在培养学习者的学习兴趣及学习态度，提高学习的针对性和有效性。

第二，回归主体理念。回归主体即学习者的主动参与。快速课件依托移动化、可视化的新媒体，兼顾课件的简洁性和内容的全面性，重视学习者的体验与分享。此外，快速课件内嵌字幕解说，满足了学习者视觉和听觉的需求，体现了人性化的关怀。

第三，分类教学理念。分类教学即因需施教。快速课件包含简易的媒体、测试元素及链接指南，在设计上主题明确，重点突出，图文并茂。其所嵌套的链接指南能够准确快速地解决不同学习者在学习活动中所面临的不同问题，旨在通过需求分析，提供定时定点的帮助。

五、快速课件的类型与适用范围

在信息技术的支持下，快速课件制作工具应运而生。其有两大显著特点：第一，课件开发周期短；第二，课件开发成本低，快速课件跟随在线教育的步伐，为新型学习需求与学习方式提供了长期有效的服务，从而获得了广泛的认可与大力的推广。作为在线教育的得力助手，如何从数量众多、类型丰富的制作工具中选择合适的工具类型是全面提升教学效率的关键因素。因此，按载体类型的划分标准，制作工具大体上可以分为4种类型，详见表5.3。

表5.3 制作工具类型

制作工具类型	典型软件工具	
屏幕录制和编辑工具	Camtasia Studio	Adobe Captivate
PPT使用插件工具	Adobe Presenter	Snap
模板式互动课件制作工具	Raptivity	Articulate Engage
交互式课件整合工具	Lectora	Articulate Storyline

（1）屏幕录制和编辑工具

此类工具包括Camtasia Studio、Adobe Captivate等。用户可以轻松自如地进行屏幕录制和音频、视频的编辑，并将录制成品进行运行、测试、调试和发布。

（2）PPT使用插件工具

此类工具包括Adobe Presenter等，通常作为PowerPoint的插件来使用，在一定程度上弥补了PowerPoint的不足。例如，在PowerPoint课件的基础上增强交互性、双向性，创建在线测试，旨在最大限度利用PowerPoint已具备的功能，在此基础上提供更加丰富的课件资源，以适应在线学习的需要。

（3）模板式互动课件制作工具

此类工具包括Raptivity、Articulate Engage等，常用于快速创建互动学习效果。用户可以自如地选择自身所需的互动模版，如互动演示、小游戏、调研问卷等，同时添加补充相应的教学资料，即可生成交互性很强的多媒体网络课件。

（4）交互式课件整合工具

此类工具包括Lectora、Articulate Storyline等，属于独立的、单机版的在线学习多媒体互动课件开发工具。其主要特点在于它不再依赖其他程序的课件制作软件，例如PowerPoint，实现独立运行，摆脱下载问题、安装问题、速度问题的困扰，可以自主开发出较为全面的多媒体网络课件。

综上所述，快速课件制作工具类型多样，各具特色。要真正实现快速课件制作工具效用的最大化，用户需要主动了解不同种类制作工具的特点，针对教学内容的实际情况，结合不同类型的制作工具来开发所需课件，而非单一采用一种制作工具类型。按照布鲁姆的教育目标分类法，教育目标体系可划分为认知、情感和操作三个领域（安德森，2008）。认知领域的目标是指知识的结果，情感领域的目标是指情感态度与价值观的养成，操作领域的目标是指动作技能的学习与掌握。本书尝试结合布鲁姆的教育目标分类法对不同制作工具的适用范围进行分析，详见表5.4。

表5.4　制作工具的适用范围

制作工具类型	教育目标体系		
	认知领域	情感领域	操作领域
屏幕录制和编辑工具	☆		☆
PPT使用插件工具	☆	☆	
模板式互动课件制作工具	☆		
交互式课件整合工具	☆	☆	☆

如上表所示：

第一，屏幕录制和编辑工具适用于认知领域和操作领域。屏幕录制和编辑工具倾向于实现数据的交互，侧重于对音频、视频编辑器的学习与使用。例如，将录制视频进行简单的格式转换。

第二，PPT使用插件工具适用于认知领域和情感领域。PPT使用插件工具强调基础知识概念呈现的方式、课件设计流程及其注意事项，一般基于PowerPoint应用程序的扩展来进行知识点的整理展示。例如，将PowerPoint演示文稿转换为图文并茂、声像俱全的Flash课件。

第三，模板式互动课件制作工具适用于认知领域。模板式互动课件制作工具通过流程模板，具体展示每个操作步骤的详细内容，强调静态地通过模板挖掘课件要素。例如，用户可以根据需要挑选合适的流程图、时间轴即时创建多媒体网络学习效果。

第四，交互式课件整合工具均适用于认知领域、情感领域和操作领域。交互式课件整合工具强调动态互动与资源整合。其所具备的独立运行的特点让课件开发显得更为轻松。此外，其不仅强调一些基础性的概念，同时强调动手实践，有效地融入了认知、情感和操作三个教育目标。

由此可见，不同的快速课件制作工具各有其适用的领域。教师应根据实际的教学内容、教学目标、师生互动等需要有效合理地选择设计工具，从而最大限度地优化课件开发过程。

六、快速课件制作工具介绍

目前，快速课件制作工具以其突显的优势深得用户认可。iSpring Presenter、Adobe Presenter、Articulate Studio 等各式课件制作软件的中文版开始陆续上线。

但是在实际的课件开发过程中仍面临不少麻烦，例如无法显示相应的工具选项卡、不清楚具体的制作流程，部分制作工具未开发中文版等。因此，如何使课件更加合理有效地为在线学习提供帮助，关键在于详细了解常用快速课件的制作工具以及能够在必要时对其加以转换。下文将对三种常用快速课件制作工具 Adobe Presenter、Lectora、Raptivity 及其制作流程加以概述，帮助用户更进一步了解。

（一）Adobe Presenter

Adobe Presenter 是美国 Adobe 公司设计的一种多媒体视频处理软件，用于制作多媒体课件。其通常作为 PowerPoint 的插件来使用，如图 5. 32 所示。

图 5. 32　PowerPoint 中的 Adobe Presenter 插件

课件的制作流程是怎样的？一般来说，多媒体课件制作大概分为以下几个步骤：

1. 熟悉 Adobe Presenter 选项卡

表5.5　Adobe Presenter选项卡

发布	幻灯片管理器	演示文稿设置	录制音频	导入音频	录制视频	导入视频	插入Flash	测验管理器	导入测验	首选	帮助
				同步音频		编辑视频	管理Flash		添加新测验		
				编辑音频							

2. 呈现演示者信息

演示者指直观呈现演示文稿信息者。为使演示文稿更有趣、更具个性化且令人信服，需要对选项卡中的“首选”栏进行设置：单击选项卡中的“首选”栏，在“首选”栏的子项目“演示者”中单击“添加”按钮添加相关信息，如图5.33所示。

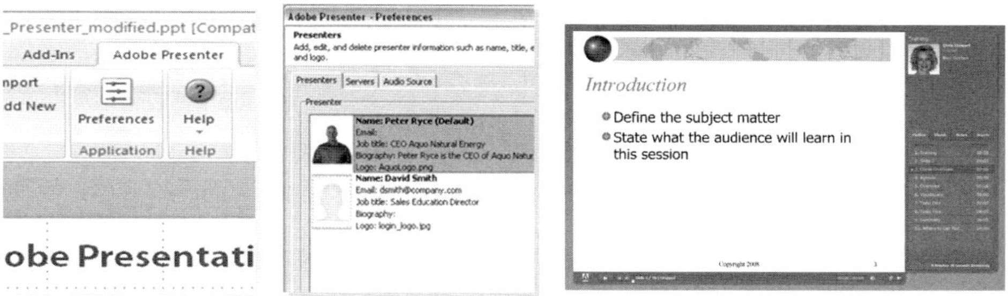

图5.33　在Adobe Presenter中呈现演示者信息

3. 设置演示文稿标题和主题

单击选项卡中的“演示文稿设置”栏，在“演示文稿设置”栏的子项目“外观”中设置与教学内容相符的标题和主题。

4. 制作PPT课件（具体的PPT制作方法已在前文有所提及）

5. 音频录制与导入

（1）音频录制

右击“扬声器”，选择“录音设备”，选中“麦克风”，单击“属性”，检测电脑是否连接麦克风。

单击选项卡中的“录制音频”栏，当“输入电平”呈现“OK”字样时，开始录制音频。考虑课件制作中，部分“备注栏”文字量大，需要在录制音频前，进行如下操作：选中“查看脚本”项目栏，点击“导入备注”，以便整个录制过程中始终有脚本内容的提示，节省录制音频的时间。录制的音频文件会以MP3格式保存以减小体积，便于在网络上使用（陈松 等，2012）。

（2）音频导入

如音频已预先录制好，单击选项卡中的“导入音频”即可，Adobe Presenter支持WAV和MP3音频格式。如因课件制作需要编辑调整音频，单击“编辑音频”即可进行操作，如增删音频、调节播放进度、控制音量大小等。

6. 视频录制与导入

考虑视频录制与导入的位置与方式是该项操作的前提。如图5. 34所示。

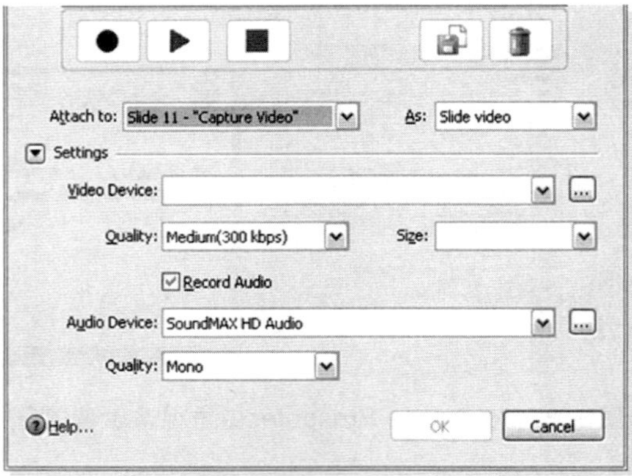

图5. 34　在Adobe Presenter中区分视频导入位置与方式

（1）视频录制

在桌面右击“计算机”图标，选择“管理”项，核实“设备管理器”，检测摄像头驱动是否运行正常。

单击选项卡中的“录制视频”栏，当弹出视频界面时，单击“录制视频”按钮，开始录制视频。如录制视频的同时有录制音频的必要，需要在界面中选中“音频录制”，否则菜单项即呈灰色，无法使用。

（2）视频导入

如视频已预先录制完成，单击选项卡中的“导入视频”即可，Adobe

Presenter支持MP4、DV、MOV、DVI、ASF、WMV、MPG等一系列视频格式。如因课件制作需要编辑调整视频，单击“编辑视频”即可进行操作，如删减视频、消音等。考虑课件制作的严谨性，需要在视频导入前选中“预览”，从总体上检查视频是否符合教学要求，若不够理想，可以返回重新编辑调整。

7. Flash文件（SWF文件）的插入与管理

（1）Flash文件插入

单击选项卡中的“插入Flash”栏，即可插入Flash文件，余下操作步骤与视频导入相仿。鉴于Adobe Presenter通常作为PowerPoint的插件来使用，PowerPoint的版本更新可能会影响Flash文件的运行，建议使用PowerPoint 2003版本。

（2）Flash文件管理

Flash文件管理需要注意以下几点要求：①Flash文件设置为30帧/秒；②借助Movie Clip来创建影片剪辑；③如果使用未声明的变量，代码将无法编译。

8. 测验导入与添加

（1）单击选项卡中的“测验管理器”栏，当界面弹出时，单击“添加测验”，即可在“测验设置”子项目栏对“测验”文本框内进行测验名称、测验要求的设置。测验要求选项下拉框中呈现如下4点：①学生用户可以略过该问题不予以作答；②学生用户必须按顺序作答；③学生用户必须回答所有问题；④学生用户必须通过此次测验。在“设置”文本框内按实际测验需求进行选择：①是否允许学生用户回顾测验；②是否显示测验最终成绩；③是否随机显示问题；④是否随机显示答案；⑤是否在大纲中显示问题；⑥是否按顺序作答；⑦是否有指令提示。然后，单击“通过或失败选项”子项目栏，设置基础分（占总分百分之几予以通过）以及学生用户通过测验或测验失败所给予的提示（如测验失败，有几次重新测验的机会）。

（2）返回原界面，单击“添加测验问题”，即可进行测验问题类型的筛选（Adobe Presenter提供六种测验类型：单项选择题/多项选择题、判断对错题、简答题、填空题、匹配题及开放式问答题）。

（3）基于上述六种测验类型，任选其一，选择开放式问题或封闭式问题进行问题名称、问题内容、分值、问题显示方式、问题答案的设置。

（4）如因课件需要增设测验问题组，则需要进行如下操作：返回原界面，单击“添加测验问题组”，进行问题组名称、分值、显示方式的设置。

9. 课件发布

单击选项卡中的“发布”栏，选择保存位置以及发布形式，因保证课件质量的需要，在“设置”中选择发布的音频质量和图像质量，最后单击“发布”，生成多媒体网络课件（陆春雨 等，2014）。

（二）Lectora

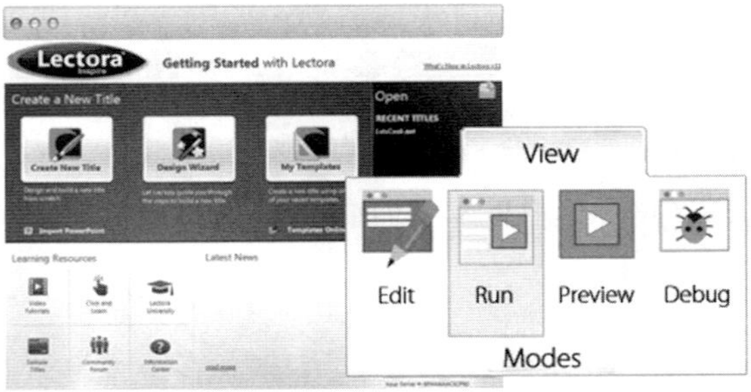

图5.35 Lectora界面

诞生于20世纪末的Lectora在知名LMS及e-learning软件提供商Trivantis集团的推动之下将资源重新整合，对原有软件系统进行升级改造，近年推出了Lectora英文最新版——Lectora 16。与PPT使用插件工具Adobe Presenter不同，Lectora无需添加插件，即不再依赖其他程序的课件制作软件（如PowerPoint），实现独立运行。

Lectora的系统设置界面（见图5.35）与PowerPoint相类似，页面的上侧逐一显示功能选项栏：从左到右依次是文件、主页、设计、插入、测试和调查、工具、视图、属性。页面左侧则显示作品内容层次结构。上文已对PowerPoint制作的原则、过程及方法进行了较为详尽的介绍。基于此，初步掌握Lectora的使用技巧并非难事。此外，Lectora通过章、节、页添加结构，使课件作品中心明确，思路清晰，层次分明。

在制作工具类型上，Lectora属于交互式课件整合工具。其所具有的功能包括添加Flash、视频、音频、测试，此类功能与PPT使用插件工具Adobe Presenter相似，因而不做太详细的介绍，下文主要介绍Lectora所提供的特色功能。

1. 多语言支持的配置

基于来自不同国家的用户，Lectora支持以下语言：德语、西班牙语、英语、法语、葡萄牙语、瑞典语及汉语。

2. 内置模板与向导

Lectora开始向导窗口会显示4种创建新作品的方式，即新建空白作品、设计向导、我的模版、导入PowerPoint，供用户自行选择。其内置形式多样、内容丰富的主题风格，能够在确保内容设计效果不作变动的前提下切换自如。这一方面能够提高用户课件制作的效率，另一方面能够增加课件的美观程度。在运行Lectora的过程中，设计向导能够帮助用户使用向导完成步骤，以创建新作品，其所生成的新作品既包含基本章节内容，也包含测试章节。

3. 动作手势设置

常规的网络多媒体课件一般通过鼠标单击/双击来实现用户与课件的交互，而Lectora的系统特色是能够根据教学要求设置动作手势（操作面板→触发栏→选择向右滑动屏幕/向左滑动屏幕），在一定程度上能充分为教学提供交互性服务，以适应在线学习的需要。

4. 作品发布兼容SCORM标准/非SCORM标准

Lectora能够将作品发布为SCORM标准/非SCORM标准多种形式。若选择将作品发布为SCORM标准，其操作步骤为发布栏→选择发布形式；若选择将作品发布为非SCORM标准，用户需要在发布前先将作品打包成SCORM格式（Sharable Content Object Reference Model，译作共享内容对象参考模型或共享组件引用模式）（设计栏→作品选项→作品类型），然后单击鼠标发布作品。

5. 继承设置

继承设置旨在帮助用户快速设计与开发课件，在一定程度上提高课件制作的效率。什么是继承设置？简单来说，继承设置指若一个对象（如文本、图片、按钮）需反复出现，采用继承设置能够使首次添加的对象重复显示在所需的页面中，从而最大限度地减轻用户的工作量。若用户需排除重复添加的对象，其步骤如下：属性→继承设置→父项的特定对象→已继承/已排除。已继承指页面已继承的对象，已排除指页面已排除的对象。理解继承设置，有助于用户掌握教学课件制作的方法与技巧。

6. 重视交互体验

交互设计使用户与作品之间建立有机联系，目的是尊重用户，平衡用户与作品之间所建立的对等关系。在实际的课堂教学过程中，交互体验被视为学生与学生之间、学生与教师之间、学生与教学资源之间的双向互动与实时交互。Lectora通过文本按钮向导、储存库按钮、透明按钮、自定义按钮的添加操作，协助教师完成交互性课件的创建。其操作步骤简便，用户只需设定按钮状态，即可创设多种学习的起点和多条学习的路径，为生生交互、师生交互提供了简易的平台。

7. 灵活的工作模式

Lectora为用户提供五种类型的工作模式，与此同时为方便用户操作，Lectora为五种类型的工作模式设置快捷键，具体如下所示：编辑模式（启用F12键）、运行模式（启用F10键）、预览模式（启用F11键）、调试模式（启用F8键）、在浏览器中浏览模式（启用F9键）。

（三）Raptivity

上文已对Adobe Flash课件的制作流程、素材采集及注意事项进行了简单的说明。整个制作过程叙述起来虽然简单，但是要想制作出具有观赏性和吸引力的动画效果，制作人员不仅需要花费大量的时间和精力去不断学习Flash设计技巧，而且需要掌握极其烦琐的操作方式，即使掌握了，也往往难以呈现Flash动画的最佳效果，这就使不少制作人员望而却步。而Raptivity作为一款Flash文本特效动画制作软件，鉴于其简单易用、功能强大等特点备受关注。

Raptivity是Harbinger知识产品私营有限责任公司（公司全球总部及发展中心位于印度西部城市浦那）推出的一款在线学习课件制作软件。在制作工具类型上，属于模板式互动课件制作工具，目前，最新版本为V7.7，其突出特点是具有丰富多样的互动模板库，收录近200种模板效果，满足用户的个性化需求。同时，其具有六大亮点：①DIY界面；②制作轻松；③多种发布形式；④媒体工具箱的配备；⑤易于集成；⑥多语言支持。

其操作技能简单易学，没有编程基础的用户也可操作。用户只需根据自己最真实的需求，选择适用的互动模板，添加所需的课件内容，就可以将生成的互动效果快速地发布为基于SCORM标准的网络多媒体课件，同时也可以在学习管理系统内跟踪记录学习情况。Raptivity的软件包可在Raptivity官方网站下载。下文将对Raptivity软件的主要功能、优势及其制作流程进行介绍。

1. 模板选择

Raptivity所具有的预设互动模板库中内含类型不同的模板，其分类列表如下（见表5.6）

表5.6 预设互动模板库模板

<table>
<tr><td rowspan="8">基本互动模板</td><td>内容类</td><td>如移动纸牌：结合语言描述、音频、超连接，以三维动态、视觉吸引的方式呈现图像或视频。</td></tr>
<tr><td>探索类</td><td>如金字塔：对于金字塔内显示的不同层级的信息，通过添加语言描述、图像和音频来增强学习者的理解。</td></tr>
<tr><td>评估调查类</td><td>如视觉评估：采用多媒体元素呈现故事情景，引入开放性问题。</td></tr>
<tr><td>练习类</td><td>如拖曳分类：基于熟悉的拖曳设计吸引学生用户参与练习，练习内容包括分类、排序、填空等。</td></tr>
<tr><td>工作辅具类</td><td>如常见问题：允许学生自行探索常见问题的答案，利用此类人性化的搜索引擎，借助文本及视频呈现这些问题的答案。</td></tr>
<tr><td>游戏类</td><td>如大转盘：转盘呈现一系列基于不同主题的多项选择，学生用户旋转车轮，按指针指定的方向随机选择问题并按要求回答问题。</td></tr>
<tr><td>讲故事类</td><td>如堆砌与滚动：通过添加文本、图像或视频呈现图片或图表各组成部分，让学生用户通过滚动鼠标或点击鼠标探索影像。</td></tr>
</table>

续表

模板套件	内容类	如聚光灯：用聚光灯突显重要的图像或文本并配有文字解说，用于介绍学习目标。
	探索类	如梯步：按梯步呈现文本信息。
	评估调查类	如用事实说话：界面呈现近15个视听场景，每个场景内包含近5个问题，事实的呈现基于学生用户的问答情况。
	练习类	如勇攀高峰：学生用户在登峰的过程中收集图像、文本、视频信息，当他们登顶时，意味着测验的完成。
	工作辅助类	如课前花絮：在动画面板上呈现一系列趣味问答题，学生用户自行抢答，短暂的时间间隔后，呈现答案。
	游戏类	如打地鼠：界面呈现近50个问题，当学生用户回答正确后可玩打地鼠。
	讲故事类	如地图式放映：用缩略图、视频呈现流程，学生用户通过单击鼠标查看原图及描述性文本。
升级互动模板	内容类	如拼贴画：结合预设互动模板库中的图像、文本，创建自己的模板，同时结合图像、文本、音频、视频呈现文本信息。
	练习类	找一找：在有限的时间内，学生用户需在列表中选择与问题相匹配的答案。
	游戏类	如黄金矿工：黄金的大小定义问题的难易度，学生用户必须制订相应的战略，确保在有限的时间内获得最高分。

2. 按内容提示向导操作

按内容提示向导，对课件进行基本的设置，依次为课件设置标题、选择页面的背景图、添加课件内容。

3. 课件预览及发布

单击“快速预览图”，可随时预览课件制作的效果并及时做出相应的修改。在保存所制作的课件后，单击“发布”，按实际需要选择发布的形式：单一的Flash文件、多文件输出、移动输出，同时也可以将课件发布成符合SCORM标准的Flash课件

快速课件制作工具的根本出发点是降低对课件制作用户专业基础知识及专业技能的要求、帮助用户快速高效地掌握制作技术要点。由于在课件开发制作过程中包含多方面的学习和积累，例如熟悉不断更新的制作软件系统，总结归纳新开发的软件性能。因此，如何使新开发的软件更有效地为新型学习的需求服务是值得探讨的另一个问题。

本章小结

本章共分为三个小节，呈现了基于信息技术的外语课程发展案例。在第一节中，主要介绍了数字化背景下外语课程教学的创新实践，包括慕课、翻转课堂、微课、智慧课堂、自主课堂和其他在线教育课程。在第二节中，介绍了基于信息技术的地方课程开发实践案例，包括数字化背景下的地方课程和课型开发，呈现了新型教学模式在各地各校实际教学中的具体应用。第三节是对常用课件制作软件的介绍，同时探讨了课件制作的四大原则，即结构清晰、内容突出、节奏合理、搭配和谐。最后，以“备、编、选、做、测”五步详细介绍了常用课件和快速课件的制作过程及方法。

参考文献

安德森，2008. 学习、教学和评估的分类学：布卢姆教育目标分类学修订版［M］. 皮连生，译. 上海：华东师范大学出版社.

鲍贤清，2009. 交互式电子白板的教学策略设计探索［J］. 中国电化教育（5）：84–87.

鲍银霞，2005. 有效学习发生的条件及其对教师教学的要求［J］. 教育导刊（9）：14–16.

布鲁纳，2001. 教育的文化：文化心理学的观点［M］. 宋文里，译. 台北：远流出版事业公司.

蔡笑岳，2007. 教师专业发展与教育科研［M］. 广州：暨南大学出版社.

陈德刚，2013. 学习支持服务在信息技术应用方面存在问题及建议［J］. 海南广播电视大学学报（3）：148–150.

陈坚林，2005a. 关于“中心”的辨析：兼谈“基于计算机和课堂英语多媒体教学模式”中的“学生中心论”［J］. 外语电化教学（105）：3–8.

陈坚林，2005b. 从辅助走向主导：计算机外语教学发展的新趋势［J］. 外语电化教学（104）：9–12.

陈坚林，2015. 大数据时代的慕课与外语教学研究：挑战与机遇［J］. 外语电化教学（161）：3–8.

陈力丹，2004. 试看传播媒介如何影响社会结构：从古登堡到“第五媒体”［J］. 国际新闻界（6）：33–35.

陈松，顾凯鸣，2012. Adobe Presenter 在 E-learning 中的应用［J］. 中国教育信息化（3）：91–92.

陈卫东，李芒，2003. 论信息技术与课程整合的复杂性［J］. 教育理论与实践，23（11）：59–61.

陈向明，2009. 对教师实践性知识构成要素的探讨［J］. 教育研究（10）：66–73.

陈永红，2015. 信息技术吹动教育变革的“风口”在哪［J］. 辽宁教育（6）：26–27.

成尚荣，2007. 为智慧的生长而教［J］. 中国校外教育（理论）（1）：18–19.

崔岭，2004. 多媒体投影式大学英语课堂教学模式：学生角色探析［J］. 外语界（2）：14–21.

戴炜栋，王雪梅，2011. 信息化环境中外语教师专业发展的内涵与路径研究［J］. 外语电化教学（142）：8–13.

德弗勒，鲍尔，1990. 大众传播学诸论［M］. 杜力平，译. 北京：新华出版社.

董晶，郭桂真，2014. 用翻转课堂撬动教学改革开启ICT深度融合新篇章：山东省昌乐一中创新教学模式改革纪实［J］. 中国教育信息化（14）：3–6.

段鸰金，孙春玲，2003. 多媒体辅助英语教学的优势、误区及对策［J］. 中山大学学报（自然科学版），42（增刊2）：261–265.

多尔，2000. 后现代课程观［M］. 王红宇，译. 北京：教育科学出版社.

范玉凤，李欣，2013. 活动理论视角下的虚拟学习共同体构建研究［J］. 中国电化教育（2）：43–47.

芬克，2006. 创造有意义的学习经历：综合性大学课程设计原则［M］. 胡美馨，刘颖，译. 杭州：浙江大学出版社.

付安权，2009. 内涵与策略：教师在线专业发展理念检视［J］. 教师教育研究，21（2）：50–55.

付安权，2013. 当代中国外语课程价值取向研究［M］. 北京：外语教学与研究出版社.

傅道春，2013. 教育学［M］. 北京：教育科学出版社.

傅佩荣，2006. 生活有哲学［M］. 北京：新华出版社.

高利明，朱本军，2005. 技术支持下的有效学习：从AECT04定义谈起［J］. 电化教育研究（5）：3–8.

高沛鑫，2013. 用Flash制作教学课件的方法浅谈［J］. 电子制作（16）：118.

高启强，2016. 温州大学拜城实验高中共享温州“智慧课堂”［EB/OL］.（2016–04–04）［2019–11–08］. http: //zjnews. zjol. com. cn/system/2016/04/04/021095612. shtml.

高原，2013. 多模态视域下的中小学英语教师信息技术素养研究［J］. 教学新思维（10）：50–52.

光华–e-learning，2013. E-learning学习系统的学习模式［EB/OL］.(2013–07–18)［2017–05–13］. http: //blog. sina. com. cn/s/blog_d6a411c90101efp7. html.

桂清扬，2003. MLearning：中国外语学习的未来［J］. 外语电化教学（3）：14–17.

郭炯，2006. 农村远程教育快速进入应用发展期的策略研究［J］. 电化教育研究（12）：41–45.

郭庆光，1999. 传播学教程［M］. 北京：中国人民大学出版社.

郭绍青，王珠珠，陈美玲，2007. 农村远程教育中教师能力水平与学校应用发展研究［J］. 电化教育研究（11）：27–31.

韩后，王冬青，2015. 促进有效学习的评价反馈系统及其应用［J］. 现代教育技术，25（2）：100–106.

何高大，2007. 基于技术理性的审视：对CALL的再思考［J］. 外语电化教学（115）：47–52.

何济玲，2014. 基于在线学习共同体的教师专业发展策略研究［J］. 中国教育技术装备（10）：9–10.

何克抗，2001. 网络教学结构与网络教学模式探讨［J］. 教育技术通讯（4）：21–22.

何克抗，2005. 信息技术与课程深层次整合的理论与方法［J］. 电化教育研究（1）：7–15.

何克抗，2012. TPACK：美国“信息技术与课程整合”途径与方法研究的新发展（上）［J］. 电化教育研究（5）：5–10.

胡加圣，2012. 基于范式转换的外语教育技术学学科构建研究［D］. 上海：上海外国语大学.

胡壮麟，2007. 社会符号学研究中的多模态化［J］. 语言教学与研究（1）：1-10.

黄翠红，2012. 开放式教学：初中英语智慧课堂之源［J］. 陕西教育（12）：36-37.

黄荣怀，2002. 信息技术与教育［M］. 北京：北京师范大学出版社.

黄应会，2003. 信息技术课教师的“角色扮演”［J］. 信息技术教育（11）：29-30.

贾振霞，陈星林，2017. 大数据时代的信息化外语学习方式探索研究［J］. 外语电化教学（4）：3-8.

姜俊和，郝世文，2006. 论当代课程论的超越与创新［J］. 教育科学，22（5）：36-38.

教育部，2016. 教育部关于公布第一批“国家级精品资源共享课”名单的通知［EB/OL］.（2016-07-01）［2017-05-14］. http：//www. moe.gov. cn/srcsite/A08/s5664/s7209/s6872/201607/t20160715_271959. html.

教育部，2018. 教育部关于印发《教育信息化2.0行动计划》的通知［EB/OL］.（2018-04-18）［2018-07-18］. http：//www.moe.gov.cn/srcsite/A16/s3342/201804/t20180425_334188.html.

科教网，2017. 101智慧课堂：看百年老校曲阜一中如何在继承中创新［EB / OL］.（2017 - 04 - 10）［2017 - 05 - 16］. http://www. sohu. com / a133008610_106557.

蓝斌，2005. 现代远程教育环境下教学模式重构［J］. 中国远程教育（5）：45-49.

雷呈勇，2008. 普通教师视野中的教育技术［J］. 科教文汇（2）：7-9.

李华，龚艺，纪娟，等，2013. 面向MOOC的学习管理系统框架设计［J］. 现代远程教育研究（3）：28-33.

李克东，谢幼如，2002. 信息技术与课程整合的理论与实践［M］. 北京：北京师范大学出版社.

李梁，2008. 多媒体课件与教材、教师、教学之间的关系［J］. 思想理论教育导刊（12）：89.

李玲，2008. 信息技术与语文教学整合的作用［J］. 青海教育（6）：30.

李芒，2004. 论信息技术与课程整合的含义、意义及原则［J］. 电化教育研究（5）：58–62.

李美凤，李艺，2008. TPCK：整合技术的教师专业知识新框架［J］. 黑龙江高教研究（4）：74–77.

李晓东，曹红晖，2015. 基于微课的翻转教学模式研究：以大学影视英语课堂为例［J］. 现代教育技术，25（9）：70–76.

李永新，2011. 浅谈用 Authorware 制作多媒体课件［J］. 中国校外教育（1）：129.

李正风，丁大尉，2009. 信息通信技术对科学知识生产方式的影响［J］. 自然辩证法通讯，31（6）：18–24.

梁威，贾美华，黄冬芳，等，2004. 信息技术与学科教学整合环境下教师专业发展的调研与实践［M］//北京教育科学研究院. 开创首都教育现代化新局面：北京教育发展研究报告（2003卷）. 北京：民族出版社.

林崇德，申继亮，辛涛，1996. 教师素质的构成及其培养途径［J］. 中国教育学刊（6）：16–22.

林春，2015. 翻转课堂：对传统教育教学模式的一次革新：温州市第二中学新型教学方式探索研究［J］. 中国教育技术装备（5）：9–11.

刘丽君，熊才平，何向阳，2011. 网络环境下教育信息资源动态发展利用研究［J］. 远程教育杂志（5）：3–88.

刘启珍，杨黎明，2012. 学与教的心理学［M］. 武汉：华中科技大学出版社.

刘日升，张泽梅，张志宇，等，2007. 信息技术与外语教学［M］. 大连：辽宁师范大学出版社.

刘儒德，2004. 对信息技术与课程整合问题的思考［J］. 教育研究（2）：70–74.

刘学，2014. 指尖上的课堂：数字化学习就在学生手指之间［EB/OL］.（2014–06–26）［2017–05–13］. http：// into.chinabyte.com/180/12994180.shtml.

陆春雨，丁穗娟，谢帆，2014. Adobe Presenter 7 在网络课件中的应用［J］. 电脑编程技巧与维护（8）：82–83.

陆宏，孙月圣，2007. 信息技术与课程整合的理念与实施［M］. 北京：首都师范大学出版社.

陆宏，李红，2008. 计算机焦虑对中小学教师影响的实证研究［J］. 当代教育科学（13）：54–55.

陆竹棠，高静，2007. 网络文化与社会控制机制［J］. 黄河科技大学学报，9（2）：69–70.

鲁子问，康淑敏，2008. 英语教学设计［M］. 上海：华东师范大学出版社.

栾新华，2012. 在线写作自动评价系统对大学生英语写作能力的影响［D］. 吉林：延边大学.

罗洁，2014. 信息技术带动学习变革：从课堂学习到虚拟学习、移动学习再到泛在学习［J］. 中国电化教育（1）：15–21.

孟臻，孟阳，2014. 政策指导下的外语教育信息化［J］. 现代企业教育（16）：336.

南国农，2002. 教育信息化建设的几个理论和实际问题（上）［J］. 电化教育研究（11）：3–6.

南国农，2004. 信息化教育概论［M］. 北京：高等教育出版社.

牛梦琪，2006. 中国古代教育传播媒介与传播技术述论［J］. 河南大学学报（社会科学版），46（5）：130–135.

庞丽萍，崔保利，2012. 浅谈课件制作的方法与注意事项［J］. 才智（10）：250.

彭晨虹，2015. BAT 在线教育平台实力大比拼：各有优势　潜能仍待开发［J］. 中国战略新兴产业（16）：62–64.

彭立，2008. 有效教学：信息化教学中的问题与对策［M］. 长春：东北师范大学出版社.

乔爱玲，高洁，2013. 基于在线学习活动的教师研修模式的设计研究［J］. 中国电化教育（10）：56–61.

秦国玲，2018. 2019 年中考英语将“人机对话”［N］. 齐鲁晚报，

2018-03-08（K01）.

秦炜炜，2013. 翻转学习：课堂教学改革的新范式［J］. 电化教育研究（18）：84-90.

全美教师教育学院协会创新与技术委员会，2011. 整合技术的学科教学知识教育者手册［M］. 任友群，詹艺主，译. 北京：教育科学出版社.

桑新民，李曙华，谢阳斌，2013. "乔布斯之问"的文化战略解读：在线课程新潮流的深层思考［J］. 开放教育研究，19（3）：30-39.

邵培仁，1996. 论人类传播史上的五次革命［J］. 中国广播电视学刊（7）：5-8.

绍兴市昌安学校教育信息网，2017. 技术提升效率 智慧改变课堂［EB/OL］.（2017-05-02）［2017-05-16］.http：//www.sxcasy.com/jxgz/jydt/content_512268.

史望颖，2015. 宁波搭建智慧教育学习平台［J］. 江西教育（Z4）：48.

束定芳，庄智象，2008. 现代外语教学：理论、实践与方法［M］. 上海：上海外语教育出版社.

孙曙辉，刘邦奇，李新义，2015. 大数据时代智慧课堂的构建与应用［J］. 中国信息技术教育（Z1）：112-114.

田凤秋，2007. 探索提高教育技术能力培训的绩效［J］. 教育传播与技术（4）：42-44.

王长潇，2011. 手机媒体的新发展及其社会影响：基于对麦克卢汉媒介理论的再思考［J］. 现代视听（7）：6-9.

王继新，等，2012. 非线性学习：数字化时代的学习创新［M］. 北京：高等教育出版社.

王海燕，2005. 网络与学习共同体的构建［J］. 远程教育杂志（3）：28-30.

王军，蔡明，刘洋，2013. 建国以来中国外语教育的发展与沿革［J］. 中国校外教育（1）：23.

王丽丽，2008. 不同技能水平用户计算机焦虑、经验、自我效能的关系研究［D］. 济南：山东师范大学.

王娜，2014. 基于"体验英语：写作教学资源平台"的数字化写作教学初探［J］. 现代教育技术，24（4）：52–59.

王琦，2006. 信息技术环境下的外语教学研究［M］. 北京：中国社会科学出版社.

王巧西，张林，2017. 生活教育 自主课堂［N］. 武陵都市报，2017–01–01.

汪琼，尚俊杰，吴峰，2013. 迈向知识社会：学习技术与教育变革［M］. 北京：北京大学出版社.

王卫军，2012. 信息化教学能力：挑战信息化社会的教师［J］. 现代远距离教育（2）：45–53.

王佑镁，2003. 基于e-Portfolio的信息化教学评价策略研究［J］. 电化教育研究（12）：61–66.

王竹立，2011. 新建构主义：网络时代的学习理论［J］. 远程教育杂志（2）：11–18.

王竹立，李小玉，林津，2015. 智能手机与“互联网+”课堂：信息技术与教学整合的新思维、新路径［J］. 远程教育杂志（4）：14–21.

王宗炎，1998. 语言、知识、学习和人工智能［J］. 外语教学与研究（1）：65–68.

魏雪峰，杨现民，2014. 移动学习：国际研究实践与展望：访英国开放大学迈克·沙普尔斯教授［J］. 开放教育研究，20（1）：4–8.

武和平，张维民，张连仲，2014. 信息技术在中小学英语教学中应用现状问卷调查报告［J］. 英语学习（10）：24–28.

吴娟，余胜泉，2006. 信息技术与课程有效整合的常见问题及其对策［J］. 电化教育研究（10）：70–72.

武俊学，李向英，2006. 构建网络环境下教师学习共同体：教师专业发展的创新途径［J］. 现代教育技术，16（1）：69–72.

吴筱萌，2011. 交互式电子白板课堂教学应用研究［J］. 中国电化教育（3）：1–7.

武星亮，甘霞，2011. 高校思想政治理论课多媒体课件制作的基本原则［J］. 思想理论教育导刊（5）：80–83.

吴一安，唐锦兰，2012. 融入自动评价系统的英语写作实验教学对高校英语教师的影响研究［J］. 外语电化教学（146）：3–9.

吴志伟，2001. 地理多媒体教学的功能与课件制作［J］. 陕西师范大学学报（自然科学版）（S1）：136–139.

肖露欣，2011. 课件制作中的素材收集与处理［J］. 教学与管理（9）：155–156.

解光云，陈恩虎，2006. 西方文化概论［M］. 合肥：合肥工业大学出版社.

解继丽，2010. 基于Moodle平台的网络学习评价系统的设计与开发［D］. 成都：电子科技大学.

谢徐萍，2005. E时代英语教师信息素养探论［J］. 外语界（4）：9–12.

熊顿，2006. 信息技术支持的教师专业发展研究：以“东湖教研在线”为个案分析［D］. 南昌：江西师范大学.

徐禾，2016. 2016全国教育信息化工作专项督导报告（摘编）［N］. 中国教育报，2016–11–11（08）.

徐莹，潘天士，2004. 中学英语课件制作实例与技巧［M］. 北京：机械工业出版社.

许智坚，2010. 多媒体外语教学理论与方法［M］. 厦门：厦门大学出版社.

杨翠萍，2006. 大学英语教师的信息化教育技术能力及其培养［J］. 外语界（4）：57–62.

扬帆杂志，2016. 网易云课堂［EB/OL］.（2016–02–13）［2017–05–14］. http：//lib. whit. edu. cn/show/30999.

杨冠英，李政，野菊苹，2013. 在线教师专业发展的学习共同体交互策略研究：从eMSS项目中得到的启示［J］. 中国远程教育（2）：60–64.

杨永林，全冬，2011. 认知的理念，实用的视角：信息技术在外语教学中的应用［J］. 外语电化教学（142）：47–51.

杨宗凯，杨浩，吴砥，2014. 论信息技术与当代教育的深度融合［J］. 教育研究（3）：88–89.

杨宗凯，2014. 信息技术促进教育变革：现状、趋势与实践［J］. 中国教育信息化（12）：4–8.

叶力汉，白然，2005. 信息技术与课程整合实践中的问题及对策［J］. 中国电化教育（11）：65–68.

叶越冬，2015. 湖南师大附中“自主课堂”受推崇［N］. 湖南日报，2015–10–22（17）.

余胜泉，吴娟，2005. 信息技术与课程整合：网络时代的教学模式与方法［M］. 上海：上海教育出版社.

俞水，2013. 信息技术如何促进教育变革［N］. 中国教育报，2013–11–30（03）.

袁振国，1998. 当代教育学［M］. 北京：教育科学出版社.

岳莹，2016. 基于智慧课堂模式下的计算教学案例分析［J］. 中小学电教（1）：71–73.

翟小宁，2016. 互联网时代，教育的变革与坚守［N］. 光明日报，2016–02–23（15）.

张红玲，刘云波，2007. 从网络外语教学研究现状看网络外语教学研究的学科框架［J］. 外语电化教学（4）：8–13.

张立新，2009. 教育技术的理论与实践［M］. 北京：科学出版社.

张荣建，1993. 80年代计算机辅助语言教学概况［J］. 外国教育研究（1）：55–56.

张文兰，2012. 信息技术与课程整合［M］. 西安：陕西师范大学出版社.

张筱兰，2004a. 信息技术与课程整合中的关注焦点：投入学习的研究［J］. 电化教育研究（12）：36–39.

张筱兰，2004b. 信息技术与课程整合的理论与方法［M］. 北京：民族出版社.

张新卫，黄庆达，张咏梅，2011. 网络环境下中学课堂教学模式的创新研究［M］. 长沙：湖南师范大学出版社.

张有录，2012. 信息化教学概论［M］. 北京：中国铁道出版社.

张雨生，2003. 关于社会口传信息研究的思考［J］. 上海大学学报（社会科学版），10（2）：104–109.

张玉珍，2002. 试论网络文化对传统文化的影响［J］. 图书馆（1）：57–59.

浙江在线，2016. 温州大学拜城实验高中共享温州“智慧课堂”［EB/OL］.（2016–04–04）［2017–05–13］. http：//zjnews.zjol.com.cn/system/2016/04/04/021095612.shtml.

郑云翔，2014. 信息技术环境下大学生个性化学习的研究［J］. 中国电化教育（7）：126–132.

中国互联网络信息中心，2019. 第44次中国互联网络发展状况统计报告［EB/OL］.（2019–08–30）［2020–08–01］. http://www.cac.gov.cn/2019–08/30/c_1124938750.htm.

中国教育装备采购，2016. 中国的“慕课”来了 免费学习高校课程［N/OL］. 2016–04–04.http：//zjnews.zjol.com.cn/system/2016/04/04/021095612.shtml.

中国教育装备网，2015. 四川成都锦江区：未来教室让学生爱上课堂［EB/OL］.（2015–03–17）［2017–05–13］. http：//www. ceiea. com/html/201503/201503/71415491/63. shtml.

钟启泉，崔允漷，2003. 新课程的理念与创新［M］. 北京：高等教育出版社.

中小学信息技术教育编辑部，2014. 翻转课堂：把课堂“翻”过来的四大支柱［J］. 中小学信息技术教育（12）：7.

周飞雪，2009. 教学中信息技术的使用问题［J］. 当代教育论坛（9）：78–80.

朱爱芝，熊才平，贾靖林，等，2009. 从教育的保守性看信息技术在教育应用中的滞后性［J］. 中国电化教育（12）：10–13.

宗河，2013. 中小学教师信息技术应用能力提升工程启动［N］. 中国教育报，2013–11–07（1）.

ATKINSON E，2000. What can postmodern thinking do for educational research［R］. New Orleans：Annual Meeting of the American Educational Research Association.

BARBARA T，GLENN K，KIRSTEN P，2002. Successful online professional development [J]. Learning and leading with technology, 30 (1): 42–47.

BARRETT H, 2008. Authentic assessment with electronic portfolios using common software and Web 2.0 tools [EB/OL]. (2008–05–23) [2017–05–09]. http: // Electronicportfolios. org/web20. html.

BARROW R, 1999. The need for philosophical analysis in a postmodern era [J]. Interchange, 30 (4): 415–432.

BEANE J A, TOEPFER C F, ALFSSI S J, 1986. Curriculum planning and development [M]. Boston: Allyn and Bacon.

BEAUCHAMP G A, 1981. Curriculum theory [M]. 4th ed. Itasca, IL: Peacock Publishers, Inc.

BERNARD R M, ABRAMI P C, LOU Y, et al., 2004. How does distance education compare with classroom instruction? A meta-analysis of the empirical literature [J]. Review of educational research, 74 (3): 379–439.

BONK C, 2002. E-learning in college and corporate settings: the present state and beyond [C] // KOMMERS P, RICHARDS G. Proceedings of world conference on educational multimedia, hypermedia and telecommunications. Chesapeake: AACE: 182–184.

BONWELL C C, EISON J A, 1991. Active learning: creating excitement in the classroom [M]. Washington, D. C.: George Washington University.

BOYATT R, JOY M, ROCKS C, et al., 2014. What (Use) is a MOOC? [C] // UDEN L, TAO Y H, YANG H C, et al. The 2nd international workshop on learning technology for education in cloud. Netherlands: Springer Berlin: 133–145.

BUDIN H, 1999. The computer enters the classroom [J]. Teachers college record, 100 (3): 656–670.

BUNDERATIONS V C, INOUYE D K, OLSENJB, 1989.The four generations of computerized educational measurement. [M] // LINN R L. Educational measurement. 3rd ed. New York: American Council on Education / Macmillan Publishing: 367–407.

CAIRNS L G, 1992. Competency-based education: Nostradamus's nostrum

[J]. Journal of teaching practice, 12 (1): 1–31.

CARTER K, 2004. Online training: What's really working? What does today's successful online professional development look like? [J]. Technology & learning, 24 (10): 32.

CHRISTENSEN R, KNEZEK G, 2008. Self-report measures and findings for information technology attitudes and competencies [M] // KNEZEKG V J. International handbook of information technology in primary and secondary education. Boston: Springer: 349–365.

Committee on Enhancing Professional Development for Teachers, National Academies Teacher Advisory Council, Center for Education, 2007. Enhancing professional development for teachers: potential uses of information technology, report of a workshop [M]. Washington, D. C.: National Research Council.

DANIEL J, 2012. Making sense of MOOCs: musings in a maze of myth [J]. Paradox and possibility (25): 321–323.

DONNISON S, 2004. Narratives: how teachers' stories connect us, support us, encourage us and enable us as teachers [M] // ROGERS B. How to manage children's challenging behaviour. London: Paul Chapman Publishing.

DOWNES S, 2005. An introduction to connective knowledge [EB/OL]. (2005–12–22) [2017–05–09]. http: //www. downes. ca/cgi–bin/page. cgi? post=33034.

DOWNES S, 2011. Connectivism and connective knowledge [M/OL]. (2012–03–19) [2017–06–13]. http: www.downes. calfiles / books / connective / knowledge–19May2012. pdf.

DOWNES S, 2012. Connectivism and connective knowledge: essays on meaning and learning networks [EB/OL]. (2012–05–19) [2017–05–14]. http://www. downes. ca/files/books/Connective_Knowledge_19 May 2012. PDF.

EISENSTEIN E L, 2009. The printing press as an agent of change [M]. Cambridge, MA: Cambridge University Press.

EISNER E, VALLANCE E, 1974. Conflicting conceptions of curriculum [M]. Berkeley, CA: McCutchan.

ELLIOT J，1991. Action research for educational change［M］. Maiden head，United Kingdom：Open University Press.

FINGER G，PROCTOR R J，2009. Assessment issues and new technologies：ePortfolio Possibilities［M］// WYATT-SMITH C，CUMMING J J. Educational assessment in the 21st century：connecting theory and practice. Boston：Springer：63–81.

FINK L D，2003. What is "significant learning"?［EB/OL］.［2020-09-19］.https://www.wcu.edu/WebFiles/PDFs/facultycenter_SignificantLearning.pdf.

FOX A，2013. From MOOCs to SPOCs［J］. Communications of the ACM，56（12）：38–40.

GOODLAD J，1979. Curriculum inquiry：the study of curriculum practice［M］. New York：McGraw-Hill.

GOODSON I F，MARSH C J，1996. Studying school subjects［M］. London：Routledge Falmer Press.

GRIFFITH R，2000. National curriculum：national disaster［M］. London：Routledge Falmer Press.

HARLEN W，DOUBLER S，2004. Online professional development：science inquiry in the online environment［J］. International journal of science education（26）：1247–1267.

HUSSIN S，2011. Book review "Taylor Walsh：unlocking the gates：how and why leading universities are opening up access to their courses"［J］. Springer science+business media B. V.，2012（63）：157–159.

JARVELA S，BONK C J，LEHTINEN E，et al.，1999. A theoretical analysis of social interactions in computer-based learning environments：evidence for reciprocal understandings［J］. Journal of educational computing research，21（3）：363–388.

JOHNSON L，SMITH R，WILLIS H，et al.，2011. The 2011 horizon report［J］. The new media consortium：1–40.

JONASSEN H，PECK L，WILSON G，1999. Learning with technology：a constructivist perspective［M］. Upper Saddle River，N J：Merrill.

KING K P, 2002. Identifying success in online teacher education and professional development [J]. Internet and higher education, 5 (3): 231–246.

KNOWLES M S, 1975. Self-directed learning: a guide for learners and teachers [M]. Englewood Cliffs, New Jersey: Prentice Hall.

KOEHLER M J, MISHRA P, 2005. Teachers learning technology by design [J]. Journal of computing in teacher education, 21 (3): 94–102.

KOP R, DOWNES S, 2012. Massive open online courses [M] // STEPHEN D. Connectivism and connective knowledge: essays on meaning and learning networks. National Research Council of Canada: 493–557.

KOPP R, FOURNIER H, 2010. New dimensions of self-directed learning in an open-networked learning environment. International journal of self-directed learning, 7 (2): 1–20.

KRASHEN S D, 1985. The input hypothesis: issues and implications [M]. London: Longman.

LEE M, 2010. Y时代：游戏教育改变传统教育模式 [J]. 中国远程教育 (22): 68.

LEVY M, 1997. Computer-assisted language learning: context and conceptualization [M]. Oxford: Oxford University Press.

LIANG L, CAO Q, ZHANG B, 2013. Research on a micro-lecture design model through comparative study [J]. Open education research (1): 65–73.

LIU X, WANG L, 2013. The analysis on systematic development of college microlectures [J]. Higher education studies, 3 (6): 65–70.

LONGSTREET W S, SHANE H G, 1993. Curriculum for a new millennium [M]. Boston: Allyn and Bacon.

MANDINACH E B, 2005. The development of effective evaluation methods for e-learning: a concept paper and action plan [J]. Teachers college record, 107 (5): 1814–1835.

MARSH C, 2004. Key concepts for understanding curriculum [M]. 3rd ed. New York: Routledge Falmer: 3–6.

MCCOMBS B L, VAKILI D, 2005. A learner-centered framework for e-learning [J]. Teachers college record, 107 (8): 1582–1600.

MILLER D J, GLOVER D, AVERIS D, 2008. Enabling enhanced mathematics teaching: final report for the national center for excellence in the teaching of mathematics [R/OL]. (2008–12–03) [2017–05–13]. https://www.mendeley.com/research-papers/enabling-enhanced-mathematics-teaching-teaching-mathematics/.

MISHRA P, KOEHLER M J, 2006. Technology pedagogical content knowledge: a framework for teacher knowledge [J]. Teacher college record, 108 (6): 1017–1054.

MOORE R, 2000. For knowledge: tradition, progressivism and progress in education-reconstructing the curriculum debate [J]. Cambridge journal of education, 30 (1): 17–36.

MOSS G, JEWITT C, LEVACIE R, et al., 2007. The interactive whiteboards, pedagogy and pupil performance evaluation: an evaluation of the schools whiteboard expansion (SWE) project: London challenge [R/OL]. (2007) [2017–05–13]. http://eprints.ioe.ac.uk/905/1/Moss2007whiteboardsRR816.pdf.

National Research Council (NRC), 2007. Enhancing professional development for teachers: potential uses of information technology: report of a workshop [R]. Washington, D. C.: The National Academies Press.

NSDC, 2008. Standards for online professional development [S/OL]. (2008–01–17) [2017–05–09]. http://www.sreb.org/sites/main/files/file_attachments/04t04_standards_online_prof_dev.pdf.

NUNAN D, 1999. So you think that language teaching is a profession? [J]. TESOL Matters, 9 (4): 3.

PALMER J, 2005. Grapevine survey of state higher education tax appropriations for fiscal year 2005 [EB/OL]. (2005–03) [2017–05–14]. https://education.illinoisstate.edu/downloads/grapevine/historical/Appropriations%202004-05.pdf.

PARKER S, 1997. Reflective teaching in the postmodern world [M]. Buckingham: Open University Press.

PORTELLI J P, 1987. On defining curriculum [J]. Journal of curriculum and supervision, 2 (4): 354–367.

POSNER G, 1998. Models of curriculum planning [M] // BEYER L E, APPLE M W. The curriculum: problems, politics and possibilities. Albany: State University of New York Press.

RADFORD A W, 2011. Learning at a distance [J/OL]. U. S. Department of Education. (2011–10) [2017–05–09]. http: //nces. ed. gov / pubs2012 / 2012154. pdf.

RAMANAIR J, SAGAT G U, 2007. Multimedia technology: teachers' knowledge and attitudes [J]. Call–EJ Online, 8 (2): 8–2.

REDECKER C, JOHANNESSEN Φ J, 2013. Changing assessment: towards a new assessment paradigm using ICT [J]. European journal of education, 48 (1): 79–96.

REID W A, 2000. Why globalisation may cause fundamental curriculum change: a theoretical framework [R]. New Orleans: Annual Meeting of the American Educational Research Association.

ROSKOS K, et al., 2007. Design of online teacher professional development in a statewide reading first professional development system [J]. Internet and higher education (10): 173–183.

SAYLOR J G, ALEXANDE R M, LEWIS A J, 1981. Curriculum planning for better teaching and learning [M]. 4th ed. New York: Holt, Rinehart and Winston.

SANDHOLTZ J H, RINGSTAFF C, DWYER D C, 1997. Teaching with technology: creating student-centered classrooms [M]. New York: Teachers College Press.

SHAPPLES M, 2015. The crowdsourced guide to learning [M]. British Council.

SIEMENS G, 2005. Connectivism: a learning theory for the digital age

[J/OL]. International journal of instructional technology and distance learning, 2 (1). [2017-05-09]. http: //www. itdl. org/journal/jan_05/article01. htm.

SIEMENS G, 2006. Connectivism: learning theory or pastime for the self-amused? [EB/OL]. (2006-11-12) [2017-05-14]. http: //www. elearnspace. org / Articles/connectivism_self-amused. htm.

SIEMENS G, 2006. Knowing knowledge [M]. Vancouver: Lulu Press.

SIEMENS G, 2012. MOOCs are really a platform [EB/OL]. (2012) [2017-05-14]. http: //www. elearnspace. org/blog/2012/07/25/moocs-are-really-a-platform/.

SLATTERY P, 1995. Curriculum development in the postmodern era [M]. New York: Garland.

SSYLOR J G, ALEXANDER W M, LEWIS A J, 1981. Curriculum planning for better teaching and learning [M]. 4th ed. New York: Holt, Rinehart and Winston.

STERNBERG R J, 1989. The triarchic mind: a new theory of human intelligence [M]. New York: Penguin.

STREVENS P, 1978. New orientations in the teaching of English [M]. Oxford: Oxford University Press.

TAN C T, FERGUSON S, 2014. The role of emotions in art evaluation [M] // CANDY L, FERGUSON S. Interactive experience in the digital age. [S.l.]: Springer: 139-152.

TOOMBS W E, TIERNEY W G, 1993. Curriculum definitions and reference points [J]. Journal of curriculum and supervision, 8 (3): 175-195.

VALLANCE E, 1986. A second look at conflicting conceptions of curriculum [J]. Theory into practice, 25 (1): 24-30.

VARDI M Y, 2012. Will MOOCs destroy academia? [J]. Communications of the ACM, 55 (11): 5.

VINE K, BROWN T, CLARK G, 2000. Which way for information technology in our schools? [J]. The school principal's handbook series (2000): 5-8.

WALKER D F, 1990. Fundamentals of curriculum [M]. New York: Harcourt Brace Jovanovich.

WALKER J, 1994. Competency-based teacher education: implications for quality in higher education II [C]// Canberra: Higher Education Research Conference.

WEISER M, MORRISON, 1998. Project memory: information management for project teams [J]. Journal of management information systems, 14 (4): 149–166.

WEN Y, SHENG Q, ZHU Z, 2014. Research on application of guiding e-learning into teaching in Radio & TV University: based on design model of comprehensive learnings [J]. Journal of distance education (6): 78–86.

WESTBURY I, 2000. Why globalization will not cause fundamental curriculum change [R]. New Orleans: Annual Meeting of the American Educational Research Association.

WIGGINS G, 1998. Educative assessment: designing assessments to inform and improve student performance [M]. San Francisco: Jossey-Bass.

WILEY D A, 2001. The instructional use of learning objects [J/OL]. (2001-06-29) [2017-05-09]. http://www.reusability.org/read/.

WULF J, BLOHM I, BRENNER W, 2014. Massive open online courses [J]. Business & information systems engineering (2): 111–114.

ZHOU N, et al., 2004. Regional guidelines for teacher development for pedagogy-technology integration [M]. Bangkok: UNESCO Asia and Pacific Regional Bureau for Education.

后 记

经过大家近五年时间的努力，本书终于完成了。我首先要感谢中国教育学会外语教学专业委员会理事长龚亚夫老师，经龚老师的推荐与介绍，才有幸能在刘道义老师主编的丛书中独立承担《信息技术与外语教育——理论和实践》一书的写作。当然，更深表感谢的是刘道义先生，是刘老师对我的信任和鼓励，使我在惊喜、不安和惭愧中完成了本书的写作。

我作为从事外语教育研究的后学，虽然多次聆听过刘老师的讲座，但却没有与刘老师面谈并自我介绍的机会，也不曾奢望能与刘老师这样的一流专家合作开展一些研究。让人意外的是，在第一次与刘老师的通话中，刘老师居然开门见山就说："龚老师推荐你参与我正在筹划组织编写的丛书写作，他说你在信息技术与外语教育发展方面很有想法且做了丰富的研究，我想请你来写一本关于当代信息技术对我国外语教育理论发展和实践探索的书。"刘老师的真诚与信任让我顿生亲切感，是刘老师的鼓励与信任让我鼓足勇气接受了本书的写作任务。信息技术与外语教育发展是我的研究方向与兴趣，近年来做了几项相关课题研究，也很想将自己在理论研究与实践探索方面的一些小成果跟大家分享与讨论，让更多的人了解信息技术与外语教育发展，进而也能发现自己的不足与缺点，这是一件双赢的事情。

其实，这次的写作任务更让我萌生了强烈的幸福感，这与近年来自己对信息技术支持下的外语课程与教学及教师教育方面的研究体验有关：一方面，个人在外语教育研究领域并没有取得具有影响力的研究成果，底气不足；另一方面，在信息技术与外语教育领域的研究尝试受挫感较强烈。在聆听了很多信息技术及教育技术专家的讲座后，觉得自己的理解还是比较肤浅。在观看了一些信息技术支持下的教育服务公司令人眼花缭乱的产品演示后，我更是一度陷入迷茫和困惑之中，开始质疑自己的研究是不是没有价值，因为我既不是外语教育研究的权威学者，更不是信息技术研究的专家，如何做好信息技术与外语教育研究的链接和整合成了我面临的挑战。幸好我的这种跨界研究尝试在中小学教师专业发展培训过程中找到了安慰——许多中小学一线外语教师向我反映，目前课程改革对信息技术运用于课程和课堂教学非常重视，他们需要有人能从学科层面给予信息技术运用的指导，例如在线课程资源的获得和优质幻灯片的制作等。所以，刘老师的这次“点将”让我知道我的研究是有人关注和认同的，我的研究是有意义的，突然觉得自己不再是孤军奋战了，幸福感油然而生。

我简单向刘老师汇报了近年来自己参与的有关信息技术与外语教育发展研究的活动，如2013~2015年以课题专家身份参与了北京外国语大学张连仲教授主持的教育部委托课题“信息技术在中小学外语教学中的应用”项目研究，主笔撰写了该课题研究调查报告分报告并最终发表在2015年的《英语学习（教师版）》上；2014~2015年参与了龚亚夫老师领衔的、中国教育学会外语教学专业委员会组织的“中国中小学英语教师专业发展培训参照框架”研制工作，独立承担了其中的“信息技术与中小学英语教学”和“中小学外语教师专业发展”两部分文稿撰写工作。刘老师觉得我的研究基础很好，让我结合我的研究成果，写一份写作提纲发给她。

当我把写作提纲和简历发给刘老师后，我怀着忐忑不安的心情等待刘老师的回复，害怕自己粗浅的想法与丛书的高质量要求之间相距太远，以至于辜负刘老师的期望。可是，我很快就收到了刘老师的回复邮件，写作提纲得到了刘老师的肯定，刘老师还打电话给我，就本书的题目进行了沟通。我最初拟定的题目是《信息技术与外语教育研究》，刘老师建议改为《信息技术与外语教育——理论和实践》。这让我真切感受到了刘老师高屋建瓴的学术研究视野和专家水平。如果说我以前的研究困惑与困难是如何将信息技术与外语教育结合，那么本书的写作则需要在此基础上将理论和实践相结合，并在论述中兼顾二者的平衡。这一认识让我在纠结中开始了本书的写作。

挑战自己是孤独的，而被人信任有时候是痛苦的。本人经历了完整的传统学历教育和在高校近20年的教学实践，自觉理论研究还算是自己的特长，如主持了2011年全国教育科学规划课题，从教育语言哲学层面对我国中小学外语课程历史发展的价值取向进行了研究，出版了《当代中国外语课程价值取向研究》（外语教学与研究出版社，2013）和《中国外语教育发展概况（英文）》（外语教学与研究出版社，2015），从技术等历史发展视角，对信息技术应用于当代外国学校外语教育发展的价值和意义有比较清晰的学理认识。可如何在刘老师慧眼如炬的指导和殷殷期望下，将中小学一线外语教师对信息技术运用的需求分析和信息化教学理念认知内化结合起来，并在内容写作中兼顾“理论和实践”，让我陷入了写作困境。

好在我参与了“信息技术在中小学外语教学中的应用”课题研究，对于当前中小学外语教师技术运用和创新实践的需求有初步了解。同时，我充分利用在线教师专业发展培训中的便利条件。通过在线交流工具，如微信群、QQ群等，与参加培训的教师进行交流。我们发现，中小学教师首先对展示课中精美的课件赞不绝口，教师们也意识到，当前的中小学生对于利用信息技术工具进行学习有着天然的优势和浓厚的兴趣，教师制作的优质教学课件对于提高学生语言学习兴趣和学习效果的意义非常大。但是教师们又提出了自己的困惑，就是直接拷贝来的、展示课教师的课件在自己使用时却无法达到预期的教学效果。于是，如何将信息技术与外语教育研究中的理论和实践相结合成了我写作中的关键考量。

本质上，技术运用是工具，优化教学是目的。实际课堂教学情况的特殊性决定了教师课堂信息技术运用的个性化和艺术化特点而非模式化。如何使教师创新课堂教学中的个性化技术运用并理解技术运用背后的教育价值，即教师对信息技术运用于课堂教学的“知其然并知其所以然”应该成为本书写作中必须兼顾与平衡的内在逻辑。因此，教师信息化教学意识的创生与信息化教学设计策略的创新应该是信息技术与外语教育研究中理论和实践相结合的落脚点。

基于调查和在线交流，我们发现在中小学外语教师专业发展中，教师对运用信息技术获取丰富的课程教学资源来优化教学效果的需求、深化信息技术与外语课程整合以及内化在线教师专业发展理念的需求同样强烈，且教师对“信息技术运用”和“课堂教学实践创新”的核心素养理念中的教育观念革新有着较好的认知基础。因此，本书写作在分享、解释信息技术支持下的课程教学资源获取和教学设计案例的同时，梳理并阐释了信息技术与课程整合、基于信息技术的学科教学知识以及在线教师专业发展模式，以期使“信息技术与外语教育”的论说有理有据，也使得中小学外语教师对信息技术与外语教育的理论研究和实践创新做到“可想”和“可做”。

就这样，在我前期研究基础上，借鉴了信息技术与外语教育研究领域诸多专家学者的最新研究成果，结合中小学外语教师的在线交流分享，终于完成了本书的写作。

在完稿之际，我要感谢浙江师范大学外国语言文学外语课程与教师专业发展方向的研究生们，感谢他们在我主讲的“信息技术与外语教育研究专题”课堂教学讨论中，就相关内容给出的批判性意见和建议。也特别感谢我的研究生朱丽丽和姚梦燕同学，她们在本书的第一章、第三章、第四章和第五章的书稿整理和校对中付出了辛苦和努力，她们既是我的得意门生，也是本书的合作者，我对她们深表谢意。

在此我还要特别感谢本书的编辑陶春艳女士，虽然我们未曾谋面，但是他们细心的校核和耐心的沟通让我受益匪浅，也正是他们保证了本书的完成。

另外，我还要感谢在本书写作中引用参考借鉴的各位学者，是他们的真知灼见帮助我完成了本书的写作，如果我在本书写作中对一些网络资料引用注释过程存在不当之处，敬请谅解。

最后，要特别说明一下的是，在本书的写作中，绝大多数的沟通都不曾面对面地进行，而是基于信息技术的在线交流方式完成的，我想这可以算作信息技术对于我这个外语教师个人专业发展的有效支持，也是信息技术对本次外语教育理论研究的影响和本书文本写作实践的优化。